개념원리가 쏙쏙 들어오는

FTA 원산지 이야기

Free Trade Agreement

김용태 저

도서출판 두남

머리말

Preface

우리나라가 역내포괄적경제동반자협정(RCEP: Regional Comprehensive Economic Partnership)에 가입함에 따라 2022년 2월 1일부터 체결·발효된 FTA는 18개나 되었다. 이에 따라 우리나라의 기업이 수출입하는 물품은 거의 대부분 FTA원산지 규정의 적용범위에 포함될 개연성이 크다. 따라서 수출입 기업의 업무관계자, 관세사, 공인회계사, 세관공무원, 그리고 대학에서 관련 학문을 배우는 학생들에게 FTA원산지 분야에 대한 정확한 이해는 매우 중요할 것이다.

저자가 이 책을 저술한 동기는 수출입하는 물품의 통관업무와 관련하여 FTA원산지 분야에 대한 이해의 중요성에 비추어 그 동안 FTA원산지 규정에 대해 알기 쉽고 정확한 이해에 도움을 줄만한 전문서를 찾아볼 수 없었던 현실에서 갖게 되었다. 그리하여 저자는 이 책을 저술하는 데 있어서 관세행정 실무자로 FTA원산지 규정의 집행업무를 직접 수행한 경험과 대학의 무역학과에 출강한 경험을 토대로 FTA원산지 규정과 FTA원산지 상품의 수출입 통관에 불가분하게 관련되는 관세법령을 누구나가 알기 쉽고 정확하게 이해할 수 있는 서술 방식에 중점을 두었다.

이 책의 주요 특징은 다음과 같다.

첫째, 한 학기 대학교 강의용 분량으로 벅차지 않으면서도 FTA원산지 규정과 원산지 상품의 수출입 통관에 관련된 관세법령을 빠짐없이 담을 수 있도록 모법(母法) 중심으로 기술하면서 하위규범인 시행령과 시행규칙의 절차적 내용은 가급적 주석에서 해당 조문만 표기하였다.

둘째, FTA원산지 규정과 FTA원산지 상품의 수출입 통관법규를 처음 배우는 독자들이 관세행정의 전반적 흐름에 따라 이해할 수 있도록 거시적·미시적 서술체계로 편제하였다.

셋째, 이 책의 서술체계와 조화될 수 있도록 지엽적인 실무 내용은 최대한 줄여서 기술하였다.

넷째, 이 책의 본문이나 주석에서 긴 법령명이나 자주 사용하는 용어는 법제처 국가법령정보센터의 법률 약칭 등 약어를 사용하였다.

아무쪼록 이 책이 대학에서 FTA 원산지 분야의 학문을 배우는 학생이나 관세행정 실무에 종사하는 관련자들에게 조금이라도 도움이 되고, 나아가 우리나라의 FTA 원산지 분야 발전에 일조할 수 있기를 간절하게 기대해 본다. 끝으로 어려운 상황에서 이 책의 출판을 흔쾌히 결심해 준 도서출판 두남의 전두표 대표님과 이승구 상무에게 깊은 감사를 드린다.

2022년 9월

성남 도촌동에서

저자 씀

차 례

Contents

Chapter 01

FTA 원산지규정의 기본이론

Free Trade Agreement

제 1 절 FTA 원산지규정의 이해

I FTA란 무엇인가?

'FTA'란 Free Trade Agreement로서 우리말의 뜻은 '자유무역협정'이다. 여기에서 '자유무역'(free trade)은 한 국가와 다른 국가 간 상품교역에서 무역장벽을 제거하여 자유로운 무역을 실현하는 정책이다. 국가 간 상품교역에서 무역장벽으로 관세가 이용될 경우 관세장벽(tariff barriers)이라 하고, 국가 간 상품교역의 무역장벽(trade barriers)으로 수입상품의 수량을 제한하는 등의 방법이 사용될 경우 비관세장벽(nontariff barriers)이라고 말한다. 그리고 국가가 외국의 무역에 간섭하여 외국과의 경쟁에서 국내산업을 보호할 목적으로 그러한 관세장벽이나 비관세장벽을 사용하는 무역정책을 '보호무역'(protective trade)이라고 한다. 그러므로 자유무역은 한 국가가 다른 국가로부터 수입하는 상품에 대한 관세를 인상하거나 또는 다른 국가에서 수입하는 상품을 일정한 수량으로 제한하는 등의 도구를 사용하는 보호무역과 반대되는 무역정책이 된다.

FTA는 국제무역에서 지역무역협정(Regional Trade Agreements) 또는 특혜무역협정(Preferential Trade Agreements) 등과 같이 관세장벽이 존재하는 한 발전되어 왔다. 자유무역협정의 목적은 FTA 체약당사국에게 경제적으로 편익을 제공하는 것이다. FTA에서 누릴 수 있는 경제적 편익은 무역흐름의 전환을 통한 교역의 증대로 확립될 수 있다는 것이다.[1] 여기에서 "무역흐름의 전환"과 "교역의 증대"에 내포하는 뜻은, 수출기업이 FTA 체약상대국에서 좀 더 시장개척을 기대하고, 수입기업이 FTA 체약상대국에 소재한 수출자로부터 더 많이 구매하게 된다는 것이다. 이에 따라 FTA는 단기적으로 무역패턴과 장기적으로 기업의 자본투자에 영향을 준다.

관세행정에서 '자유무역협정'이란 용어는 법규적 개념으로 사용된다. 「자유무역협정의 이행을 위한 관세법의 특례에 관한 법률」(이하 "FTA관세법"이라 한다) 제1조 제1항은 '자유무역협정'을 "우리나라가 체약상대국과 관세의 철폐, 세율의 연차적인 인하

---

1) Anne van de Heetkamp/Ruud Tusveld, Origin Management: Rules of Origin in Free Trade Agreements (Heidelberg/Dortrecht/London/New York: Springer-Verlag, 2011), 37쪽.

등 무역의 자유화를 내용으로 하여 체결[2)]한 「1994년도 관세 및 무역에 관한 일반협정」(이하 "GATT/WTO"이라 한다) 제24조[3)]에 따른 국제협정과 이에 준하는 관세의 철폐 또는 인하에 관한 조약·협정"으로 정의하고 있다.

여기에서 '체약상대국'이란 "우리나라와 자유무역협정을 체결한 국가"로 그 개념이 정의된다(FTA관세법 제2조제1항제2호). 그리고 국가의 적용범위에는 국가연합·경제공동체 또는 독립된 관세영역이 포함된다. 가령, 우리나라와 미국이 체결하여 2012.3.15.부터 시행된 자유무역협정에서 체약상대국을 적용해보면, 미국은 우리나라의 입장에서 체약상대국으로 지칭되고, 미국의 입장에서는 우리나라가 체약상대국으로 가리키게 된다. 아울러 한·미국 FTA 체결의 주체국가인 우리나라와 미국을 합쳐 "체약당사국"이라고 일컫게 된다.

GATT/WTO는 1947년 국제적으로 체결되어 발효[4)]된 GATT, 즉 General Agreement on Tariffs and Trade가 여덟 번째 다자간[5)] 무역협상인 Uruguay Round를 통하여 1994

---

2) "체결"은 국가와 국가 간 계약이나 조약, 약속 따위를 맺는 것을 말한다.

3) GATT/WTO 제24조 ▶(제3항) 이 협정의 규정은 다음을 방해하는 것으로 해석되지 아니한다. (a) 국경무역을 원활하게 하기 위하여 체약당사자가 인접국가에 부여하는 혜택 (b) 트리에스트 자유영토와의 무역에 대하여 그 영토에 인접한 국가가 부여하는 혜택. 단, 이러한 혜택이 제2차 세계대전의 결과로 체결된 평화조약에 저촉되어서는 아니 된다. ▶(제4항) 체약당사자들은 자발적인 협정을 통하여 동 협정 당사국 경제 간의 보다 긴밀한 통합을 발전시킴으로써 무역의 자유를 증진하는 것이 바람직하다는 것을 인정한다. 체약당사자는 관세동맹 또는 자유무역지역의 목적이 구성영토간의 무역을 원활화하는 것이어야 하며 다른 체약당사자의 동 영토와의 무역에 대한 장벽을 세우는 것이어서는 아니 된다는 것을 또한 인정한다. ▶(제5항) 따라서 이 협정의 규정은 체약당사자 영토간에 관세동맹 또는 자유무역지역을 형성하거나 관세동맹 또는 자유무역지역의 형성을 위하여 필요한 잠정협정을 채택하는 것을 방해하지 아니한다. 단, (a) 관세동맹 또는 관세동맹의 형성으로 이어지는 잠정협정에 관하여는, 동 동맹이나 협정의 당사자가 아닌 체약당사자와의 무역에 대하여 동 동맹 또는 잠정협정의 창설 시에 부과되는 관세 및 그 밖의 상거래 규정은 동 동맹의 형성 또는 동 잠정협정의 채택 이전에 구성영토에서 적용 가능한 관세 및 그 밖의 상거래 규정의 일반적 수준보다 전반적으로 더 높거나 더 제한적이어서는 아니 된다. (b) 자유무역지역 또는 자유무역지역의 형성으로 이어지는 잠정협정에 관하여는, 각 구성영토에서 유지되고 또한 동 자유무역지역의 형성 또는 동 잠정협정의 채택 시에, 동 지역에 포함되지 않았거나 동 협정의 당사자가 아닌 체약당사자의 무역에 대하여 적용 가능한 관세 및 그 밖의 상거래 규정은 자유무역지역의 형성 또는 잠정협정 이전에 동일한 구성영토에서 존재하였던 상응하는 관세 또는 그 밖의 상거래 규정보다 더 높거나 더 제한적이어서는 아니 된다. (c) (a)호 및 (b)호에 언급된 잠정협정은 합리적인 시간 내에 동 관세동맹 또는 동 자유무역지역의 형성을 위한 계획 및 일정을 포함하여야 한다.

4) "발효되었다"는 의미는 GATT협정이 국제법규로서 회원국들에게 법적 구속력(효력)을 갖게 되었다는 뜻이다.

년도 출범한 WTO(World Trade Organization)체제[6]의 다자간 무역규범에 편입된 무역협정을 말한다. 여기에서 협정(agreement)은 우리나라의 법체계에서 협약(convention), 약정(arrangement), 의정서(protocol)와 같은 명칭과 더불어 국제조약으로서 널리 국가와 국가 또는 국제기구 사이의 문서에 의한 합의를 말한다. 이와 같은 국제조약은 헌법 제6조 제1항[7]에 따라 국내법과 동일한 효력을 가지므로 자유무역협정은 FTA 체약당사자 간 구속력을 갖는 법규정을 의미한다.

자유무역협정의 규범적 개념에 따르면 어떤 협정의 명칭이 FTA인지 여부와 상관없이 그 협정이나 조약의 내용이 GATT/WTO 제24조에 어긋나지 않는다면 FTA로 간주된다. 다시 말하면 FTA관세법령에서 무역의 자유화를 내용으로 하거나 무역자유화에 준하는 내용으로 체결한 조약·협정은 모두 자유무역협정에 포괄되므로 해당 협정이나 조약의 내용이 GATT/WTO 제24조에 반하지 않는다면 자유무역협정으로 취급한다. 따라서 FTA관세법령에서 우리나라가 2010.1.1. 인도와 체결·발효한 한-인도 CEPA(Comprehensive Economic Partnership Agreement) 또는 2022.2.1. 가입·발효한 RCEP(Regional Comprehensive Economic Partnership)도 무역자유화를 그 내용으로 하고 있기 때문에 그 명칭에 상관없이 FTA에 포함된다.

Ⅱ 원산지규정의 이해

1. 원산지란 무엇인가?

국가들이 수입상품의 원산지를 판정하려는 이유는 국제무역에서 차별화된 대우가 존재하기 때문이다. 국제무역에서 모든 거래물품을 그 원산지와 상관없이 차별없이 취급하는 것처럼 세계경제가 완전한 자유무역이라면 원산지규정은 필요가 없을 것이

---

5) '다자간'(multilateral)은 국제협정에서 세 나라 이상이 당사자로 참여한다는 의미이고, 이에 반하여 두 나라가 당사자로 참여하는 협정은 '양자간'(bilateral)이라고 표현한다.

6) 세계무역기구(WTO)는 스위스 제네바에 본부를 두고 있으며 1995년 1월 1일 제2차 세계대전 후 자유무역을 지향하기 위해 만들어졌던 「관세 및 무역에 관한 일반협정(GATT)」체제를 대체하기 위해 만들어졌다. 이에 따라 WTO는 GATT의 원칙과 협정을 수용하며 회원국들 간의 무역 관계를 정의하는 많은 수의 협정을 관리 감독하는 실제적 기구로 존재하고 있다.

7) 헌법에 의하여 체결·공포된 조약과 일반적으로 승인된 국제법규는 국내법과 같은 효력을 갖는다.

다. 원산지규정(rules of origin)은 거래상품의 특혜무역(preferential trade)과 비특혜무역(non-preferential trade)에서 원산지의 판정을 위해 적용되는 법규의 식별(증명)과 관련된다. 여기에서 '상품'(Goods)은 HS(Harmonized System)로 분류될 수 있는 모든 물품인 것으로 정의된다.

원산지규정은 지식재산권에 관한 WTO협정에 따른 지리적 표시를 위한 규정을 포함하지 않는다. 왜냐하면 원산지(country of origin)는 상품이 생산된 국가(독립된 관세영역), 즉 상품의 경제적 국적(economical nationality)을 의미하기 때문이다. 원산지가 어떤 상품이 성장(growth)하거나 생산(production), 제조(manufacture) 또는 가공(processing)된 국가나 독립된 관세영역을 의미하지만, 지리적 표시(상표)는 어떤 물품이 특정한 장소(국가, 지역이나 지방), 즉 해당 상품의 품질, 평판이나 그 밖의 특성이 본질적으로 그 지리적 출처가 근원인 장소(가령, 샴페인, 꼬냑, 모젤와인, 보성녹차와 같은 지리적 상품명)에서 생산된 상품임을 증명하기 때문에 원산지와 구별되는 개념이다.

원산지의 판정은 국제무역과 관련하여 매우 중요한 요소이다. 원산지규정을 다룬 최초의 국제기구는 CCC(Customs Co-operation Council)가 성안한 WCO Kyoto협약이다. Kyoto협약은 3개의 chapter(Annex K to the Revised Kyoto Convention - former Annex D)에서 원산지규정을 다루고 있다. 여기에서 '원산지규정' 의미를 "어떤 국가가 상품의 원산지를 판정하기 위하여 적용하는 특별한 규정으로서 국내법령이나 국제협정에 의하여 확립된 원칙("원산지기준")에서 개발된 규정"으로 지칭하여 넓은 개념으로 정의하고 있다. 아울러 '상품의 원산지'의 의미를 "관세, 수량제한 또는 그 밖의 무역관련 조치를 적용할 목적으로 정해진 기준에 따라 그 상품이 생산 또는 제조된 국가"로 정의하고 있다. 하지만 Kyoto협약은 특정 물품의 원산지를 어떻게 판정하는 것에 관하여 국제적으로 통일된 개념정의에 관한 문제를 규정하지는 않았다.

우리나라의 FTA관세법에서 원산지의 개념은 FTA에서 정하는 기준에 따라 물품의 생산, 가공, 제조 등이 이루어진 것으로 보는 국가로 정의되는데(FTA관세법 제2조), 원산지를 판정하는 목적은 수입하는 물품에 대한 관세의 부과·징수 및 감면 또는 수출·수입물품의 통관 등에서 법집행을 위하여 필요한 것으로 보여진다. 그리고 우리나라가 체결한 FTA 협정문에서 원산지(originating)의 규범적 개념은 각 자유무역협정에 기술된 원산지규정의 (판정)요건을 충족하는 것으로 정의된다.

2. FTA 원산지규정의 경제적 효과

FTA는 체약당사국의 영역을 토대로 자유무역지역(지대)을 창설하여 관세장벽 및 비관세장벽을 제거하기 때문에 양 체약당사국을 경제적으로 통합하는 효과를 가져온다. 여기에서 경제통합 효과란 FTA 체약당사국의 두 영토가 경제적으로 합쳐져 하나의 특혜시장(Preferential Market)이 만들어짐에 따라 양 국가 간 상품의 무역거래가 마치 국내 상거래처럼 이루어지는 단일 경제권이 형성된다는 의미로 풀이할 수 있다. 관세장벽이 제거되면 수입되는 상품의 가격이 그 만큼 저렴해지기 때문에 창설된 자유무역지역(지대) 안에서 생산된 상품은 FTA 체약당사국의 자국 내에서 생산된 국내상품과 대등한 가격경쟁력을 갖고 유통되는 결과가 될 수 있다.

이론·분석적 관점에서 원산지규정의 기본적 효과는 구속력 있는 원산지규정을 충족하는 제품의 생산 비용을 증가시킨다.[8] 이에 따라 경제학자들은 원산지규정과 FTA 활용률 사이의 연관성에 관한 경험적 분석에서 원산지규정의 법규준수 비용을, 특히 MFN 관세가 낮을 때, 저조한 FTA 활용률의 주요 원인 중 하나로 지적하고 있지만, 저조한 FTA 활용률은 원산지규정에 원인이 있는 것이 아니라 원산지규정과 관련된 행정절차에 기인하고, 특히 중소기업 등은 원산지규정을 준수할 수 있는 기술적 전문지식을 보유하지 못하거나, 그 준수 비용이 무역량과 MFN 관세율과 비교하여 너무 비싸다는 것이 문제이다.[9]

일반적으로 원산지규정에 대한 대응은 시간이 걸리기 때문에 단기적으로는 원산지규정에 대한 대응이 주로 무역 흐름의 관점에서 이루어질 수 있지만, 장기적으로는 투자 흐름의 형태를 취할 수 있다.[10] 그런데 원산지요건의 강화로 인하여 수출국가에서 수입국가로 투자의 이전이 증가하는 것은 글로벌 과잉시설이 발생하는 왜곡과 그 결과로 기존설비의 비능률적 이용 때문에 국내산업에 손해를 끼치는 원인이 될 수 있다는 점이 지적되고, 비록 원산지규정의 채택이 어떤 경제적 효과를 갖지 않아야

---

8) Oliver Cadot/Antoni Estevadeordal/Akiko Suwa-Eisenmann/Thierry Verdier, The Origin Goods: Rules of Origin in Regional Trade Agreements (New York: Oxford University Press, 2006), 24쪽.

9) Stefano Inama, Rules of Origin in International Trade[Second Edition](Cambridge/New York/Melbourne/Madrid/Cape Town/Singapore/São Paulo/Delhi: Cambridge University Press, 2022), 629쪽.

10) Oliver Cadot/Antoni Estevadeordal/Akiko Suwa-Eisenmann/Thierry Verdier, 앞의 책, 23쪽.

한다고 하더라도 보호조치와 결합하여 사용된다면 중대한 무역 왜곡의 무기가 될 수 있다.[11] 보호조치(protective measures)를 강화하는 데 사용되는 원산지규정은 때로는 그 조치가 정당하다고 주장되는 경우에도 비교우위(comparative advantage)가 없는 위치에서 산업을 유지하는 데 도움이 된다는 점에서 단순히 경제적 비효율성을 증가시키는 역할을 한다.[12]

Ⅲ FTA 원산지규정의 존재형식

1. 원산지규정의 유형

원산지규정은 일반적으로 특혜원산지규정과 비특혜원산지규정으로 나뉜다. 특혜원산지규정(Preferential Rules of Origin)은 지역무역협정(FTA), 일반특혜관세제도(GSP: Generalized System of Preference), GSTP(Global System of Trade Preference) 등에서 관세양허를 적용하기 위하여 원산지상품의 인정요건을 정한 원산지규정이고, 비특혜원산지규정(Non-preferential Rules of Origin)은 특정 국가에 대한 수입제한, 반덤핑관세, 상계관세, 수출입물품에 대한 원산지표시, 무역통계작성 등과 같이 무역정책에서 대상상품을 판정하기 위하여 적용하는 원산지규정을 말한다.

2. FTA 원산지규정

FTA는 다자무역질서의 근간인 GATT/WTO의 최혜국(MFN) 대우원칙에 정면으로 배치되지만, GATT 제25조, GATS 제5조에 따라 ① WTO규범은 FTA가 실질적으로 모든 무역을 대상으로 하며, 특정한 분야를 전면적으로 제외하지 않을 것, ② 관세 및 기타 상업적 제한의 합리적 기간 내(원칙적으로 10년 이내)에 철폐할 것, ③ 역외국에 대한 관세 및 기타 상업적 제한이 협정 체결 전보다 후퇴하지 않을 것, 이 세 가지

11) Edwin Vermulst/Paul Waer/Jacques Bourgeois, Rules of Origin in International Trade: A Comparative Study(USA: The University of Michigan Press, 1997), 23~24쪽.

12) Edwin Vermulst/Paul Waer/Jacques Bourgeois, 앞의 책, 23쪽.

요건을 충족하는 경우 GATT/WTO의 적법한 예외로 인정하고 있다.

자유무역협정은 일반적으로 기본협정, 상품무역협정, 서비스무역협정, 투자협정 등으로 구성되어 있으며, 기본협정이 모(母)조약의 성격을 가지며, 나머지 협정들은 기본협정에 근거하여 체결되고 발효 시 FTA를 구성하는 법적 문서의 일부로 편입된다. 또한, 관세인하계획, 원산지규정, 통관절차 등은 상품무역협정에 속한다.[13)]

원산지규정은 체약상대국에서 유래하는 상품에게 특혜시장의 접근을 허용하는 조건을 내포하는 상업무역협정에서 핵심적인 역할을 갖는다. 특혜원산지규정은 그 구성체계가 원산지규정의 일반적/제도적 조항(general/regime rules of origin provisions)과 원산지규정의 분야별/품목별 조항(sectoral/specific rules of origin provisions)으로 구별되어 규율된다. 흔히 협정문의 본문에는 원산지제품(originating products)의 일반적 판정기준이 제시되고, 품목별 원산지 지위(originating status)는 협정문의 부속서(Annex or Protocol)에서 HS Code 순서에 따라 열거되어 있다.

원산지규정의 일반적/제도적 조항은 일반적 주제(항목), 가령 완전생산기준, 실질적 변형요건의 충족, 중간재(Roll-Up/흡수규정), 역내가치 포함 비율 산출방법, 원산지누적, 미소규정, 불충분한 작업 및 기타 특별 조항(간접재료, 세트 상품, 부속품·예비부품 및 공구, 포장용기) 등과 같은 원산지판정에 필요한 일반요건으로 구성된다. 이 조항은 종종 원산지증명과 원산지검증에 관한 상세한 조항을 포함한다. 그리고 품목별 원산지 지위는 세번변경, 역내부가가치, 주요공정 또는 이 세 가지 카테고리를 조합한 기준으로 구성된다.

우리나라가 체결한 FTA는 각 협정별로 상품무역에 관한 원산지의 실체규정과 절차규정 그리고 관세양허표를 규율하고 있는데, 현재 우리나라가 체결(가입)·발효 중인 FTA는 다음과 같다.

- 한국-칠레(Chile) FTA는 2004년 4월 1일부터 발효되었고, 우리나라가 체결한 최초의 FTA로 중남미 시장의 교두보 확보란 점에 그 의의가 있다.

---

13) FTA 협정문 체계는 대체로 비슷하며 전문(Preamble), 협정본문(Chapter), 부속서(Annex), 부록(Appendix), 서한(Letter) 등으로 구성되어 있다. 각 장(Chapter)은 핵심내용, 정의 등을 제시하는 본문과 관련된 부속서, 부록, 부속서한 등으로 구성되며, 대부분은 부속서와 양국 간 통상장관 명의의 서한이 첨부되어 있다. 부속서는 품목별 원산지기준, 관세양허안 등과 같이 내용이 방대한 것을 별도로 정리하거나 협정의 의미를 명확한 해석을 위해 주로 사용되며, FTA 협상에서 권한 있는 당국자의 서한도 협정문의 해석 시 발생할 수 있는 이견을 피하기 위해 사용되고 있다.

- 한국-싱가포르(Sigapore) FTA는 2006년 3월 2일부터 발효되었고, ASEAN 시장의 교두보 확보란 점에 그 의의가 있다.
- 한국-EFTA[14] FTA는 2006년 9월 1일부터 발효되었고, 유럽시장의 교두보 확보란 점에 그 의의가 있다.
- 한국-아세안(ASEAN: Association of Southeast Asian Nations) FTA는 말레이시아(Malaysia)·싱가포르공화국(the Republic of Singapore)과는 2007년 6월 1일부터 시작하여, 최종적으로 타이왕국(the Kingdom of Thailand)과는 2010년 1월 1일부터 각각 발효되었으며,[15] 거대경제권과 최초의 FTA란 점에 그 의의가 있다.
- 한국-인도(India) CEFA(Comprehensive Economic Partnership Agreement)는 2010년 1월 1일부터 발효되었고, BRICs 국가로 거대시장인 점에 그 의의가 있다.
- 한국-EU[16](European Union) FTA는 2011년 7월 1일부터 발효되었고, 거대 선진경제권과의 FTA란 점에 그 의의가 있다.
- 한국-페루(Peru) FTA는 2011년 8월 1일부터 발효되었고, 자원부국으로 중남미 진출의 교두보 확보란 점에 그 의의가 있다.
- 한국-미국(USA) FTA는 2012년 3월 15일부터 발효되었고, 세계 최대경제권(GDP 기준)이란 점에 그 의의가 있다.
- 한국-튀르키예(Türkiye)[터키(Turkey)] FTA는 2013년 5월 1일부터 발효되었고, 유럽·중앙아 진출의 교두보 확보란 점에 그 의의가 있다.
- 한국-호주(Australia) FTA는 2014년 12월 12일부터 발효되었고, 자원부국으로 오세아니아 주요시장이란 점에 그 의의가 있다.
- 한국-캐나다(Canada) FTA는 2015년 1월 1일부터 발효되었고, 북미 선진시장이란 점에 그 의의가 있다.

---

14) 아이슬란드공화국, 리히텐슈타인공국, 노르웨이왕국, 스위스연방으로 구성되어 있다.

15) 그 밖에 브루나이다루살람, 캄보디아왕국, 인도네시아공화국, 라오스인민민주공화국, 미얀마연방, 필리핀공화국, 베트남사회주의공화국도 체약상대국이다.

16) EU회원국 27개국은 벨기에왕국, 불가리아공화국, 체코공화국, 덴마크왕국, 독일연방공화국, 에스토니아공화국, 아일랜드, 그리스공화국, 스페인왕국, 프랑스공화국, 이탈리아공화국, 사이프러스공화국, 라트비아공화국, 리투아니아공화국, 룩셈부르크대공국, 헝가리공화국, 몰타, 네덜란드왕국, 오스트리아공화국, 폴란드공화국, 포르투갈공화국, 루마니아, 슬로베니아공화국, 슬로바키아공화국, 핀란드공화국, 스웨덴왕국, 영국으로 구성되어 있었으나, 영국이 2021.1.1. EU회원국 탈퇴로 26개 회원국이다.

- 한국-뉴질랜드(New Zealand) FTA는 2015년 12월 20일부터 발효되었고, 오세아니아 주요시장이란 점에 그 의의가 있다
- 한국-베트남(Vietnam) FTA는 2015년 12월 20일부터 발효되었고, 우리나라의 제5위(2019년 기준) 투자대상국이란 점에 그 의의가 있다.
- 한국-중국 FTA는 2015년 12월 20일부터 발효되었고 우리나라의 최대(2019년 기준) 교역상대국이란 점에 그 의의가 있다.
- 한국-콜롬비아(Colombia) FTA는 2016년 7월 15일부터 발효되었고, 자원부국으로 중남미 신흥시장이란 점에 그 의의가 있다.
- 한국-중미(5개국[17]) FTA는 2021년 3월 1일부터 전체 발효되었고, 중미 신시장의 창출이란 점에 그 의의가 있다.
- 한국-영국 FTA는 2021년 1월 1일부터 발효되었고, 브렉시트 이후 한영 통상관계 지속이란 점에 그 의의가 있다.
- RCEP[18](Regional Comprehensive Economic Partnership)은 2022년 2월 1일부터 가입·발효되었고, 동아시아 경제통합의 기여란 점에 그 의의가 있다.

제 2 절 관세의 납세의무에 대한 이해

I 개설

FTA에서 상품무역협정문은 기본협정문의 중요한 구성요소로서 그 주요 내용은 '관세인하계획(협정관세율)'과 '원산지규정' 및 '원산지상품의 통관절차'로 이루어진다. 상품교역에서 '관세'는 무역장벽을 제거하여 자유로운 무역을 실현하기 위하여 궁극적으로 철폐의 대상이다. 따라서 FTA 협정관세에 대한 이해를 위하여 '관세'의 개념과 기능에 대하여 살펴본다.

17) 파나마, 코스타리카, 온두라스, 엘살바도르, 니카라과 등이다.

18) 현재 가입국은 우리나라를 비롯해서 아세안 10개국, 중국, 일본, 호주, 뉴질랜드 등이다.

1. 상품무역에서 관세의 기능

'관세'(Zoll; Customs duty)의 어원적 개념은 그리스어로 목적, 끝, 최종지불을 뜻하는 'tèlos'와 라틴어로 조세를 뜻하는 'teloneum'에서 기원한다.[19] 관세의 개념은 그 의미가 시간의 지남에 따라 바뀌었는데, 예전에는 흔히 상품이 도로, 다리 또는 강 등을 통과하는 경우에 부과하는 조세였으나, 오늘날 관세의 개념은 행정서비스에 대한 대가가 아니라 일반적으로 동종의 내국물품에 대해서는 부과되지 않고 단지 국경을 넘는 일정한 상품이동(수입·수출·통과)에 대해 부과하는 조세로 이용된다. 관세의 조세법적 개념은 국가가 그 존립과 활동의 재원을 확보하기 위하여 반대급부 없이 일반 국민으로부터 강제적으로 부과·징수하는 과징금을 말한다. 재정학상 조세의 종류[20]는 과세주체에 따라 국세와 지방세로 구분되는바, 관세는 국세에 속하지만 과세권이 국세청장이나 세무서장의 소관인 내국세와 구별되고, 다른 일반의 국세와는 원칙적으로 그 법적 규제를 달리하고 있다.

국가나 그와 유사한 공동체가 존재한 이래로 관세의 징수는 전래되었다.[21] 그렇기 때문에 관세는 가장 오래된 조세이다. 그것의 흔적은 예컨대 기원전 3,000년 오리엔트나 이집트의 문화사 이전까지 거슬러 올라간다. 중세까지 관세 또는 같은 의미의 통행세는 육로와 해로, 다리, 항만시설과 장터 등에 대한 사용수수료의 특성을 혹은 상품거래에 대한 보호수수료의 특성을 현저하게 가졌다. 이러한 통로관세, 다리관세 또는 통행관세는 무엇보다도 국가 재정수입의 목적에 이바지하였다. 이러한 목적의 조세는 관세이론상 재정관세로서 특징된다. 17세기와 18세기 관세영역 또는 경제영역을 설정할 때까지, 관세는 소위 생산현장에서 거두어들였다. 따라서 국경에서 관세를 징수하는 사상은, 즉 국경관세는 비로소 근대의 발전결과였다.

---

19) Peter Witte/Hans-Michael Wolffgang(Hrsg.), Lehrbuch des Europäischen Zollrecht(Herne/Berlin: Verlag Neue Wirtschafts-Briefe, 1998), S. 27.

20) 재정학상 조세의 종류는 법규상 납세의무자와 사실상의 조세부담자와의 관계에 따라 직접세와 간접세로, 과세물건의 성질에 따라 수익세·재산세·거래세 및 소비세로, 과세물건의 종류에 따라 대인세·대물세 및 행위세로, 조세수입의 용도에 따라 보통세와 목적세로, 조세수입의 시기에 따라 경상세·정기세와 임시세·수시세로 그 종류를 나눌 수 있는데, 관세는 대물세로서 수시세인 성격을 띠고 있으며, 간접세·소비세 및 보통세로 분류된다.

21) 세계 관세사에 관해서는 이대복, 세관 역사 한눈에 꿰뚫어 보기(파주: 도서출판 동녘, 2009), 17쪽부터 38쪽까지를 참조.

절대왕정의 중상주의정책은 국가를 이미 경제단위와 경제생활의 조정자로 여겼다. 그렇기 때문에 이 시대에 재정관세사상과 더불어 보다 넓은 관세의 동기가 나타났으며, 국가가 원하지 않는 경쟁에 대한 자국경제의 보호를 위하여 국내시장을 **보호관세**로서 폐쇄하였다.[22] 또한, 관세를 통하여 성취된 수입재화의 가격등귀는 관세로 보호된 경제에 재화의 생산 그 자체를 수용하거나 생산량을 확대시킴으로써 생존적 대외무역을 성장시킬 수 있는 자극을 준다는 인식이 넓혀졌다.

오늘날 GATT에 근거하는 자유무역학설로부터 원칙적으로 배척됨에도 불구하고, 보호관세사상은 여러 가지 변형을 통하여 오늘날까지 유지될 수 있었다. 특히 순수한 보호관세의 징수는 일정한 상황에 따라 일시적으로 경제논리에서 정당화될 수 있다. 예컨대 새로운 산업부문의 보호(육성관세), 산업부문 내지 총체적 국민경제에서 위기의 제거(위기관세), 보조금 및 덤핑 방지(상계관세 및 반덤핑관세) 등이 있다. 이러한 관세부과의 사례가 보여주는 바와 같이 오히려 GATT규범에 대하여 오늘날 보호관세의 징수가 적법한 것으로 여겨지는 예외상황에 관한 문제이다.

세계무역이 일반적으로 관세의 영향을 받고 있는 것은 결과적으로 재정관세사상과 보호관세사상을 능가하는 동기에 의하여 발생되고 있다. 현대의 관세이론은 원칙적으로 재정관세도 보호관세도 모순되지 아니 할 수 없는 자유경제주의의 계몽정신에 의하여 떠받혀지고 있다. 관세동맹, 자유무역지역 또는 그 개별국가와 제3국가와의 상품거래에서 오늘날 다른 측면의 관세가 징수되는 경우에, 관세는 본질적으로 **영역관세** 또는 **경제관세**의 사상에 동기를 갖게 된다. GATT/WTO의 이념적 관점에서 이것은 자유경제주의 의미에서 자유롭고 방해받지 않는 무역을 개척하기 위하여 단지 경과기간 동안에만 받아들여지며 점차적으로 폐지되어야 한다.

국가의 관세청구권은 상품수입의 경제정책적 효과, 예컨대 내국시장의 물가형성에 대한 효과에 기인하여야 하고 무엇보다도 특히 수입상품의 측면에서 불공정한 가격이익을 걷어내는 바에 기여하여야 한다. 그러한 이익은 흔히 수출국에서의 비교 가능한 임금비용과 생산조건에 되돌려질 수 없다. 그 조종은 관세율에 대하여 행하여지게 된다. 그리하여 대부분의 서방공업국가에서 관세율은 일반적으로 연속하는 가공단계에 따라 높아진다. 원료에 대하여 흔히 관세가 없거나 저세율로 부과된다. 최초 단계와

22) 근대 이후 선진공업국가들의 보호무역정책을 위한 관세장벽의 운용현황에 관해서는 장하준(이순희 옮김), 나쁜 사마리아인들(서울: 도서출판 부키, 2010), 92쪽에서 94쪽까지를 참조.

다음 단계의 반제품에 대한 관세부담은 대체로 최고 관세율로 확정되는 완제품에 이르기까지 층층계단과 비교되면서 상승한다. 그에 반하여 단순히 통과하는, 관세영역에서 단지 창고에 보관되거나 일시적으로 사용되어 국내의 경제순환에 들어가지 아니하는 상품에 대한 관세의 부과는 시스템에 역행되는 것이며 영역관세 또는 경제관세의 원칙에 의하여 정당화될 수 없다. 또한, 현대의 관세이론에 따라 결과적으로 관세부과는 보호관세적 동기를 완전히 부인할 수 없는 경제지배수단을 지속한다. 관세부과가 세수목적으로 더 이상 의도되지 않는 그 자체에서 실제로, 예를 들어 EU 공동체의 예산에 고유한 방법으로 들어오는 관세는 세수목적이 달성되어 반사적으로 아직 최소한 재정관세의 특성을 말할 수 있게 된다.

2. 관세법에서 규정하는 납세의무관계

납세의무는 헌법에서 규정한 국민의 기본적 의무로서 그 법적 성격은 국민이 스스로 국가공동체의 재정력을 형성한다는 적극적 성격과 국가의 자의적 과세로부터 재산권을 침해당하지 아니한다는 소극적 성격을 아울러 가지고 있다. 관세는 조세의 일종이므로 입법자는 관세의 납세의무를 조세법률주의(헌법 제59조)에 따라 관세법에서 구체적으로 규정하고 있다. 따라서 관세법의 납세의무에 관한 규정을 적용하는 경우에 기본적 법률관계로 관세행정의 집행자인 과세권자(세관장)와 관세행정의 대상인 납세의무자(수입자) 사이에 관세의 금전적 급부를 내용으로 하는 관세채무관계가 형성된다. 그리하여 관세에 관한 납세의무관계는 관세법에서 규정하는 관세부과요건의 실현을 통하여 발생하는 관세채권자(과세권자)와 관세채무자(납세의무자) 사이의 실체적 법률관계가 형성된다.

관세법에서 형성되는 납세의무관계의 당사자에는 징세권 내지 관세행정권을 행사하는 자로서 과세권자(세관장)와 관세를 금전으로 급부하는 납세의무자(수입자)가 있다. 관세법에서 형성되는 납세의무관계의 당사자로서 과세권자는 헌법상 조세고권[23]을 갖는 국가가 되며, 납세의무자는 일반 국민이 된다. 납세의무자인 국민에는 자연인뿐만 아니라 법인도 포함된다. 그리고 납세의무에 대응하는 국가적 권력인 과세권은

23) 조세에 관한 국가주권, 즉 국가의 배타적 지배권을 조세 측면에서 파악한 개념으로 국가는 자국의 영토 내에서 배타적으로 조세를 부과·징수할 수 있는 권리를 말한다.

모든 경제주체를 그 대상으로 발동하기 때문에 국내에서 경제활동을 하는 외국인도 과세원인이 발생할 경우에는 원칙적으로 납세의무를 진다. 다만, 국제법에서 규정하는 일반원칙에 따라 외교특권을 누리는 자나 외국인의 납세의무를 면제해 줄 수 있는 것은 물론이다. 여기에서 납세의무자와 조세채무자의 개념은 구별된다. 즉, 조세채무자는 또한 납세의무자가 되나, 납세의무자는 반드시 조세채무자가 되는 것은 아니다.[24] 조세채무자의 개념은 단지 재산법에서 규정하는 권리와 의무의 주체가 되는 반면 납세의무자는 비재산법에서 규정하는 권리와 의무의 주체가 되기 때문에 납세의무자의 개념이 보다 넓은 개념이 된다.

관세채권은 공법에서 규정하는 청구권으로서 관세를 납부하여야 하는 물품에 대하여는 다른 조세 기타 공과금과 채권에 우선하여 그 관세를 징수할 수 있으며(관세법 제3조제1항), 국세징수의 예에 의하여 관세를 징수하는 경우 강제징수의 대상이 해당 관세를 납부하여야 하는 물품이 아닌 재산인 때에는 관세의 우선순위는 국세기본법에 의한 국세와 동일한 순위로 한다(관세법 제3조제2항). 그리고 관세채권은 조세채권이기 때문에 국세징수법에 의하여 우선권 및 자력집행권이 인정되는 권리로서 사법에서 규정하는 채권과는 그 성질을 달리하므로 관세채권의 성립과 행사는 법률에 의해서만 가능한 것이고 관세에 관한 법률에 의하지 아니한 사법에서 규정하는 계약에 의하여 관세채무를 부담하게 하거나 이를 보증하게 하여 이들로부터 관세채권의 종국적 만족을 실현하는 것은 허용될 수 없다.[25]

관세법에서 형성되는 납세의무관계는 실체법규로서 관세채무관계와 형식법규로서 절차의무관계로 구성된다. **관세채무관계**는 관세채권의 행사에서 주장되는 금전급부의 청구에 대한 확정적 납부를 그 본질적 내용으로 한다. 이것에는 관세채권 그 자체, 그리고 조세법규에서 성립하는 부가적 급부의 청구인 징세절차에서의 담보청구권, 관세환급청구권 및 경정청구권 등이 속한다. **절차의무관계**는 관세채무관계에서의 청구권의 관철에 이바지되는 의무[26]와 권리[27]가 포함된다. 이것에는 특히 사실

---

24) Wolfgang Jakob, Abgabenordnung: Steuerverwaltungsverfahren und finanzgerichtliches Verfahren, 2., völlig überarbeitete Auflage, S.5.

25) 대법원 1987.12.22. 선고 87다카500 판결.

26) 가령, 관세법상 납세신고의무, 신의성실의무, 가격 또는 납세신고서류 보관의무 등을 말한다.

27) 예컨대, 관세법상 관세행정정보청구권, 관세조사절차상의 권리, 과세전적부심사청구권, 심사청구권, 심판청구권 등을 말한다.

판명에 기여하는 권리와 의무가 속하게 된다.

Ⅱ 납세의무의 발생과 귀속

관세의 납세의무는 관세법에서 규정하고 있는 관세구성요건이 충족하면 발생한다. 즉, 일정한 시점에서 특정한 경제주체에게 과세물건이 귀속되고 관세법이 정하고 있는 납세액의 확정절차에 따라 과세표준을 결정하여 세율을 적용할 수 있는 상태에 이른 때 납세의무는 당연히 성립하게 된다. 여기에서 관세법에서 규정하는 **납세의무의 성립**은 의무(급부)의 내용인 관세액의 확정개념과 구별된다. 왜냐하면 납세의무는 과세요건의 충족과 동시에 법률상 당연히 발생(성립)되지만 이때 발생(성립)된 납세의무는 추상적 납세의무에 지나지 않고 그 구체적 내용은 아직 확정되지 않은 상태이기 때문이다. 따라서 납세의무의 성립을 위하여 관세행정주체의 의무설정(창설)행위가 요구되는 것은 아니며 납세의무의 성립은 그 법적 효과로서 해당 세액의 확정절차를 통하여 납세의무의 주체(자연인이나 법인 또는 법인격없는 단체)에게 국가에 대한 관세채무를 귀속시키며 국가는 이것에 대응하는 관세채권을 취득하게 된다.

관세는 관세법 제14조에 따라 수입물품에 대하여 부과한다. 따라서 물품을 수입하는 경우 원칙적으로 관세의 납세의무는 발생된다. 관세는 역사적으로 물품의 수입이나 수출 또는 통과 등 국경에서의 일정한 물품이동에 대하여 부과되는 조세이지만 우리나라 관세법은 대부분의 국가와 마찬가지로 수입물품에만 관세를 부과하도록 규정하고 있다. 그런데 관세법에 따라 구체적으로 납부하여야 할 세액은 관세율표에 정해져 있는 세율에 의하여 결정되는 것이므로 수입물품이라고 하더라도 관세율이 0%인 물품에 대해서는 관세의 납세의무가 발생하지 않는다. 다만, 관세율이 0%인 물품이라도 부가가치세 등과 같은 내국세의 납세의무가 반드시 면제되는 것은 아니므로 수입하는 물품에는 원칙적으로 관세 등 수입조세의 납세의무가 발생된다고 할 수 있다.

오늘날 관세는 일반적으로 물품에 기초하여 영역관세 또는 경제관세로 징수되는 조세이고, **관세의 납세의무는 외국의 경제단위에 속하는 거래재화를 내국의 자유로운 재화거래에 편입하는 국민경제 과정에 기인하여 발생한다.**[28] 이와 같은 관세의 법적

28) Peter Witte/Hans-Michael Wolffgang(Hrsg.), 앞의 책, S.60.

성격에서 볼 때 관세법에 따라 납세의무가 발생(성립)되는 구체적 요건으로는 ① 물품의 수입통관, ② 외국물품의 위법한 반입, ③ 세관감시의 회피, ④ 관세행정절차에서 규정위반, ⑤ 관세행정작용의 특례지역에서 외국물품의 위법한 사용이나 소비, ⑥ 관세감면처분 해제조건(법정부관)의 성취 등이 해당된다.

1. 수입물품의 통관

관세법 제226조 이하에서 규정하고 있는 **'통관'의 법적 개념**은 수입이나 수출 또는 반송에 관한 관세행정절차의 적법한 이행이다(관세법 제2조제13호).[29] 외국물품이 관세법에서 규정하는 자유로운 재화거래로 이전되는 **수입통관의 목적**은 관세법에 따라 외국물품에 대하여 내국물품의 지위를 부여하는 것이다. 물품의 수입통관에서는 관세법 제38조와 제39조에 따라 원칙적으로 관세 등 수입조세의 징수가 요구된다. 물품의 수입통관에 따른 납세의무는 수입통관이 해당 물품의 관세영역 반입 후(관세법 제243조제2항)에 이행되는지 또는 해당 물품의 관세영역 반입 전(관세법 제244조제1항)에 이행되는지 여부와 상관없이 발생된다. 또한, 정식통관의 수입신고(관세법 제241조제1항)인지 간이통관의 수입신고(관세법 제241조제2항)인지 여부도 납세의무의 발생에 영향을 미치지 않는다. 그리고 세관감시가 종료되는 물품의 수입통관이건 또는 해당 물품의 특정 목적에만 사용하여야 하는 **용도세율**[30]의 적용(관세법 제83조)으로 세관감시가 적어도 일정 기간 지속되는 수입통관인지 여부도 중요하지 않다.

물품의 수입통관 시 납세의무가 발생하는 시점은 해당 물품의 수입신고서가 세관의 EDI통관시스템에 접수된 때이며, 발생한 납세의무는 관세법 제19조 제1항에 따라 원칙적으로 해당 물품을 수입하는 때의 화주에게 귀속된다. 여기에서 '화주'란 그 물품을 처분할 권한이 있는 자를 말한다. 그리고 만일 해당 물품의 화주가 불분명하다면

29) SOFA특례법 제9조 제1항에 따라 비면세대상자가 면세기관·면세대상자 또는 면세대상자이었던 자로부터 SOFA협정의 규정에 의하여 관세의 면제를 받은 물품(해당 물품을 사용하여 제조된 물품 그 부산물을 포함한다)을 대한민국 내에서 양수(양도 또는 양수의 위탁을 받거나 그 알선을 위하여 소지하는 것을 포함한다)하고자 할 때 그 양수는 관세법에서 규정하는 수입에 해당되어 수입통관법규가 적용된다.

30) '용도세율'은 관세율표나 관세법에서 동일한 물품에 대하여 용도에 따라 세율을 다르게 정하는 경우 낮은 세율을 말한다.

납세의무는, ① 그 물품이 수입을 위탁받아 수입업체가 대행수입한 물품인 경우에는 그 물품의 수입을 위탁한 자에게, ② 그 물품이 수입을 위탁받아 수입업체가 대행수입한 물품인 아닌 경우에는 송품장, 선하증권 또는 항공화물운송장에 기재된 수하인에게 귀속된다. 그리고 ③ 수입신고 전 양도된 수입물품의 납세의무는 해당 수입물품의 양수인에게 귀속되고, ④ 우편에 의하여 수입되는 물품의 납세의무는 해당 물품의 수취인에게 귀속된다. 그러나 수입물품의 실질적 수요자로부터 이를 증여받은 자는 관세법에서 규정하는 수입물품의 화주라 할 수 없을 뿐 아니라 그 물품의 수입신고를 한 통관업자나 자기명의로 통관허가를 받은 자도 화주가 아니므로 그 물품의 수요자로서 종국적으로는 관세를 부담하게 된다고 하더라도 이는 사실상의 경제적인 이해관계가 있다는 것일 뿐이고 관세법에서 규정하는 납세의무자라 할 수 없다.[31] 다만, 수입신고가 수리된 물품 또는 수입신고수리 전 반출된 물품에 대하여 납부하였거나 납부하여야 할 관세액이 부족한 때 수입신고인은 해당 물품을 수입한 화주의 주소 및 거소가 불명하거나 화주를 명백히 하지 못하는 경우에 한하여 해당 관세의 연대보증채무자가 된다.

2. 외국물품의 위법한 반입

관세의 납세의무는 외국물품을 위법하게 반입하는 때에도 발생한다. 외국물품의 위법한 반입행위는 물품의 수입통관과 관련하여 존재하는 경우와 관세국경을 통한 밀수입 또는 보세구역[32]이나 자유무역지역[33] 등으로부터의 밀수입과 관련하여 발생하는 경우로 구분된다.

위법한 반입의 첫 번째 행위형태로는 외국물품의 관세국경유월과 보세장치장소 사이의 위법한 행위인 직접 **밀수입행위**가 포섭된다(관세법 제269조제2항). 객관적으로 위반하게 되면 밀수입행위의 구성요건을 실현시키는 의무, 즉 물품을 외국으로부터 반입하는 경우에 마땅히 준수하여야만 하는 의무는 특히 외국물품의 보세장치의무(관세법 제155조)로 분명해진다. 이것의 전형적인 위반은 반입통로를 경시하는 경우에 존재하게

31) 대법원 1976.6.22. 선고 76누43 판결.

32) 나중에 설명하는 "IV. 관세행정작용의 특례지역"의 내용을 참조.

33) 나중에 설명하는 "IV. 관세행정작용의 특례지역"의 내용을 참조.

된다.[34] 관세행정권이 관세영역에 반입되는 물품을 기속하고 그에 따라 상응하는 관세행정처분을 내리기 위해서는 해당 반입물품은 필수적으로 세관당국에 제시되어야 하는데, 세관당국의 통제범위 내에 실체적으로 운반된 물품만이 비로소 세관당국에 제시된 것이 된다.[35] 외국물품의 세관당국에 제시는 운송수단의 입항보고(관세법 제135조제1항)나 도착보고(관세법 제149조제1항)에 의하여 실현된다. 이러한 보고는 단지 내용상으로 세관당국에게 외국물품이 우리나라에 도착된 사실을 아주 일반적으로 알리는 것이다.[36] 따라서 물품의 반입에 대하여 내용적으로 허위인 보고는 아직 밀수입에 이른 것은 아니다.[37] 그러나 아무 물품이 없다고 보고하거나 은닉된 또는 특수하게 설비된 장치를 통하여 숨겨진 물품이 명시적으로 보고되지 않은 경우에는 위법한 반입이 분명해진다.[38] 한편, 보세구역이나 자유무역지역 등과 같은 이른바 관세행정작용의 특례지역으로부터 외국물품을 위법하게 반입하는 경우에도 밀수입행위와 동일하게 된다.

위법한 반입의 두 번째 행위형태로는 물품을 수입신고함에 있어서 세액결정에 영향을 미치기 위하여 과세가격 또는 관세율 등을 허위로 신고하거나 신고하지 아니하는 **관세포탈행위**가 포섭된다(관세법 제270조제1항). 물품을 수입하는 경우 마땅히 준수하여야 하는 의무를 객관적으로 위반하게 되면 실현되는 관세포탈행위의 구성요건은 수입물품에 대한 신고의무(관세법 제241조제1항)와 납세신고의무(관세법 제38조제1항)에서 명백하게 된다.

외국물품의 위법한 반입 시 납세의무의 발생 시점은 위법한 반입의 순간 예컨대, 반입통로의 경시나 보고불이행, 물품제시의 불이행과 같은 의무위반의 시점이 된다. 이러한 경우 관세의 납세의무는 밀수입행위자나 관세포탈행위자에게 귀속된다. 특히 밀수입행위 시 관세의 납세의무자는 물품의 실제 운송자가 결정적이다.[39] 그리하여

---

34) 예컨대, 국제항이나 관세통로가 아닌 국경을 통한 반입, 관세통로의 이탈, 국제항 밖에서의 양륙 등이 있다.

35) Peter Witte/Hans-Michael Wolffgang(Hrsg.), 앞의 책, S.288.

36) Peter Witte/Hans-Michael Wolffgang(Hrsg.), 앞의 책, S.288.

37) Peter Witte/Hans-Michael Wolffgang(Hrsg.), 앞의 책, S.288.

38) 예를 들어, 외국무역선의 선장이 세탁기가 적재되었다고 입항보고를 했으나 실제로는 건조기가 적재되어 있다면, 이러한 경우 밀수입은 존재하지 않는다. 왜냐하면 물품의 도착은 세관당국에게 알려졌기 때문이다.

39) 가령, 여러 명의 사람이 비행기, 선박, 승용차량, 철도차량 등으로 물품의 운송에 참여했다면

만일 외국물품을 절취함으로써 밀반입되었다면 바로 절도범인이 납세의무자가 된다. 그러나 개인의 휴대물품에 대해서는 그 여행자가 소유권의 유무와 상관없이 해당 물품의 반입자가 된다.

3. 세관감시의 회피

관세의 납세의무는 관세 등 수입조세의 납세의무가 있는 물품을 세관감시로부터 회피하는 경우에도 발생된다. 어떤 행위, 즉 작위 또는 부작위가 구체적으로 시작된 세관감시처분을 더 이상 수행될 수 없게 하는 경우에 언제나 회피는 존재하게 된다.[40] 특히, 세관당국에게 근접에 있던 물품에 대한 기속력은 회피 이후에 불가능하게 된다. 따라서 회피는 세관당국의 구체적인 세관감시처분이 시작된 경우에 발생될 수 있으며 통상적으로 외국물품이 보세장치된 이후에 비로소 발생하게 된다. 일반적으로 보세구역에 장치된 외국물품이 멸실되거나 폐기된 경우(관세법 제160조제2항) 또는 외국물품이 도난되거나 분실된 경우(관세법 제16조제9호)와 보세운송하는 외국물품이 지정된 기간 내에 목적지에 도착하지 아니한 경우(관세법 제217조)에 세관감시의 회피로 인하여 관세의 납세의무가 발생된다. 그러나 재해 기타 부득이한 사유로 인하여 멸실 또는 망실되었거나 미리 세관장의 승인을 얻어 폐기한 경우에는 관세의 납세의무는 발생되지 않는다.

세관감시의 회피 시 납세의무의 발생 시점은 세관감시의 회피를 완료하는 시점이 된다. 이 경우 납세의무는 그의 행위, 즉 작위 또는 부작위를 통하여 세관감시처분을 더 이상 불가능하게 하는 결과를 유발시킨 자에게 귀속된다.[41] 자신이 회피가 존재한다는 것을 알거나 알았어야 할 때 관계자는 납세의무자가 될 수 있다. 회피한 물품을 취득, 구입 또는 소유한 자는 상응하는 주관적 요소, 즉 인식 또는 인식하여야 함이 존재할 때 납세의무자가 된다. 회피가 일시적으로 보존하는 것 또는 관세행정절차에서 존재한다면 관세의 납세의무는 보충적으로 의무소유자에게 귀속되므로 보세구역에서 외국물품이 멸실되거나 폐기된 경우 관세의 납세의무는 보세구역 운영인 또는 보관인에게 귀속된다(관세법 제19조제1항제4호). 또한, 도난물품이나 분실물품에 대한 관세의

원칙적으로 운송수단의 운전자가 반입자가 된다.

40) Peter Witte/Hans-Michael Wolffgang(Hrsg.), 앞의 책, S.290.

41) Peter Witte/Hans-Michael Wolffgang(Hrsg.), 앞의 책, S.291.

납세의무는 보세구역에 장치된 물품인 경우라면 그 운영인 또는 화물관리인(관세법 제172조제2항)에게 귀속되며(관세법 제19조제1항제10호), 보세운송물품인 경우라면 보세운송신고를 하거나 승인을 얻은 자에게 귀속된다(관세법 제19조제1항제6호가목). 그리고 기타 물품은 그 보관인 또는 취급인에게 관세의 납세의무가 귀속된다(관세법 제19조제1항제6호다목). 여기서 관세의 납세의무자가 될 수 있는 "보관인 또는 취급인"의 의미는 관세법에 의하여 조세채무를 부담할 수 있는 권리·의무의 주체로서 사실상 담세능력이 있는지 여부와는 무관하며, 법률상 담세능력이 있고 책임재산[42]을 가질 수 있는 자이어야 한다.

4. 관세행정절차에서 규정위반

세관감시의 회피에는 해당되지 않지만 관세행정절차에서 의무를 위반하는 경우에도 관세의 납세의무는 발생된다.[43] 즉, 세관감시의 회피에 대한 구성요건에 충족되지 않는 작위 또는 부작위일 때 관세행정절차에서 의무위반이 그러한 경우에 해당된다. 이러한 경우 "관세행정절차에서 의무의 회피"가 원칙적으로 적용되며 외국물품인 선박용품 또는 항공기용품과 국제무역선 또는 국제무역기 안에서 판매할 물품이 세관장의 적재허가 내용대로 운송수단에 적재하지 아니한 경우(관세법 제143조제4항)나 보세공장 외 작업허가에 관한 규정에 의하여 지정된 기간이 경과한 때(관세법 제187조제6항) 또는 수입신고 전의 물품반출에 관한 규정에 의하여 반출을 한 자가 기간 내에 수입신고를 하지 아니하는 경우(관세법 제253조제4항) 등이 해당된다.

관세행정절차에서 규정위반 시 납세의무의 발생 시점은 관세행정절차에서 규정을 위반한 때가 된다. 이 경우 발생한 납세의무의 귀속과 관련하여 선박용품·항공기용품의 하역 등에 관한 절차규정위반으로 관세를 징수하는 물품에 대하여는 적재허가를 받은 자(관세법 제143조제4항), 보세공장 외 작업허가 절차규정 위반에 의하여 관세를

42) 특정한 청구에 대한 강제 집행에 의하여 채권자의 청구를 실현시킬 채무자의 재산을 말한다.

43) 마찬가지로 SOFA특례법 제6조에 따라 관세 등의 면제를 받은 군납품이 세관장이 지정한 기간 내에 미합중국군대에 인도되거나 미합중국군대가 사용하는 시설 또는 물품에 합체된 사실이 미합중국군대의 권한 있는 기관에 의하여 증명되지 아니한 경우에도 해당 물품에 대한 관세의 납세의무가 발생된다. 그러나 해당 물품이 천재지변 기타 부득이한 사유로 인하여 멸실되었음을 세관장이 인정할 때에는 예외적으로 관세의 납세의무는 발생되지 않는다.

징수하는 물품에 대하여는 보세공장 외 작업·보세건설장 외 작업 또는 종합보세구역 외 작업의 허가를 받거나 신고를 한 자(관세법 제187조제6항), 수입신고 전의 물품반출에 관한 절차규정위반에 따라 관세를 징수하는 물품에 대하여는 해당 물품을 즉시 반출한 자(관세법 제253조) 등에게 귀속된다.

5. 관세행정작용의 특례지역에서 외국물품의 위법한 사용·소비

종합보세구역과 자유무역지역에서는 우리나라의 관세영역[44]의 일부임에도 불구하고 산업정책적 목적에서 관세행정에서 여러 가지 특례를 인정하기 때문에 원칙적으로 외국물품에 대한 관세의 납세의무가 발생되지 않는다. 그러나 종합보세구역에서 소비 또는 사용되는 물품으로서 제조·가공에 사용되는 시설기계류 및 그 수리용 물품과 연료·윤활유·사무용품 등 제조·가공에 직접적으로 사용되지 아니하는 물품을 수입통관하지 아니하고 이를 소비 또는 사용하는 경우와 자유무역지역 내에서 수입신고의무(자유무역지역법 제29조제3항)를 위반하여 기계·기구·설비 및 장비와 그 부분품, 원재료·윤활유·사무용 컴퓨터 및 건축자재, 그 밖에 사업목적의 달성에 필요하다고 인정하여 관세청장이 정하는 물품에 해당하지 아니하는 외국물품을 사용·소비하거나 반입한 경우에는 관세의 납세의무가 발생한다. 관세행정작용의 특례지역에서 외국물품의 위법한 사용이나 소비 시 납세의무가 발생하는 시점은 해당 물품을 소비하거나 사용한 시점이며, 이 경우 발생한 납세의무는 해당 물품의 소비자 또는 사용자에게 귀속된다.

44) 국가가 그 존립의 기초로 하는 일정한 범위의 공간을 '영역'(gebiet)이라 하며, 영역은 국가의 법이 적용되는 공간적 범위를 의미하면서 국가적 지배(통치권)의 물적 대상을 의미하고, 영역을 자유로이 사용·수익·처분하고 영역 내의 사람과 사물을 독점적·배타적으로 지배할 수 있는 국가권력을 영역권 또는 영토고권이라 한다. 특히 국가의 영토고권에 의거 관세법이 적용되는 일정한 범위의 공간을 관세영역(Zollgebiet)이라 한다.

6. 관세감면처분 해제조건(법정부관[45])의 성취

관세법에 따른 관세감면처분[46]의 요건과 그 효과의 발생 또는 소멸은 조세법률주의에 의거 관세법으로 정하고 있다. 그런데 관세법이 관세감면처분 효과의 소멸을 장래의 불확실한 사실(사건)에 의존시키는 경우, 즉 관세법이 규정하고 있는 해당 관세감면처분의 해제조건이 충족되면 관세감면처분 시 소멸(감면)되었던 당초의 납세의무는 다시 발생하게 된다. 그리하여 외교관용품 등으로 관세의 납부를 면제(관세법 제88조제3항)받은 자동차, 선박, 피아노, 엽총, 전자오르간 및 파이프오르간 등을 수입신고수리일로부터 법정 사후관리기간(3년의 범위 내에서 일정한 기간) 내 세관장의 승인 없이 용도 외의 다른 용도에 사용하기 위하여 양도한 때에는 소멸되었던 관세의 납세의무는 다시 발생한다. 이러한 경우 그 양수자에게 납세의무가 귀속된다. 또한, 세율불균형물품의 감면세(관세법 제89조제1항), 학술연구용품의 감면세(관세법 제90조제1항), 종교용품·자선용품·장애인용품 등의 면세(관세법 제91조제1항), 특정물품의 면세(관세법 제93조) 및 환경오염방지물품 등에 대한 감면세(관세법 제95조제1항) 규정에 따라 관세를 감면받은 물품을 수입신고일로부터 법정 사후관리기간(3년의 범위 내에서 일정한 기간) 내 감면받은 용도 외의 다른 용도로 사용한 때 또는 감면받은 용도 외의 다른 용도로 사용하고자 하는 자에게 양도한 때에는 소멸된 관세의 납세의무가 다시 발생한다(관세법 제102조제2항).

관세감면처분 해제조건의 성취 시 다시 발생하는 관세의 납세의무는 그 용도 외의 다른 용도로 사용한 자 또는 그 양도인(임대인)에게 귀속되며, 양도인으로부터 해당 관세를 징수할 수 없는 때에는 양수인(임차인)에게 납세의무가 귀속된다. 그러나 재해 기타 부득이한 사유로 멸실되었거나 미리 세관장의 승인을 얻어 폐기한 때에는 납세의무는 발생되지 않는다. 그리고 일정한 기간 내에 재수출 이행을 조건으로 관세를 면제받은 물품을 기간 내에 수출하지 아니한 경우 또는 용도 외의 다른 용도에 사용하거나 해당 용도 외의 다른 용도에 사용하고자 하는 자에게 양도한 경우 소멸된 관세의 납세의무는 다시 발생한다(관세법 제97조제3항). 이 경우 납세의무는 수출을 하지

45) '부관'이란 행정행위의 효력범위를 보다 자세히 정하기 위하여 주된 행정행위에 부가된 (종된) 규율을 말한다.

46) '처분'이란 행정청이 행하는 구체적 사실에 관한 법집행으로서의 공권력의 행사 또는 그 거부와 그 밖에 이에 준하는 행정작용을 말한다.

아니한 자, 용도 외에 사용한 자 또는 그 양도한 자에게 귀속되며, 양도인으로부터 해당 관세를 징수할 수 없는 때에는 그 양수인에게 납세의무가 귀속된다. 그러나 재해 기타 부득이한 사유로 멸실되었거나 미리 세관장의 승인을 얻어 폐기한 때에는 관세의 납세의무는 발생되지 않는다.

한편, 용도세율의 적용을 받는 물품을 기간 내 해당 용도 외의 다른 용도에 사용하거나 그 용도 외의 다른 용도에 사용하고자 하는 자에게 양도한 때에는 소멸되었던 해당 관세의 납세의무는 다시 발생되어 해당 물품을 특정 용도에 사용할 것을 요건으로 하지 아니하는 세율에 따라 계산한 관세액과 해당 용도세율에 의하여 계산된 관세액과의 차액에 상당하는 관세는 즉시 징수된다(관세법 제83조제3항).[47] 이 경우 해당 물품을 특정 용도 외에 사용한 자 또는 그 양도인에게 납세의무는 귀속되며, 양도인으로부터 해당 관세를 징수할 수 없는 때에는 그 양수인에게 납세의무가 귀속된다. 그러나 재해 기타 부득이한 사유로 인하여 멸실되었거나 미리 세관장의 승인을 얻어 폐기한 경우 납세의무는 발생하지 않는다.

7. 납세의무발생의 예외와 납세의무귀속의 특례

1) 수입으로 보지 아니하는 소비·사용과 수출입의 의제

관세법 제239조에 따라 관세영역에 반입된 외국물품인 선박용품·항공기용품 또는 차량용품을 운송수단 안에서 그 용도에 따라 소비 또는 사용하는 경우와 그러한 용품을 세관장이 정하는 지정보세구역에서 출국심사를 마치거나 우리나라에 입국하지 아니하고 우리나라를 경유하여 제3국으로 출발하려는 자에게 제공하여 그 용도에 따라 소비하거나 사용하는 경우 및 여행자가 휴대품을 운송수단 또는 관세통로에서 소비 또는 사용하는 경우에는 관세법에서 수입으로 보지 아니하는 소비 또는 사용으로 간주되어 관세의 납세의무가 발생되지 않는다. 또한, 자유무역지역 안에서 기계·기구·설비

47) 마찬가지로 관세등의 환급을 받은 물품이 해당 용도에 제공된 날부터 3년의 범위 내에서 관세청장이 정하는 기간 내에 관세등의 환급을 받은 용도 외에 사용된 경우에는 관세의 납세의무가 발생된다(관세환급특례법 제18조제1항). 이 경우 관세의 납세의무는 그 용도 외에 사용한 자에게 귀속된다. 그러나 재해 등 부득이한 사유로 멸실되거나 미리 세관장의 승인을 얻어 멸각한 때에는 관세의 납세의무는 발생하지 않는다.

및 장비와 그 부분품, 원재료·윤활유·사무용 컴퓨터 및 건축자재, 그 밖에 사업목적의 달성에 필요하다고 인정하여 관세청장이 정하는 물품에 해당하는 외국물품을 사용·소비하는 경우에도 마찬가지로 관세의 납세의무가 발생하지 않는다. 그리고 체신관서가 수취인에게 교부한 우편물, 관세법에 의하여 매각되거나 몰수된 물품, 관세형벌법규에 따라 통고처분으로 납부된 물품이거나 몰수에 갈음하여 추징된 물품과 법령에 의하여 국고에 귀속된 물품은 관세법상 적법하게 수입된 것으로 보고 관세 등은 따로 징수되지 않는다(관세법 제240조제1항). 그러나 몰수에 갈음하여 추징이 결정되었다 할지라도 추징금을 납부하지 아니한 경우에는 "몰수에 갈음하여 추징된 물품"으로 간주되지 아니하고 외국물품에 해당되어 관세의 납세의무는 발생한다.

2) 납세의무의 경합과 확장·승계[48)]

관세법에 따라 발생된 납세의무에 대하여 화주 또는 신고인과 같은 일반 납세의무자와 그 밖의 특별 납세의무자가 경합되는 경우에 납세의무는 특별 납세의무자에게 귀속된다(관세법 제19조제2항). 그리고 관세법 또는 다른 법령이나 조약·협약 등에 따라 관세의 납부를 보증한 자는 보증액의 범위 안에서 납세의무를 진다(관세법 제19조제3항). 또한, 법인이 합병하거나 상속이 개시된 경우에는 국세기본법의 "법인의 합병으로 인한 납세의무의 승계" 규정(제23조)과 "상속으로 인한 납세의무의 승계" 규정(제24조)를 준용하여 관세·가산세 및 강제징수비의 납세의무를 승계한다(관세법 제19조제4항). 아울러 관세의 납세의무가 일반 납세의무자 또는 특별 납세의무자에게 귀속되는 물품에 관계되는 관세·가산세 및 강제징수비에 대해서는 다음과 같은 구분에 따라 **연대 납세의무자가 확대**되어, ① 관세의 납세의무가 일반 납세의무자에게 귀속되는 수입신고물품이 공유물이거나 공동사업에 속하는 물품인 경우에는 그 공유자 또는 공동사업자인 납세의무자가 연대하여 납부할 의무를 지며, ② 수입신고인이 수입신고를 하면서 수입신고하는 때의 화주가 아닌 자를 납세의무자로 신고한 경우라면 수입신고인 또는 납세의무자로 신고된 자가 관세포탈이나 부정감면의 범죄(관세법 제270조제1항·제4항)를 범하거나 또는 동 범죄를 교사하거나 방조한 범죄(관세법 제271조제1항)를 범하여 유죄의 확정

48) 2014.1.1. 개정법률에서 공동사업자에 대한 연대납세의무 등 국세기본법상 규정을 준용하여 납세자범위를 합리화하였다.

판결을 받은 경우 그 수입신고인 및 납세의무자로 신고된 자와 해당 물품을 수입신고하는 때의 화주[49]가 연대하여 납부할 의무를 지고, ③ 자가사용물품을 수입하려는 화주의 위임에 따라 해외 판매자로부터 해당 수입물품의 구매를 대행하거나 사이버몰 등을 통하여 해외로부터 구매 가능한 물품의 정보를 제공하고 해당 물품을 자가사용물품으로 수입하려는 화주의 요청에 따라 그 물품을 구매해서 판매하는 구매대행업자가 화주로부터 수입물품에 대하여 납부할 관세 등에 상당하는 금액을 수령하고, 수입신고인 등에게 과세가격 등의 정보를 거짓으로 제공한 경우에는 구매대행업자와 수입신고하는 때의 화주가 연대하여 납부할 의무를 가지며, ④ 관세의 납세의무가 특별 납세의무자에게 귀속되는 물품에 대한 납세의무자가 2인 이상인 경우에는 그 2인 이상의 납세의무자가 연대하여 납부할 의무를 진다(관세법 제19조제5항).

납세의무는 경제적 부담을 그 내용으로 하는 것이므로 그 성격상 이전이 가능하나, 관세채권의 확보를 위하여 사인 간의 계약에 의한 납세의무의 이전은 원칙적으로 인정되지 아니하며, 포괄적으로 권리·의무가 승계되는 법인의 합병과 양도의 경우에만 납세의무가 승계되는 것으로 규정하고 있다. **납세의무의 승계**는 법에 규정된 승계사유가 발생하면 당사자의 의사와는 관계없이 법률상 당연히 이루어진다. 이에 따라 ① 법인이 분할되거나 분할합병되는 경우나 ② 법인이 분할 또는 분할합병으로 해산하는 경우 또는 ③ 법인이 신회사를 설립(채무자회생법 제215조)하는 경우에는 국세기본법의 "연대납세의무" 규정(제25조제2항부터제4항까지)을 준용하여 분할되는 법인이나 분할 또는 분할합병으로 설립되는 법인, 존속하는 분할합병의 상대방 법인과 신회사가 관세·가산세 및 강제징수비를 연대하여 납부할 의무를 진다(관세법 제19조제6항).[50]

한편, 관세의 징수에 관하여는 국세기본법의 "제2차 납세의무" 규정(제38조부터 제41조까지)을 준용하는데, 준용되는 제2차 납세의무자는 관세의 담보로 제공된 것이 없고 납세의무자와 관세의 납부를 보증한 자가 납세의무를 이행하지 아니하는 경우에 납세의무를 진다(관세법 제19조제8항·제9항). 그런데 납세의무자가 관세·가산세 및 강제징수비를 체납한 경우 그 납세의무자에게 양도담보재산(국세기본법 제42조제2항)이 있을 때에는 그

49) 다만, 관세포탈 또는 부정감면으로 얻은 이득이 없는 수입신고인 또는 납세의무자로 신고된 자는 제외한다.

50) 여기에서 관세·가산세 및 강제징수비를 연대하여 납부할 의무에 관하여는 민법 제413조부터 제416조까지, 제419조, 제421조, 제423조 및 제425조부터 제427조까지의 규정을 준용한다(관세법 제19조제7항).

납세의무자의 다른 재산에 대하여 체납처분을 집행하여도 징수하여야 하는 금액에 미치지 못한 경우에만 국세징수법의 "양도담보권자로부터의 징수절차" 규정(제13조)을 준용하여 그 양도담보재산으로써 납세의무자의 관세·가산세 및 강제징수비를 징수할 수 있다(관세법 제19조제10항). 여기에서 납세의무자의 범위에 관세의 납부를 보증한 자와 제2차 납세의무자가 포함되고, 그 관세의 납세신고일(관세법 제39조에 따라 부과고지하는 경우에는 그 납세고지서의 발송일을 말한다) 전에 담보의 목적이 된 양도담보재산에 대해서는 납세의무자의 관세·가산세 및 강제징수비를 징수할 수 없다.

Ⅲ 납세의무의 소멸

관세법에서 규정하고 있는 관세구성요건이 충족됨에 따라 발생한 관세의 납세의무는 일정한 법정요건이 성취되면 마땅히 소멸하게 된다. 관세법상 납세의무가 소멸하는 법정요건은 관세를 납부하거나 납세담보를 관세에 충당한 경우, 관세부과가 취소된 경우, 그리고 관세부과 제척기간이 경과하거나 관세징수권의 소멸시효가 완성된 경우가 해당된다(관세법 제20조).

1. 관세의 납부

1) 납부의 이행

관세법에서 납부의 이행은 납세의무 소멸의 가장 일반적인 사유이다. 관세의 납부기한[51]은 원칙적으로 ① 신고납부(납세신고)절차에 따른 납세신고수리일이나 ② 부과고지절차에 따른 납세고지를 받은 날 또는 ③ 즉시반출신고절차에 따른 수입신고일부터 15일 이내가 된다(관세법 제9조제1항). 여기에서 만일 납세의무자가 관세의 납부

51) '기한(期限)'이란 법률행위의 효력의 발생 혹은 소멸 또는 관세납부의 이행을 장래 도래할 것이 확실한 사실의 발생에 의존시키는 법률행위의 부관이다. 시기(始期)가 있는 법률행위는 기한이 도래한 때로부터 그 효력이 생기고 종기(終期)가 있는 법률행위는 기한이 도래한 때로부터 그 효력을 잃는다. 여기에서 '시기'란 법률행위의 효력의 발생 또는 관세납부의 이행시기를 장래의 확정적 사실의 발생에 의존시키는 기한이고, '종기'란 법률행위의 효력의 소멸을 의존시키는 기한이다.

기한까지 해당 관세의 납부를 이행하지 않으면 그 납부기한이 지난 날부터 체납된 관세에 대한 가산금을 부가적으로 징수하는 법적 효과가 발생한다(관세법 제41조제1항).

납부기한의 기산일, 즉 납부기한의 날수를 계산할 때 첫날로 잡는 날을 나누어 설명하면 다음과 같다. "신고납부(납세신고)절차에 따른 납세신고수리일"은 외국물품을 수입하려는 납세의무자가 세관장에게 그 물품에 대한 수입신고와 함께 신고납부절차에 따른 납세신고를 이행하면 세관장이 그 수입신고의 적합성을 인정하여 신고수리(관세법 제248조제1항)한 날이 준용(간주)된다. 그리고 "부과고지절차에 따른 납세고지를 받은 날"은 납세의무자가 관세를 부과·징수하려는 세관장으로부터 납세고지서를 직접 받은 날 또는 우편송달의 경우라면 배달증명에 의거 납세고지서를 받은 날이 해당된다. 그런데 부과고지절차에 따른 납세고지서의 송달 방법과 관련하여 관세의 납세고지서는 납세의무자에게 직접 교부하는 경우를 제외하고는 인편, 우편 또는 전자송달(관세법 제327조)의 방법이 원칙이다(관세법 제11조제1항). 하지만 납부고지서를 송달받아야 할 자가 ① 주소 또는 영업소가 국외에 있고 송달하기 곤란한 경우, ② 주소 또는 영업소가 분명하지 아니한 경우, ③ 납세의무자가 송달할 장소에 없는 경우로서 등기우편으로 송달하였으나 수취인 부재로 반송되는 경우 등 대통령령으로 정하는 경우에 해당하는 경우에는 납부고지사항을 공고한 날부터 14일이 지나면 납부고지서의 송달이 된 것으로 간주하는데(관세법 제11조제2항), 납부고지사항의 공고는 국가관세종합정보망(관세법 제327조),[52] 세관의 홈페이지, 게시판이나 그 밖의 적절한 장소, 해당 서류의 송달 장소를 관할하는 특별자치시·특별자치도·시·군·(자치)구의 홈페이지, 게시판이나 그 밖의 적절한 장소, 관보 또는 일간신문 등에 게시하거나 게재하여야 한다(법 제11조제3항). 한편, "즉시반출신고절차에 따른 수입신고일"은 납세의무자가 수입하려는 물품을 수입신고 전에 운송수단·관세통로·하역통로 또는 관세법에 따른 장치장소로부터 즉시 반출하기 위하여 세관장에게 즉시 반출신고를 한 날부터 10일 이내에 수입신고를 한 날이 해당된다.

그런데 앞서 설명한 관세의 납부기한이 공휴일 또는 법정장애로 간주하는 날에 해당하는 경우에는 그 다음 날이 기한이 된다(관세법 제8조제3항). '공휴일'에는 법정 (대체)공휴일·근로자의 날과 토요일 및 일요일, 그 밖에 대통령령으로 정하는 날을 말한다. 그리고 '법정장애로 간주하는 날'은 한국은행 국고대리점 및 국고수납대리점인 금융

52) 공시송달을 하는 경우에는 다른 공시송달 방법과 함께 게시하거나 게재하여야 한다.

기관 또는 체신관서의 휴무, 그 밖에 부득이한 사유로 인하여 정상적인 관세의 납부가 곤란하다고 관세청장이 정하는 날을 말한다(관세령 제1조의4제1항). 아울러 국가관세종합정보망(관세법 제327조) 또는 전산처리설비가 정전, 프로그램의 오류, 한국은행(그 대리점을 포함한다) 또는 체신관서의 비정상적인 가동 기타 관세청장이 정하는 사유로 인하여 가동이 정지되어 관세법에 따른 신고·신청·승인·허가·수리·교부·통지·통고·납부 등을 법정 기한 내에 할 수 없게 된 때에는 그 장애가 복구된 날의 다음날을 기한으로 한다(관세법 제8조제4항; 관세령 제1조의4제2항).

한편, 관세의 납부는 한국은행에 개설된 해당 세관장의 국고계좌에 납부하는 것이 원칙이다. 하지만 여행자의 휴대품과 조난선박에 적재된 물품으로서 보세구역이 아닌 장소에 장치한 물품에 대한 관세는 예외적으로 그 물품을 검사한 공무원이 검사 장소에서 수납하는 것이 허용된다(관세법 제43조제1항). 여기에서 물품을 검사한 공무원이 검사 현장에서 관세를 수납할 때에는 부득이한 사유가 있는 경우를 제외하고는 다른 공무원을 참여시켜야 한다(관세법 제43조제2항). 그리고 출납공무원이 아닌 공무원이 물품의 검사 현장에서 관세를 수납하였을 때에는 지체 없이 출납공무원에게 인계할 의무가 발생하며(관세법 제43조제3항), 출납공무원이 아닌 공무원이 선량한 관리자로서의 주의를 게을리 하여 물품의 검사 현장에서 수납한 현금을 잃어버린 경우에는 변상할 책임이 생긴다(관세법 제43조제4항). 그 밖의 관세의 납부에 관하여는 국세기본법의 "신용카드 등으로 하는 국세납부" 규정(제46조의2)을 준용하여(관세법 제38조제6항), 납세의무자가 신고하거나 세관장이 부과 또는 경정하여 고지한 세액(세관장이 관세와 함께 징수하는 내국세 등의 세액을 포함한다)을 신용카드, 직불카드 등으로 납부하는 것도 가능하다(관세령 제32조의5제1항). 준용되는 국세기본법에서 규정하는 국세납부대행기관(제46조의2제1항)은 정보통신망을 이용하여 신용카드 등에 의한 결제를 수행하는 기관으로써 관세납부를 대행하는 기관[53]을 말한다(관세령 제32조의5제2항).

53) 관세납부대행기관은 납세자로부터 신용카드 등에 의한 관세납부대행용역의 대가로 납부대행수수료를 받을 수 있다(관세령 제32조의5제3항). 납부대행수수료는 관세청장이 관세납부대행기관의 운영경비 등을 종합적으로 고려하여 승인하되, 해당 납부세액의 1천분의 10을 초과할 수 없다(관세규칙 제8조의2제2항).

2) 납부기한의 특례

앞서 살펴본 바와 같이 관세의 납부기한은 납세의무자에게 납세신고수리일이나 납세고지를 받은 날 또는 수입신고일부터 15일의 기간이 주어지지만, 납세의무자가 수입신고가 수리되기 전에 해당 세액을 납부할 수 있음은 말할 것도 없이 가능하다(관세법 제9조제2항). 그런데 이러한 관세의 납부에 대한 법정기한에도 불구하고 관세의 월별납부 또는 천재지변 등으로 인한 기한의 연장이 허용될 경우 납세의무자는 예외적으로 앞서 설명한 15일의 법정기한을 초과하는 납부기한의 적용혜택을 사실상 누리게 된다.[54]

관세의 월별납부는 관세의 납부기한이 동일한 달에 속하는 세액을 한꺼번에 납부하는 방식으로 해당 세관장의 승인을 받아야 그 적용이 가능하다(관세법 제9조제3항).[55] 월별납부의 승인의 전제 조건은 해당 납세의무자가 관세청장이 정하는 요건을 갖춘 성실납세자에 해당되어야 한다. 여기에서 월별납부 승인의 유효기간은 승인일부터 그 후 2년이 되는 날이 속하는 달의 마지막 날까지로 한다. 그리고 승인의 유효기간은 승인의 갱신으로 지속될 수 있는데, 월별납부의 승인을 받은 납세의무자가 그 승인을 갱신하려면 소정의 신청서류[56]를 갖추어 그 유효기간 만료일 1개월 전까지 승인갱신 신청을 하여야 한다(관세령 제1조의5제5항).[57] 만일 승인을 얻은 납세의무자에게 월별납부의 승인에 대한 법정 취소사유[58]가 발생된다면 더 이상 월별납부는 허용될 수 없으며, 세관장은 월별납부의 대상으로 납세신고된 세액에 대하여는 15일 이내의 납부기한을 정하여 납세고지하여야 한다.

천재지변 등으로 인한 납부기한의 연장은 1년을 넘지 아니하는 기간의 범위 내에서 허용될 수 있는데,[59] 납세의무자가 그 법정기한까지 관세를 납부할 수 없는 사유가 ① 천재지변, ② 전쟁·화재 등 재해나 도난으로 인하여 재산에 심한 손실을 입은

54) 이러한 납부기한의 특례와 관련하여 관세청장은 행정규칙으로 「월별납부제도운영에관한고시」와 「납부기한의연장및분할납부에관한고시」를 제정·시행하고 있다.

55) 월별납부의 승인신청방법에 관하여는 관세령 제1조의5 제1항을 참조.

56) 월별납부의 최초 승인신청 시 제출하는 서류와 같다.

57) 세관장은 승인을 받은 자에게 승인을 갱신하려면 승인의 유효기간이 끝나는 날의 1개월 전까지 승인갱신을 신청하여야 한다는 사실과 갱신절차를 승인의 유효기간이 끝나는 날의 2개월 전까지 휴대폰에 의한 문자전송, 전자메일, 팩스, 전화, 문서 등으로 미리 알려야 한다(관세령 제1조의5제6항).

58) 법정 취소사유에 관하여는 관세령 제1조의5 제4항을 참조.

59) 납부기한의 연장신청방법에 관하여는 관세령 제2조 제3항을 참조.

경우, ③ 사업에 현저한 손실을 입은 경우, ④ 사업이 중대한 위기에 처한 경우, ⑤ 그 밖에 세관장이 앞의 제②부터 제④까지에 준하는 사유가 있다고 인정하는 경우에 해당되어야 한다(관세법 제10조; 관세령 제2조제1항). 여기에서 납부기한의 연장을 허용하는 세관장은 관세법의 규정(제39조)에 따라 납세고지를 하여야 한다(관세령 제2조제4항). 그리고 세관장은 납부기한을 연장함에 있어서 채권확보를 위하여 필요하다고 인정하는 때에는 관세법의 규정(제24조)에 따라 담보를 제공하게 할 수 있다(관세령 제2조제4항). 아울러 세관장은 납부기한연장을 받은 납세의무자가 법정 취소사유[60]에 해당하게 된 때에는 납부기한연장을 취소할 수 있는데(관세령 제2조제6항), 세관장이 납부기한연장을 취소한 때에는 15일 이내의 납부기한을 정하여 납세고지를 하여야 한다(관세령 제2조제7항).

한편, 관세행정에 따른 신고납부절차에서는 납세의무의 성실한 이행을 유도하기 위하여 신고납부한 세액의 정정이나 보정 또는 수정신고가 허용되고 있는데, 이와 관련하여 만일 납세의무자가 납세신고한 세액을 납부하기 전에 정정하였다면 납부기한은 당초의 납부기한이 되고, 납세의무자가 신고납부한 세액의 부족한 세액에 대한 보정을 신청하였다면 납부기한은 해당 보정신청을 한 날의 다음날이 되며, 납세자가 신고납부한 세액의 부족한 세액에 대한 수정신고를 하였다면 납부기한은 수정신고한 날의 다음날이 해당된다.

2. 관세부과 제척기간의 경과와 관세징수권의 소멸시효완성

1) 관세부과 제척기간의 경과

관세부과 제척기간이란 국가가 관세부과권을 행사할 수 있는 법정기간을 말한다. 그러므로 관세부과 제척기간이 만료되면 원칙적으로 관세부과권이 소멸되어 관세의 납세의무도 소멸하게 된다. 관세부과 제척기간이 경과되어 국가의 관세부과권이 소멸된다는 것은 어떠한 이유로도 관세 등을 경정하거나 추가로 징수할 수 없다는 것을 의미하며, 만약 이러한 추징이나 경정처분을 하였다면 이는 법률상 원인없는 행위이므로 당연 무효인 처분이 된다. 관세부과 제척기간은 관세채무관계를 조속히 확정시킴으로써 납세의무자의 조세법률관계를 안정시키기 위한 제도이다. 따라서 제척기간

60) 법정 취소사유에 관하여는 관세령 제2조 제6항을 참조.

에는 소멸시효와는 달리 기간의 중단·정지제도가 없다. 여기에서 '기간'이란 한 시점에서 다른 시점까지의 시간적 간격을 말하므로 특정 시점인 기일, 의사표시인 기한과 구별된다. 관세법에 따른 기간의 계산은 관세법에 특별한 규정이 있는 것을 제외하고는 민법의 규정을 적용한다(관세법 제8조제2항).[61]

관세부과 제척기간은 일반적으로 5년이 적용된다(관세법 제21조제1항). 따라서 관세는 해당 관세를 부과할 수 있는 날부터 5년이 지난 후에는 원칙적으로 뒤에서 설명하는 관세부과 제척기간의 확장적용 또는 적용특례에 해당되지 않는 한 어떠한 경우에도 부과할 수 없게 된다.[62] 하지만 부정한 방법으로 관세를 포탈하였거나 환급 또는 감면받은 경우에는 관세부과 제척기간이 10년으로 확장하여 적용된다. 아울러 이러한 관세부과 제척기간의 일반적용이나 확장적용의 원칙에도 불구하고 다음과 같은 경우에는 관세부과 제척기간의 적용특례로 취급되어 해당 결정·판결이 확정되거나 회신을 받은 날부터 1년이 지나기 전까지는 해당 결정·판결·회신 또는 경정청구에 따라 경정이나 그 밖에 필요한 처분을 허용하고 있다(관세법 제21조제2항):

① 이의신청·심사청구·심판청구(관세법 제119조부터제132조까지)에 대한 결정이 있은 경우;
② 감사원법에 따른 심사청구에 대한 결정이 있은 경우;
③ 행정소송법에 따른 소송에 대한 판결이 있은 경우;
④ 압수물품의 반환(관세법 제313조)결정이 있은 경우;

61) 민법에서 기간의 기산점: 기간을 시, 분, 초로 정한 때에는 즉시로부터 기산하며(민법 제156조), 기간을 일, 주, 월 또는 년으로 정한 때에는 기간의 초일은 산입하지 아니하나(초일 불산입의 원칙), 기간이 오전 영시로부터 시작되는 때에도 초일을 산입하며(민법 제157조), 연령계산에 있어서는 출생일을 산입한다(민법 제158조). ▶민법에서 기간의 만료점: 기간을 일, 주, 월 또는 년으로 정한 때에는 그 기간의 말일이 종료함으로써 만료되나, 그 말일이 일요일 기타 공휴일인 때에는 그 익일(다음날)로 만료되며(민법 제159조·제161조), 기간을 주, 월 또는 년으로 정한 때에는 력에 의하여 계산하고(민법 제160조제1항), 주, 월 또는 년의 처음으로부터 기간을 기산하지 아니하는 때에는 최후의 주, 월 또는 년에서 기 기산일에 해당하는 날의 전일로 기간이 만료한다(민법 제160조제2항). 그리고 월 또는 년으로 정한 경우에 최종의 월에 해당 일이 없는 때에는 그 월의 말일로 기간이 만료한다(민법 제160조제3항). ▶민법에서 기간역산의 계산: 기산일로부터 과거에 소급하여 계산되는 기간의 계산 방법에 관하여 민법에 규정하는 바 없으나, 이 경우에도 민법의 규정을 준용하여야 할 것이다(대법원 1968.3.19. 선고 67누100 판결). 예를 들면, "조사개시 7일 전에"의 경우는 조사일은 초일이므로 빼고, 조사일 전일부터 계산하여 7일이 되는 날의 이전을 말한다. 즉, 중간에 7일이 있어야 한다.

62) 관세부과권의 제척기간이 지난 후에는 관세를 부과할 수 없다는 것은 해당 납부고지서가 제척기간이 지나기 전에 납세의무자에게 유효하게 도달하여야 하는 것을 말한다.

⑤ 관세법과 FTA관세법 및 조약·협정 등이 정하는 바에 따라 양허세율의 적용 여부 및 세액 등을 확정하기 위하여 원산지증명서를 발급한 국가의 세관이나 그 밖에 발급권한이 있는 기관에게 원산지증명서 및 원산지증명서 확인자료의 진위 여부, 정확성 등의 확인을 요청하여 회신을 받은 경우;

⑥ 경정청구(관세법 제38조의3제2항·제3항 또는 제38조의4제1항)가 있는 경우;

⑦ 국세의 정상가격과 관세의 과세가격 간 조정 신청(관세법 제38조의4제4항)에 대한 결정통지가 있는 경우.

한편, 관세부과 제척기간을 산정할 때 그 기산일, 즉 관세부과 제척기간의 날수를 계산할 때 첫날로 잡는 날은 일반적으로 수입신고한 날의 다음날을 관세를 부과할 수 있는 날로 적용한다(관세령 제6조).[63] 여기에서 예외적으로 과세물건 확정의 시기나 관세행정특례절차에 따라 관세부과 제척기간의 날수를 계산할 때 첫날로 잡는 날을 다음과 같은 날을 관세를 부과할 수 있는 날로 적용한다:

① 과세물건 확정의 시기요건(관세법 제16조제1호 내지 제11호)에 해당되는 경우에는 그 사실이 발생한 날의 다음날;

② 의무불이행 등의 사유로 감면된 관세를 징수하는 경우에는 그 사유가 발생한 날의 다음날;

③ 보세건설장에 반입된 외국물품의 경우에는 건설공사 완료보고(관세령 제211조)를 한 날과 특허기간[특허기간을 연장한 경우에는 연장기간을 말한다](관세법 제176조)이 만료되는 날 가운데 먼저 도래한 날의 다음날;

---

63) 이와 관련된 조세심판원의 결정례를 살펴보면, ▶2007.12.17. 수입된 어떤 물품에 대하여 세관장은 그 수입물품이 실제 가격보다 낮은 가격으로 수입신고 한 것으로 보고, 2012.12.18. 그 물품의 실제가격과 수입신고가격의 차액에 대한 관세 등을 부과하였다. ▶이 사건에서 제기된 쟁점은 해당 수입물품에 대한 관세부과 제척기간의 기산일은 그 물품을 수입신고한 날(2007.12.17.)의 다음 날인 2007.12.18.이므로, 이로부터 관세부과 제척기간 5년이 경과한 날은 2012.12.17.인지 아니면 그 물품에 대한 관세법상 관세부과 제척기간의 기산일은 수입신고한 날(2007.12.17.)의 다음날(2007.12.18.)이나, 관세법 제8조와 민법 제157조에 따라 수입신고한 날의 다음날인 2007.12.18.은 초일불산입의 원칙에 의해 기산되지 않으므로, 그 물품에 대한 관세부과 제척기간의 만료일은 2012.12.18.인지 여부이다. ▶조세심판원은 그 수입물품에 대한 관세부과제척기간 기산일은 수입신고를 한 날의 다음날(2007.12.18.)이고, 그 기산일이 오전 영시부터 시작되어 초일불산입 규정은 적용되지 아니하는 것이므로, 그 물품에 대한 관세부과제척기간 만료일은 2012.12.17.이라고 결정하였다(2013.9.10. 결정 조심2013관0055).

④ 과다환급 또는 부정환급 등의 사유로 관세를 징수하는 경우에는 환급한 날의 다음날;

⑤ 잠정가격의 신고(관세법 제28조)를 이행 후 확정된 가격을 신고한 경우에는 확정된 가격을 신고한 날의 다음 날[다만, 법정기간(관세법 제28조제2항) 내에 확정된 가격을 신고하지 아니하는 경우에는 해당 기간의 만료일의 다음날].

2) 관세징수권의 소멸시효완성

관세징수권의 소멸시효[64]는 관세징수권의 불행사라고 하는 사실상태가 일정기간 계속되는 경우 그 권리를 소멸케 하는 제도이다. 관세징수권의 소멸시효는 관세액의 금액기준에 따라 달리 적용되는데, 내국세를 포함한 관세의 금액이 5억 원 이상에 해당하는 경우에는 10년이고, 그 밖의 금액에 해당하는 경우에는 5년이다(관세법 제22조제1항). 이에 따라 관세징수권은 이를 행사할 수 있는 날부터 10년간 또는 5년간 행사하지 아니하면 소멸시효가 완성되어 그 권리는 소멸한다. 여기에서 관세징수권의 소멸시효가 완성된 때에는 해당 물품에 대한 내국세, 가산세 및 강제징수비 등에 대하여도 그 효력이 미치며, 주 납세의무자에 대하여 관세징수권의 소멸시효가 완성된 경우에도 또한 해당 건과 관련된 제2차 납세의무자, 납세보증인 및 물적납세의무자 등에 대하여도 그 효력이 미친다. 그리고 관세징수권을 행사할 수 있는 날이란 달리 표현하면 관세징수권 소멸시효의 기산일로 다음과 같은 날이 해당된다(관세령 제7조):

① 신고납부(관세법 제38조)하는 관세에 있어서는 수입신고가 수리된 날부터 15일이 경과한 날의 다음날[다만, 월별납부(관세령 제1조의5)의 경우에는 그 납부기한이 경과한 날의 다음 날로 한다);

② 보정신청(관세법 제38조의2제4항)으로 납부하는 관세에 있어서는 부족세액에 대한 보정신청일의 다음날의 다음날;

③ 수정신고(관세법 제38조의3제1항)로 납부하는 관세에 있어서는 수정신고일의 다음날의

64) '시효'란 일정한 사실상태가 장기간 계속되는 경우 그 사실상태가 진실한 권리관계인지의 여부에 관계없이 그 사실상태를 그대로 존중하여 정당한 권리관계를 인정하려는 제도이다. 그러므로 권리자가 일정한 기간 계속하여 권리를 행사하지 않을 때에는 그 권리는 시효로 인하여 소멸한다. 즉, 권리자가 권리를 행사하지 않은 사실관계가 일정 기간 계속하는 것이 소멸시효의 요건이 되고 이 기간을 소멸시효라 한다.

다음날;

④ 부과고지(관세법 제39조)하는 관세에 있어서는 납세고지를 받은 날부터 15일이 경과한 날의 다음날;

⑤ 즉시반출신고에 따른 수입신고(관세법 제253조제3항)로 납부하는 관세에 있어서는 수입신고한 날부터 15일이 경과한 날의 다음날;

⑥ 기타 법령에 의하여 납세고지하여 부과하는 관세에 있어서는 납부기한을 정한 때에는 그 납부기한이 만료된 날의 다음날.

소멸시효는 객관적으로 권리가 발생하여 그 권리를 행사할 수 있는 때로부터 진행하고 그 권리를 행사할 수 없는 동안만은 진행하지 않는데, '권리를 행사할 수 없는' 경우란 그 권리행사에 법률상의 장애사유, 예컨대 기간의 미도래나 조건불성취 등이 있는 경우를 말하는 것이고, 사실상 권리의 존재나 권리행사 가능성을 알지 못하였고 알지 못함에 과실이 없다고 하여도 이러한 사유는 법률상 장애사유에 해당하지 않는다.[65] 관세징수권의 소멸시효는 ① 납세고지, ② 경정처분, ③ 납부독촉, ④ 통고처분, ⑤ 고발, ⑥ 특정범죄가중법(제16조)에 따른 공소제기, ⑦ 교부청구, ⑧ 압류 등의 사유로 인하여 중단된다(관세법 제23조제1항). **소멸시효의 중단**은 권리의 불행사라는 사실상태가 일정기간(소멸기간) 계속되어야 하나 그러한 사실상태와 모순하는 사실이 생겼을 때 그 사실상태의 계속이 그 시점에서 중단되는 것으로서 시효가 중단되면 이미 경과한 시효기간의 효력이 상실되며, 관세징수권의 소멸시효는 중단사유가 종료된 때로부터 새로이 진행된다. 그리고 세관장이 제2차 납세의무자, 납세보증인 및 물적납세의무자 등에 대하여 관세징수권을 행사함으로써 해당 징수권의 소멸시효가 중단된 경우 그 효력은 주 납세의무자에게도 미친다.

한편, 관세징수권의 소멸시효는 관세법 제23조 제3항에 따라 관세의 분할납부기간이나 징수유예기간, 체납처분유예기간 또는 사해행위(詐害行爲) 취소소송의 기간 중에는 진행하지 아니하는데, 이러한 **소멸시효의 정지**는 시효기간 내에 권리자가 권리를 행사하기 어려운 사정이 있을 때에 일정한 기간 시효의 완성을 유예하는 것으로서 그 정지사유가 해소된 후 잔여기간이 경과하면 시효가 완성된다. 여기에서 사해행위 취소소송으로 인한 시효정지의 효력은 소송이 각하, 기각 또는 취하된 경우에는 효력이

65) 대법원 2004.4.27. 선고 2003두10763 판결.

없다(관세법 제23조제4항). 아울러 관세법에서 규정하는 관세징수권의 시효중단 사유를 제외하고는 민법의 소멸시효 규정을 준용한다(관세법 제23조제5항).

3) 관세행정처분 등에 의한 소멸

관세부과처분이 중대하고 명백한 흠이 있어 무효임이 확정된 경우에는 외견상 성립한 관세채무도 처음부터 존재하지 않았음이 확인되며, 또한 중대하고 명백한 흠으로 인하여 관세부과처분이 취소[66]된 경우에는 관세채무는 당초에 소급하여 소멸하게 된다. 관세의 납세의무는 그 면제요건의 충족, 즉 면세 또는 감세를 받음으로써 또한 소멸한다. 관세의 감면은 조세부담을 경감하는 것이므로 조세법률주의에 따라 반드시 관세법의 허용규정에 근거하지 않으면 안 된다.

관세행정에서 납세의무의 실효성 확보수단으로 납세담보제도가 운영되고 있는바, 세관장이 담보를 제공한 납세의무자가 그 납부기한 내에 해당 관세를 납부하지 아니한 경우에 그 담보를 해당 관세에 충당하게(관세법 제25조제1항) 되면 납세의무는 소멸하게 된다. 또한, 납세의무자가 납부기한 내에 해당 관세를 납부하지 아니하여 세관장의 강제징수에 따라 체납관세를 강제징수한 경우도 관세의 납세의무는 소멸하게 된다. 그리고 관세채권자가 납세의무자에 대하여 지급하여야 할 관세환급특례법에 의한 환급금이나 과오납환급금을 가지는 경우에 그 환급금 등의 채무와 그 납세의무자가 납부하여야 할 다른 관세 등이 있는 경우 직권으로 상호 대등액에 있어서 정산·상쇄하여 충당함으로써(관세법 제46조제2항; 관세환급특례법 제8조) 충당한 범위의 금액의 범위 안에서 관세의 납세의무는 소멸하게 된다.

그런데 관세행정에서도 비용·편익분석의 원리가 적용되어 세관장은 납세의무자가 납부하여야 하는 세액이 징수금액의 최저한으로 정해진 금액 미만인 경우에는 과세권을 행사하지 아니하여 관세의 납세의무는 소멸된다(관세법 제40조). 여기에서 징수금액의 최저한으로 정해진 금액은 1만 원이 적용되며, 이와 같이 징수금액의 최저한에 해당되어 관세를 징수하지 아니하게 된 경우에 해당 물품의 수입신고수리일이 그 납부일로

66) 취소는 가령 계약내용과 상이한 물품 등에 대한 관세환급을 적용함에 있어서 분할납부기간이 종료하지 아니하여 해당 물품에 대한 관세가 징수되지 아니한 때의 해당 관세의 부과취소와 같이 관세부과의 취소를 받으려는 자의 신청을 받아 세관장의 직권으로 행하는 경우도 있고, 심판청구 등 또는 소송의 제기에 의한 경우도 있다.

간주된다(관세령 제37조). 한편, 체신관서가 외국으로 발송한 우편물은 관세법에 따라 적법하게 수출되거나 반송된 것으로 간주하기 때문에 우편물에 대한 관세의 납세의무는 해당 우편물이 반송되면 소멸한다(관세법 제240조제2항·제261조). 그리고 수입신고(관세법 제241조)를 하였으나 세관장으로부터 수입신고취하의 승인을 얻었거나 세관장이 해당 수입신고를 각하한 경우(관세법 제250조) 이미 성립된 관세의 납세의무는 소멸한다. 만일 수입신고가 취하되거나 각하된 물품을 다시 수입신고하였다면 관세의 납세의무는 새로이 발생됨은 물론이지만 그 물품이 우리나라 관세영역 밖으로 반출(반송)되는 경우라면 그 물품은 더 이상 물리적으로 우리나라의 관세영역에 존재하는 것이 아니므로 관세의 납세의무는 다시 발생되지 않는다.

Ⅳ 관세행정작용의 특례지역

1. 보세구역

1) 개설

(1) 보세구역의 의의

보세구역은 외국물품이 물리적으로 우리나라의 관세영역에 소재하고 있음에도 불구하고 관세법상 그 물품에 대한 관세의 납세의무가 발생하지 아니하는 관세행정작용의 특례지역을 의미한다. 보세구역의 종류는 지정보세구역·특허보세구역과 종합보세구역으로 구분되고, 지정보세구역은 지정장치장과 세관검사장으로 세분되며, 특허보세구역은 보세창고·보세공장·보세전시장·보세건설장과 보세판매장으로 세분된다(관세법 제150조).

(2) 보세구역 장치물품의 관리에 대한 일반준칙[67]

가. 외국물품의 장치장소에 대한 제한

국외로부터 우리나라에 반입되는 외국물품이 관세행정권의 처분을 받으려면 반드시

67) 보수작업의 승인신청(관세법 제158조), 해체·절단등의 작업신청(관세법 제159조), 견본품 반출

보세구역에 장치되어야 하기 때문에 관세법에서 보세구역이 아닌 장소에 외국물품을 장치하는 것은 원칙적으로 허용되지 아니한다(관세법 제155조제1항). 하지만 그 물품의 형태 또는 지위가 특수한 외국물품은 예외적으로 보세구역이 아닌 장소에 장치하는 것이 허용될 수 있다. 보세구역이 아닌 장소에 장치하는 것이 허용될 수 있는 외국물품은 다음과 같은 물품이 해당된다: ① 수출신고(관세법 제241조제1항)가 수리된 물품; ② 크기 또는 무게의 과다나 그 밖의 사유로 보세구역에 장치하기 곤란하거나 부적당한 물품; ③ 재해나 그 밖의 부득이한 사유로 임시로 장치한 물품; ④ 검역물품; ⑤ 압수물품; ⑥ 우편물품. 그런데 앞의 제②에 해당하는 물품을 보세구역이 아닌 장소에 장치하려면 세관장의 허가[68]를 받아야 한다(관세법 제156조제1항).[69]

나. 보세구역 반입·반출물품에 대한 신고의무

관세법 제157조 제1항에 따라 보세구역에 물품을 반입하거나 반출하려는 자는 해당 물품에 대한 신고의무를 진다.[70] 신고의무를 이행하는 방법은 소정의 신고서[71]를 세관장에게 제출하는 것이다. 여기에서 보세구역에 물품을 반입하거나 반출하는 방식이 ① 적재화물목록, ② 보세운송신고서 사본 또는 수출신고필증, ③ 내국물품장치신고서(관세령 제197조제1항)를 제출하여 반입·반출하는 방식이라면 소정의 반입신고서 또는 반출신고서의 제출이 면제되거나 신고서상 기재사항의 일부 생략이 허용된다(관세령 제176조제3항제1호). 마찬가지로 보세구역에 물품을 반입하거나 반출하는 방식이 자율관리보세구역(관세법 제64조)으로 지정받은 자가 내국물품(수출신고가 수리된 물품을 포함

신청(관세법 제161조), 보세공장의 내국물품만을 원재료로 한는 작업의 허가신청(관세법 제185조), 보세공장 외 작업 허가신청(관세법 제187조), 보세공장 외 작업 허가신청(관세법 제195조)을 받은 세관장은 그 신청을 받은 날부터 10일 이내에 허가여부를 신청인에게 통지하여야 하는데, 만일 그 기간 내에 허가여부 또는 처리기간의 연장을 신청인에게 통지하지 아니하면 그 기간이 끝난 날의 다음 날에 허가를 한 것으로 간주한다.

68) 보세구역 외 장치의 허가신청 방법에 관하여는 관세령 제175조를 참조.

69) 본문의 제①부터 제④까지에 해당되는 물품에 대하여는 관세법 제157조, 제158조부터 제161조까지, 제163조, 제172조, 제177조, 제208조부터 제212조까지 그리고 제321조를 준용한다(관세법 제155조제2항).

70) 수입화물의 보세운송이나 보세구역에 장치되어 있는 화물에 관하여 관세법상 엄격한 감독과 규제를 받고 세관의 감독과 지배 하에 놓이게 된다고 할지라도 이는 관세확보라는 관세행정목적의 범위 내에서 세관장의 감독을 받는데 불과한 것이므로 그 자가보세장치장에 반입된 물품은 입고시킨 자의 점유 하에 있다고 할 것이다(대법원 1990.02.13. 선고 88다카23735 판결).

71) 물품의 반출입신고서에 기재하는 법정사항에 관하여는 관세령 제176조 제1항·제2항을 참조.

한다)에 대하여 장부를 비치하고 반출입사항을 기록관리하는 방식이라면 소정의 반입신고서 또는 반출신고서의 제출이 면제되거나 신고서상 기재사항의 일부 생략이 허용된다(관세령 제176조제3항제2호). 만일 보세구역 반입·반출물품에 대한 신고의무를 위반하였다면, 그 의무위반행위는 200만 원 이하의 과태료 부과대상 질서위반행위에 해당된다(관세법 제277조제4항). 그리고 보세화물반출입에 관한 자료[72]는 당해 신고에 대한 수리일부터 2년 동안 보관할 의무가 생긴다(관세법 제12조).

한편, 보세구역에 반입하거나 반출하려는 물품에 대한 신고를 받는 세관장은 신고된 물품에 대한 관세법의 실효성을 담보하기 위하여 해당 물품을 검사하는 권한을 가지는 세관공무원을 참여시킬 수 있으며, 세관공무원이 검사를 실행함에 있어서 해당 물품의 반입자나 반출자에게 반입신고서·송품장 등 검사에 필요한 서류를 제출하게 할 수 있다(관세법 제157조제2항; 관세령 제176조제4항). 또한, 세관장은 보세구역에 반입할 수 있는 물품의 종류를 제한할 수 있는 권한도 갖는다(관세법 제157조제3항).

다. 보세구역 장치물품의 관리와 취급제한

인화질 또는 폭발성의 물품을 보세구역에 장치하는 것은 허용될 수 없으며(관세령 제174조제1항), 보세창고에 부패할 염려가 있는 물품 또는 살아있는 동물이나 식물의 장치는 금지된다(관세령 제174조제2항). 하지만 이러한 보세구역 장치물품의 반입제한은 해당 물품을 장치하기 위하여 특수한 설비를 갖춘 보세구역에서는 적용되지 않는다(관세령 제174조제3항). 그런데 보세구역에 반입되어 장치된 외국물품은 그 물품에 대한 세관장의 수입신고수리가 행하여졌다면 관세행정상 내국물품의 법적 지위를 얻어 더 이상 보세구역에 장치할 필요성이 없어지게 된다. 이런 까닭에 관세청장이 정하는 보세구역에 반입되어 수입신고가 수리된 물품의 화주 또는 반입자는 법정 장치기간(관세법 제177조)에도 불구하고 그 수입신고수리일부터 15일 이내에 해당 물품을 보세구역으로부터 반출하지 않으면 안 된다(관세법 제157조의2). 하지만 이러한 반출의무의 이행기한은 외국물품을 장치하는 데에 방해가 되지 아니하는 것으로 인정되어 세관장으로부터 해당 반출기간의 연장승인[73]을 받았다면 그 연장기간 만큼 늦춰질 수 있다. 만일 수입

72) 관세청장이 정하는 바에 따라 마이크로필름·광디스크 등 자료전달 및 보관 매체에 의하여 보관할 수 있다(관세령 제3조제2항).

73) 반출기간 연장승인의 신청방법에 관하여는 관세령 제176조의2를 참조.

신고가 수리된 물품에 대한 반출의무를 이행하지 아니하였다면, 그 의무위반행위는 100만 원 이하의 과태료 부과대상 질서위반행위에 해당된다(관세법 제277조제4항).

국외로부터 우리나라에 반입된 외국물품은 잠재적인 관세의 납세의무의 객체이기 때문에 이러한 물품을 취급하는 자 또는 보세구역에 출입하는 자는 그러한 물품과 보세구역감시에 관한 세관장의 명령을 준수하고 세관공무원의 지휘를 받아야 한다(관세법 제162조).[74] 그리고 보세구역 또는 보세구역이 아닌 장소에 장치된 외국물품이 멸실된 때에는 소정의 신고서[75]를 세관장에게 제출하여 그 확인을 받아야 한다(관세령 제180조). 또한, 보세구역 또는 보세구역이 아닌 장소에 장치된 외국물품이 도난당하거나 분실된 때와 이상이 있는 때에는 소정의 신고서[76]를 세관장에게 제출하여야 한다(관세령 제181조·제182조). 만일 국외로부터 우리나라에 반입된 외국물품을 취급하는 자 또는 보세구역에 출입하는 자가 세관장의 해당 명령이나 세관장의 해당 지휘사항을 이행하지 아니하였다면 그 의무위반행위는 100만 원 이하의 과태료 부과대상 질서위반행위에 해당된다(관세법 제277조제4항).

이와 같이 보세구역에 장치된 물품에 대한 엄격한 관리준칙에도 불구하고 수출입기업의 편익과 통관의 효율화를 위하여 보세구역에 장치된 물품은 그 현상을 유지하기 위하여 필요한 보수작업과 그 성질을 변하지 아니하게 하는 범위에서 포장을 바꾸거나 구분·분할·합병을 하거나 그 밖의 비슷한 보수작업이 허용되며, 더 나아가 보세구역에서의 보수작업이 곤란하다고 세관장이 인정할 때에는 기간과 장소를 지정받아 보세구역 밖에서도 보수작업이 허용될 수 있다(관세법 제158조제1항). 여기에서 허용 가능한 **보수작업의 적용범위**는 ① 물품의 보존을 위해 필요한 작업(부패, 손상 등을 방지하기 위한 보존작업 등)과 이와 유사한 작업, ② 물품의 상품성 향상을 위한 개수작업(포장개선, 라벨표시, 단순절단 등)과 이와 유사한 작업, ③ 선적을 위한 준비작업(선별, 분류, 용기변경 등)과 이와 유사한 작업, ④ 단순한 조립작업(간단한 셋팅,

74) 세관장은 보세구역에 세관공무원을 파견하여 세관사무의 일부를 처리하게 할 수 있다(관세법 제163조).

75) 신고서에 기재하는 법정사항에 관하여는 관세령 제180조 제1항을 참조. ▶특허보세구역장치물품인 경우에는 운영인의 명의로, 특허보세구역장치물품이 아닌 경우에는 보관인의 명의로 신고하여야 한다(관세령 제180조제2항).

76) 신고서에 기재하는 법정사항에 관하여는 관세령 제181조 제1항과 제182조 제1항을 참조. ▶특허보세구역 장치물품인 경우에는 운영인의 명의로, 특허보세구역 장치물품이 아닌 경우에는 보관인의 명의로 하여야 한다(관세령 제181조제2항·제182조제2항).

완제품의 특성을 가진 구성요소의 조립 등)과 이와 유사한 작업이 해당되며, 해당 보수작업으로 인해 보수작업 대상물품의 HS품목분류에 변화를 가져오는 경우에는 허용 가능한 보수작업의 적용범위를 벗어나게 된다. 그런데 실제로 보수작업을 하려면 세관장의 승인[77]을 받아야 하고, 승인된 보수작업에서 외국물품에 부가된 내국물품이 있다면 그 내국물품은 외국물품으로 간주되며, 어떠한 경우에도 수입될 물품의 보수작업의 재료로 외국물품이 사용되는 것은 허용될 수 없다(관세법 제158조제2항부터제4항까지).[78] 만일 세관장의 승인을 받지 아니하고 보수작업을 하였거나 외국물품을 보수작업의 재료로 사용하였다면, 그 의무위반행위는 200만 원 이하의 과태료 부과대상 질서위반행위에 해당된다(관세법 제277조제4항).

보세구역의 허용목적과 같은 취지에서 보세구역에 장치된 물품에 대하여는 그 원형을 변경하거나 해체·절단 등의 작업이 허용될 수 있다(관세법 제159조제1항). 허용될 수 있는 해체·절단의 작업의 적용범위는 관세청장이 정하며, 실제로 이러한 작업을 하려면 세관장의 허가[79]를 받아야 한다(관세법 제159조제2항·제3항). 그리고 세관장은 수입신고한 물품에 대하여 필요하다고 인정될 때에는 화주 또는 그 위임을 받은 자에게 해체·절단의 작업을 명할 수 있다(관세법 제159조제4항). 만일 세관장의 허가를 받지 아니하고 해체·절단의 작업을 하였다면, 그 의무위반행위는 1천만 원 이하의 과태료 부과대상 질서위반행위에 해당된다(관세법 제277조제2항).

어떤 물품이 경제적 가치가 더 이상 존재하지 않거나 유해성을 내포하고 있다면 그 물품의 폐기가 요구될 수 있을 것이다. 이러한 까닭에 보세구역에 장치된 물품의 폐기는 부패·손상되거나 그 밖의 사유로 허용될 수 있으며, 그러한 물품을 실제로 폐기하려면 세관장의 승인[80]을 받아야 한다(관세법 제160조제1항). 여기에서 "부패·손상 그 밖의 사유"의 적용범위는 ① 부패, 변질, 손상, 실용시효의 경과, 물성의 변화 등으로 상품가치를 상실한 경우, ② 상품가치는 있으나 용도가 한정되어 있어 실용의 가능성이 거의 없는 경우, ③ 장치기간경과물품으로 매각(관세법 제208조)하고자 하였으나 매각되지

77) 보수작업의 승인신청방법과 승인된 보수작업의 완료보고방법에 관하여는 관세령 제177조를 참조.

78) 보수작업을 하는 경우 해당 물품에 관한 반출검사 등에 관하여는 관세법 제187조(보세공장 외 작업허가) 제3항·제4항과 제6항이 준용된다.

79) 해체·절단 등 작업의 허가신청방법과 허가된 해체·절단 등 작업의 완료보고방법에 관하여는 관세령 제178조를 참조.

80) 장치물품의 폐기승인신청방법과 폐기작업의 종료보고방법에 관하여는 관세령 제179조를 참조.

아니한 경우로서 국고귀속의 실익이 없는 경우가 해당된다. 그리고 보세구역에 장치된 물품이 세관장의 승인을 받아 폐기되었거나 재해 또는 그 밖의 부득이한 사유로 멸실된 때에는 그 물품에 대한 관세의 납세의무는 발생하지 않지만 이러한 경우를 제외하고 보세구역에 장치된 외국물품이 멸실되거나 폐기되었을 때에는 그 운영인 또는 보관인에게 즉시 그 관세를 부과·징수하게 된다(관세법 제160조제2항). 물론 세관장의 폐기승인을 받은 외국물품 중 폐기 후에 남아 있는 부분에 대하여는 폐기 후의 성질과 수량에 따라 관세가 부과된다(관세법 제160조제3항). 만일 세관장의 승인을 받지 아니하고 보세구역에 장치된 물품을 폐기하였다면, 그 의무위반행위는 1천만 원 이하의 과태료 부과대상 질서위반행위에 해당된다(관세법 제277조제2항).

그런데 세관장은 폐기승인의 신청이 없다고 하더라도 보세구역에 장치된 물품 중 직권폐기대상물품은 그 물품의 납세의무관계자인 화주, 반입자, 화주 또는 반입자의 위임을 받은 자나 제2차 납세의무자(국세기본법 제38조부터제41조까지)에게 이를 반송 또는 폐기할 것을 명하거나 그 물품의 납세의무관계자에게 통고한 후 폐기할 수 있는데, 급박하여 통고할 여유가 없는 경우에는 폐기한 후 즉시 통고하여야 한다(관세법 제160조제4항). 만일 세관장의 통고를 수령할 그 물품의 납세의무관계자의 주소나 거소를 알 수 없거나 그 밖의 사유로 통고할 수 없는 경우에는 공고로써 이를 갈음할 수 있으며, 세관장이 물품을 폐기하거나 그 물품의 납세의무관계자가 물품을 폐기 또는 반송한 경우 그 비용의 부담은 그 물품의 납세의무관계자에게 귀속된다(관세법 제160조제5항·제6항). 여기에서 **세관장의 직권폐기대상물품**은 다음과 같은 물품이 해당된다: ① 사람의 생명이나 재산에 해를 끼칠 우려가 있는 물품; ② 부패하거나 변질된 물품; ③ 유효기간이 지난 물품; ④ 상품가치가 없어진 물품; ⑤ 앞의 제①부터 제④까지에 준하는 물품으로서 관세청장이 정하는 물품. 만일 세관장의 반송 또는 폐기 명령을 이행하지 아니하였다면, 그 의무위반행위는 100만 원 이하의 과태료 부과대상 질서위반행위에 해당된다(관세법 제277조제5항).

한편, 보세구역에 장치된 외국물품의 전부 또는 일부를 견본품으로 반출하려면 세관장의 허가[81]를 받아야 한다(관세법 제161조제1항). 하지만 세관공무원은 보세구역에 반입된 물품에 대하여 검사상 필요하면 그 물품의 일부를 견본품으로 채취할 수 권한이 부여되기 때문에 별도로 세관장의 허가를 필요로 하지 아니하며, 세관공무원이 채취한

81) 견본품반출의 허가신청방법에 관하여는 관세령 제183조를 참조.

물품이 사용·소비된 경우에는 수입신고를 하여 관세를 납부하고 수리된 것으로 간주한다(관세법 제161조제2항·제3항). 만일 세관장의 허가를 받지 아니하고 보세구역에 장치된 외국물품의 견본품을 반출하였다면, 그 의무위반행위는 1천만 원 이하의 과태료 부과대상 질서위반행위에 해당된다(관세법 제277조제2항).

라. 보세구역의 자율관리 허용

보세구역 중 물품의 관리가 세관감시에 지장이 없다고 인정하여 세관장이 지정하는 보세구역인 "자율관리보세구역"에 장치한 물품의 반출입 시 세관공무원의 참여와 관세법에 따른 절차 중 관세청장이 정하는 절차를 생략하게 된다(관세법 제164조제1항). 자율관리보세구역의 지정을 받으려면 보세구역의 화물관리인이나 운영인이 세관장에게 그 지정을 신청[82]하여야 하는데, 자율관리보세구역 지정요건으로 보세구역의 화물관리인이나 운영인에게 해당 보세구역에 장치된 물품을 관리하는 사람, 즉 보세사의 채용의무가 수반된다(관세법 제164조제2항·제3항). 그리고 자율관리보세구역으로 지정을 받았다면 물품의 반출입 상황을 장부에 기록할 의무가 주어지는데, 세관장은 자율관리보세구역의 지정을 받은 자가 관세법에 따른 의무를 위반하거나 세관감시에 지장이 있다고 인정되는 사유가 발생한 경우에는 그 지정을 취소할 수 있다(관세법 제164조제5항·제6항). 만일 자율관리보세구역의 지정을 취소하는 처분을 하려면 반드시 청문을 실시하여야 한다(관세법 제328조제1호).

한편, 자율관리보세구역의 지정요건으로 채용하여야 하는 보세사의 자격요건은 보세화물의 관리업무에 관한 전형에 합격한 사람으로서 관세법상 결격사유[83]가 없는 자가 된다(관세법 제165조제1항). 보세사의 자격을 갖춘 사람이 보세사로 근무하려면 해당 보세구역을 관할하는 세관장에게 등록신청서를 제출하여야 하고(관세령 제185조제2항), 세관장은 보세사로 등록을 한 사람이 보세사의 결격사유에 해당하게 된 경우나 사망한

82) 자율관리보세구역 지정신청의 방법에 관하여는 관세령 제184조 제1항을 참조.

83) 보세사의 결격사유는 ① 미성년자, ② 금치산자와 한정치산자, ③ 파산선고를 받고 복권되지 아니한 자, ④ 관세법을 위반하여 징역형의 실형을 선고받고 그 집행이 끝나거나(집행이 끝난 것으로 보는 경우를 포함한다) 면제된 후 2년이 지나지 아니한 자, ⑤ 관세법을 위반하여 징역형의 집행유예를 선고받고 그 유예기간 중에 있는 자, ⑥ 관세법에 따라 특허보세구역의 설치·운영에 관한 특허가 취소된 후 2년이 지나지 아니한 자, ⑦ 관세범으로 처벌되어 벌금형 또는 통고처분을 받은 자로서 그 벌금형을 선고받거나 통고처분을 이행한 후 2년이 지나지 아니한 자(관세법 제279조에 따라 처벌된 개인은 제외한다) 등이 해당된다.

경우에는 등록을 취소하여야 하며, 직무와 관련하여 부당한 금품을 수수한 경우 또는 관세법이나 관세법에 따른 명령을 위반한 경우에는 6개월 이내의 업무정지, 견책 또는 그 밖에 필요한 조치를 할 수 있다(관세법 제165조제2항·제4항). 보세사 등록의 취소 및 업무정지 처분을 하려면 반드시 청문을 실시하여야 한다(관세법 제328조제2호). 그리고 등록이 취소된 자는 그 취소된 날로부터 2년 이내에 다시 등록할 수 없다(관세법 제165조제3항). **보세사의 직무범위**는 ① 보세화물과 내국물품의 반입 또는 반출에 대한 입회와 확인, ② 보세구역 안에 장치된 물품의 관리와 취급에 대한 입회와 확인, ③ 보세구역 출입문의 개폐와 열쇠관리의 감독, ④ 보세구역의 출입자관리에 대한 감독, ⑤ 견본품의 반출과 회수, ⑥ 그 밖에 보세화물의 관리를 위하여 필요한 업무로서 관세청장이 정하는 업무가 해당된다(관세령 185조제1항). 그리고 보세사는 다른 사람에게 자신의 성명·상호를 사용하여 보세사 업무를 하게 하거나 그 자격증 또는 등록증을 빌려주는 것이 금지된다(관세법 제165조의2). 만일 이러한 금지의무를 위반하여 ① 다른 사람에게 자신의 성명·상호를 사용하여 보세사 업무를 수행하게 하거나 자격증 또는 등록증을 빌려주는 자나 ② 다른 사람의 성명·상호를 사용하여 보세사의 업무를 수행하거나 자격증 또는 등록증을 빌린 자 또는 제①이나 제②의 행위를 알선한 자는 보세사의 명의대여죄 등으로 1년 이하의 징역 또는 1천만 원 이하의 벌금에 처해진다(관세법 제275조의4).

2) 지정보세구역

(1) 지정보세구역의 지정

지정보세구역의 지정권자는 세관장이고, 지정보세구역으로 지정할 수 있는 대상은 국가, 지방자치단체, 공항시설 또는 항만시설을 관리하는 법인이 소유하거나 관리하는 토지·건물 또는 그 밖의 시설이 해당된다(관세법 제166조제1항). 세관장은 해당 세관장이 관리하지 아니하는 토지 등을 지정보세구역으로 지정하려면 해당 토지 등의 소유자나 관리자의 동의를 받아야 하며, 지정한 지정보세구역의 임차료 등은 세관장이 부담하게 된다(관세법 제166조제2항·제3항). 한편, 세관장은 수출입물량이 감소하거나 그 밖의 사유로 지정보세구역의 전부 또는 일부를 보세구역으로 존속시킬 필요가 없어졌다고 인정될 때에는 그 지정을 취소하여야 한다(관세법 제167조). 그리고 지정보세구역의 지정을 받은 토지 등의 소유자나 관리자는 해당 토지 등의 양도, 교환, 임대 또는 그 밖의 처분이나 그 용도의 변경, 해당 토지에 대한 공사나 해당 토지 안에 건물 또는 그 밖의 시설의 신축, 해당 건물 또는 그 밖의 시설의 개축·이전·철거나 그 밖의 공사를 하려면 미리 세관장과 협의하여야 한다(관세법 제168조제1항). 여기에서 그러한 행위가 지정보세구역으로서의 사용에 지장을 주지 아니하거나 지정보세구역으로 지정된 토지 등의 소유자가 국가 또는 지방자치단체인 경우에는 세관장과의 사전협의를 요하지 않는다. 그리고 만일 지정보세구역의 지정의 취소 처분을 하려면 반드시 청문을 실시하여야 한다(관세법 제328조제3호).

(2) 지정보세구역의 유형

가. 지정장치장

지정장치장은 통관을 하려는 물품을 일시 장치하기 위한 장소이며, 지정장치장에 물품을 장치하는 기간은 6개월의 범위에서 관세청장이 정하되, 관세청장이 정하는 기준에 따라 세관장은 3개월의 범위에서 그 기간을 연장할 수 있다(관세법 제169조·제170조). 지정장치장에 반입한 물품의 보관책임은 원칙적으로 그 물품의 화주 또는 반입자에게 주어지지만, 세관장은 지정장치장의 질서유지와 화물의 안전관리를 위하여 필요하다고 인정할 때에는 화주를 갈음하여 보관의 책임을 지는 화물관리인을 지정할 수 있는데, 세관장이 관리하는 시설이 아닌 경우에는 세관장이 해당 시설의 소유자나 관리자와 협의하여 화물관리인을 지정하며,[84] 지정장치장의 화물관리인은 화물관리에 필요한 비용[85]을 화주로부터 징수[86]할 수 있고, 지정장치장의 화물관리인은 해당 화주로부터 징수한 비용 중 세관설비 사용료에 해당하는 금액을 세관장에게 납부하여야 한다(관세법 제172조제1항부터제4항까지). 여기에서 화물관리인의 보관책임은 보세구역에 장치된 외국물품의 멸실이나 폐기로 인하여 징수되는 관세를 부담하는 보관인의 책임

84) 화물관리인의 지정절차와 지정기준에 관하여는 관세규칙 제69조의2를 참조. ▶화물관리인을 지정할 경우 해당 시설의 소유자 또는 관리자와 협의하여 해당 시설의 소유자 또는 관리자가 요청한 자 중에서 화물관리인을 지정하여야 한다는 것을 의미하는 것이지 세관장이 자신이 관리하는 시설이 아닌 지정장치장의 경우 반드시 화물관리인을 지정하여야 한다는 것을 의미한다고까지 볼 수 없다(대법원 2004.10.15. 선고 2003두8951 판결).

85) 관세법 제323조에 따른 세관설비 사용료를 포함한다.

86) 그 요율에 대해서는 세관장의 승인을 받아야 한다.

(관세법 제160조제2항)과 해당 화물의 보관과 관련한 하역·재포장과 경비 등을 수행하는 책임으로 한다(관세령 제187조의3). 아울러 지정보세구역의 관리인은 그 업무에 종사하는 자와 기타 보세구역에 출입하는 자에 대하여 상당한 단속을 하여야 한다(관세령 제195조제4항). 만일 불가피한 사유로 화물관리인을 지정할 수 없을 때에는 세관장이 화주를 대신하여 직접 화물관리를 할 수 있으며, 화물관리에 필요한 비용을 화주로부터 징수할 수 있다(관세법 제172조제5항). 그리고 만일 지정장치장의 화물관리인이 세관장의 승인을 받지 아니한 요율로 화물관리비용을 징수하였다면, 그 의무위반행위는 200만 원 이하의 과태료 부과대상 질서위반행위에 해당된다(관세법 제277조제4항).

나. 세관검사장

세관검사장은 **통관하려는 물품을 검사하기 위한 장소**이며, 세관장은 검사를 받을 물품의 전부 또는 일부를 세관검사장에 반입하여 검사할 수 있는데, 세관검사장에 반입되는 물품의 채취·운반 등에 필요한 비용은 화주가 부담한다(관세법 제173조).

3) 특허보세구역

(1) 일반준칙[87]

가. 특허보세구역의 특허신청

관세법 제174조 제1항에 따라 특허보세구역을 설치·운영하려면 세관장의 특허를 받아야 하며, 기존의 특허를 갱신하려는 경우에도 마찬가지로 세관장의 특허를 받아야 한다.[88] 여기에서 특허보세구역의 설치·운영에 관한 특허를 받으려는 자, 특허보세구역을 설치·운영하는 자, 이미 받은 특허를 갱신하려는 자는 특허수수료를 납부하여야 한다(관세법 제174조제2항).

---

87) 보세판매장 특허의 특례, 세관장의 설치·운영에 관한 감독과 행정제재, 특허의 효력 상실과 승계 등에 관하여는 김용태, 관세법원론(서울: 무역경영사, 2019), 117~120쪽을 참조.

88) 특허의 신청절차 및 갱신절차에 관하여는 관세령 제188조를 참조. ▶보세구역의 설영특허는 보세구역의 설치경영에 관한 권리를 설정하는 이른바 공기업의 특허에 해당하는 것으로서 그 특허를 부여하고 안하고는 행정관청의 자유재량에 속하며, 특허기간이 만료된 때에 특허는 당연히 실효되는 것이어서 특허기간의 갱신은 실질적으로 권리의 설정과 같으므로 특허기간의 갱신 여부도 특허관청의 자유재량에 속한다(대법원 1989.05.09. 선고 88누4188 판결).

나. 설치·운영에 관한 특허의 요건과 특허기간 그리고 물품의 장치기간

관세법 제175조에 따라 특허보세구역 운영인의 결격사유에 해당하는 자는 특허보세구역을 설치·운영할 수 없다. 여기에서 **특허보세구역 운영인의 결격사유**는 ① 미성년자, ② 금치산자와 한정치산자, ③ 파산선고를 받고 복권되지 아니한 자, ④ 관세법을 위반하여 징역형의 실형을 선고받고 그 집행이 끝나거나(집행이 끝난 것으로 보는 경우를 포함한다) 면제된 후 2년이 지나지 아니한 자, ⑤ 관세법을 위반하여 징역형의 집행유예를 선고받고 그 유예기간 중에 있는 자, ⑥ 관세법에 따라 특허보세구역의 설치·운영에 관한 특허가 취소된 후 2년이 지나지 아니한 자,[89] ⑦ 관세범으로 처벌되어 벌금형 또는 통고처분을 받은 자로서 그 벌금형을 선고받거나 통고처분을 이행한 후 2년이 지나지 아니한 자(다만, 양벌 규정에 따라 처벌된 개인 또는 법인은 제외한다), ⑧ 앞의 제②부터 제⑦까지에 해당하는 자를 임원(해당 보세구역의 운영업무를 직접 담당하거나 이를 감독하는 자로 한정한다)으로 하는 법인이 해당된다.

특허보세구역의 설치·운영에 관한 특허를 받을 수 있는 요건은 ① 체납된 관세와 내국세가 없을 것, ② 특허보세구역 운영인의 결격사유가 없을 것, ③ 위험물품을 장치·제조·전시 또는 판매하는 경우에는 위험물품의 종류에 따라 관계행정기관의 장의 허가 또는 승인 등을 받을 것, ④ 관세청장이 정하는 바에 따라 보세화물의 보관·판매와 관리에 필요한 자본금·수출입규모·구매수요·장치면적 등에 관한 요건을 갖출 것 등이 해당된다(관세령 제189조). 그런데 특허보세구역의 운영인이 그 장치물품의 종류를 변경하거나 그 특허작업의 종류 또는 작업의 원재료를 변경하고자 하는 때에는 그 사유를 기재한 신청서를 세관장에게 제출하여 그 승인을 얻어야 하고, 특허보세구역의 운영인이 법인인 경우에 그 등기사항을 변경한 때에는 지체 없이 그 요지를 세관장에게 통보하여야 한다(관세령 제190조). 그리고 특허보세구역의 운영인이 그 장치물품의 수용능력을 증감하거나 그 특허작업의 능력을 변경할 설치·운영시설의 증축, 수선 등의 공사를 하려면 그 사유를 기재한 신청서에 공사내역서와 관계도면을 첨부하여 세관장에게 제출하여 그 승인을 얻어야 하는데, 특허받은 면적의 범위 내에서 수용능력 또는 특허작업능력을 변경하는 경우에는 신고함으로써 승인을 얻은 것으로 간주되고, 공사를 준공한 운영인은 그 사실을 지체 없이 세관장에게 통보하여야 한다

89) 다만, 그 특허가 취소된 해당 특허보세구역을 제외한 기존에 특허 받은 특허보세구역은 설치·운영할 수 있다.

(관세령 제191조). 만일 특허보세구역의 운영인이 특허사항을 위반하였다면, 그 의무위반 행위는 200만 원 이하의 과태료 부과대상 질서위반행위에 해당된다(관세법 제277조제4항).

특허보세구역(보세전시장, 보세건설장과 보세판매장은 제외한다)의 특허기간은 원칙적으로 10년의 범위 내에서 신청인이 신청한 기간으로 하는데(관세법 제176조제1항), 예외적으로 관세청장은 보세구역의 합리적 운영을 위하여 필요한 경우에는 신청인이 신청한 기간과 달리 특허기간을 정할 수 있다(관세령 제192조). 보세전시장의 특허기간은 해당 박람회 등의 기간을 고려하여 세관장이 정하는 기간으로 하고, 보세건설장의 특허기간은 해당 건설공사의 기간을 고려하여 세관장이 정하는 기간으로 하되, 전시목적을 달성하거나 공사를 진척하기 위하여 부득이하다고 인정할 만한 사유가 있을 때에는 그 기간을 연장할 수 있다(관세법 제176조제2항).

한편, 특허보세구역에 물품을 장치하는 기간은 다음과 같은 구분에 따른다(관세법 제177조제1항). 보세창고에 장치된 물품이 ① 외국물품(뒤에 설명하는 제③에 해당하는 물품은 제외한다)인 경우에는 1년의 범위에서 관세청장이 정하는 기간(다만, 세관장이 필요하다고 인정하는 경우에는 1년의 범위에서 그 기간을 연장할 수 있다), ② 내국물품(뒤에 설명하는 제③에 해당하는 물품은 제외한다)인 경우에는 1년의 범위에서 관세청장이 정하는 기간, ③ 정부비축용 물품, 정부와의 계약이행을 위하여 비축하는 방위산업용 물품, 장기간 비축이 필요한 수출용원재료와 수출품보수용 물품으로서 세관장이 인정하는 물품, 국제물류의 촉진을 위하여 관세청장이 정하는 물품인 경우에는 비축에 필요한 기간이 적용되고, 그 밖의 특허보세구역에 장치된 물품은 해당 특허보세구역의 특허기간이 적용된다. 하지만 세관장은 물품관리에 필요하다고 인정될 때에는 앞서 설명한 법정 장치기간 내에도 운영인에게 그 물품의 반출을 명할 수 있다(관세법 제177조제2항). 따라서 만일 세관장의 반출명령을 위반하였다면, 그 의무위반 행위는 100만 원 이하의 과태료 부과대상 질서위반행위에 해당된다(관세법 제277조제5항).

(2) 특허보세구역의 종류

가. 보세창고

보세창고는 **외국물품이나 통관을 하려는 물품을 장치하는 곳이다**(관세법 제183조제1항). 그럼에도 불구하고 보세창고의 운영인이 미리 세관장에게 신고[90]를 한다면 외국물품의 장치에 방해되지 아니하는 범위에서 보세창고에 내국물품의 장치가 허용될 수 있는데, 그 내국물품이 동일한 보세창고에 장치되어 있는 동안 수입신고가 수리된 물품인 경우라며 세관장에게 신고 없이 계속하여 장치할 수 있다(관세법 제183조제2항). 하지만 이와 같이 보세창고에 수입신고가 수리된 물품을 6개월 이상 또는 내국물품만을 1년 이상 계속하여 장치하려면 그 운영인은 세관장의 승인[91]을 받아야 한다(관세법 제183조제3항). 여기에서 세관장의 승인을 받은 보세창고에 내국물품만을 장치하는 기간에는 관세법의 견본품 반출에 관한 규정(제161조)과 특허보세구역에 물품장치기간에 관한 규정(제177조)의 적용은 배제된다(관세법 제183조제4항). 그리고 세관장은 승인을 얻어 장치하는 물품에 대하여는 물품의 반출입신고(관세령 제176조)를 생략하게 할 수 있다(관세령 제197조제3항). 아울러 보세창고의 운영인은 세관장에게 신고를 하였거나 세관장의 승인을 받은 내국물품을 그 신고기간 또는 그 승인기간이 지난 후 10일 내에 자신의 책임으로 반출할 의무를 진다(관세법 제184조). 만일 운영인이 미리 세관장에게 신고하지 아니하고 보세창고에 내국물품을 장치하였거나 세관장의 승인을 받지 아니하고 1년(수입신고 수리물품의 경우 6개월) 이상 계속해서 내국물품만을 장치하였다면, 그 의무위반행위는 100만 원 이하의 과태료 부과대상 질서위반행위에 해당된다(관세법 제277조제5항). 그리고 보세창고의 운영인이 장치기간이 지난 내국물품을 그 신고기간이나 승인기간이 지난 후 10일 내에 반출하지 아니하였다면, 그 의무위반행위도 마찬가지로 100만 원 이하의 과태료 부과대상 질서위반행위에 해당된다(관세법 제277조제5항).

한편, 보세창고의 운영인은 장치물품에 관한 기장의무(장부의 비치와 법정사항[92]의 기재)를 가지는데, 정부비축용물품이나 정부와의 계약이행을 위하여 비축하는 방위산업용물품 또는 장기간 비축이 필요한 수출용원재료와 수출품보수용 물품으로서 세관장이 인정한 물품이나 국제물류의 촉진을 위하여 관세청장이 정하는 물품에 해당하는 장치물품의 경우(관세법 제177조제1항제1호다목)에는 기장의무의 일부를 생략 또는 간이하게 할 수 있다(관세령 제198조).

나. 보세공장

보세공장은 외국물품을 원료 또는 재료로 하거나 외국물품과 내국물품을 원료 또는

---

90) 내국물품의 장치신고 방법에 관하여는 관세령 제197조 제1항을 참조.

91) 내국물품의 장치승인 신청방법에 관하여는 관세령 제197조 제2항을 참조.

92) 법정사항에 관하여는 관세령 제198조 각호를 참조.

재료로 하여 제조·가공하거나 그 밖에 이와 비슷한 작업을 할 수 있는 특허보세구역을 말하는데, 보세공장에서는 세관장의 허가를 받지 아니하고는 내국물품만을 원료로 하거나 재료로 하여 제조·가공하거나 그 밖에 이와 비슷한 작업을 하는 것이 허용되지 아니한다(관세법 제185조제1항·제2항).[93] 그런데 관세법 제185조 제3항에 따라 보세공장 중 수입하는 물품을 제조·가공하는 것을 목적으로 하는 보세공장의 업종은 일정한 업종으로 제한되는바, ① 국내외 가격차에 상당하는 율로 양허한(관세법 제73조) 농·임·축산물을 원재료로 하는 물품을 제조·가공하는 업종이나 ② 국민보건 또는 환경보전에 지장을 초래하거나 풍속을 해하는 물품을 제조·가공하는 업종으로 세관장이 인정하는 업종의 보세공장은 허용되지 않는다(관세규칙 제69조). 그리고 관세청장은 국내공급상황을 고려하여 필요하다고 인정되는 때에는 보세공장에 대하여 외국물품의 반입을 제한할 수 있는 권한을 갖는다(관세령 제201조). 만일 보세공장에서 세관장의 허가를 받지 아니하고 내국물품만을 원료로 하거나 재료로 하여 제조·가공 등의 작업을 하였다면, 그 의무위반행위는 100만 원 이하의 과태료 부과대상 질서위반행위에 해당된다(관세법 제277조제5항).

보세공장에서 보세작업을 하기 위하여 반입되는 원료 또는 재료, 이른바 "보세공장원재료"의 적용범위는 ① 해당 보세공장에서 생산하는 제품에 물리적 또는 화학적으로 결합되는 물품, ② 해당 보세공장에서 생산하는 제품을 제조·가공하거나 이와 비슷한 공정에 투입되어 소모되는 물품(다만, 기계·기구 등의 작동과 유지를 위한 물품 등 제품의 생산에 간접적으로 투입되어 소모되는 물품을 제외한다), ③ 해당 보세공장에서 생산하는 제품의 포장용품 등이 해당되며, 이러한 보세공장원재료는 해당 보세공장에서 생산하는 제품에 소요되는 수량, 소위 "원자재소요량"을 객관적으로 계산할 수 있는 물품이어야 한다(관세령 제199조제1항·제2항). 그리고 세관장[94]은 물품의 성질, 보세작업의 종류 등을 고려하여 세관감시상 필요하다고 인정되는 때에는 보세공장의 운영인으로 하여금 보세작업으로 생산된 제품에 소요된 원자재소요량을 계산한 서류를 제출하게 할 수 있다(관세령 제199조제3항).

세관장은 수입통관 후 보세공장에서 사용하게 될 물품에 대하여는 보세공장에 직접

93) 내국물품만을 원재료로 하는 작업의 허가신정 방법에 관하여는 관세령 제200조를 참조.

94) 세관장은 제출한 원자재소요량을 계산한 서류의 적정 여부를 확인하기 위하여 필요한 경우 보세공장에 대한 재고조사를 실시할 수 있다(관세령 제207조).

반입하여 수입신고를 하게 할 수 있어서, 보세구역에 직접 반입하여 수입신고하려는 물품이 지정장치장 또는 보세창고에 반입되었거나 보세구역이 아닌 장소에 장치되었다면 그 반입일 또는 장치일부터 30일 이내 관세법상 수입신고절차를 이행하여야 한다(관세법 제185조제4항). 그리고 관세법 제186조 제1항에 따라 보세공장의 운영인은 보세공장에 반입된 물품을 그 사용 전에 반드시 세관장에게 사용신고[95]를 하여야 할 의무를 가진다. 여기에서 세관공무원은 그 물품을 검사할 수 있는 권한을 갖는다. 그리고 사용신고를 한 외국물품이 허가·승인·표시 또는 그 밖의 조건을 갖출 필요가 있는 것(관세법 제226조)일 때에는 해당 조건을 갖춘 것임을 증명하지 않으면 안 된다. 아울러 만일 보세공장에 반입된 물품을 사전에 세관장에게 사용신고를 하지 아니하고 사용하였다면, 그 의무위반행위는 1천만 원 이하의 과태료 부과대상 질서위반행위에 해당된다(관세법 제277조제2항).

관세법 제187조 제1항에 따라 세관장은 가공무역이나 국내산업의 진흥을 위하여 필요한 경우에는 기간, 장소, 물품 등을 정하여 해당 보세공장 외에서 제조·가공작업을 허가할 수 있다.[96] 보세공장 외 제조·가공작업을 허가를 한 경우 세관공무원은 해당 물품이 보세공장에서 반출될 때에 이를 검사할 수 있는 권한을 가지며, 허가를 받아 지정된 장소인 "공장 외 작업장"에 반입된 외국물품은 지정된 기간이 만료될 때까지는 보세공장에 있는 것으로 간주한다(관세법 제187조제3항·제4항). 아울러 세관장은 보세공장 외 제조·가공작업의 허가를 받은 보세작업에 사용될 물품을 보세공장 외 작업장에 직접 반입하게 할 수 있는 권한을 가지고, 보세공장 외 제조·가공작업의 허가에 따라 지정된 기간이 지난 경우 해당 보세공장 외 작업장에 허가된 외국물품이나 그 제품이 있을 때에는 해당 물품의 허가를 받은 보세공장의 운영인으로부터 그 관세를 즉시 징수한다(관세법 제187조제5항·제6항). 만일 세관장의 허가 없이 보세공장 외 보세·가공작업을 하였다면, 그 의무위반행위는 1천만 원 이하의 과태료 부과대상 질서위반행위에 해당된다(관세법 제277조제2항).

그런데 외국물품이나 외국물품과 내국물품을 원료로 하거나 재료로 하여 작업을 하는 경우 그로써 생긴 물품은 외국으로부터 우리나라에 도착한 물품으로 간주되어 소위 제품과세의 대상물품으로 취급하는데, 세관장의 승인[97]을 받고 외국물품과 내국

95) 보세공장 물품반입의 사용신고 방법에 관하여는 관세령 제202조를 참조.

96) 보세공장 외 작업허가 신청방법에 관하여는 관세령 제203조를 참조.

물품을 혼용하는 경우에는 그로써 생긴 제품 중 해당 외국물품의 수량 또는 가격에 상응하는 것은 외국으로부터 우리나라에 도착한 물품으로 간주된다(관세법 제188조). 반면에 보세공장에서 제조된 물품을 수입하는 경우 앞서 설명한 보세공장에 반입된 물품의 사용신고를 하기 전에 미리 세관장에게 해당 물품의 원료인 외국물품에 대한 과세의 적용을 신청[98]한 경우에는 관세법에서 과세물건의 확정시기에 관한 규정(제16조)의 적용을 배제하고, 보세공장에 반입된 물품을 그 사용 전에 세관장에게 사용신고를 할 때의 그 원료의 성질과 수량에 따라 관세를 부과하는 이른바 **원료과세**의 대상물품으로 취급하는데, 세관장은 일정한 기준에 해당하는 보세공장에 대하여는 1년의 범위에서 원료별·제품별 또는 보세공장 전체에 대하여 원료과세의 신청을 하게 할 수 있다(관세법 제189조). 여기에서 일정한 기준은 ① 최근 2년간 생산되어 판매된 물품 중 수출된 물품의 가격 비율이 100분의 50 이상일 것 또는 ② 관세청장이 정하여 고시하는 성실도와 원자재 관리 방법 등에 관한 기준을 충족할 것이 적용된다(관세령 제205조제3항). 한편, 보세공장의 운영인은 물품에 관한 기장의무(장부의 비치와 법정사항[99]의 기재)를 지는데, 세관장은 물품의 성질, 보세작업의 종류 기타의 사정을 참작하여 필요가 없다고 인정하는 사항에 대하여는 이의 기재를 생략하게 할 수 있다(관세령 제206조).

다. 보세전시장

보세전시장은 **박람회, 전람회, 견본품 전시회 등의 운영을 위하여 외국물품을 장치·전시하거나 사용할 수 있는 특허보세구역**을 말한다(관세법 제190조). 이러한 보세전시장에서 해당 외국물품의 성질 또는 형상에 변경을 가하는 행위나 해당 박람회의 주최자·출품자와 관람자가 그 보세전시장 안에서 소비하는 행위는 허용될 수 있다(관세령 제208조). 하지만 세관장은 필요하다고 인정되는 때에는 보세전시장 안의 장치물품에 대하여 장치할 장소를 제한하거나 그 사용사항을 조사하거나 운영인으로 하여금 필요한 보고를 하게 할 수 있는 권한을 가지며, 보세전시장에 장치된 판매용 외국물품은 수입신고가 수리되기 전에는 이를 사용하는 것이 금지되고, 보세전시장에 장치된 전시용 외국물품을 현장에서 직매하는 경우 수입신고가 수리되기 전에는 이를 인도하는 것이

97) 외국물품과 내국물품의 혼용에 관한 승인의 신청방법에 관하여는 관세령 제204조를 참조.
98) 원료과세 적용신청 방법에 관하여는 관세령 제205조 제1항·제2항을 참조.
99) 법정사항에 관하여는 관세령 제206조 제1항 각호를 참조.

허용되지 않는다(관세령 제209조).

라. 보세건설장

보세건설장은 산업시설의 건설에 사용되는 외국물품인 기계류 설비품이나 공사용 장비를 장치·사용하여 해당 건설공사를 할 수 있는 특허보세구역을 말한다(관세법 제191조). 관세법 제192조에 따라 보세건설장의 운영인은 보세건설장에 외국물품을 반입하였을 때에는 사용 전에 해당 물품에 대하여 수입신고를 하고, 세관공무원의 검사[100]를 받아야 한다. 아울러 세관장은 보세건설장에 반입된 외국물품에 대하여 필요하다고 인정될 때에는 보세건설장 안에서 그 물품을 장치할 장소를 제한하거나 그 사용상황에 관하여 운영인으로 하여금 보고하게 할 수 있는 권한을 갖는다(관세법 제193조). 그리고 보세건설장의 운영인이 보세건설장에서 건설된 시설을 수입신고가 수리(관세법 제248조)되기 전에 가동하는 것은 금지된다(관세법 제194조). 만일 세관장의 감독이나 보고지시 등을 위반하였다면, 그 의무위반행위는 100만 원 이하의 과태료 부과대상 질서위반행위에 해당된다(관세법 제277조제5항). 또한, 만일 보세건설장에 건설된 시설의 가동제한 규정을 위반하였다면, 그 의무위반행위는 200만 원 이하의 과태료 부과대상 질서위반행위에 해당된다(관세법 제277조제4항). 그리고 보세건설장에 반입할 수 있는 물품의 범위는 반입대상 외국물품(관세법 제191조)과 이와 유사한 물품으로서 해당 산업시설의 건설에 필요하다고 세관장이 인정하는 물품으로 제한된다(관세령 제210조). 아울러 보세건설장의 운영인은 사용전 수입신고(관세법 제192조)를 한 물품을 사용한 건설공사가 완료된 때에는 지체 없이 이를 세관장에게 보고할 의무를 가진다(관세법 제211조). 따라서 만일 보세건설장에 반입된 외국물품을 사전에 세관장에게 수입신고를 하지 아니하고 사용하였다면, 그 의무위반행위는 1천만 원 이하의 과태료 부과대상 질서위반행위에 해당된다(관세법 제277조제2항). 한편, 세관장은 보세작업상 필요하다고 인정될 때에는 기간, 장소, 물품 등을 정하여 해당 보세건설장 외에서의 보세작업을 허가[101]할 수 있다(관세법 제195조제1항).[102] 만일 세관장의 허가 없이 보세건설장장 외 보세작업을 하였다면 그 의무위반행위는 1천만 원 이하의 과태료 부과대상 질서위반행위에 해당된다(관세법 제277조제2항).

100) 세관공무원이 검사가 필요 없다고 인정하는 경우에는 세관공무원의 검사는 생략된다.

101) 보세건설장 외 보세작업의 허가신청 방법에 관하여는 관세령 제212조를 참조.

102) 보세건설장 외에서의 보세작업 허가에 관하여는 보세공장 외 작업허가 규정(관세법 제187조제3항부터제6항까지)을 준용한다(관세법 제195조제2항).

마. 보세판매장

보세판매장은 원칙적으로 **외국으로 반출하거나** 관세법 제88조(외교관용 물품의 면세) 제1항 제1호부터 제4호까지에 따라 **관세의 면제를 받을 수 있는 자가 사용하는 것을 조건으로 외국물품을 판매할 수 있는 특허보세구역**을 말하는데, 예외적으로 공항 및 항만 등의 입국경로에 설치된 보세판매장에서는 외국에서 입국하는 자에게 외국물품을 판매할 수 있으며,[103] 세관장은 보세판매장에서 판매할 수 있는 물품의 종류, 수량, 장치 장소 등을 제한[104]할 수 있다(관세법 제196조). 만일 세관장의 보세판매장에서 판매 제한조치를 위반하였다면, 그 의무위반행위는 200만 원 이하의 과태료 부과대상 질서위반행위에 해당된다(관세법 제277조제4항).

보세판매장의 운영인은 보세판매장에서 물품을 판매하는 때에는 판매사항·구매자 인적사항, 기타 필요한 사항을 기록·유지하여야 할 의무를 지고, 보세판매장의 운영인이 외국으로 출국하는 내국인에게 보세판매장의 물품을 판매하는 때에는 관세청장이 정하는 금액 한도를 초과하여 판매하는 것은 금지된다(관세령 제213조 제1항·제3항). 그리고 세관장은 연 2회 이상 보세화물의 반출입량·판매량·외국반출현황·재고량 등을 파악하기 위하여 보세판매장에 대한 조사를 실시할 수 있는 권한을 갖는다(시행관세령 제213조제4항).

4) 종합보세구역

종합보세구역은 보세창고·보세공장·보세전시장·보세건설장 또는 보세판매장의 기능 중 둘 이상의 기능인 이른바 **"종합보세기능"을 수행할 수 있는 보세구역**을 말한다(관세법 제197조제2항).[105]

---

103) 2018.12.31. 개정관세법에서 내국인 해외여행 증가로 출국 시 구매한 면세품을 여행기간 동안 계속 휴대하는 국민불편을 해소하고, 해외소비의 국내전환을 통한 일자리 창출 및 공항의 글로벌 경쟁력 강화를 위해 입국장 면세점이 도입되었다.

104) 다만, 보세판매장에서 판매할 수 있는 물품의 종류와 판매한도는 관세규칙 제69조의3부터 제69조의5까지를 참조.

105) 종합보세구역에 관한 상세한 내용은 김용태, 앞의 책, 127~132쪽을 참조.

2. 자유무역지역[106)]

자유무역지역은 관세법, 대외무역법 등 관계 법률에 대한 특례와 지원을 통하여 **자유로운 제조·물류·유통 및 무역활동 등을 보장하기 위한 지역**으로서 「자유무역지역의 지정 및 운영에 관한 법률」(이하 "자유무역지역법"이라 한다) 제4조에 따라 산업통상자원부(이하 '산업부'라 한다)장관이 지정한 지역을 말한다(자유무역지역법 제1조제1호).[107)] 자유무역지역법의 입법목적은 앞서 설명한 자유무역지역을 지정·운영함으로써 외국인투자의 유치, 무역의 진흥, 국제물류의 원활화 및 지역개발 등을 촉진하여 국민경제의 발전에 이바지함에 두고 있다(자유무역지역법 제1조). 이를 위하여 외국인투자 입주기업체 또는 내·외국합작투자 입주기업업체에 대하여 자유무역지역 부지사용료의 할인, 관세 및 내국세의 감면 등 각종 인센티브 제공으로 내국업체에 비해 상대적으로 유리한 입주조건을 제공하고, 수출입통관절차의 간소화 및 물품의 반출입 등 화물관리의 자율화 또는 간소화된 절차를 적용하고 있다. 자유무역지역에서는 자유무역지역법에 규정된 사항을 제외하고는 원칙적으로 관세법의 적용을 배제하는데, 자유무역지역에 통제시설[108)]이 설치되어 있지 아니한 경우에는 예외로 한다(자유무역지역법 제3조제1항).

자유무역지역법 제42조 제1항에 따라 자유무역지역에서 반출·반입·수출·수입되는 물품에 대한 검사 또는 확인할 수 있는 권한은 세관장에게 부여된다.[109)] 그리고 물품의 검사 또는 확인은 그 물품이 장치되어 있는 장소에서 하는데, 공항 또는 항만지역으로서 관세청장이 지정하는 지역에 장치되어 있는 물품 또는 정밀한 검사가 필요한 물품에 대하여는 예외로 한다(자유무역지역법 제42조제2항). 아울러 세관장은 자유무역지역을 출입하는 자가 휴대하거나 운송하는 물품 또는 운송수단에 대하여 관세청장이 정하여

---

106) 자유무역지역에 관한 상세한 내용은 김용태, 앞의 책, 137~148쪽을 참조.

107) 일반적으로 산업자본과 기술력 및 부존자원이 부족한 개발도상국들은 외국자본을 유치하여 수출 및 고용증대를 꾀하고, 기술 이전 등을 통한 자국 산업 육성을 위하여 다양한 이름의 자유무역지역제도를 채택하고 있다. 우리나라도 1970. 1. 외국인의 투자촉진과 고용증대 및 기술향상을 목적으로 수출자유지역제도를 도입한 데 이어, 2002. 1. 국제물류업체와 수출업체 등에 관세부과 유예 및 통관절차 간소화로 공항만 및 배후지에 자유로운 물류업 보장을 목적으로 한 관세자유지역제도를 추가로 도입·시행하다가 2004. 6. 23.부터 자유무역지역제도로 통합되어 오늘에 이르고 있다.

108) 통제시설에 관하여는 자유무역지역령 제4조제2항을 참조.

109) 검사 또는 확인에 관하여는 관세법 제246조 제2항 또는 제3항을 준용한다(자유무역지역법 제42조제4항).

고시하는 바에 따라 이를 검사할 수 있는 권한을 갖는다(자유무역지역법 제42조제3항).

제 3 절 FTA 원산지상품의 품목분류

FTA에서 품목별 원산지규정(PSR)은 HS(Harmonized Commodity Description and Coding System)에 따라 목록화되어 있고, 관세율표에서 상품의 품목분류는 원산지판정을 위하여 매우 중요하다. 더욱이 품목별 원산지규정은 많은 경우에 정확한 원산지 판정을 위하여 완제품의 세번(HS Code)과 완제품에 투입된 원재료의 세번(HS Code)을 요건으로 하는 세번변경에 기초하고 있다. 이와 같이 품목분류와 상품의 원산지판정은 밀접한 연관성을 가지므로 관세율표의 품목분류체계와 관세율표의 해석에 관한 통칙을 올바르게 이해할 필요가 있다.

I 관세율표의 품목분류체계

1. 품목분류체계의 연혁과 수정

1) 목분류체계의 연혁

관세법 제14조에 따라 수입물품에 대한 관세를 부과하려면 관세법의 별표인 관세율표에서 과세물건인 해당 수입물품에 적용되는 세율을 결정하여야 한다. 그런데 관세율표에서 적용되는 세율은 품목분류체계에 따라 차별적으로 정해져 있기 때문에 수입물품에 대한 관세를 부과하려면 품목분류체계에 따른 품목번호의 결정이 선행되어야 한다. 관세율표에서 채택하고 있는 품목분류체계는 HS협약의 부속서인 HS의 분류원칙과 방법을 그대로 수용하여 적용하고 있다.[110] **HS협약**[111]은 국제무역의 촉진을

110) 우리나라는 1987.11.27. 비준서를 기탁하고 HS협약에 가입함에 따라 HS협약은 1988.1.1. 조약(제944호)으로서 법적 효력을 발생하게 되었다.

111) 통일상품명 및 부호체계에 관한 국제협약(International convention on the Harmonized

목적으로 관세협력이사회(CCC)에서 1983.6.14. 채택되어 1988.1.1.부터 시행된 국제협약으로 시행 이후 산업발달에 따른 신상품의 출현이나 무역패턴의 변화 등에 대응하기 위하여 5년을 주기로 협약개정[112]이 이루어진다. 그리고 HS는 CCCN과 SITC[113]를 모체로 하여 관세·통계·운송 등에 공용하기 위한 품목분류표로서 "통일상품명 및 부호체계"를 말한다.

2) 목분류체계의 수정

관세율표에서 **HS품목분류표**는 기재부장관이 HS협약 제3조 제3항의 규정에 의하여 수출입물품의 신속한 통관과 통계파악 등을 목적으로 HS협약과 관세율표를 기초로 품목을 세분하여 고시한 관세·통계통합품목분류표(HSK)이다(관세령 제98조제1항). 이 HS품목분류표는 관세율표와 「세계무역기구협정등에의한양허관세규정」·「특정국가와의관세협상에따른국제협력관세의적용에관한규정」 및 「최빈개발도상국에대한특혜관세공여규정」에 따른 품목분류의 토대가 된다. 그렇기 때문에 HS협약에 따른 관세협력이사회의 권고 또는 결정이나 새로운 상품의 개발 등은 관세율표나 HS품목분류표를 변경할 필요성의 원인이 된다. 그러므로 기재부장관은 그 변경의 필요성이 발생하는 경우 관세율표와 HS품목분류표에서 그 세율이 변경되지 아니하는 한도 내에서 새로 품목분류를 하거나 다시 품목분류를 할 수 있는 권한을 갖는다(관세법 제84조; 관세령 제98조제2항).[114] 따라서 기재부장관은 관세협력이사회로부터 협약의 품목분류에 관한 권고 또는

Commodity Description and Coding System)으로 전문과 본문 20개조 및 부속서(HS)로 구성되고 정본은 영어와 불어로 각 1통씩 작성되어 이사회의 사무총장에 기탁되어 있다.

112) 1992년, 1996년, 2002년, 2007년, 2012년, 2017년, 2022년에 개정되었으며, 2027년에도 개정될 예정이다.

113) CCCN(Customs Cooperation Council Nomenclature)은 CCC(Customs Cooperation Council)가 1976년 관세부과를 목적으로 만든 품목분류표를 말하며, SITC(Standard International Trade Classification)는 UN이 1938년 무역통계의 국제적 비교를 위하여 제정한 국제표준무역분류표를 말한다.

114) 또한, 기재부장관은 관세법 제85조 제1항에 따라 품목분류를 적용하는 데에 필요한 기준을 정할 수 있는 권한을 갖는다. 이에 따라 품목분류의 적용기준은 기재부령으로 정해지며, 기재부장관은 관세협력이사회가 협약에 따라 권고한 통일상품명 및 부호체계의 품목분류에 관한 사항을 관세청장으로 하여금 고시하게 할 수 있는 권한을 갖는데, 이 경우 관세청장은 고시할 때 기재부장관의 승인을 받아야 한다(관세령 99조). 그리고 다음과 같은 사항을 심의하기 위하여 관세청에 관세품목분류위원회를 둔다(관세법 제85조제2항): ① 품목분류 적용기준의 신설

결정이 있어서 품목분류를 변경하는 때에는 HS협약 제16조 제4항의 규정에 의한 기한 내에 관세법의 별표인 관세율표에서 품목분류와 HS품목분류표에 이를 반영하여야 한다(관세령 제98조제3항).

2. 관세율표에서 품목번호의 결정방법

관세율표의 형식적 분류체계는 최종적으로 물품의 "통일상품명 및 부호체계"의 넓은 분류체계를 의미하기 때문에 그 구조적인 구성요소는 HS에 의하여 결정된다.[115] 이에 따라 관세율표는 21부 97류로 구성되며,[116] 부(Section)나 류(Chapter)의 맨 앞에 법적 효력을 갖는 주(Notes)가 배치되어 있다. 관세율표에서 품목번호의 배열은 이른바 생산원칙이 적용된다. 이 원칙은 물품을 그 가공단계에 따라 체계화한다. 따라서 원료품에서부터 반제품 그리고 완제품의 순서로 품목번호가 배열된다. 이러한 배열체계는 원칙적으로 HS품목분류표에서 정해진 류의 순서를 따른다. 더 나아가 생산원칙은 각 류의 내부에서도 역시 반복되어 적용된다.

생산원칙의 적용에 대한 구체적인 실제의 보기는 관세율표의 내부에서:

- 산수목 (원료품) ⇨ 제0602호
- 원목 (원료품을 가공한 반제품) ⇨ 제4403호
- 목제의자 (반제품으로 가공한 완제품) ⇨ 제9401호

또는 변경과 관련하여 관세청장이 기재부장관에게 요청할 사항; ② 특정물품에 적용될 품목분류의 사전심사 및 재심사(관세법 제86조); ③ 특정물품에 적용될 품목분류의 변경 및 재심사(관세법 제87조); ④ 그 밖에 품목분류에 관하여 관세청장이 분류위원회에 부치는 사항.

115) HS는 동물성·식물성·광물성 생산품의 기초원재료로부터 시작하여 가능한 동일원재료에서 얻어지는 물품은 동일한 부나 류에 함께 분류하고 해당 류 내에서는 생산·가공단계별 분류기준에 따라 원재료 ⇨ 반제품(중간제품) ⇨ 완제품(최종제품) 순으로 호별 수직 배열하는 방식을 취하고 있다. 그리고 구성성분·용도·가공방법·가공형태·포장단위·품질(순도)·기능 등에 의하여 적절히 배열하여 품목분류표가 균형적 체계를 갖추고 있다.

116) 제77류는 HS협약에 따라 장래에 새로운 류의 설정이 필요할 때를 대비하여 남겨 둔 것으로 현재 사용하고 있지 않으며, 제98류와 제99류는 각 체약국이 특별한 용도에 사용할 수 있도록 배려한 것이다. 미국은 관세감면이나 재수입물품의 운영을 위하여 제98류와 제99류를 사용하고 있으나, 우리나라 등 대다수 국가는 이를 활용하고 있지 않다.

류의 내부에서 생산원칙을 적용한 구제척인 실제의 보기:

- 원목 (베어 낸 그대로 아직 가공하지 아니한 나무) ⇨ 제4403호
- 합판 (얇게 켠 나무 널빤지를 나뭇결이 서로 엇갈리게 여러 겹 붙여 만든 널빤지) ⇨ 제4412호
- 목제상자 (물건을 넣어 두기 위하여 나무로 만든 네모난 그릇) ⇨ 제4415호
- 목제장식품 (나무를 가공한 액세서리 따위로 치장한 제품) ⇨ 제4420호

물론 더 자세히 살펴보면 생산원칙이 가끔 지켜지지 않는다는 것도 알 수 있다. 그렇기 때문에 생산원칙은 품목분류의 체계에 대한 전체적인 지향점이 된다. 품목분류 내에서 물품설명(묘사)은 사용목적(용도) 또는 물질적 성질 아니면 두 가지 모두에 따른다. 이와 함께 그 밖의 기준, 가령 생산 방법이나 포장 또는 수입날짜 등이 분류의 근거(기초)가 된다. 예를 들면, 물질적 성질에 따른 물품설명은 세번 제2902호 '환식탄화수소', 세번 제3801호 '인조흑연'에서 볼 수 있고, 사용목적(용도)에 따른 물품설명은 세번 제8521호 '영상기록용 기기', 세번 제9504호 '오락용구'에서 볼 수 있으며, 물질적 성질과 사용목적에 따른 물품설명은 세번 제4013호 '고무로 만든 이너튜브', 세번 제4417호 '나무로 만든 공구'에서 볼 수 있다.

HS품목분류표의 물품설명이 결정적 분류조건이 되는 것도 아니고 관세율표의 분류규칙에서 물품개념의 용어에 따라 차이가 나타난다. 이것은 관세법에서 분명하게 정의내리고 있지 않았음에도 불구하고 HS품목분류표에 수록된 모든 동산의 물품을 포함한다. 그러므로 관세법에서 동산은 역시 물품이다. 세율은 물품과 원료물질 사이에 엄격하게 해석되어 구분된다. 동시에 물품은 항상 특정한 가공을 통하여 특성을 이룬다. 물품과 원료물질 사이의 관세율표에서의 구분은 무엇보다도 두 개의 용어가 대비되고 있는 관세율표의 해석에 관한 통칙 2의 분류원칙에 따라 분명하게 결정된다.

지금까지 설명한 관세율표에 나열된 품목번호의 배열체계에서 가령 '라면'이란 품목에 대하여 품목분류를 적용해보면 다음 표와 같은 품목번호(세번)로 판정(결정)된다.

<table>
<tr><th colspan="6">HSK No.</th></tr>
<tr><td>분류체계</td><td>류(chapter)</td><td>호(heading)</td><td>소호(subheading)</td><td colspan="2">부호 (세번)</td></tr>
<tr><td>품목번호</td><td>19</td><td>02</td><td>30</td><td>10</td><td>10</td></tr>
<tr><td rowspan="2">법적지위</td><td colspan="3">HS협약 (회원국의 일치의무)</td><td colspan="2">회원국에게 세분류 위임</td></tr>
<tr><td colspan="5">기획재정부고시 (관세법)</td></tr>
</table>

한편, HS협약 제3조에 따르면 체약당사국은 HS협약이 발효하는 날에 맞춰 관세율표를 HS와 일치시키도록 규정하고 있으므로 이에 맞도록 편성하는데, 수입물품에 대한 관세의 부과 목적에서 해당 호 또는 소호에 속하는 물품에 대하여 다른 세율을 적용하고자 하는 경우에는 아래의 [표 1-1] 및 [표 1-2] 와 같이 별도의 세율로 구분하여 운용하고 있다.

[표 1-1] 호에 속한 물품의 세율구분의 예시

<table>
<tr><th colspan="2">품목번호</th><th rowspan="2">품명</th><th rowspan="2">기본세율
(%)</th></tr>
<tr><th>호</th><th>소호</th></tr>
<tr><td>0806</td><td>00</td><td>포도 (신선하거나 건조한 것으로 한정한다)</td><td></td></tr>
<tr><td></td><td></td><td>1. 신선한 것</td><td>45</td></tr>
<tr><td></td><td></td><td>2. 건조한 것</td><td>21</td></tr>
</table>

[표 1-2] 소호에 속한 물품의 세율구분의 예시

<table>
<tr><th colspan="2">품목번호</th><th rowspan="2">품명</th><th rowspan="2">기본세율
(%)</th></tr>
<tr><th>호</th><th>소호</th></tr>
<tr><td>8482</td><td></td><td>볼베어링이나 롤러베어링</td><td></td></tr>
<tr><td></td><td>10</td><td>볼베어링</td><td></td></tr>
<tr><td></td><td></td><td>1. 내경이 100밀리미터를 초과하는 것</td><td>8</td></tr>
<tr><td></td><td></td><td>2. 내경이 100밀리미터 이하인 것</td><td>13</td></tr>
</table>

3. 품목분류의 사전심사와 변경 및 적용

1) 특정물품에 적용될 품목분류의 사전심사

관세법 제86조 제1항에 따라 물품을 수출입하려는 자, 수출할 물품의 제조자 및 관세사법에 따른 관세사·관세법인 또는 통관취급법인은 수출입신고(관세법 제241조제1항)를 하기 전에 소정의 서류를 갖추어 관세청장에게 해당 물품에 적용될 별표 관세율표에 정해진 품목분류를 미리 심사하여 줄 것을 신청할 수 있는 권리가 주어진다.[117] 그리고 사전심사(또는 재심사)의 신청을 받은 관세청장[118]은 원칙적으로 해당 물품에 적용될 품목분류를 심사하여 사전심사(또는 재심사)의 신청을 받은 날부터 30일[119](보정기간은 제외) 이내에 이를 신청인에게 통지하여야 할 의무를 진다(관세법 제86조제2항). 여기에서 만일 제출자료의 미비 등으로 품목분류를 심사하기 곤란한 경우[120]에는 관세청장이 해당 신청인에게 그 뜻을 통지하여야 한다. 하지만 사전심사(또는 재심사)의 신청이 ① 관세청장의 보정요구에 따른 보정기간 내에 보정하지 아니한 경우 또는 ② 신청인이 사전심사 또는 재심사를 신청한 물품과 동일한 물품을 이미 수출입신고한 경우에 해당하는 경우에는 해당 신청을 반려할 수 있다(관세령 제106조제3항). 그리고 관세청장의 통지를 받은 자는 통지받은 날부터 30일 이내에 소정의 서류를 갖추어 관세청장에게 재심사를 신청할 수 있다(관세법 제86조제2항).[121] 아울러 관세청장은 품목분류를 심사하여 신청인에게 통지하는 경우에는 통관예정 세관장에게도 그 내용을 통지하여야 한다(관세령 제106조제5항).

한편, 관세청장은 관세법 제86조 제4항에 따라 원칙적으로 품목분류를 심사한 물품

---

117) 사전심사 또는 재심사의 신청방법에 관하여는 관세령 제106조 제1항를 참조. ▶관세청장은 품목분류 사전심사 및 재심사의 세부절차, 세부 방법과 그 밖에 필요한 세부사항에 관하여 행정규칙으로 「품목분류사전심사제도운영에관한고시」를 제정·시행하고 있다.

118) 관세청장은 품목분류를 심사(또는 재심사)하기 위하여 해당 물품에 대한 구성재료의 물리적·화학적 분석이 필요한 경우에는 해당 품목분류를 심사 또는 재심사하여 줄 것을 신청한 자에게 신청품목당 3만 원의 분석수수료를 납부하게 할 수 있다(관세법 제86조제6항; 관세규칙 제33조).

119) 재심사의 경우에는 60일.

120) 관세청장은 제출된 신청서와 견본 및 그 밖의 설명자료가 미비하여 품목분류를 심사하기가 곤란한 때에는 20일 이내의 기간을 정하여 보정을 요구할 수 있다(관세령 제106조제2항).

121) 재심사의 기간 및 결과의 통지에 관해서는 사전심사의 관련 규정을 준용한다.

및 재심사 결과 적용할 품목분류가 변경된 물품에 대하여는 해당 물품에 적용될 품목분류와 품명, 용도, 규격, 그 밖에 필요한 사항을 고시 또는 공표하여야 할 의무를 진다. 여기에서 예외적으로 신청인의 영업 비밀을 포함하는 등 해당 물품에 적용될 품목분류를 고시 또는 공표하는 것이 적당하지 아니하다고 인정되는 물품에 대하여는 고시 또는 공표하지 아니할 수 있다. 그리고 세관장은 수출입신고(관세법 제241조제1항)가 된 물품이 위의 사전심사(또는 재심사) 절차에 따라 통지한 물품과 같을 때에는 그 통지 내용에 따라 품목분류를 적용하여야 할 의무를 진다(관세법 제86조제5항).

아울러 세관장은 재심사 결과 적용할 품목분류가 변경되었을 때에는 신청인이 변경 내용을 통지받은 날과 그 변경일, 즉 관세청장의 고시 또는 공표일 중 빠른 날부터 변경된 품목분류를 적용하되, 다음과 같은 기준에 따라 달리 적용할 수 있다: ① 변경일부터 30일이 지나기 전에 우리나라에 수출하기 위하여 선적된 물품에 대하여 변경 전의 품목분류를 적용하는 것이 수입신고인에게 유리한 경우에는 변경 전의 품목분류 적용; ② 거짓자료 제출 등 신청인에게 책임 있는 사유로 품목분류가 변경된 경우나 신청인에게 귀책사유가 없는 경우[122]로서 수출입신고인에게 유리한 경우에는 변경일 전에 수출입신고가 수리된 물품에 대해서도 소급하여 변경된 품목분류를 적용할 수 있다. 위의 사전심사(또는 재심사) 절차에 따라 통지받은 품목분류 사전심사(또는 재심사) 결과의 유효기간은 3년으로 하되(관세법 제86조제7항), 만일 재심사 결과 품목분류가 변경된 경우에는 해당 통지를 받은 날부터 유효기간을 다시 기산한다.

2) 특정물품에 적용되는 품목분류의 변경·적용

관세법 제87조 제1항에 따라 관세청장은 특정물품에 적용될 품목분류의 사전심사 또는 재심사한 품목분류를 변경하여야 할 필요가 있거나 그 밖에 관세청장이 직권으로 한 품목분류를 변경하여야 할 부득이한 사유가 생겼을 때에는 해당 물품에 적용할 품목분류를 변경할 수 있는 권한을 갖는다.[123] 여기에서 관세청장은 품목분류를 변경

122) '신청인(관세법 제86조제1항·제3항)에게 귀책사유가 없는 경우'란 신청인에게 자료제출 미비 등의 책임 있는 사유가 없는 경우 또는 신청인이 아닌 자가 관세청장이 결정하여 고시하거나 공표한 품목분류에 따라 수출입신고를 한 경우를 말한다.

123) 품목분류를 변경할 수 있는 경우는 다음과 같은 경우가 해당된다(관세령 제107조): ① 관계법령의 개정에 따라 당해 물품의 품목분류가 변경된 경우; ② 품목분류를 변경(관세법 제84조)한

하였을 때에는 그 내용을 고시하고, 앞서 설명한 사전심사(또는 재심사)절차에 따라 통지한 신청인에게는 그 내용을 통지하여야 할 의무를 지는데, 신청인의 영업 비밀을 포함하는 등 해당 물품에 적용될 품목분류를 고시하는 것이 적당하지 아니하다고 인정되는 물품에 대해서는 고시하지 아니할 수 있다(관세법 제87조제2항).

한편, 관세청장의 통지를 받은 자는 통지받은 날부터 30일 이내에 소정의 서류를 갖추어 관세청장에게 재심사를 신청할 수 있는 권리가 주어지는데, 재심사의 기간, 재심사 결과의 통지 및 고시·공표, 수수료 및 재심사의 절차·방법 등에 관하여는 앞서 설명한 사전심사(또는 재심사)절차의 관련 규정(관세법 제86조제3항·제4항·제6항·제8항)을 준용한다.[124] 그리고 특정물품에 적용될 품목분류의 사전심사 또는 재심사한 품목분류가 관세청장이 직권으로 변경하거나 그 변경에 따른 재심사 결과 품목분류가 변경된 경우 품목분류의 유효기간은 해당 통지를 받은 날부터 3년으로 한다.

Ⅱ 관세율표의 해석에 관한 통칙

관세율표의 해석에 관한 통칙(이하 "HS통칙"이라 한다)은 관세율표에서 정해진 다양한 물품의 실제적인 분류를 위하여 기본적 규칙이 된다. 관세율표에서 품목분류는 분류대상인 물품에 한 개의 품목번호만 부합하여야 하는 소위 **일물일처(一物一處)의 분류원칙**이 적용된다. HS통칙은 이러한 분류원칙의 충실한 적용에 이바지하게 되며, 본질적으로 법적인 구속력을 갖는다. HS통칙의 근원은 HS협약이다. 즉, HS협약에서 규정하고 있는 "HS의 해석에 관한 통칙"을 관세율표의 해석에 관한 통칙으로 그대로 수용하였다. HS통칙은 다음 표와 같이 제1호에서 제6호까지의 분류원칙으로 구성되어 있는데, HS**통칙의 각 호는 반드시 순차적으로 적용**하지 않으면 안 된다.

경우; ③ 신청인의 허위자료제출 등으로 품목분류에 중대한 착오가 생긴 경우.

124) 관세청장이 특정물품에 적용되는 품목분류를 변경한 경우 품목분류의 적용에 관하여는 관세법 제86조 제5항을 준용하는데, 관계법령의 개정이나 품목분류를 변경(관세법 제84조)한 경우에는 관세법 제86조 제5항 제2호 나목을 준용하지 아니한다.

구 분		분류원칙
HS통칙 제1호		호(heading)의 용어(terms) 및 주(notes) 최우선적용원칙
HS통칙 제2호	(가)	불완전·미완성 물품의 분류원칙
	(나)	이중재료와 혼합물품의 분류원칙
HS통칙 제3호	(가)	특정표현호 우선적용원칙
	(나)	본질적 특성에 따른 분류원칙
	(다)	최종호 분류원칙
HS통칙 제4호		유사물품 분류원칙
HS통칙 제5호	(가)	물품케이스의 분류원칙
	(나)	포장재와 포장용기의 분류원칙
HS통칙 제6호		소호(subheading) 우선적용원칙

1. HS통칙 제1호와 제6호

1) 호(heading)의 용어(terms) 및 주(notes) 최우선적용원칙(HS통칙 제1호)

HS통칙 제1호는 관세율표의 해석에 관한 통칙의 내에서 품목분류의 해법적 지위를 갖는다.[125] 말하자면 HS통칙 제1호는 각 품목분류의 기본원칙을 제시하고 있다. 이러한 맥락에서 HS통칙 제1호는 동시에 그 밖의 HS통칙을 어떻게 적용하여야 하는지에 대한 지침을 준다: "관세율표의 부·류 및 절의 표제는 참조를 위하여 규정한 것이며,[126] 법적인 목적상의 품목분류는 각 호의 용어 및 관련 부 또는 류의 주에 따라 결정하되,[127] 이러한 각 호 또는 주에서 따로 정하지 아니한 경우에는 HS통칙 제2호

125) Peter Witte/Hans-Michael Wolffgang(Hrsg.), 앞의 책, S.344.

126) 이것은 관세율표의 부·류 및 절의 표제(titles)에는 특정물품을 그룹으로 구분하고 있으나, 해당되는 물품을 모두 표제에 열거할 수 없을 뿐만 아니라 같은 유형에 속하는 물품이라도 용도나 성분 등에 따라 다른 곳에 분류되는 경우도 빈번히 발생하므로 이러한 세부적인 내용까지도 표제에 포함시키는 것은 불가능하기 때문이다.

127) 예컨대, 살아 있는 소(Live bovine animals)는 제0102호에 분류되는데, 이 호의 분류범위에는 송아지(calves)도 포함된다. 왜냐하면 제1부 주 제1호에서 "제1부에 열거된 동물의 속과 종에는

내지 제6호에서 정하는 바에 따른다.”

HS통칙 제1호의 제1문은 관세율표의 사용자를 위한 단지 지침적 성격을 갖는 소위 표제를 내포하고 있다. 따라서 표제(titles)는 품목분류의 법적인 근거에서 피할 수 없는 논쟁점을 내포하지 않는다. 이것은 이를테면 그 밖의 관련 규칙에서 각 부나 류의 표제와 비교될 수 있다. 예컨대, 품목분류표의 제5류는 이미 세번 제0501호에서 인모(human hair)를 특정하여 설정하고 있음에도 불구하고 소위 류의 표제에서 “다른 류에 분류되지 아니한 동물성 생산품”을 기술하고 있다. HS통칙 제1호는 표제와는 달리 호의 용어와 주에 대하여 법적 구속력을 인정하고 있다. 호의 용어와 주는 그 법적 지위에서 동등한 것으로 간주된다. 호의 용어[128]는 종종 주에 의하여 보충되거나

어린 것도 포함한다”라고 규정하고 있기 때문이다.

128) HS 영문에서 호의 용어(문장)를 해석하는 경우 다음의 용법에 유의할 필요가 있다: ① Comma (,), Semicolon (;), Colon (:) 등의 구두점은 HS 번호를 정확하게 적용하는데 법적 의미를 가지면서 매우 중요한 역할을 한다. ▶Comma (,)는 일련의 품목(물품)을 아래와 같이 열거할 때 또는 해당 상품(물품)에 대한 단서조항이나 범위를 규정할 때 사용한다.

제0703호	Onions, shallots, garlic, leeks and other alliaceous vegetables, fresh or chilled.	양파·샬롯(shallot)·마늘·리크(leek)와 그 밖의 파속의 채소(신선한 것이나 냉장한 것으로 한정한다)

제0705호의 내용을 보면 영문표기는 한정하느 문구는 없으나, 우리말로 표현하면 한정하는 의미가 된다. ▶Semicolon (;)은 마침표(period)보다는 약하나 comma 보다는 강한 의미의 구두점으로, full stop(.)의미로 사용되거나, 아래와 같이 서로 다른 어의(語義)를 Semicolon 전후로 분리 구분할 경우에 사용한다.

제2805호	Alkali or alkaline-earth metals; rare-earth metals, scandium and yttrium, whether or not intermixed or inter-alloyed; mercury.	알칼리금속·알칼리토류금속, 희토류(稀土類)금속, 스칸듐과 이트륨(상호 혼합된 것인지 또는 상호 합금된 것인지에 상관없다), 수은

▶Colon (:)은 마침표(period)보다는 약하나 comma 보다는 강한 의미의 구두점으로, 설명문과 인용문을 앞에 두어 특정 물품에 관한 추가정보를 주어, 보다 협의로 분류할 수 있도록 사용한다. 즉, 아래와 같이 특정 문구 다음에 두어서 그 문구에 해당하는 물품을 열거할 경우에 사용한다(한글로 번역시 comma 가 가운데 점으로 바뀌었음에 유의).

제6203호	Men's or boys' suits, ensembles, jackets, blazers, trousers, bib and brace overalls, breeches and shorts (other than swimwear).	남성용이나 소년용 슈트·앙상블(ensemble)·재킷·블레이저(blazer)·긴 바지·가슴받이와 멜빵이 있는 바지·짧은 바지(breeches)·반바지(shorts)(수영복은 제외한다)
1	Suits :	슈트

정확하게 표현되는 이른바 기본구성요건을 형성한다.[129] 주[130]는 그것의 다양한 표현을 고려하면 특히 다음과 같이 구분된다.

11.0000	Of wool or fine animal hair	양모나 동물의 부드러운 털로 만든 것
12.0000	Of synthetic fibres	합성섬유로 만든 것
19.0000	Of other textile fibres	그 밖의 방직용 섬유로 만든 것

② 접속사는 논쟁의 소지가 있는 and 와 or가 있으며, 대부분 (소)호의 용어와 주에 사용되고 있으며 법적 구속력을 갖는다. ▶호의 용어에서 열거된 상품 모두를 아래와 같이 동일 호에 분류(포함)한다.

제0808호	Apples, pears and quinces, fresh.	사과·배·마르멜로(quince)(신선한 것으로 한정한다)

그리고 2 이상의 제한 조건을 아래와 같이 동시에 만족한다.

제6404호	Footwear with outer soles of rubber, plastics, leather or composition leather and uppers of textile materials.	신발류[바깥 바닥을 고무·플라스틱·가죽·콤퍼지션 레더(composition leather)로 만들고, 갑피(甲皮)를 방직용 섬유재료로 만든 것으로 한정한다]

아울러 두 개의 품목(항목)을 아래와 같이 분리하는데 사용한다.

제0406호	Cheese and curd.	치즈와 커드(curd)

▶or는 물품에 대한 상태, 품질, 또는 용도를 구분하여 표현한 반면, 아래와 같이 같은 호에 분류한다는 의미로 사용한다.

제0901호	Coffee, whether or not roasted or decaffeinated; coffee husks and skins; coffee substitutes containing coffee in any proportion.	커피(볶았는지, 카페인을 제거했는지에 상관없다), 커피의 껍데기와 껍질, 커피를 함유한 커피 대용물(커피의 포함비율은 상관없다)

그리고 일반적으로 2 가지 이상의 조건(또는 물품)에 하나를 선택하는 의미를 가지며(제6404호의 용어를 참조), 대부분은 아래와 같이 and 와 동일한 의미로도 사용된다.

제0701호	Potatoes, fresh or chilled.	감자(신선한 것이나 냉장한 것으로 한정한다)

129) Peter Witte/Hans-Michael Wolffgang(Hrsg.), 앞의 책, S.344.

130) 관세율표에서 부와 류의 주 내용 가운데 공통으로 사용되는 문구가 있으며, 이 문구는 다음과 같이 품목분류 결정에 중요한 역할을 하는 경우가 많다: ① "이 표에서(throughout the nomenclature)"는 게기된 문구 이후의 내용을 관세율표 적용한다는 의미이다. 즉, 다른 부나 류에도 동일하게 적용한다는 의미이다. ② "특히(inter alia)"는 주에서 이 문구가 게기된 다음의 물품만을 제한적으로 반영한다는 것이 아니고, 아래와 같이 열거한 물품을 특히 강조하기 위한 것이다.

(1) 제외주

제외주는 품목분류표에서 거의 모든 류 – 때때로 또한 부 – 의 구성부분이다. 이것은 비록 그 분류가능성이, 경우에 따라서 그 밖의 참작사유에서 고려될 수 있음에도 불구하고 해당 류나 부에 속하지 않는 각 물품을 규정한다. 제외주의 특징적인 중요성은 호의 경합을 방지하는 데 있다. 가령, 합성수지(플라스틱제)로 만든 의자는 세번 제9401호의 목적규정에 따라서도, 세번 제3926호의 물질적 특성에 따라서도 분류가 가능하다. 그러나 제39류 주2.(저)에서 제94류의 물품을 제39류에서 제외한다는 규정에 따라 오로지 세번 제9401호가 확정적인 분류결과로서 남게 되기 때문이다. 그러므로 두 개의 상이한 호의 경합은 더 이상 발생하지 않는다.

(2) 지정주

지정주는 제외주의 정반대에 있는 유형이다. 왜냐하면 경우에 따라서 그러한 관세율

제12류 주1	Heading 12.07 applies, inter alia, to palm nuts and kernels, cotton seeds, castor oil seeds, sesamum seeds, mustard seeds, safflower seeds, poppy seeds and shea nuts (karite nuts). It does not apply to products of heading 08.01 or 08.02 or to olives (Chapter 7 or Chapter 20).	제1207호에는 특히 팜너트(palm nut)와 핵(核)·목화씨·피마자·참깨·겨자씨·잇꽃씨·양귀비씨·시어너트(shea nut)[캐리트너트(karite nut)]가 포함된다. 제0801호나 제0802호에 해당하는 물품과 올리브(제7류나 제20류)는 제외한다.

이에 따라 제1205호[그 밖의 채유(採油)에 적합한 종자와 과실(부수었는지에 상관없다)]에는 다른 채유용의 종자와 과실도 포함하면서(예: 들깨), 특히 위의 것을 포함한다. ③ "문맥상 따로 규정한 경우를 제외하고는(except where the context oterwise requires)"는 주와 (소)호의 용어와의 분류적용에 경합되는 경우에는 주에 이 문구를 두어 주의 규정보다 (소)호가 우선적으로 분류되는 역할 한다. 따라서 이 문구가 게기된 주의 규정이 (소)호의 용어와 서로 상반되는 경우에는 아래와 같이 (소)호의 용어가 우선 적용하여 분류하는 것이다.

제1류 주1	This Chapter covers all live animals except :	이 류에는 다음 각 목의 것을 제외한 모든 살아 있는 동물이 포함된다.

이에 따라 제0105호의 용어는 '닭'으로 성장한 닭이 분류되지만, 병아리도 제0105호에 분류하게 된다. ④ "따로 분류되지 아니하는(not elsewhere specified or include)"는 아래와 같이 주로 주 또는 (소)호의 용어에 게기되지 아니한 그 밖의 물품이 분류되는 호에 사용한다.

제1404호	Vegetable products not elsewhere specified or included.	따로 분류되지 않은 식물성 생산품

표의 체계적 고려가 즉각적으로 확신할 수 없음에도 불구하고 어떤 류의 **특정한 물품의 귀속성을 결정**하기 때문이다. 예컨대, 제40류 주5.(나)에 따르면 응결 전이나 후에 그 밖의 특정한 물질을 첨가한 탄성고무는 세번 제4001호와 세번 제4002호로 지정하고 있다. 순전히 호의 용어로부터 출발한다면, 이러한 이유에서 그러한 첨가물이 혼합된 고무는 지칭하는 호로 우선적으로 분류할 수 없다. 해당 호와 동시에 경우에 따라서 HS통칙 제2호의 특별규정이 그 한도 내에서 명시하고 있다. 지정주는 본질적으로 제외주와 비교하여 드물게 나타난다.

(3) 개념정의주

개념정의주는 본질적으로 품목분류표의 적용에서 **용어적 통일성**에 기여한다. 상이한 이유로 관례적이거나 – 설사 드물더라도 – 전적으로 전문과학적인 해석에 배치(모순)되는 내용에서 개념을 놓치는 것이 부분적으로 불가피하게 된다. 이를테면, 제5류 주3은 모든 동물의 이(齒)를 코끼리의 뼈(아이보리)로 정의하고 있다. 제44류 주6에 따르면 상황에 따라서 대나무는 일정한 전제조건 하에 목재로 간주된다.

(4) 분류지시주

분류지시주는 가령, 세트상품(제82류 주3), 혼합물상품(제9류 주1), 부분품과 부속품(제95류 주3) 또는 합금물품(제15부 주5)에 대한 것처럼 특수하게 상이한 물품을 위하여 제시된다. 여기에서 특히 그 밖의 HS통칙에서 흔히 특별규정이 발견된다. HS통칙 제1호에서 포함하고 있는 다음 사항의 지시(참조)규정은 하나의 유보(규정)와 관련된다: “각 호 또는 부나 류의 주에서 따로 정하지 아니한 경우”. 분류하려는 물품에 대한 특별규정이 품목분류표의 직접적 본문에서 존재하지 않는 경우 하나의 적용이 뒤이어 가능하다. 이에 따라 특별규정이 없을 때에 적용가능성은 포기된다. 유보는 HS통칙 제2호에서 제5호까지의 보충성에 대한 근거가 된다. HS통칙 제2호부터 제5호까지의 적용에 앞서 언제나 존재하는 물품이 호의 용어를 통하여 관세율표에서 모든 적절한 특성으로 포섭(부합)되는지 또는 어떤 주가 분류를 위한 특별지시를 제공하는지 여부에 대한 심사가 뒤따른다. 이러한 특별규정이 존재하지 않는다면 HS통칙 제2호부터 제5호까지가 각 조건에 따라서 보충적으로 적용되는 것이 허용된다. 그럼에도 불구하고 해당 호의 용어만으로도 경우에 따라서는 해당 주의 용어만으로도 분류를 가능하게 된다면 이러한 HS통칙의 적용에 대한 엄격한 금지는 존재하게 된다.

2) 소호(subheading) 우선적용원칙(HS통칙 제6호)

HS통칙 제1호(그 밖에 HS통칙 제2호부터 제5호까지 처럼)가 단지 호, 따라서 품목번호의 첫 4자리 숫자에 대하여 유효하다는 것에서 시작한다면, 소호, 즉 품목번호의 6자리 이하에서 분류를 위한 적합한 규정이 필요하게 된다. 이러한 규정은 HS통칙 제6호에서 찾을 수 있다: "법적인 목적상 어느 호 중 소호의 품목분류는 동일한 수준의 소호들만을 서로 비교할 수 있다는 점을 조건으로 그 소호의 용어와 관련 소호의 주에 따라 결정되며, 상기 제 통칙을 준용한다. 또한, 이 HS통칙에서 문맥상 달리 규정한 경우를 제외하고 관련 부 및 류의 주도 적용한다."

HS통칙 제6호는 HS의 6단위 소호와 독자적인 관련성이 있다. 그러나 HS품목분류표의 세부호 전체에 대하여 실제적인 적용이 뒤따른다. HS통칙 제6호는 실질적으로 호의 분류 때와 유사한 취급법을 규정한다. 소호의 용어와 소호 주가 구속력이 있는 것으로 제시된다. 이것을 넘어 앞의 HS통칙 제1호부터 제5호까지 규정의 의미에 따른 적용을 지향한다. 이와 함께 예를 들면, 우선 먼저 소호에 적용되는 각 주 역시 소호에서의 분류에 관하여 구속력을 갖는다. 그 밖의 다른 규정이 존재하지 아니한다는 것은 특히 유보(규정)에 관련된다. HS통칙 제6호는 단지 세부호가 동일한 계통분류단계에서 비교될 수 있다는 것을 규정하고 있다. 이러한 법문은 분류의 기법을 위하여 상당한 중요성을 갖는다. HS품목분류표의 개개의 계통분류단계는 소위 선두부호(선)를 통하여 특색을 나타낸다.

세부호의 분류에서 언제나 – 하나의 선두부호(선)에서 시작하면서 – 해당 물품이 HS품목분류표상 선두부호에 기술된 물품의 설명에 일치하는지 여부의 문제에 답하여야 한다. 긍정하는 경우 다음으로 두 번째 선두부호(선)를 통하여 특색을 나타내는 계통분류단계를 심사하여야 한다.

보기

제9609호	연필(제9608호의 펜슬을 제외한다)·크레용·연필심·파스텔·도화용 목탄·필기용이나 도화용 초크와 재단사용 초크
9609 10	연필과 크레용(견고한 집 속에 심을 넣은 것으로 한정한다)
9609 10 10 00	연필
9609 10 20 00	색연필
9609 10 30 00	크레용
9609 20 00 00	연필심(검은색이나 색깔이 있는 것으로 한정한다)
9609 90 10 00	크레용·오일파스텔
9609 90 20 00	파스텔
9609 90 90 00	기타

2. HS통칙 제2호

"(가) 각 호에 열거된 물품에는 불완전 또는 미완성의 물품이 제시된[131] 상태에서 완전 또는 완성된 물품의 본질적인 특성[132]을 지니고 있으면 해당 불완전 또는 미완성의 물품이 포함되는 것으로 보며, 미조립 또는 분해된 상태로 제시된 물품도 완전 또는 완성된 물품(이 통칙에 따라 완전 또는 완성된 것으로 분류되는 물품을 포함한다)에 포함되는 것으로 본다."

"(나) 각 호의 해당 재료 또는 물질에는 해당 재료 또는 물질과 다른 재료 또는 물질과의 혼합물 또는 복합물이 포함되는 것으로 보고, 특정한 재료 또는 물질로 구성된 물품에는 전부 또는 일부가 해당 재료 또는 물질로 구성된 물품이 포함되는 것으로

---

131) "제시된(presented)"이란 의미에 관하여 별도의 지침은 없지만 미국 관세율표에는 수입신고된(entered) 의미로 규정하고, EU는 통관을 위하여 동시에 제출되는 것이라는 판례[유럽연합판례: 183/73(1974) ECR 477)]가 있다. 생각컨대 우리나라 관세법 제16조의 규정을 준용하여 "세관에 수입신고를 하는 때"와 같은 의미로 해석하는 것이 타당하다고 여겨진다.

132) 완전한 물품의 대체적인 형상이나 구조를 지니고 있거나, 완전한 물품의 기능을 수행할 수 있는 요소로 구성(예: 자동차로서 주행이 가능한 상태)되어 있으면 본질적인 특성을 갖춘 것으로 판단할 수 있을 것이다. 이때 완전한 물품의 전체 가격에서 제시된 상태의 불완전 물품이 차지하는 가격비율도 함께 고려되어야 할 요소이다.

보며, 2종 이상의 재료 또는 물질로 구성된 물품의 분류는 이 통칙 제3호에서 규정하는 바에 따른다."

HS통칙 제2호는 그 본문에서 알 수 있듯이, 분류대상 물품들이 호의 용어나 주에 따른 분류가 어렵다는 상황을 항상 전제하지 않으면 안 될 때, 특별한 성질을 지닌 상이한 물품의 분류에 구속력을 갖는다. 이러한 규정의 의미나 한층 더 그 절대적 필요성은 호의 용어 – 예외를 제외하고 – 가 분류대상 물품이 언제나 ▲ 완전한 상품, ▲ 완성된 상품, 그리고 흔치 않지만 ▲ 동질적 재료의 (따라서 호의 용어에서 제시된 물질로 구성된) 물품에만 구속력을 미치는 상황적 결과로 발생한다. 예컨대, 세번 제4420호가 목제상자 등을 분류한다면, 그것은 맨 먼저 완전한·완성된·조립된 상자이어야 할 뿐만 아니라 전적으로 나무로 만든 상자이어야 한다는 것을 의미하는 것이다. 여기에서 불완전한·미완성된 상자가 분류되려면 상응하는 호의 용어가 확장되어야만 실현될 수 있을 것이다. 이것은 HS통칙 제2호의 적용을 통하여 결과적으로 가능해진다.

1) 불완전·미완성 물품의 분류원칙

HS통칙 제2호(가)는 불완전하거나[133] 미완성된[134] 또는 분해되어 미조립된[135] 물품의 분류를 규율한다.[136] 그러한 물품이 완전하거나 완성된 또는 조립된 물품에 분류될 수 있다는 점에서 HS통칙 제2호(가)의 적용에 그 법적 효과가 존재하게 된다. 불완전한 상품은 가령, 단추가 없는 외투, 쇠장식이 없는 가구, 심이 없는 볼펜, 엔진이 없는 자동차 등과 같이 적어도 하나의 부품이 없다는 것을 특색으로 한다. 특히, 앞서 설명한 예시는 불완전한 물품에서 기능적 측면이 이전에는 중요하지 않았다는 것을 입증한다. 그럼에도 불구하고 이와 같은 원칙으로부터 또한 변칙이 있다.

133) "불완전(incomplete)한 물품"이란 구성요소 중 일부가 부족하여 완전한 기능을 수행할 수 없는 것을 말한다.

134) "미완성(unfinished)물품"은 마무리 작업이 완료되지 않은 것을 의미한다.

135) "미조립(unassembled)된 물품"이란 둘 이상으로 된 구성요소나 부분품을 볼트·너트나 용접 등의 방법에 의하여 조립하지 않은 물품을 말하며, 분해된 물품이란 조립되었던 물품을 각각의 구성요소나 부분품으로 분리된 것을 뜻한다.

136) 이 통칙은 일반적으로 제7부인 플라스틱 및 고무와 그 제품부터 적용되며, 특히 기계류와 전기기기·차량·항공기·선박·측정기기·가구 등의 분류에 중요하게 활용되는 규정이다.

HS통칙 제2호(가)의 본문에 상응하여 완성된 물품의 본질적 특성요소가 존재한다는 것이 요구된다. 이것은 물품의 외부 (특징적) 모양이 바로 그러한 물품으로 인식되는 경우에 본질적으로 존재한다. 따라서 바로 실제로 엔진이 없는 자동차는 누구에게나 시각적으로 자동차로 인식될 것이다. 그 밖의 언급한 예시도 동일하게 적용될 것이다. 그러나 특정한 사례에서 기능상 본질적인 부분에서 선재(우선)성 역시 존재할 수 있다. 따라서 가령 칼날이 없는 대패는 대패가 칼날이 없이도 순전히 외양적으로 확실하게 거의 대패로서 인식됨에도 불구하고 제82류에서 완전한 물품처럼 HS통칙 제2호(가)의 의미에서 불완전한 물품으로 분류하지 않는다. 여기에서 오히려 물질적인 특성에 상응하여 제44류에 분류가 가능할 것이다. 완전한 물품의 본질적 특성이 인식될 수 없다면, 언제나 부분품이 존재하거나 부분품에 대한 규정에 상응하여 분류할 수 있는 최소한 그 존재를 심사하는 것에서 출발할 수 있을 것이다. 가령, 의자의 등받이(팔걸이)는 완전한 의자의 본질적 특성을 갖지 않는다. 이것은 결과적으로 세번 제9401호의 앉는 가구의 부분품으로 분류할 수 있을 것이다.

HS통칙 제2호(가)의 두 번째 대안은 최종 마무리 작업 과정이 미완료된, 소위 미완성된 물품의 분류와 관련된다. 이를테면 테두리가 없는 자켓(스커트); 광택제(에나멜)가 없는 암석재료로 만든 접시 또한 여기에서 완성된 물품의 본질적인 특성이 존재하여야 한다는 부득이한 전제조건이 있다. 이와 함께 HS통칙 제2호(가)의 모든 분류근거에서 다음과 같은 질문에 답하여야 한다:

불완전하거나 미완성된 물품과 관련이 있는 문제인가?

이것이 완전하거나 완성된 물품의 본질적 특성을 내보이고 있는가?

HS통칙 제2호가 단지 보충적으로 적용될 수 있는 사실을 고려하면서, 더 나아가 호의 용어나 주에서 특정규정에 따라 문제가 있는지, 또한 HS통칙 제2호(가)가 특정규정의 부존재를 근거로 대체로 적용될 수 있는가?

이러한 질문들이 긍정될 수 있다면, 완전하거나 완성된 물품에 대한 것과 같은 법적 효과가 생긴다. 분해되거나 미조립된 물품의 분류에서도 똑같은 문제점이 존재하게 된다. 이것은 실무에서 자주 마주친다. 그래서 예컨대, 가구는 일반적으로 분해되거나 미조립된 상태로 수입신고가 이루어진다. 덧붙여 세번 제9403호에서 그 분류는 HS통칙 제2호(가)에 대한 확장적 적용이 가능하다.[137] 특정한 구성부품이 없다는 것을

137) 통칙 제2호(가)의 적용을 위한 전제조건으로서 과거에는 단순한 조립이 가능한 것이 요구되었다.

기초로 조립이 기술적으로 불가능하다면, HS통칙 제2호(가)의 적용은 부인될 것이므로 개개의 존재부품이 조립의 목적에서 추가적인 가공이 불필요할 것이 인정되어야 한다.

2) 이중재료와 혼합물품의 분류원칙

HS통칙 제2호(나)는 관세율표에 나열된 각 호의 용어에서 재질적 확장을 규율한다. 우선 먼저 다음의 [보기]와 같이 여러 개의 호에 분류되는 물품을 재질에 따라 그리고 재질 및 목적에 따라 배타적으로 기술하고 있다는 것에서 출발하고 있다.

보기

제1003호	보리
제2806호	염화수소(염산)와 클로로황산
제4417호	나무로 만든 공구
제4013호	고무로 만든 이너튜브
제7320호	철강으로 만든 스프링과 스프링판

이와 같은 호의 용어는 언제나 무엇보다도 재료가 동질적으로 존재한다는 것, 따라서 다른 재료 또는 물질과 혼합되거나 결합되지 않았다는 것을 가정한다. 이것은 실제적으로 "완전히 유리로", "완전히 철 또는 강철로" 따위와 같이 해석하는 것이다. 그러나 주로 완성품에서 이러한 재질의 동질성이 흔히 마주치지 않는다. 이것은 가령 방적용 섬유, 비(卑)금속, 플라스틱(합성수지) 등의 예와 같이 목재로 만든 물품이 흔히 다른 특정한 물질과 결합된다는 것을 의미한다. 이것은 즉시 어떤 호에 분류될 수

1994. 6. 16.의 복사기 구성세트의 분류 시 이러한 일반적 문제에 명확한 표현이 생겼던 유럽연합판례에서 통칙 제2호(가)의 적용에서 조립의 기술 또는 조립 방법에 좌우되지 아니한 것이 확립되었다. 이것은 역시 통칙 제2호(가)의 본문에 상응한 것이다. 이것은 그런 종류의 기준은 규정되어 있지 않는다. 단지 조립에 따라 완전하거나 완전한 것으로 간주되는 물품이 존재하는 것이 틀림이 없다는 상황이 법적으로 직접적 전제조건이 된다. "완전한 것으로 간주된다는 것"은 완전한 물품에 대한 본질적 특성요소의 존재에 따라 동일한 규정에 상응하여 따르는 것이다.

없는 경우라면 그 호의 용어는 같은 종류의 재질적 특성을 규정한다. 이와 같은 의미에서 호의 용어는 단지 일부가 해당 재질로 구성된 그러한 물품으로 확장한다.

보기

구리로 만든 뚜껑이 달린 목제 장신구(보석)상자를 분류해보자. 상자는 목제품의 완전한 특성에서 쉽게 세번 제4420호에 분류될 수 있을 것이다. 하지만 해당 물품은 단지 일부가 목재로 구성되어 있다. 왜냐하면 뚜껑이 재질적으로 비금속으로 만들어 졌기 때문이다. HS통칙 제2호(나)를 매개로 단지 호의 용어 "나무로 (구성)…"는 일부가 나무로 구성된 물품 또한 거기에 해당되도록 확장된다.

HS통칙 제2호(나)는 그 목적으로 규율하고 있다: "특정한 재질로 된 물품의 모든 예시는 전부 또는 일부가 그러한 재질로 구성되는 물품에 적용된다." 결과적으로 앞서 설명한 [보기]에서 당연히 제15부의 그 밖의 호를 고려하여야 할 것이다.

보기

관세율표에서 세번 제1003호 보리 50% 중량과 세번 제1002호 호밀 중량 50%의 혼합물을 분류해보자. 그런데 세번 제1003호는 오로지 완전한 상태의 보리만을 분류하여야 하고, 마찬가지로 세번 제1002호는 오로지 완전한 호밀만을 분류할 수 있다. 하지만 HS통칙 제2호(나)에 따르면 양쪽 호의 용어는 혼합물을 포함하는 것으로 확장하고 있다.

왜냐하면 해당 물품은 일부가 비금속으로 구성되었기 때문이다. 그렇게 하여 생긴 두 개 호의 경합에 관해서는 그럼에도 불구하고 비로소 나중에 다루게 된다. 혼합물에서 동일한 방법이 필수적이다.

여기에서 결과적으로 두 개의 호가 고려될 수 있을 것이다. 그런데 이러한 경우를 위하여 HS통칙 제2호(나) 후단은 호의 경합은 HS통칙 제3호에서 규정하는 바에 따라 해결될 수 있도록 규정하고 있다.[138] 그와 동시에 하나의 상품개체에 대하여 언제나

138) WCO HSC 제23차 품목분류의견서에 의하면 천연담배잎(제2401호) 75%와 재구성담배잎(제2403

하나의 호가 해당되는 원칙에 상응하게 된다. '상품개체'와 '상품군체'의 개념은 관세율표에서 전적으로 유의하여야 할 중요성을 갖는다.[139] 하나의 상품개체는 궁극적으로 항상 관세율표에서 하나의 호에 분류될 수 있다. 그러나 상품군체에서는 다르다. 이것은 원칙적으로 관세율표에서 2개 또는 다수의 호로 분류된다.

상품개체는 아래와 같은 때에 발생된다:

- 하나의 재질로 구성된 물품 (예: 보리);
- 하나의 구성요소로 조립된 물품 (예: 볼펜);
- 여러 가지의 재료 또는 물질로 구성된 물품 (예: 향료가루 혼합물 또는 비금속으로 된 쇠장식이 달린 목제상자);
- 여러 가지 구성부품으로 구성(조립)된 물품(예: 시계가 부착된 라디오).

[그림 1-1] 단일물품과 결합물품의 비교

비금속제의 벨 (제8306호)	플라스틱이 결합된 벨 (제8306호)

연필 (제9609호)	**지우개가 결합된 연필 (제9609호)**

특히 여러 가지 구성부품으로 구성된 물품에서 그것이 궁극적으로 기능적으로나 실질적으로 하나의 개체를 형성(예: 병따개, 가위 등이 부착된 주머니칼)하는 것이 필수적이다. 따라서 결합물품도 단일물품과 마찬가지로 상품개체에 해당된다.

상품군체는 아래와 같은 때에 생긴다:

호) 25%로 혼합된 물품은 통칙 제2호(나)와 제3호(나)를 적용하여 제2401호로 결정하였다.

139) Peter Witte/Hans-Michael Wolffgang(Hrsg.), 앞의 책, S.351.

- 경우에 따라서 운송중이거나 운송수단(예, 수화물)에 있는 완전하게 구분되는 물품: 이와 같은 경우에 개개의 물품은 그 자체의 본질적인 특성에 따라 분류할 수 있다.
- 조립물품: 조립물품의 특성은 그 물품에 대하여 오로지 법적으로 구체적인 요구사항을 충족하는 한도 내에서 하나의 호 내지 부호가 해당된다는 데에 있다.

다시 HS통칙 제2호의 문제로 돌아와서 생각해보자. 앞서 설명한 상품개체와 상품군체의 개념에 따라 호의 용어의 재질적 확장은 하나의 물품이 적어도 HS통칙 제2호(나)의 의미에서 일부가 어떤 해당되는 재질로 구성된다면 언제나 관련성이 존재하게 된다. 확장된 재질의 실존으로 인하여 결론적으로 언제나 호의 경합을 회피하거나 해결하는 조치를 실행하는 불가피성이 발생된다. 여기에서 최종적으로 어떤 물품이 HS통칙 제2호(나)의 의미에서 부분적으로 특정한 재질로 구성되는지 여부가 도대체 언제부터 출발되는지의 문제가 제기된다.

보기

나무로 만들어졌고, 보다 나은 안정성을 유지하기 위하여 바닥판에 단지 4개의 100원짜리 동전크기만한 탄성고무조각이 달린 보석(장신구)상자가 있다.

여기에서 역시 세번 제4420호를 심사하여야 할 것이다. 재질적 특성에 관해서는 해당 물품이 적어도 일부가 HS통칙 제2호(나)의 의미에서 나무로 만들어 졌다는 것에서 출발하여야 한다. 탄성고무의 – 비록 극히 많지 않은 – 몫 때문에 나무의 완전한 특성에 근거를 둘 수 없게 된다. 그럼에도 불구하고 재질적 확장에 따라서 세번 제4420호로 분류하는 것이 어려움이 없이 가능하게 된다. 제40류(탄성고무 및 그 제품)의 그 밖의 호에 대한 심사에 있어서 그러면 해당 물품이 적어도 부분적으로 HS통칙 제2호(나)의 의미에서 또한 탄성고무로 만들어졌는지 여부의 문제가 제기될 것이다. 여기에서 이것은 명백하게 부인되어야만 한다! "부분적으로"(partly)의 개념은 HS통칙 제2호(나)의 의미에서 일정한 분량의 함량을 갖는다. 앞서 기술한 물품이 탄성고무로 만든 보석(장신구)상자로 지칭하는 것은 전적으로 불합리하다. 따라서 이 물품이 HS통칙 제2호(나)의 의미에서 부분적으로 재질의 영역에서 그 밖의 호가 배제되는 탄성고무로 만들어지지 않았다는 것에 근거를 두게 된다.

그런데 이것과 관련하여 어떤 경계가 모호한(특수한) 경우가 존재하고 있다. 그 해결은 경우에 따라서 재질적 요소 "부분적으로"의 부정에 대하여 뿐만 아니라 그것의 긍정과 발생한 호의 경합에 대한 해결은 HS통칙 제3호에 따라서 해결될 수 있다. 특수한 경우에서 이것은 항상 동일하고 타당한 결과에 도달하게 된다. 그러나 호의 용어에서 재질적 확장은 거기에 재질의 동질성 – 가령 화학적 순수성의 의미에서 – 이 불가피하게 요구될 때에는 언제나 배제된다.

보기

세번 제1701호는 특히 화학적으로 순수한 당을 포함하고 있다. 이것은 그 밖의 물질의 첨가물을 배제한다. 그러므로 여기서 HS통칙 제2호(나)의 적용에 따라서 재질적 확장은 불가능하게 된다.[140)]

HS통칙 제2호(가)의 문제점에 있어서 다음과 같은 요약을 확인(입증)해 보아야 한다.[141)]

- HS통칙 제2호는 필요한 경우에 관세율표상 호의 용어를 확장한다.
- 이 통칙은 완전하고, 완성된 그리고 조립된 물품을 포함하는 호를 필요할 때에는 다음과 같은 경우에 확장시키게 된다:

  ① 불완전한 물품

  ② 미완성된 물품

  ③ 분해된 물품

  ④ 미조립된 물품

  이것과 함께 다음과 같은 것이 문제될 수 있다:

  ⑤ 불완전하거나 미완성되고 분해된 물품 또는

140) 해당 호의 용어나 주에서 다른 재료와의 혼합이나 결합을 금지(예: 제1503호에는 혼합이나 기타의 조제를 하지 아니한 것에 한하여 분류)하거나 또는 해당 호에 속하는 재료의 본질적인 특성이 변화된 경우에는 적용이 배제되어야 할 것이다. 따라서 새로이 혼합이나 결합된 재료는 그 가치나 역할이 비교적 미미하거나 주된 재료의 특성을 유지·보존·개량하는 보조적인 역할에 그치는 경우로 한정하여야 한다. 왜냐하면 이 통칙을 확장 적용하는 경우에는 다른 호와 충돌이 발생할 수 있기 때문이다.

141) Peter Witte/Hans-Michael Wolffgang(Hrsg.), 앞의 책, S.352.

⑥ 불완전하거나 미완성되고 미조립된 물품.

- 이것은 재질호 또는 재질적 요구사항이 있는 목적호를 필요한 경우에 단지 부분적으로 해당 재질로 구성되어 있는 물품 또는 혼합물로 확장시키게 된다.
- HS통칙 제2호의 적용은 단지 호의 용어 또는 주에서 특정규정이 없는 경우에 분류해야 한다는 것에 유의할 필요가 있다.

3. HS통칙 제3호

HS통칙 제3호는 호의 충돌 형태에서 규범적 경합의 해결에 대한 구속력 있는 규정을 의미한다.[142] HS통칙 제3호의 적용을 위한 전제조건으로서 그러한 충돌은 여러 가지 이유에서 발생될 수 있다:

① 충돌되는 재질호가 두 개 또는 그 이상[통칙 제2호(나)의 후단에 대한 HS통칙 제3호 규정의 지시];

보기 플라스틱의 내부피복재를 입힌 목재로 된 휴지통(제4420호와 제3924호)

② 하나의 목적호와 하나(또는 여러 개)의 재질호가 충돌되는 물품;

보기 해포석으로 만든 여송연 파이프(제9602호와 제9614호)

③ 여러 가지 구성부품으로 조립된 물품;

보기 디지털시계가 장착된 볼펜(제9608호와 제9103호)

④ 하나의 구성요소로 제작되었지만 물품의 특성을 토대로 여러 가지 목적호로 충돌되는 물품;

보기 여객자동차용 의자(는 앉는 가구이면서 동시에 여객자동차의 부품)(제9401호와 제8708호)

⑤ 단지 하나의 구성요소로 제작되었지만 기능면에서 그 품목분류의 해당성에 근거하면 상이한 호에 이르게 하는 2 가지 또는 그 이상의 기능을 가진 물품;

보기 동시에 시각이 표시되는 휴대용 계산기(제8470호와 제9105호)

⑥ 세트물품.

---

142) Peter Witte/Hans-Michael Wolffgang(Hrsg.), 앞의 책, S.353.

HS통칙 제3호의 적용을 위한 전제조건은 앞의 제①부터 제⑤까지에서 충돌하는 호가 실제적으로 규범적 경합에 이르고, 이것이 특정한 규정(분류지침을 내포하는 주 또는 호의 용어)에 의하지 않고 애초부터 회피되는 경우이어야 한다.

보기

자명종이 결합된 어떤 라디오를 분류해 보자(자명종라디오). 여기에서 명백히 2개의 구성요소로 조립된 물품의 문제이다. 그럼에도 불구하고 세번 제8527호의 용어[143]는 이 물품을 분명하게 포섭하고 있기 때문에 호의 경합은 발생하지 않는다.

[그림 1-2] 하나의 물품이 둘 이상의 호에 분류될 수 있는 물품

전화기	냉·온수기	DMB폰
		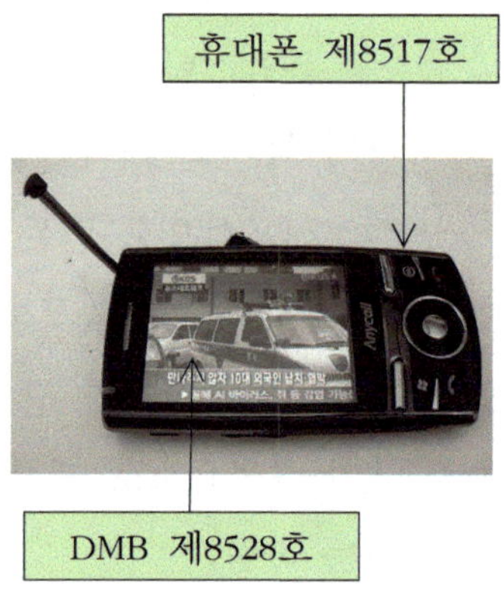

※ DMB폰은 2009년도 WCO 제44차 HSC에서 제8517호로 결정

143) 라디오방송용 수신기기(음성기록기기·재생기기, 시계가 동일 하우징 내에 결합된 것인지에 상관없다).

보기

> 세번 제0904호의 후추가루 백분율 70%와 세번 제0910호의 카레가루 백분율 30%의 혼합물을 분류해 보자.
> 비록 두 번째 보기에서 상이한 재질의 혼합이기 때문에 처음에 2 개의 호가 분류되는 것처럼 보일지라도, 여기에서 제9류 주1(나)에 따라 다른 호에 해당하는 물품의 2종 이상의 혼합물은 세번 제0910호에 분류한다는 것이 구속력 있게 규정되어 있다. 이러한 규정의 우위는 HS통칙 제1호에서 명백해진다. 이것은 호의 충돌을 발생시키지 않는다.

HS통칙 제3호는 위계구조로 아래와 같이 구성되어 있다:

"이 통칙 제2호(나) 또는 그 밖의 다른 이유로 동일한 물품이 둘 이상의 호에 분류되는 것으로 볼 수 있는 물품인 경우의 품목분류는 다음에 규정하는 바에 따른다:

(가) 가장 특정(구체)적으로 표현된 호가 일반적으로 표현된 호에 우선한다. 다만, 둘 이상의 호가 혼합물 또는 복합물에 포함된 재료나 물질의 일부 또는 소매용으로 하기 위하여 세트로 된 물품의 일부에 대해서만 각각 정하는 경우에는 그 중 하나의 호가 다른 호보다 그 물품에 대하여 더 완전하거나 명확하게 표현하는 때에도 이들 호는 그 물품에 대하여 동등하게 특정적으로 표현된 것으로 본다.

(나) 혼합물, 서로 다른 재료로 구성되거나 서로 다른 구성요소로 제조된 복합물과 소매용으로 하기 위하여 세트로 된 물품으로서 앞의 (가)에 따라 분류할 수 없는 것은 가능한 한 이들 물품에 본질적인 특성을 부여하는 재료 또는 구성요소로 구성된 것으로 취급하여 분류한다.

(다) 앞의 (가) 또는 (나)에 따라 분류할 수 없는 물품은 동일하게 분류가 가능한 호 중에서 그 순서상 최종 호에 분류한다."

위에서 알 수 있는 바와 같이 HS통칙 제3호는 세 부분으로 구성되어 있다. 그의 배열순위는 임의적이 아니라 이 통칙의 적용에서 준수하여야 할 차례를 나타낸다. 그리하여 HS통칙 제3호(가)의 적용가능성이 우선적으로 처음에 심사되어야 한다. 그런 연후에 이것이 해당되지 아니한 경우라면 HS통칙 제3호(나)의 규정에 따른 분류가 적용될 수 있다. 또한, 이것이 적용할 수 없는 경우에는 소위 최후의 수단으로 HS통칙 제3호(다)가 남게 된다.

1) 특정표현호 우선적용원칙

HS통칙 제3호(가)는 가장 특정하여 표현된(the most specific description) 호의 용어가 해당한다는 것에 따라서 호의 충돌을 해결한다. 어떤 호가 분류하려는 물품을 보다 특정하여 기술하고 있다면 구체적으로 특수한 경우에서 심사해 보아야 한다. 그럼에도 불구하고 아래와 같이 일반화(보편화)하여 확정할 수 있다.

- 어떠한 물품의 이름을 밝히는 명칭이 종류(종속)명칭 또는 각각의 집합명칭보다 더 특정한 것이고,
- 사용목적에 따른 명칭이 단지 재질에 따른 그 명칭보다 더 특정한 것이다.

[그림 1-3] 품명이 종류보다 특정한 표현에 해당하는 물품

대상물품	종류 (재질)	품명 (용도)
	목제품 (제4421호)	끽연용 파이프 (제9614호)
	플라스틱제품 (제3926호)	단추 (제9606호)
	철강제품 (제7326호)	플라이어 (제8203호)

"품명이 종류보다 특정한 표현"이다. 따라서 '목제품(제4421호)'보다는 '끽연용 파이프(제9614호)'가 특정한 표현에 속한다.

[그림 1-4] **완전하고 명백한 표현으로 특정한 표현을 나타내는 물품**

대상물품	일반적 표현	완전한 표현 / 명백한 표현
 전동기 자장	■ 수지식 전동공구 (제8467호) ■ 가정용 전기기기 (제8509호)	전기 면도기 (제8510호)
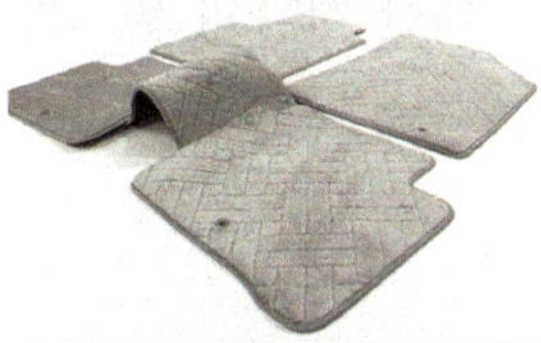	차량용의 부분품 (제8708호)	터프트한 양탄자 (제5703호)
	기타의 클록 (제9105호)	라디오 방송용 수신기기 〈시계가 동일한 하우징내에 결합여부 불문〉 (제8527호)

"완전하거나 명백한 표현이 특정한 표현"이다. 따라서 전동기를 자장한 면도기(제8510호)는 전동기를 내장한 수동식 전동공구(제8467호)나 전동기를 자장한 가정용 전기기기(제8509호)보다 특정한 표현에 해당하고 또한 자동차용의 터프트한 양탄자(제5703호)는 차량용의 부분품(제8708호)보다 특정한 표현에 해당한다.

여기에서 다만 해당되는 호의 용어는 방법론적으로 대조된다.

보기

해포석으로 만든 빗을 분류해보자. 세번 제9615호의 목적명칭 "머리빗"은 세번 제9602호의 맨 먼저 마찬가지로 해당되는 명칭 "광물성 조각재질로 된 물품"보다 더 명확한 것이다.

HS통칙 제3호(가)의 제2문은 하나의 의제를 내포하고 있다. 이 의제는 그것이 실제로 주어진 상황에 상응하지 않을 때, 특정한 물품에서 고려되는 호의 용어가 동일하게 명확한 것으로 간주된다는 것을 규정한다. 이것은 그러한 이유에서 여러 가지 재질호가 해당되는 물품인 여러 재질로 구성된 물품과 같이 세트물품의 구성요소에 해당한다. 그와 동시에 그러한 경우에 HS통칙 제3호(가)에 따른 충돌의 해결은 처음부터 배제된다.

2) 본질적 특성에 따른 분류원칙

HS통칙 제3호(나)는 다음과 같은 물품의 호의 충돌의 해결에 대한 하나의 원칙이다.

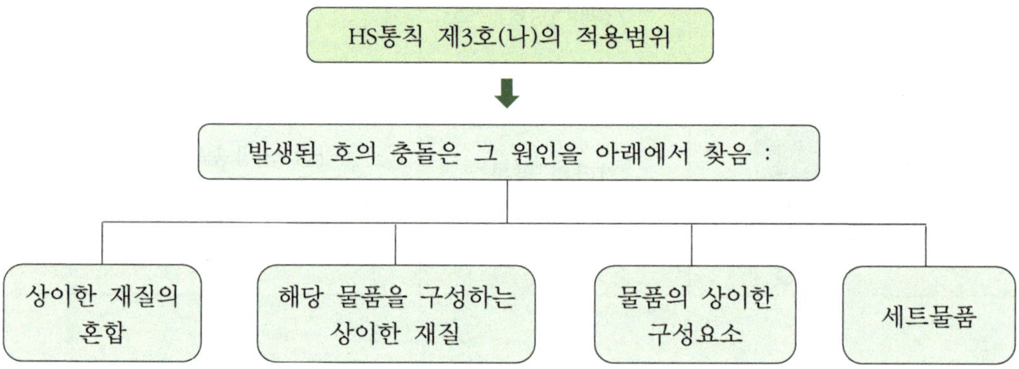

여기에서 호의 충돌은 이것을 저지하는 해당 규정이 존재하지 않는 경우에 발생될 수 있다는 것에 유의하여야 한다. 소매용으로 포장된 세트물품은 아래와 같이 보다 상세하게 설명된다. HS통칙 제3호(나)의 의미에서 세트물품은 규칙적인 세 가지 전제조건이 충족되어야만 한다.[144)]

① 세트물품에 포함된 구성요소에 최소한 2개의 관세율표상 상이한 호가 해당되어

144) 소매용으로 하기 위하여 세트로 된 물품으로 인정하는 사례: ① 스파게티 면(제1902호), 분말치즈(제0406호) 및 토마토소스(제2103호)로 세트포장 ☞ 스파게티 면(제1902호)으로 일괄분류; ② 빵 사이에 조리 한 쇠고기를 넣은 샌드위치(제1602호)와 포테이토 칩(제2004호)으로 세트포장 ☞ 샌드위치(제1602호)로 일괄분류; ③ 전기이발기(제8510호), 빗(제9615호), 가위(제8213호) 및 면제 타월(제6302호)로 세트포장 ☞ 전기이발기(제8510호)로 일괄분류 ▶소매용으로 하기 위하여 세트로 된 물품으로 인정하지 않는 사례: ① 새우통조림(제1605호), 치즈통조림(제0406호), 베이컨통조림(제1602호)과 칵테일 소시지 통조림(제1601호)으로 세트포장 ☞ 각각 해당 호에 분류; ② 포도주(제2204호)와 브랜디(제2208호)가 각 1병씩 세트 포장 ☞ 각각 해당 호에 분류.

야만 한다.

보기 하나의 케이스에 담긴 담배(궐연)파이프와 철제 담배통:

담배파이프 ⇨ 세번 제9614호;

담배통 ⇨ 세번 제7326호.

하나의 세트물품에 대한 전제조건은 이와 반대로 단지 여러 개의 상이한 담배 파이프가 들어있는 하나의 상자에서는 충족하지 못한다. 왜냐하면 이러한 물품은 모두 세번 제9614호에 속하기 때문이다.

② 물품의 세트는 특정한 필요성의 충족을 위해서나 특정한 활동의 수행을 위하여 조합되는 것이어야 한다. 이러한 요구는 실제의 법적용에서 비교적 좁게 이해된다. 먹는 것과 마시는 것은 전형적으로, 예컨대 이러한 의미에서 특정한 필요성의 충족으로 간주될 수 없다. 그러므로 논리적인 방법에서 역시 이른바 식육증진의 바구니는 HS통칙 제3호(나)의 의미에서 조합에 해당되지 않는다. 그럼에도 불구하고 조합은 실제로 매우 흔하게 그리고 주목해야 할 정도로 다양하게 발생된다. 여기서 몇 가지 예를 들면:

- 넥타이와 조합된 와이셔츠;
- 면도솔과 면도용 크림이 조합된 전기면도기;
- 필름과 조합된 사진기.

③ 물품의 조합에서 일반적으로 이것은 재포장 없이 소비자에게 제공될 수 있어야 한다는 것이 필수적이다. 그러므로 세 번째 전제조건은 반드시 소매용 포장이어야 한다. 이러한 것은 통례적으로 함께 포장(예: 판지상자, 케이스 또는 투명 플라스틱 포장)이 그 본질이 된다. 이를테면 모든 언급한 전제조건을 충족하기만 하고, 호의 용어 또는 주에 특정규정이 없다면 HS통칙 제3호(나)의 조건에 따라 분류되어야 하는 상품의 조합은 존재하게 된다.

HS통칙 제3호의 위계적 구성체계에 상응하여 HS통칙 제3호(나)의 적용은 가능한 모든 분류대안(따라서 단지 상품의 조합에서만 아니라)은 호의 경합이 HS통칙 제3호(가)에 따라 해결할 수 없음을 전제로 한다. 이 규칙의 핵심은 특성을 부여하는 재질 또는 구성요소의 심사이다. 이것은 해당되는 호를 위하여 궁극적으로 결정적이다. 특성을 부여하는 재질이나 구성요소에 대한 질문의 대답은 흔히 복잡하지 않고, 명백하다. 예를 들면, 중량백분율 80%인 밀과 중량백분율 20%인 호밀로 구성된 혼합물에서 그렇다. 여기에서 이미 명백하게 밀이 우세(압도)하고 결과적으로 전체 혼합물에 밀의 본질적 특성이 부여되는 중량기준의 조합에서 판명된다. 그럼에도 불구하고 실제는 많은 상품에서 특성을 부여하는 재질이나 구성요소의 판단은 이례적으로 복잡하다는 것을 보여준다. 역시 각각의 경우에 단지 수량이나 중량에 따라 결정하는 것은 불가능하다. 오히려 이것과 관련하여 표준은 대다수와 물품의 특성에 대한 종속(예속)에 관련될 수 있다. HS해설서에서 HS통칙 제3호에 대한 모범적인 표준이 인용된다. 이러한 표준은 다음과 같다:

- 재질 또는 구성요소의 종류와 특성;
- 재질 또는 구성요소의 범위;
- 재질 또는 구성요소의 수량;
- 재질 또는 구성요소의 중량;
- 재질 또는 구성요소의 가격.
- 사용(이용)과 관련하여 재질 또는 구성요소의 중요성.

그러나 가령 식품영역에서 혼합(조합)의 맛에 대한 재질적 효과(영향)와 같이 그 밖의 표준을 생각할 수 있다. 아래의 그림에서 세 가지의 구성재료로 된 전동기용 컨베이어 벨트와 같이 관련 호의 용어가 표현된 것과 같지만 이들은 모두 동등하게 특정하여 표현된 것으로 보아야 한다. 따라서 이와 같은 물품은 특정표현원칙에 따라 분류할 수 없다.

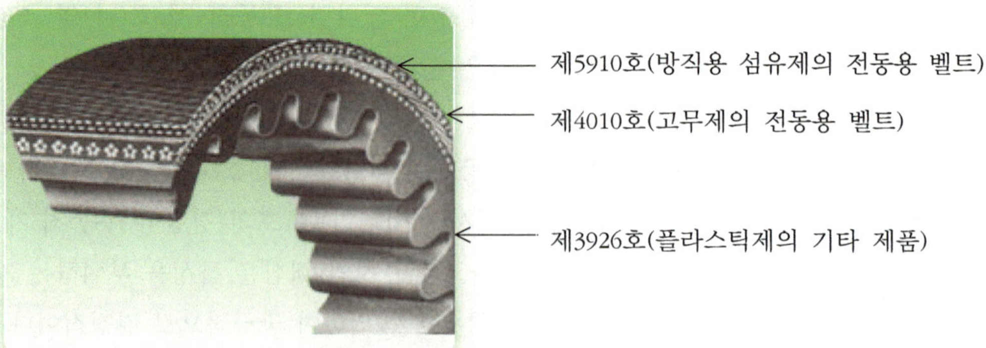

3) 최종호 분류원칙

특정한 경우에 어떤 물품은 특성을 부여하는 재질 또는 구성요소가 판명될 수 없는 특질을 지닌다. 이러한 경우에는 HS통칙 제3호(다)가 적용된다. 이 HS통칙의 분류규정은 아주 간단하여 해당 물품이 품목분류표상 해당되는 호 가운데 최종호로 분류하면 된다.[145)]

보기

두 개의 재질이 가격과 다른 중요한 제원이 동일함에 있어서 세번 제1002호 호밀의 중량백분율 50%와 세번 제1004호 귀리의 중량백분율 50%로 구성된 혼합물을 분류한다. 특성을 결정하는 재질을 확정할 수 없기 때문에 이것의 분류는 HS통칙 제3호(나)에 따라 판단할 수 없다. 그러면 HS통칙 제3호(다)에 따라 세번 제1004호(최종호)에 해당된다.

4. HS통칙 제4호

HS통칙 제4호는 소위 최종적 수단(ultima ratio)으로 기능한다: "이 통칙 제1호 내지 제3호의 규정에 의하여 분류할 수 없는 물품은 그 물품과 가장 유사한(most akin) 물품이 해당하는 호에 분류한다." 이러한 유사물품 분류원칙은 거의 적용성이 없다는 것이 입증된다면, 이것은 궁극적으로 HS의 완전성을 의미하는 것이다. 그러므로 역시 설득력 있는 본보기는 거의 찾아보기 어렵다. 이와 같은 긍정적인 상황에도 불구하고 HS통칙 제4호는 하나의 존재의 정당성을 갖는다. 그와 동시에 이것은 확정적으로

145) 그런데 세 가지 혼합물이나 복합물로 구성되어 각각 「40 : 40 : 20」의 비중을 차지한다고 가정할 때 20의 비중을 차지하는 물품이 비록 최종 호에 해당한다 할지라도 동일하게 분류 가능한 호가 아니므로 그 호에는 분류될 수 없다. 이러한 사례가 아래와 같은 구성비율의 혼방직물이라 가정한다면 이때에는 40의 비중을 차지하는 두 물품이 동동하게 분류 가능한 것이므로 둘 중에서 최종 호(제5212호)로 분류하여야 한다.

원재료 품명	견	면	아마
구성비율	40%	40%	20%
품목번호	제5007호	제5212호	제5309호

완전성 원칙을 발견할 수 있다. HS통칙 제4호는 그 재질적 특성과 사용목적(용도)이 경우에 따라서는 아직 한 번도 예측할 수 없는 신제품의 분류를 가능하게 한다.[146)]

5. HS통칙 제5호

HS통칙 제5호는 용기와 포장의 분류를 위한 규칙이다: "다음의 물품에 대해서는 이 통칙 제1호 내지 제4호를 적용하는 외에 다음 사항을 적용한다.

① 사진기케이스·악기케이스·총케이스·제도기케이스·목걸이케이스 및 이와 유사한 용기는 특정한 물품 또는 물품의 세트를 수용할 수 있도록 특별한 모양으로 되어 있거나 알맞게 제조되어 있고, 장기간 사용하기에 적합하며, 그 내용물과 함께 제시되어 그 내용물과 함께 정상적으로 판매되는 종류의 물품인 때에는 그 내용물과 함께 분류한다. 다만, 용기가 전체물품에 본질적인 특성을 부여하는 경우에는 그러하지 아니하다.

② 앞의 ①에 해당하는 것은 그에 따르고, 내용물과 함께 제시되는 포장재료와 포장용기는 이들이 그러한 물품의 포장용으로 정상적으로 사용되는 종류의 것에 한하여 그 물품과 함께 분류한다. 다만, 그러한 포장재료 또는 포장용기가 명백히 반복적으로 사용하기에 적합한 것인 경우에는 그러하지 아니하다."

이 규칙의 도움으로 물품과 이것의 일부인 용기 내지 이것의 일부인 포장재와의 결합이 보호되고 두 개의 구성요소가 관세율표에서 일치된 것으로 취급된다. 이와 함께 관세율표의 목적은 현존하는 운송 방법의 이해를 계속하여 받아들이는 것이다. 나아가 분류의 실용성을 본질적으로 높이게 된다. HS통칙 제5호의 이원론은 용기와 포장재

146) 이 통칙의 존재 이유는 현행 관세율표에서 미처 분류할 수 없는 물품이 있을 수 있는 내재적 한계와 해당 물품을 일일이 열거하거나 그 대상을 예측할 수 없는 문제를 보완하기 위한 것이다. 실제 특정 호의 용어나 주의 규정에 의하면, "이와 유사한 것"도 분류한다는 표현이 여러 곳에 있다. 예를 들면, 세번 제6214호에 「숄·스카프·머플러·만틸라·베일 및 이와 유사한 물품」을 분류하는데 만약 히잡을 이와 유사한 물품으로 보아 세번 제6214호에 분류하였다면 이는 HS통칙 제1호를 적용한 것이 된다. 따라서 이 통칙은 해당 호나 관련 부나 류의 주에 유사한 물품의 분류에 관한 규정이 없을 때에 적용된다는 것에 유의하여야 한다. 유사성을 판단할 때 그 물품의 목적 및 용도, 명칭, 특성과 형태 등을 종합적으로 고려하여 어느 호에 가장 유사한 물품인지를 판단하여야 한다.

사이의 차이점에서 나타난다. HS통칙 제5호(가)는 용기의 분류를 규정하고 있다. 추구하는 법적 효과를 위하여, 즉 수용하는 물품에 대한 호와 동일한 호에 용기를 분류하는 것을 위하여, 주어진 전제조건이 충족되어야만 한다:

- 용기는 특정한 물품이나 세트물품의 수용하기 위하여 특별하게 형상되었거나 적합한 것이어야 한다.

  보기 바이올린케이스, 총케이스, 사진기케이스 등
- 용기는 지속적 사용에 적합한 것이어야 한다.[147)]
- 용기와 이것에 수용된 물품이 함께 함께 제시되어야 한다.
- 용기와 이것에 수용된 물품이 통상적으로 함께 판매되어야 한다.

  보기 케이스 안의 전기면도기, 주로 인조물질로 구성된 케이스 안의 반지, 바이올린케이스 안의 바이올린
- 용기가 다음 [그림 1-5]와 같은 경계의 본질적 특성을 결정하지 않아야 한다.[148)]

[그림 1-5] 포장용기에 본질적인 특성이 있는 물품

이것의 기준은 특히, – 하지만 반드시 절대적인 것은 아니다 – 가치와 관련된 관점에서 고려한다. 통상적으로 용기의 가격이 이것이 수용하는 물품의 가격보다 높다면 HS통칙 제5호(가)의 적용은 언제나 가능할 수 없을 것이다.

147) 철강제 용기(제7311호)에 담겨있는 프로판가스(제2711호)와 같이 철강제 용기가 명백히 반복적으로 사용 가능한 것은 내용물과 함께 제시된 것인지 여부를 불문하고 각각 분류한다.

148) 차(茶)가 담겨 있는 은제(銀製) 용기의 경우에는 차(茶)는 세번 제0902호에, 은제(銀製) 용기는 세번 제7114호에 각각 분류하고, 설탕과자가 담겨있는 장식용 도자기의 경우에는 설탕과자는 세번 제1704호에, 도자기는 세번 제6911호에 각각 분류한다.

HS통칙 제5호(나)는 단순한 포장재의 분류를 규율한다. 그 적용의 전제조건으로서 세 가지 기준이 충족되어야 한다:

- HS통칙 제5호(가)에 용기로 취급되지 않아야 한다.
- 포장재는 일반적으로 물품을 위한 것이어야 한다.
- 여러 번 사용되지 않아야 한다.[149]

149) 이 규칙의 적용에서 예외가 있다. 이것은 특히, 통칙 제5호(나)에 따라 분류될 수 있음에도 불구하고 그 의미가 여러 번 사용이 가능한 재활용병과 관련된다. 하지만 통칙 제5호(나)와 모순되지 않는다.

Chapter 02

FTA 원산지상품의 판정과 증명

Free Trade Agreement

제 1 절 FTA 원산지상품의 판정준칙

I 원칙적 판정기준

1. 영역원칙

1) 개관

우리나라가 체결한 FTA는 체약당사국의 각 영역을 지리적 범위로 하는 자유무역지대의 창설을 통하여 상품무역에 대한 장벽을 제거하고, 교역과 투자의 촉진을 목적으로 하고 있으며, 원산지 지위를 획득하는 조건에 대한 원칙적인 전제로 체약당사국의 영역에서 중단 없이 충족되어야 한다는 것을 요구하고 있다. 따라서 FTA에서 원산지상품의 판정기준은 체약당사국의 영역 내 생산원칙, 즉 영역원칙(Principle of Territoriality)을 토대로 설정된다.

그런 까닭에 원산지상품의 판정에서 해당 물품의 전부를 생산·가공 또는 제조한 국가의 적용범위는 영역을 기준으로 판단하여야 하고, 마찬가지로 해당 물품이 둘 이상의 국가에 걸쳐 생산·가공 또는 제조된 경우에도 그 물품의 HS Code(관세품목번호)가 그 물품의 생산·가공 또는 제조에 사용되는 비원산지 재료 또는 구성품목의 품목번호와 일정 단위 이상 다르다면, 그 물품을 최종적으로 생산·가공 또는 제조한 국가의 적용범위 또한 영역을 기준으로 판단하여야 한다. 그리고 해당 물품에 대하여 일정 수준 이상의 부가가치를 창출한 국가의 적용범위를 영역을 기준으로 판단하지 않으면 안 되며, 해당 물품의 생산·가공 또는 제조의 주요 공정을 수행한 국가의 적용범위도 영역을 기준으로 판단하여야 한다.

영역원칙은 FTA에서 특혜관세대우를 받기 위한 전제조건이기 때문에 제조공정 과정에서 체약당사국의 영역(자유무역지대) 밖으로 반출되었던 상품이 다시 체약당사국(자유무역지대)으로 반입되었을 때, 그 상품은 오로지 비원산지 상품으로 취급되지 않으면 안 된다.[1] 그런 연유에서 최종제품이 수출되기 이전에 체약당사국의 영역(자유

1) WCO, WCO Origin Conpendium, 2017, 53쪽.

무역지대) 내에서 처음에 수행되었던 앞에서 설명한 재반입된 상품이 그 최종제품의 부품이라면 그 부품은 원산지판정의 목적에서 고려될 수 없다.

FTA 체약당사국으로서 대한민국의 영역의 적용범위는 대한민국의 주권이 미치는 영토·영해 및 영공과 국제법과 국내법에 따라 주권적 권리 또는 관할권이 행사되는 영해의 외측한계에 인접하거나 외측 한계 밖(FTA에서 정하는 경우에만 해당한다)의 해저·해저층을 포함한 해양지역이 해당된다.

국가의 영역에는 영토(領土), 영해(領海), 영공(領空)이 있는데, 이 중에서 영토는 국가영역의 가장 핵심적인 부분이다. 영토란 한 국가가 다스리는 땅이라는 의미로 국제법상 한 국가의 주권이 미치는 토지 영역을 가리킨다. 그리고 영해란 한 나라의 주권이 미치는 해양 지역으로서 1982년 유엔해양법회의에서 채택한 국제해양법조약에 12해리로 정의되었고, 연안해(沿岸海)라고도 한다. 영공은 국제법상 개별국가의 영토와 영해의 상공으로 구성되는 영역을 말한다. 국제법과 국내법에 따라 주권적 권리 또는 관할권이 행사되는 영해의 외측한계에 인접한 물리적 공간으로 배타적 경제수역이 있다. 배타적 경제수역(exclusive economic zone)은 자국 연안으로부터 200해리(370.4km)까지의 모든 자원에 대해 독점적 권리를 행사할 수 있는 유엔 국제해양법상의 수역을 말한다. 그리고 국제법상 대륙붕이란 "해안에 인접하고 있으나 영해 이외에 있는 수심 200미터 이내(또는 해저구역의 천연자원의 개발이 가능한 곳까지)의

[그림 2-1] 국가의 영역

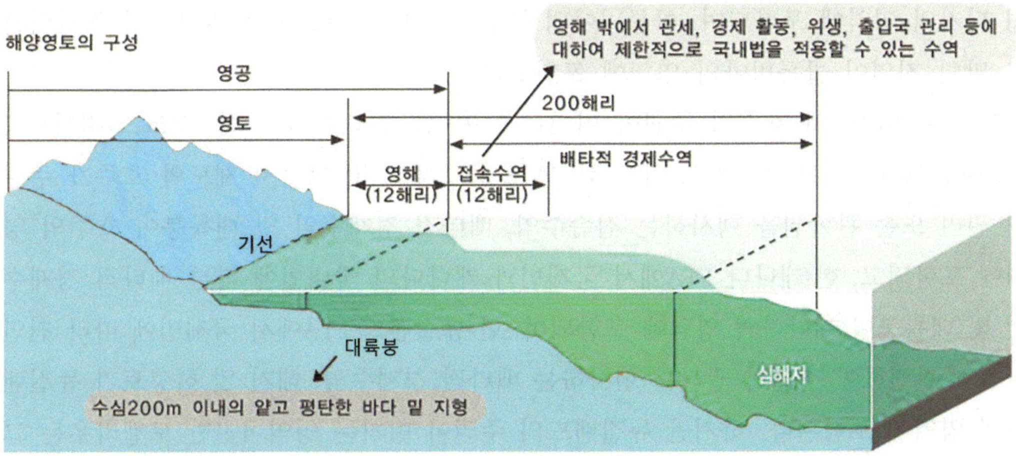

해상 및 해저지하"를 말한다. 연안국은 대륙붕에 대하여 그것을 탐색하고 그 천연자원(天然資源)을 개발하기 위한 독점적인 권리를 가진다. 국가의 영역을 도표로 설명하면 [그림 2-1]과 같다.

2) 주요 FTA 체약상대국 영역의 적용범위

우리나라가 체결한 주요 FTA에서 체약상대국의 주권이 미치는 영토·영해 및 영공 이외의 다음과 같은 지역이 체약당사국 영역의 범위에 포함된다(FTA관세규칙 제2조).

한-칠레 FTA에서 칠레의 주권적 권리 또는 관할권이 행사되는 배타적 경제수역과 대륙붕지역이 칠레의 영역에 포함되고, 한-싱가포르 FTA에서 싱가포르의 영역에는 영해 밖의 해양지역(해저 및 해저층을 포함한다) 중 천연자원의 탐사 및 개발을 위하여 싱가포르가 주권적 권리 또는 관할권을 행사하는 지역이 포함되며, 한-인도 CEPA에서 인도의 주권적 권리 또는 관할권을 행사하는 대륙붕과 배타적 경제수역을 포함한 해양지역이 CEPA 체약상대국으로서 인도의 영역에 포함된다. 여기에서 싱가포르의 영해에는 내륙수로도 포함된다.

한-미국 FTA에서 미합중국의 영역에는 50개의 주(州), 콜럼비아 특별구와 푸에르토리코를 포함하는 미합중국의 관세영역, 미합중국과 푸에르토리코에 위치하는 대외무역지대 및 미합중국이 해저 및 하부토양과 그 천연자원에 대하여 주권적 권리를 행사할 수 있는 미합중국 영해 밖의 지역이 포함되고, 생물 또는 무생물 천연자원의 탐사, 개발 및 보전을 목적으로 터키가 주권적 권리 또는 관할권을 갖고 있는 해양지역이 터키의 영역에 포함되며, 콜롬비아의 주권, 주권적 권리 또는 관할권이 행사되는 그 밖의 지역이 콜롬비아의 영역에 포함된다.

한-호주 FTA에서 호주의 주권이 미치는 노퍽 섬, 크리스마스 섬, 코코스(킬링) 제도, 애쉬모어·카르티에 제도, 허드 섬·맥도널드 제도 및 코랄시 제도와 호주가 주권적 권리 또는 관할권을 행사하는 접속수역, 배타적 경제수역 및 대륙붕이 호주의 영역에 포함되고, 한-캐나다 FTA에서 국제법과 캐나다의 국내법에 따른 배타적 경제수역 및 대륙붕이 캐나다의 영역에 포함되며, 한-뉴질랜드 FTA에서 국제법에 따라 천연자원과 관련하여 주권적 권리를 행사하는 배타적 경제수역, 해저 및 하층토가 뉴질랜드의 영역에 포함된다. 하지만 뉴질랜드의 주권이 미치는 영역이지만 토켈라우는 그 영역에서 제외된다.

한-베트남 FTA에서 베트남의 영역에는 대륙붕과 배타적 경제수역의 천연자원을 포함한 영해 밖에 있는 해양지역이 포함되고, 한-중국 FTA에서 중국의 영역에는 중국의 전체 관세영역과 중국이 그 안에서 주권적 권리 또는 관할권을 행사할 수 있는 중국의 영해 밖의 모든 지역이 포함되며, 한-중미(5개국)에서 중미 공화국들의 영역에는 엘살바도르·온두라스·파나마의 주권적 권리 또는 관할권이 행사되는 배타적 경제수역 및 대륙붕이 포함된다. 한-인도네시아 FTA에서 인도네시아의 영역에 마찬가지로 인도네시아의 주권적 권리 또는 관할권이 행사되는 배타적 경제수역과 대륙붕이 포함되며, 내수, 군도수역, 해저 및 하부토양이 인도네시아의 영해에 포함된다.

2. 상품의 직접운송원칙

1) 개관

원산지상품의 판정에 토대가 되는 영역원칙에 따라 해당 물품이 생산·가공 또는 제조된 이후에 원산지가 아닌 국가의 영역을 경유하여 운송되거나 원산지가 아닌 국가의 영역에서 선적된 경우에는 그 물품을 원산지상품으로 인정하지 않는 준칙을 직접운송원칙(Principle of Direct Transport) 또는 환적(trans-shipment) 규정이라 한다. 이 준칙의 규정원리는 FTA가 체약당사국의 각 영역을 지역적 범위로 하여 자유무역지대를 설립하였고, 이 자유무역지대의 역내에서 생산되거나 제조된 원산지상품에 한하여 오로지 관세를 철폐하거나 관세율을 연차적으로 인하하여 부과할 수 있는 특혜 관세가 허용된다는 것이다.

자유무역협정에서 직접운송원칙을 규정하거나 환적규정을 두는 목적은 FTA 체약당사국에 도착된 원산지상품이 체약상대국에서 수출한 원산지상품과 동일하다는 것을 보장하는 것이다. 즉, FTA 원산지상품이 수출 당사국에서 수입 당사국으로 운송되는 도중에 제3국의 영역에서 원산지가 조작되었거나(manipulated), 바꿔치기 되거나(substituted), 추가로 가공되거나(further processed) 또는 제3국의 상권에 들어가지(enter into commerce) 않았을 가능성을 보장하는 것이다.

하지만 각 FTA에서 다르게 정하거나 해당 물품이 원산지가 아닌 제3국의 보세구역에서 단지 운송목적으로 환적되었거나 일시적으로 장치되었다고 인정된다면 해당 물품이 원산지가 아닌 제3국의 영역을 경유하였다고 하더라도 FTA 체약상대국에서 수출된 물품의 동일성이 유지될 수 있기 때문에 원산지상품으로 간주될 수 있다. 따라서 제3국의 통과·환적에 필요한 작업이나 공정(operation), 즉 하역(unloading)과 재선적(reloading) 또는 FTA 체약당사국의 수입항까지 국제운송에 필요한 작업이나 물품을 양호한 상태로 보존하는데 필요한 공정은 원산지상품의 동일성을 저해하지 아니하므로 직접운송원칙에 따라 제3국의 영역에서 허용될 수 있다. 그럼에도 불구하고 원산지가 아닌 제3국의 경유와 관련하여 원산지가 아닌 국가 또는 지역에서 생산 또는 작업 과정이 추가되거나 해당 물품이 원산지가 아닌 국가 또는 지역의 관세당국의 통제 또는 감독 하에 있지 아니하였다면 FTA 체약상대국에서 수출된 물품의 동일성은 유지될 수 없기 때문에 그 물품은 직접운송원칙에 따라 원산지상품으로 간주될 수 없다.

국제운송의 방법과 항로의 변화로 인하여 FTA에서 직접운송 또는 직접탁송에 관한 매우 엄격한 요건은 전 세계적으로 완화하는 추세이다.[2] Kyoto 협약은 명시적으로 지리적 이유 뿐 아니라 세관당국의 통제하에 머물렀다는 사실을 전제로 제3국에서 상품이 전시회 또는 보세창고에 보관한 경우에도 직접운송 규정의 예외를 허용하고 있다.

2) 자유무역협정별 직접운송 인정조건

(1) 직접운송원칙을 규정한 FTA

한-아세안·베트남 FTA는 그 경유가 지리적 이유 또는 오직 운송 요건으로 원산지상품이 제3국을 경유하더라도 직접운송된 것으로 간주하는데, 제3국의 경유에서 그 상품이 경유국에서 거래 또는 소비되지 아니하였다는 사실을 전제조건으로 제3국의 통과·환적에 필요한 작업이나 공정이 허용된다. 제3국을 경유한 원산지상품이 직접운송된 것으로 간주되려면, ① 수출 당사국의 영역 내에서 발행한 통과선하증권, ② 원산지증명서, ③ 상품의 상업송장 원본의 사본, 그리고 ④ 그 밖에 관련 증빙서류가 수입 당사국의 세관당국에 제출되어야 한다.

2) WCO, WCO Origin Conpendium, 2017, 52쪽.

한-싱가포르 FTA는 제3국의 영역을 통하여 운송되거나 환적된 상품이 다음의 요건을 충족하는 입증자료를 제공하지 못하는 경우 원산지상품으로 간주되지 않는다: ① 상품이 제3국의 영역에 있는 동안 세관의 통제하에 있었다는 사실을 수입 당사국의 관세당국이 만족할 수 있는 수준으로 나타내는 세관관리문서의 사본; ② 제3국의 통과·환적에 필요한 작업이나 공정과 크레이팅(crating)·포장·재포장 이외의 작업을 제3국에서 거치지 아니하였음을 입증하는 것으로서 제3국의 관세당국이나 그 밖의 관련기관이 제공하는 정보 또는 수입자가 제출하는 그 밖의 정보 또는 상업서류.

한-인도 CEPA는 원산지 상품이 제3국을 경유하여 수송되더라도 직접적으로 운송된 것으로 간주하는데, 제3국의 경유에서 그 상품이 경유국에서 거래 또는 소비되지 아니하였다는 사실과 경유국 세관의 감시하에 남아있었다는 사실을 전제조건으로 제3국의 통과·환적에 필요한 작업이나 공정 이외에 어떠한 공정을 거치지 않아야 한다.

한-중국 FTA는 제3국을 경유하여 운송되는 상품이 그러한 제3국에서 환적 또는 일시 보관을 하는지에 상관없이 직접 운송된 것으로 간주하는데, 통과를 위한 상품의 반입이 지리적 이유 또는 오직 운송 요건에 기인되고, 그 상품이 제3국에서 거래 또는 소비되지 아니하며, 그 상품이 제3국의 통과·환적에 필요한 작업이나 공정과 운송상의 이유로 인한 화물의 분리 이외에 그 밖의 어떠한 공정도 거치지 아니하여야 한다. 그리고 상품이 제3국에서 일시 보관되는 경우에는 그 상품은 보관되는 동안 제3국 관세당국의 통제하에 머물러 있어야 한다. 여기에서 제3국에서 상품이 보관되는 기간은 상품의 반입일로부터 3개월을 초과하지 않아야 하며, 불가항력의 상황이 발생하는 경우라면 상품이 보관되는 기간은 3개월을 초과하여 허용될 수 있으나 6개월을 초과해서는 아니 된다. 제3국을 경유하여 운송되는 상품이 직접 운송된 것으로 간주될 수 있는 증거로는 통과 또는 환적의 경우라면 항공화물운송장, 선하증권, 또는 수출 당사국에서부터 수입 당사국까지의 전체 운송 경로가 포함된 복합운송이나 결합운송 서류와 같은 운송서류가 요구되고, 보관 또는 컨테이너를 적출한 경우라면 앞에서 열거한 증빙서류에 추가하여 제3국 관세당국이나 수입국 관세당국이 지정한 제3국의 그 밖의 권한있는 기관이 제공하는 운송서류가 요구된다.

한-EU·튀르키예(터키)·영국 FTA는 단일 탁송화물(one single consignment)을 구성하는 원산지제품이 제3국의 통과·환적에 필요한 작업이나 공정을 허용하는데, 그 제품이 통과 또는 창고에 보관하는 제3국에서 자유로운 유통(free circulation)을 위해 반출되지 아니할 것이 전제되어야 한다. 그리고 허용되는 제3국에서 원산지제품의 환적 또는 보관에 대한 입증을 위해 이와 관련된 상황의 증거(evidence of the circumstance)나 수출 당사국에서 경유국의 통과를 다루고 있는 단일 운송서류(single transport document) 또는 경유국의 세관당국이 발행한 소정의 증명서[3]가 필요하다.

한-EFTA FTA는 원산지상품이 제3국을 경유하여 운송되더라도 특혜관세대우를 적용하는데, 그 상품이 경유하는 기간동안 경유국 세관당국의 감시하에 있었다는 사실을 전제조건으로 제3국의 통과·환적에 필요한 작업이나 공정과 탁송품의 분리(splitting-up of consignments)하는 작업이 허용된다. 여기에서 제3국을 통과하는 운송은 파이프라인(pipeline)을 통한 운송도 포함된다.

한-호주 FTA는 원산지 상품이 제3국을 통하여 운송되었다고 하더라도 그 상품이 제3국 세관당국의 통제하에 머물렀다는 사실에 대한 입증을 전제조건으로 원산지 지위를 인정하는데, 제3국을 통한 운송에서 그 상품이 제3국의 통과·환적에 필요한 작업이나 공정과 보관, 재포장, 재라벨링(relabelling), 운송상의 이유로 인한 화물 분리(splittin up of loads) 작업이 허용된다. 여기에서 "재라벨링"이란 수입 당사국의 요건을 충족하기 위하여 필요한 라벨을 붙이는 것을 말하며, "재포장"이란 수입 당사국 영역으로 상품을 운송하기 위하여 필요한 포장 공정을 말한다.

한-콜롬비아 FTA는 제3국을 통해 운송되는 원산지상품이 다음의 증명조건에 충족하지 못하는 경우에는 비원산지 상품으로 간주한다. 그 상품이 제3국의 영역에서 거래 또는 소비되지 아니하였다는 사실과 제3국 세관당국의 통제하에 머물러 있었다는 사실을 전제조건으로 그 상품이 제3국의 통과·환적에 필요한 작업이나 공정과 운송을 이유로 한 분리(splitting up of loads) 작업 이외의 어떠한 추가 생산이나 그 밖의 공정을 거치지 아니한다는 조건이다. 이러한 증명조건이 충족되었다는 증거로는 제3국에서 상품의 환적 또는 보관과 관련된 상황의 증거, 아니면 제3국 관세당국 또는 그 밖의 권한있는 당국이 발행한 증빙서류가 요구된다.

한-페루 FTA는 제3국에서의 환적 또는 일시적 보관 여부와 관계없이, 제3국 관세

3) 다음의 내용이 포함되어야 한다: ① 제품의 정확한 설명을 제공하는 것; ② 제품의 하역 및 재선적 일자, 그리고 적용 가능한 경우, 선박명 또는 사용된 다른 운송수단을 기재하는 것; ③ 제품이 경유국에 머물러 있는 그 상태를 증명하는 것.

당국의 통제 하에 경유하여 운송된 상품은 그 상품이 그러한 제3국에서 거래되거나 교역되지 않았고 제3국의 통과·환적에 필요한 작업이나 공정과 재포장 작업 이외의 어떠한 공정도 거치지 않았다는 사실을 전제조건으로 수출 당사국에서 수입 당사국으로 직접 운송된 것으로 간주한다. 제3국을 경유한 원산지상품이 직접운송으로 간주되려면, 경유 또는 환적의 경우에는, 원산지 국가로부터 수입국으로의 운송을 증명하는 항공화물운송장, 선하증권 또는 복합 또는 결합 운송 문서와 같은 운송 문서가 요구되고, 보관의 경우라면, 앞에서 열거한 운송 문서와 더불어 그 제3국의 국내 법령에 따라 이 작업을 승인한 관세당국 또는 그 밖의 권한있는 당국이 발행한 문서가 각각 요구된다.

한-뉴질랜드 FTA는 제3국을 통하여 운송되는 원산지상품은 그 상품이 제3국의 통과·환적에 필요한 작업이나 공정과 일시적 보관, 운송상의 이유로 인한 화물분리(splitting up of loads) 작업 이외에 어떠한 그 이후의 생산이나 그 밖의 공정을 거치는 경우와 그 상품이 제3국의 세관당국의 통제에서 벗어난 경우에는 원산지 지위를 배척한다. 이와 같은 직접운송 규정의 준수는 관련된 상업 선적 또는 화물 운송 서류 등과 같은 적절한 서류를 제공함으로써 입증될 수 있다.

한-중미(5개국) FTA는 제3국을 경유하여 운송되는 상품이 경유국에서의 환적 또는 일시 보관 여부와 관계없이 다음을 조건으로, 수출 당사국에서 수입당사국으로 직접 운송된 것으로 간주된다: ① 그 상품이 제3국 관세당국의 통제하에 있을 것; 그리고 ② 제3국의 통과·환적에 필요한 작업이나 공정과 재포장 작업 이외의 어떠한 공정도 거치지 아니 할 것.

제3국을 경유하여 운송되는 상품이 직접운송된 것으로 간주되려면 수입 당사국의 관세당국에 다음과 같은 입증서류가 제출되어야 한다: ① 수출당사국으로부터 경유국을 통한 통과를 다루고 있는 단일운송서류; ② 경유국으로부터 수입당사국까지의 통과를 다루고 있는 운송서류와 ③ 경유국 관세당국이 발행한 증명서.[4)]

RCEP 협정문은 수출 당사자와 수입 당사자 외에 하나 이상의 당사자들(이하 "중간 경유 당사자들"이라 한다) 또는 제3국을 통하여 운송되는 원산지상품이 다음과 같은

---

4) 다음의 내용이 포함되어야 한다: ① 제품의 정확한 설명; ② 제품의 하역 및 재선적 일자, 그리고 적용 가능한 경우, 선박명 또는 사용된 다른 운송수단, 그리고 ③ 제품이 경유국에 머물러있는 그 상태. ▶만일 경유국 관세당국이 발행한 증명서를 제공하지 못하는 경우에는 협정문 제4장(통관 절차 및 무역원활화)에 설립된 원산지 규정 및 원산지 절차와 통관 절차 및 무역원활화 위원회에서 당사국들이 합의한, 수입 당사국의 관세당국을 만족시키는 모든 입증서류를 제출하여야 한다.

조건을 충족하는 경우에 원산지 지위가 유지된다: ① 그 상품이 제3국의 통과·환적에 필요한 작업이나 공정과 보관 작업을 제외하고, 중간 경유 당사자들 또는 제3국에서 추가 가공을 거치지 않았을 것; ② 그 상품이 중간 경유 당사자들 또는 제3국에서 관세 당국의 통제하에 머물러 있었을 것. 중간 경유 당사자들이나 제3국을 경유하여 운송되는 상품이 직접운송된 것으로 간주되려면 수입 당사국의 관세당국에 다음과 같은 입증서류가 제출되어야 한다: ① 중간 경유 당사자들 또는 제3국의 통관서류; 또는 ② 항공화물운송장, 선하증권, 복합 또는 결합운송 서류, 그상품에 대한 상업송장 원본의 사본, 재무 기록, 비조작 증명서 또는 그 밖의 관련 증명서류 같은 상업선적서류나 화물운송서류.

(2) 환적규정을 둔 FTA

한-미국 FTA는 제3국을 통과하거나 제3국에서 환적되는 상품이 제3국의 통과·환적에 필요한 작업이나 공정에 해당하지 아니한 그 밖의 이후의 생산이나 여타의 공정을 거치는 경우 또는 제3국 세관당국의 통제하에 머물러 있지 아니한 경우에는 원산지상품으로 간주되지 않는다.

한-칠레 FTA는 환적되는 상품이 제3국의 통과·환적에 필요한 작업이나 공정과 상자포장(crating), 포장과 재포장 작업에 해당하지 아니한 추가적인 생산이나 작업을 거치는 경우나 제3국 세관당국의 통제 또는 감독하에 있지 아니한 경우 원산지상품으로 간주되지 않는다.

한-캐나다 FTA는 제3국을 통해 운송되는 원산지상품이 다음의 입증조건에 충족하지 못하는 경우에는 비원산지 상품으로 간주한다. 그 상품이 제3국의 영역에서 거래 또는 소비되지 아니하였다는 사실과 제3국 세관의 통제하에 머물러 있었다는 사실을 전제조건으로 그 상품이 제3국의 통과·환적에 필요한 작업이나 공정과 운송을 이유로 한 분리(splitting up of loads) 작업 이외에 어떠한 추가 생산이나 그 밖의 공정을 거치지 아니한다는 조건이다.

Ⅱ 예외적 판정준칙

1. 영역원칙의 예외

1) 누적

원산지상품의 판정에 토대가 되는 영역원칙은 FTA 체약상대국의 원산지상품이나 재료가 FTA 체약당사국의 생산 과정에 투입·결합되어 제조된 경우 해당 제품에 투입·결합된 체약상대국의 상품이나 재료를 체약당사국의 원산지상품이나 재료로 간주하는 누적(Accumulation/Cumulation)에서 그 예외가 인정된다. 이러한 누적을 인정하는 기본원리는 FTA가 체약당사국의 각 영역을 지리적 범위로 창설하는 자유무역지대를 단일시장(single market)으로 간주한다는 것이다.[5)]

누적 개념은 체약상대국 내 완전생산요건과 체약당사국 내 실질적 변형 요건이나 품목별 원산지요건(PSR)과 같은 FTA 원산지규정의 핵심개념의 하나인 원산지결정기준으로부터 벗어나지만, 본질적으로 원산지제품의 개념정의를 넓혀주고, FTA 체약당사국 사이의 경제협력을 발전시키는데 유연성을 제공하게 된다.[6)] 이에 따라 FTA 체제에서 누적 개념을 통하여 체약당사국 영역 내 자체 원재료와 제조공정의 활용은 보다 조장되고, 체약 당사국 사이의 경제통합은 증진된다.

누적의 유형에는 양자누적(bilateral cumulation), 완전누적(full cumulation), 교차누적(cross/diagonal cumulation)의 형태가 있다. 양자누적은 어느 한 쪽 당사국의 원산지상품이나 재료가 다른 쪽 당사국의 영역에서 상품에 결합된 경우 그 다른 쪽 당사국을 원산지로 간주한다. 이를 재료누적이라고도 한다. 가령, A 당사국에서 HS Code 제6110호의 풀오버(Pullover)가 B 당사국이 원산지인 니트 직물(knitted fabrics)을 재봉하여 제조된다. A & B 국가가 체결한 FTA에 따르면 풀오버에 대한 PSR은 실(yarn)로부터 제조하여야만 원산지자격이 부여된다. 따라서 A 당사국에서 니트 직물을 사용하여 단순한 바느질의 제조공정은 원산지자격을 부여할 수 없고, 이에 따라 완제품 풀오버는 비원산지제품(non-originating)으로 취급될 것이다. 그럼에도 불구하고 완제품

5) 같은 취지로 Stefano Inama, Rules of Origin in International Trade, 271쪽과 279쪽.

6) WCO, WCO Origin Conpendium, 37쪽.

풀오버는 A & B 국가가 체결한 FTA의 양자(재료)누적 조항에 따라서 B 체약당사국이 원산지인 니트 직물을 사용하여 제조되었기 때문에 FTA 원산지제품으로 인정된다.

완전누적은 어떤 상품이 하나 이상의 생산자에 의하여 어느 한쪽 또는 양 당사국의 영역 내에서 제조 과정을 거친 경우 그 상품을 원산지상품으로 인정한다. 이를 공정누적이라고도 한다. 예컨대, A 당사국에서 HS Code 제6110호의 풀오버(Pullover)가 B 당사국에서 공급된 비원산지 재료를 사용하여 제조된다. A & B 국가가 체결한 FTA에 따라, FTA 체약당사국에서 이루어진 생산을 체약상대국에서 최종제품이 생산된 것으로 간주한다.

교차누적은 한쪽 체약당사국의 원산지상품이 특혜관세대우를 받을 수 있는 최종재의 재료로 다른 쪽 체약당사국의 영역에서 사용된 경우, 그 최종재의 작업 또는 가공이 발생한 그 체약당사국 영역의 원산지상품으로 인정한다. 이를 범자유무역협정 누적이라고도 한다. 교차누적은 재료누적과 유사하지만, 특혜무역협정을 맺은 2개 국가 이상 사이 또는 원산지 조항에 특정하는 협정의 외부국가에 적용된다.

여기에서 외부국가는 원산지 조항과 관계된 여타의 자유무역협정이 동일한 원산지 조항을 포함하여야 할 것을 요구한다. 예를 들면, A 당사국에서 HS Code 제6110호의 풀오버(Pullover)는 B 당사국과 C 외부국가를 원산지로 하는 니트 직물(knitted fabrics)을 재봉하여 제조된다. A & B 국가가 체결한 FTA 또는 A & C, B & C 국가가 각각 체결한 FTA에 따라 풀오버의 PSR은 실(yarn)로부터 제조되어야만 원산지제품으로 인정된다. 따라서 A 당사국에서 니트 직물을 사용하여 단순한 바느질 제조공정은 원산지자격을 부여할 수 없고, A, B & C 국가가 체결한 자유무역협정의 원산지규정에 따라 비원산지 제품으로 취급된다. 하지만 교차누적을 적용하면 풀오버는 B & C 국가를 원산지로 하는 니트 직물을 사용하여 제조되었기 때문에 A 국가가 원산지로 인정된다. 완전누적과 교차누적을 비교하면 다음 [그림 2-2]와 같다.

[그림 2-2]의 비교는 교차누적과 완전누적의 차이를 보여준다. 풀오버(Pullover) 제조에 대한 원산지규정은 2단계(fiber-forward) 생산 공정을 필요로 한다고 가정하면, 즉 제조 공정은 원산지를 부여하기 위해 두 가지 후속 제조 공정, 즉 원사 방적(spinning of yarn)과 실을 직물로 짜는 과정(weaving the yarn into fabrics)을 거쳐 재단·봉제하여 완제품 풀오버를 생산하여야 한다.

교차누적 설정에서 개별 제조단계는 원산지를 부여하기 위해 2단계 생산 공정이 필요하기 때문에 원산지를 부여하지 않는다. 반면에 완전누적의 개념을 사용하면 여러 국가에서 수행되는 다양한 제조 작업을 통합하므로 B 국가에서 2단계 생산 원산지규정을 충족하고 완전누적 규정을 적용할 수 있다. 따라서 최종제품 직물(풀오버)은 B 국가에서 생산된 것으로 간주된다. 우리나라가 체결한 각 자유무역협정에서 규정하고 있는 누적의 유형은 다음 [표 2-1]과 같다.

[그림 2-2] 완전누적과 교차누적의 비교

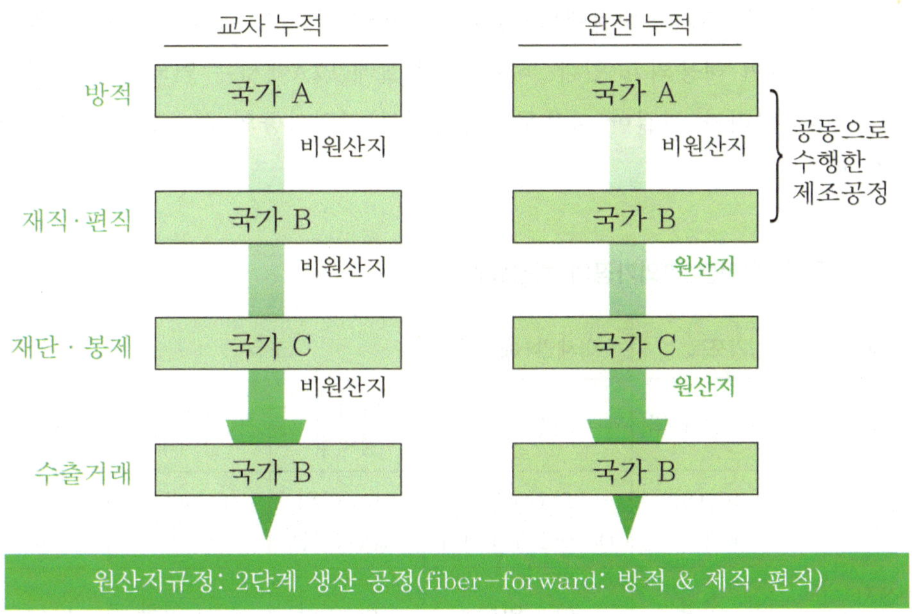

[표 2-1] 자유무역협정별 누적의 유형

구 분		FTA 체약상대국
양자누적 (재료누적)	인정	미국·EU·아세안·중국·칠레·싱가포르·페루·인도·EFTA·튀르키예(터키)·콜롬비아·호주·캐나다·베트남·뉴질랜드·영국·RCEP
	불인정	없음
완전누적 (공정누적)	인정	미국·칠레·페루·콜롬비아·캐나다·싱가포르·뉴질랜드·호주
	불인정	아세안·중국·인도·베트남
교차누적 (범자유무역협정 누적)		영국·중미(5개국)

(2) 역외가공의 허용

영역원칙에도 불구하고 FTA 체약당사국에서 수출된 재료가 체약당사국의 영역 밖에서 생산 또는 가공 공정을 거친 후 다시 그 체약당사국으로 수입되어 최종적으로 생산되고 일정한 전제조건을 충족하는 경우에는 원산지상품으로 인정된다. 이러한 "역외가공"(Outward Processing)은, 우리나라가 체결한 자유무역협정 가운데 한-인도·EFTA·페루·콜롬비아 FTA에서는 "영역원칙의 예외"(Exemption from the Priciple of Territoriality)로, 한-아세안·중국·베트남 FTA에서는 "특정상품의 취급"으로, 한-미국·EU·튀르키예(터키)·호주·뉴질랜드·영국·중미(5개국) FTA에서는 "한반도 역외가공 지역"으로 규정하여 허용되고 있다. 하지만 한-칠레 FTA에서는 역외가공을 허용하고 있지 않다. 우리나라가 체결한 자유무역협정에서 역외가공의 허용규정은 아래의 [표 2-2]와 같다.

[표 2-2] 자유무역협정별 역외가공의 허용요건

체약상대국	싱가포르	아세안·베트남	EFTA		인도
지 역	당사국 영역 밖	개성공단	당사국 영역밖	당사국 영역밖	개성공단
품목수	HS 10단위 130개	회원국별 HS 6단위 100개	HS 6단위 일반품목	HS 6단위 266개	HS 6단위 108개
비원산지 재료가격	40% 이하	40% 이하	10% 이하	40% 이하	40% 이하

체약상대국	미국·EU·튀르키예(터키)·호주·캐나다·뉴질랜드·영국·중미(5개국)	페루·콜롬비아	중국
지 역	한반도	개성공단	개성공단
품목수	역외가공위원회	HS 6단위 100개	HS 6단위 310개
비원산지 재료가격	구성 논의	40% 이하	40% 이하

2. 원산지판정기준의 특례

1) 미소기준·최소허용기준

미소기준(De Minimis) 또는 최소허용기준(tolerance rule)은 FTA 원산지상품의 일반적 판정기준으로 세번변경이 이루어지지 아니하였지만 그 상품의 생산에 사용된 세번변경이 이루어지지 않은 모든 비원산지 재료의 가치 또는 중량이 그 상품의 전체 구성요소에서 차지하는 비율로 아주 작을 경우에는 원산지상품으로 간주하는 기준이다. 미소기준 또는 최소허용기준은 일반적으로 세번변경이 이루어지지 않은 모든 비원산지 재료의 가치 또는 중량이 10% 초과하지 않으면 적용된다. 이와 같이 세번변경기준의 적용에 대한 특례를 규정하는 원리는 원산지상품의 생산에 투입된 비원산지 재료의 HS Code가 완제품의 HS Code와 다를 경우 실질적 변형이 발생하였다고 보고 원산지 지위를 부여하는 세번변경기준을 엄격하게 적용하다 보면, 실제로 상품의 충분한 작업 또는 가공이 이루어지었음에도 불구하고 단지 세번변경이 발생하지 않았다는 이유로 원산지를 인정하지 않게 되는 불합리성이 생긴다. 그런 연유에서 미소기준이나 최소허용기준는 금지되는 비원산지재료의 얼마간 사용을 허용함으로써 원산지결정기준을 완화해준다. 따라서 미소기준이나 최소허용기준을 적용하면 세번변경이 발생하지 않은 비원산지재료가 투입된 물품도 세번변경기준을 충족하는 것으로 간주하여 원산지자격이 부여하게 된다.

미소기준이나 최소허용기준의 적용례를 들면, 국내산(원산지) 원재료인 인플레이터 등과 중국산(비원산지 재료) 원재료인 커버 및 쿠션을 투입하여 다음 그림과 같이 자동차용 에어백(원산지결정기준: CTH)을 제조하는 경우에, 미소기준 10%를 적용하면, 중국산 쿠션이 세번변경기준을 충족하지 못하더라도(중국산 커버는 가격구성비율이 10%를 초과하지만 세번변경기준을 충족함) 그 가격(₩90,000)이 에어백 판매가격(₩1,000,000)의 10%를 초과하지 않으므로 완제품 에어백은 원산지상품으로 간주된다.

원산지 판정요건을 완화해주는 미소기준 또는 최소허용기준은 각각 다른 백분율과 공장도가격, FOB가격이나 조정가격 등과 같은 가격을 기준으로 적용된다. 그리고 상품의 가격(Value)이나 중량(weight)을 기준으로 적용되며, 특정품목군의 적용을 배제하거나 오직 어떤 제한조건 하에 적용된다.

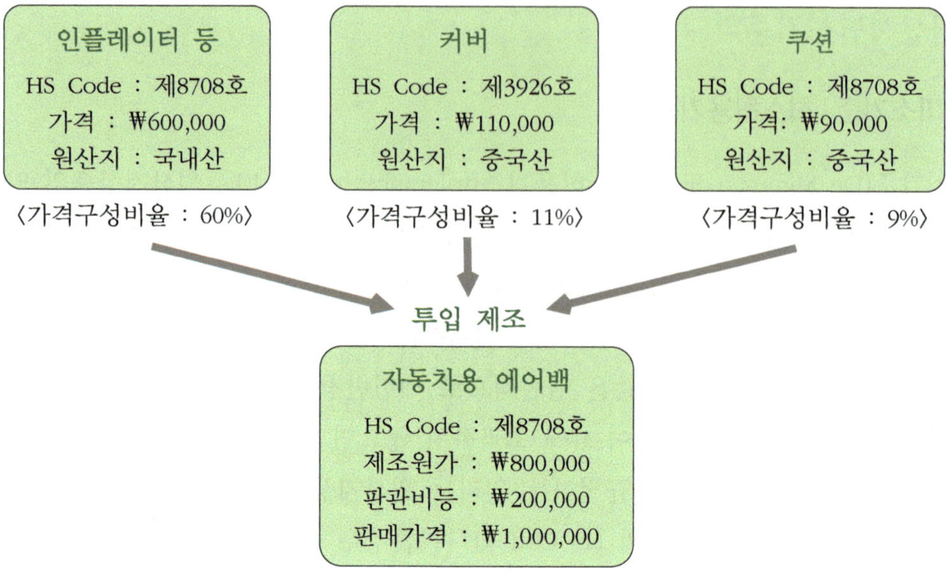

우리나라가 체결한 각 자유무역협정별 미소기준 또는 최소허용기준은 다음 [표 2-3]과 같다.

[표 2-3] 자유무역협정별 미소기준 또는 최소허용기준

구분 / 체약 상대국	가격기준			중량기준	
	일반품목	농수산물	기준가격	섬유	비고
칠레	8%	제1~24류 CTSH 충족하면 적용 가능	조정 가격	8%	
싱가포르	10%	제15~24류(1~14류 제외) CTSH 충족하면 적용 가능	관세 가격	8%	
EFTA	10%	제1~24류 CTSH 충족하면 적용 가능	공장도 가격	10%	
EU · 튀르키예(터키) · 영국	10%	10%	공장도 가격	8~30%	일부 가격기준
아세안	10%	10%	FOB	10%	
중국	10%	10%	FOB	10%	

구분 / 체약 상대국	가격기준			중량기준	
	일반품목	농수산물	기준가격	섬유	비고
베트남	10%	10%	FOB	10%	일부 가격기준
인도	10%	제15~24류(1~14류 제외) 10% 적용 가능	FOB	7%	
미국	10%	제1~24류 CTSH 충족하면 적용 가능(일부제외)	조정 가격	7%	
페루·중미(5개국)	10%	제15~24류(1~14류 제외) 10% 적용 가능	FOB	10%	
호주	10%	제1~14류 CTSH 충족하면 적용 가능	조정 가격	10%	
캐나다	10%	제1~21류 CTSH 충족하면 적용 가능	공장도 가격	10%	
뉴질랜드	10%	10%	FOB	10%	
콜롬비아	10%	제1~24류(15류 제외) CTSH 충족하면 적용 가능	조정 가격	10%	
RCEP	10%	10%	FOB	10%	

2) 중간재

FTA 원산지상품의 판정기준인 역내가치포함 비율을 산정하기 위한 목적으로 상품의 생산자는 최종제품의 생산에 투입되는 재료 중 비원산지재료와 원산지재료를 사용하여 자체 생산한 원재료를 중간재(Intermediate Materials)로 지정할 수 있다. 이러한 중간재는 '자가생산된 재료(Material that is self-produced)'라고도 정의되는데, Roll-Up원리를 적용하는 경우에는 그 자체가 원산지결정기준을 충족하면 그 중간재에 비원산지재료가 포함되었다고 하더라도 최종제품의 원산지판정에서 중간재의 전체가격을 원산지재료비로 적용되지만, Roll-Up원리를 적용하는 경우에는 중간재가 그 자체로 원산지결정기준을 충족하지 못하면 최종제품의 원산지판정에서 그 중간재에 원산지재료가 포함되었음에도 불구하고 중간재 전체가격을 비원산지재료비로 적용한다.

중간재의 규칙은 어떤 국가에서 원산지 지위를 획득한 재료는 그러한 재료를 포함하는 상품 또는 해당 국가에서 추가 작업 또는 가공을 통해 해당 재료로 만든 상품의 원산지를 결정할 목적으로 해당 국가의 원산지 재료로 간주되는 원리로서 흡수규정(absorption rules) 또는 Roll-Up Test라고 한다.[7)]

흡수규정 또는 Roll-Up Test는 FTA에서 PSR이 허용하는 비원산지 원재료를 좀 더 사용할 수 있도록 하여 원산지규정을 완화시켜준다. 흡수규정 또는 Roll-Up Test는 사실상 원산지제품의 누적을 허용하는 누적조항에서도 내포하고 있지만, 흡수규정 또는 Roll-Up Test가 FTA 체약당사국 내에서의 제조공정에 관한 원산지규정의 엄격성을 완화시키는데 비해 누적은 체약당사국을 교차하는 제조공정에 대한 동일한 원칙을 제공하게 된다.[8)]

중간재의 적용례를 들면, 국내의 자동차 생산자 A업체가 다음 그림과 같이 국내산 엔진블럭과 중국산 샤프트를 구입하여 엔진을 직접 만든 경우 그 엔진은 중간재로서의 지위를 갖는다. 자유무역협정의 중간재 규정은 엔진이 원산지결정기준을 충족하여 원산지물품으로 인정되는 경우 중간재인 엔진의 가격 계산 시 비원산지(중국)재료 가격을 포함한 엔진 가격 전체를 원산지재료비로 적용할 수 있다.

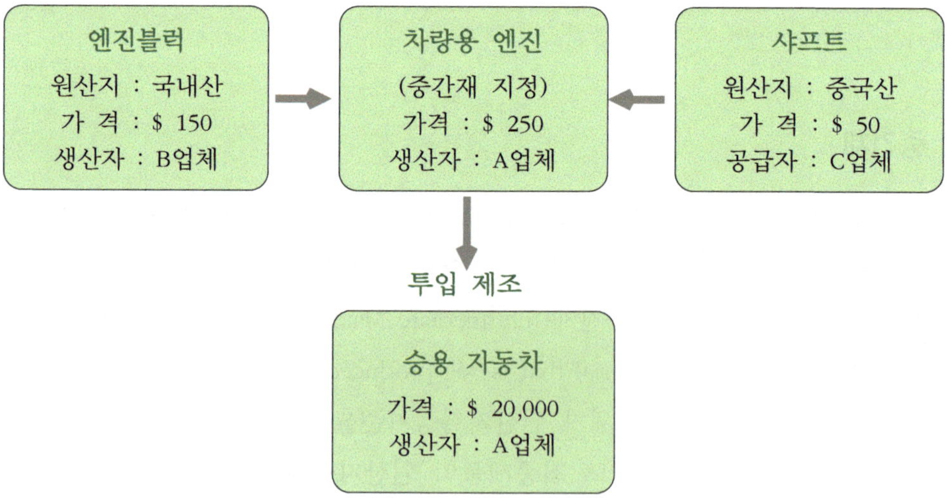

7) Stefano Inama, 앞의 책, 138쪽.

8) WCO, WCO Origin Compendium, 44쪽.

우리나라가 체결한 각 자유무역협정별 중간재 규정은 다음의 [표 2-4]와 같다.

[표 2-4] 자유무역협정별 중간재 규정

인정여부		FTA 체약상대국
중간재 인정	자가생산품	미국·칠레·싱가포르·캐나다·뉴질랜드
	역내생산품	EU·EFTA·튀르키예(터키)·콜롬비아·페루·호주·영국·중미(5개국)·RCEP
	구분 없음	중국
중간재 불인정		아세안·인도·베트남

3) 대체가능 상품 또는 재료

곡물, 과일, 볼트, 너트, 베어링, 타이어 등과 같이 동종이고 상업적으로 동질이며, 동일한 기술적 및 물리적 특성을 보유하고 일단 최종제품에 결합되는 경우 원산지가 구별될 수 없는 물품을 대체가능 상품 또는 재료(Fungible Goods or Materials)라 하여 재료 구분 회계(Accounting Segregation of Materials)가 사용된다. 원산지 결정 목적상 원산지물품과 비원산지물품은 다음 [그림 2-3]과 같이 물리적·회계적으로 구분하여 관리하는 것이 원칙이다. 하지만 대체가능 상품 또는 재료가 물리적으로 구분하여 보관하는 데 기술적 어려움이 있거나 상당한 비용이 소요되는 때에는 재고관리기법에 따라 원산지를 결정할 수 있도록 하는 특례가 인정된다.

재고관리기법은 생산국에서 일반적으로 인정되는 것을 말하며, 개별법, 선입선출법, 후입선출법, 평균법 등이 있다. 그 중 평균법이 가장 많이 적용되고 있다. 생산자가 어떤 기법을 선택하면 당해 회계연도 중 계속 같은 기법을 적용하여야 한다.

[그림 2-3] 물리적 구분과 회계적 구분

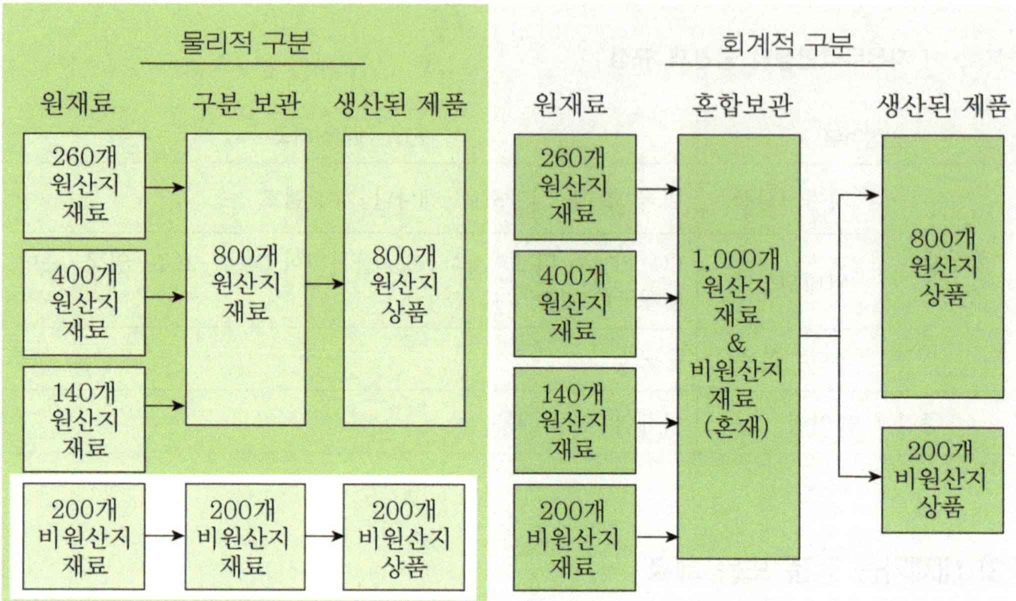

우리나라가 체결한 각 자유무역협정에서 대체가능 상품 또는 원재료를 규정하는 현황은 다음 [표 2-5]와 같다.

[표 2-5] 자유무역협정별 대체가능 상품 또는 원재료

적용물품	FTA 체약상대국
상품 & 원재료	미국 · 칠레 · 싱가포르 · 페루 · 호주 · 캐나다 · 뉴질랜드 · 베트남 · 중미(5개국) · RCEP
원재료	EU · 아세안 · 중국 · 인도 · EFTA · 튀르키예(터키) · 콜롬비아 · 영국

4) 간접재료·중립재와 소매용 포장·용기

간접재료(Indirect Materials) 또는 중립재(Neutral Materials)는 상품의 생산에 사용되지만 그 상품에 물리적으로 결합되지 않는 재료를 말하고, 원산지 판정에 고려하는

'재료'로 보지 않는 것이 일반적이지만, 한-칠레·호주·뉴질랜드 FTA는 간접재료를 원산지재료로 취급한다. 각 FTA에서 간접재료 또는 중립재는 명시적으로 예시되고 있는 것이 일반적이지만, 한-미국·콜롬비아·영국이나 한-인도 CEPA는 그 예시가 없다. 한-아세안 FTA의 경우 다음과 물품을 중립재로 예시하고 있다: ① 연료 및 에너지; ② 공구, 틀 및 금형; ③ 장비 및 건물의 유지에 사용되는 예비부품 및 재료; ④ 생산에 사용되거나 건물 및 장비의 작동에 사용되는 윤활제, 그리스, 혼합물 및 그 밖의 재료; ⑤ 장갑, 안경, 신발, 의류, 안전장비 및 보급품; ⑥ 상품에 결합되지는 아니하였으나, 그 상품 생산의 일부로 사용되었음이 합리적으로 입증될 수 있는 그 밖의 상품.

원산지규정에서 중립요소(neutral elements)의 규정원리는 상품이 어떤 국가에서 유래하는지 여부를 결정하기 위하여, 상품을 획득하기 위하여 사용되는 동력(power) 및 연료(fuel), 공장(plant) 및 장비(equipment), 기계(machines) 및 공구(tools), 또는 그 제조에 사용되는 재료 중 상품에 남아 있지 않거나 상품의 일부를 형성하지 않는 것은 고려되지 않아야 한다는 것이고, 이 규정원리는 원산지규정의 관리에 확실성과 명확성을 더해준다는 것이다.9)

한편, 상품의 원산지판정기준이 세번변경기준인 경우 소매용 포장·용기를 제외하고 원산지를 결정한다. 그러나 부가가치기준 품목의 경우 그 예외를 인정하지 않으므로 소매용 포장·용기도 각각 원산지를 확인하여 내용물의 원산지를 결정하여야 한다. 소매용 포장·용기의 범위와 예시는 「관세·통계통합품목분류표의 해석에 관한 통칙」 제5호에 규정하고 있으며, 이들에 해당하는 물품의 분류기준을 제시하고 있다.

Kyoto협약에서도 상품의 제조나 가공에 사용된 에너지, 공장시설(plant), 기계 및 공구 등과 같은 생산요소는 원산지판정에서 배제하도록 규정하고 있다. 그리고 소매용 포장·용기의 원산지판정에서도 국내법에 특별한 규정이 없는 한 내용품의 원산지와 동일한 원산지로 간주하도록 권고하고 있다. 우리나라가 채결한 각 자유무역협정에서 간접재료·중립재 규정은 다음의 [표 2-6]과 같다.

---

9) Stefano Inama, 앞의 책, 122쪽.

[표 2-6] 자유무역협정별 간접재료·중립재 규정

간접재료 지위	FTA 체약상대국
원산지재료 비간주	미국·EU·아세안·중국·싱가포르·EFTA·인도·튀르키예(터키)·페루·캐나다·콜롬비아·베트남·중미(5개국)·영국·RCEP
원산지재료 간주	칠레·호주·뉴질랜드

5) 부속품·예비부분품·공구

어떤 상품의 원산지를 결정함에 있어서는 먼저 그 상품을 구성하는 재료 또는 부분품 각각에 대한 원산지 확인이 선행되어야 한다. 그러나 기계, 기구, 장치 또는 차량 등과 함께 수입되는 부속품(Accessories), 예비부분품(Spare Parts) 및 공구(Tools)가 본체인 기계 등과 별도로 송품장이 발행되지 아니하고 그 가격 및 수량으로 보아 통상 부속품, 예비부분품 및 공구라고 인정되는 경우, 본체인 기계 등의 원산지판정기준이 세번변경기준을 적용하는 경우에는 해당 부속품, 예비부분품 및 공구의 원산지는 고려하지 않고, 기계 등의 원산지판정기준이 부가가치기준을 적용하는 경우에는 해당 부속품, 예비부분품 및 공구의 원산지 여부를 고려하여 본체인 기계 등의 역내부가가치비율을 계산한다. 그러나 한·아세안 FTA는 부가가치기준 품목인 경우에도 원산지를 고려하지 않는다. 우리나라가 채결한 각 자유무역협정에서 부속품·예비부분품·공구 규정은 다음의 [표 2-7]과 같다.

[표 2-7] 자유무역협정별 부속품·예비부분품·공구 규정

구분		FTA 체약상대국
세번변경기준 적용 시	고려하지 않음	미국·EU·아세안·중국·인도·캐나다·베트남·칠레·싱가포르·EFTA·튀르키예(터키)·페루/콜롬비아·호주·뉴질랜드·영국·중미(5개국)·RCEP
	원산지별 구분계상	해당 체약상대국 없음
부가가치기준 적용 시	고려하지 않음	아세안·캐나다·베트남
	원산지별 구분계상	미국·EU·중국·인도·EFTA·칠레·싱가포르·튀르키예(터키)·페루·호주·뉴질랜드·영국·RCEP

6) 세트 상품(Set of Goods)

HS통칙 제3호에 정의된 바와 같이 서로 다른 성질의 물품을 특정 목적을 위해 하나로 조합한 세트 상품(Set of Goods)의 원산지판정은 세트를 구성하는 각각의 물품별로 원산지를 결정하는 것이 원칙이지만, 일부 자유무역협정에서는 세트 구성품 중 비원산지물품이 차지하는 가치비율이 일정수준 이하일 경우 그 세트 구성품 전체를 원산지상품으로 간주하는 예외가 인정된다. 가령, 제3국이 원산지인 TV수상기 리모콘(remote control)은 해당 TV수신기와 함께 포장되어 송품되었다면 TV수상기의 원산지와 동일하게 취급된다. 그리고 TV수상기의 세번변경요건의 충족여부를 판단하는 경우에도 그 리모콘은 고려대상이 아니다. 하지만 역내부가가치요건을 산정하는 경우에는 비원산지가격으로 계산하여야 한다. 우리나라가 채결한 각 자유무역협정에서 세트 상품 규정은 다음의 [표 2-8]과 같다.

[표 2-8] 자유무역협정별 세트 상품 규정

FTA 체약상대국 \ 구분		비원산지물품 허용한도
미국	일반품목	조정가치의 15% 이하
	섬유류	관세가격의 10% 이하
EU · EFTA · 튀르키에(터키) · 캐나다 · 영국		공장도 가격의 15% 이하
중국 · 페루 · 중미(5개국)		FOB 가격의 15% 이하
아세안 · 칠레 · 싱가포르 · 인도 · 뉴질랜드 · 베트남 · 호주 · RCEP		불인정
콜롬비아		조정가치의 15% 이하

제 2 절 FTA 원산지상품의 일반적 판정기준

I 상품의 완전생산

1. 개설

상품이 FTA 당사국의 영역 내에서만 완전하게 획득되거나(wholly obtained) 또는 완전하게 생산된(produced entirely) 경우, 그 상품은 FTA 당사국의 원산지자격을 획득하게 된다. FTA 원산지 판정기준에서 "완전하게 획득된"이나 "완전하게 생산된"의 법문은 아주 엄격하게 적용된다. 이에 따라 제3국에서 수입된 원재료, 부품이나 구성요소 또는 원산지가 불분명한 성분이 아주 소량조차도 완제품의 속에 들어 있다면 그 완제품은 "완전하게 획득된"이나 "완전하게 생산된" 상품의 자격을 상실하게 된다. 따라서 완제품에 비원산지재료가 전혀 포함되지 아니한 완제품만이 완전하게 획득되거나 또는 완전하게 생산된 상품의 적용요건을 충족하게 된다. 이러한 원산지 판정기준이 적용되는 상품은 FTA 체약당사국 영역 내의 자연생산품과 같은 주로 광산물, 농·축산물이나 수산물이 해당된다.

예를 들면, A 국가의 천연 암석에서 채취한 천연 인산염에서만 얻은 분쇄 천연 인산칼슘(HS 제2510.20호) 또는 A 국가의 벌집에서만 얻은 천연 꿀(HS 제0409호) 또는 A 국가에서만 수확되는 곡물(HS 제1001~1008호)은 이러한 생산과정에서 해당 상품에 이물질을 첨가하지 않고 수행되기 때문에 A 국가는 상품을 완전히 획득한 국가이며 결과적으로 상품의 원산지 국가가 된다. 이에 반하여 B 국가는 A 국가에서 수입한 사탕수수(HS 제1212호)로부터 B 나라에서 얻은 사탕수수 설탕(HS 제1701호)을 수출하는 경우에, 사탕수수는 완전히 획득한 상품이 아니므로 세번변경기준을 적용한다면 B 국가가 상품의 원산지 국가가 될 수는 있지만 B 국가는 사탕수수 상품을 완전히 획득된 국가는 아니다.

여기에서 상품(good)의 적용범위는 모든 제품(merchandise)·생산품(product)·물품(article) 또는 재료(material)가 해당된다. 상품을 획득한다는 의미는 상품을 얻어 가지는 것으로 그 상품에 대한 소유권을 취득하는 것을 말한다. 그리고 상품을 생산한다는 의미는 자연물에 인력을 가하여 경제생활에 소요되는 재화를 만들어 내거나 증가시키는 것을 뜻한다.

우리나라가 체결한 FTA에서 생산(production)의 개념은 상품을 재배(growing)·채굴(mininig)·수확(harvesting)·어로(fishing)·번식(breeding)·사육(raising)·덫사냥(trapping)·수렵(hunting)·제조(manufacturing)·가공(processing)·조립(assembling) 또는 분해(disassembling)하는 것을 의미한다.

상품의 완전하게 획득·생산된 역내지역의 적용범위와 관련하여, 한-미국·칠레·싱가포르·페루·콜롬비아·캐나다·호주·뉴질랜드 FTA는 양쪽 FTA 당사국의 영역을 역내지역으로 인정하여 단지 한쪽 FTA 당사국의 영역만을 역내지역으로 인정하는 한-EU·아세안·중국·인도·EFTA·베트남·튀르키에(터키)·영국·중미(5개국) FTA & RCEP 보다 그 적용범위가 넓다고 보아야 한다.

한편, FTA 당사국의 영역 밖, 즉 "무국적 영역"에서 획득되거나 생산된 상품의 원산지판정은 그러한 상품이 어느 국적 인(人)의 노동력 및 자본투입의 결과로 보기 때문에 이러한 투입을 실행한 국가의 경제에 그 결과를 계상하여야 한다는 관념이 지배적이다. 여기에서 인(person)은 자연인(natural person) 또는 기업(enterprise)을 말한다.

2. FTA 당사국의 역내지역에서 완전하게 획득·생산된 상품

1) 광물성 생산품

광물성 상품(mineral goods·products)의 생산을 의미하는 용어가 '채취(taken)' 또는 '추출(extracted)' 요건으로 기술되어 있으나 그 적용범위에 차이는 없다. 채취는 광석 따위를 땅속에서 캐내어 얻어 내는 것을 말하고, 추출은 광석 따위를 뽑아내는 것을 말한다. 한-미국·아세안·중국·베트남·페루·콜롬비아·캐나다·호주·뉴질랜드·중미(5개국) FTA & RCEP에서는 채취·추출된 광물 이외에 천연자원(natural resources)이나 자연적으로 발생한 물질(naturally occurring substances)도 완전생산품의 적용범위에 포함될 수 있게 법문화되어 있다.

2) 식물성 생산품

식물성 상품(vegetable · plant goods · products)의 생산을 의미하는 용어가 공통적으로 '재배'(grown) 요건과 함께 '수확(harvested) · 채집(picked) · 수집(gathered)' 요건으로 기술되어 있지만 그 적용범위 차이는 없다. 식물성 상품의 생산 과정을 보면 기본적으로 '파종' ⇨ '재배' ⇨ '수확'의 단계를 거치는데, 각 FTA는 재배 이전의 생산단계를 언급하고 있지 아니하므로 재배 이전 종자 생산과정 등은 역외에서 수행되어도 무방하다.[10] 한편, 한-호주 FTA에서는 식물성 상품의 적용범위에 식물, 균류, 조류 및 이들의 상품을 포함한다고 명시적으로 규율되어 있고, 한-뉴질랜드 FTA & RCEP에서는 식물성 상품의 적용범위에 과일, 꽃, 채소, 나무, 해초, 균류, 그리고 살아있는 식물을 포함한다고 법문화되어 있다.

3) 산 동물 및 그로부터 획득한 상품

살아있는 동물(live animals)의 완전생산은 공통적으로 '출생'(born)과 '사육'(raised)을 요건으로 하고 있다. 하지만 살아있는 동물의 사육기간은 해당 규정이 없으므로 원산지판정기준에 영향을 미치지 않는다. 그리고 출생 이전 단계, 즉 어미의 국적, 수정이나 임신 과정이 역외에서 이루어져도 완전생산품으로 인정될 수 있다. 살아있는 동물로부터 획득한 물품의 경우, 한-아세안 · 중국 · 인도 · EFTA · 베트남 · 페루 · 튀르키에(터키) · 콜롬비아 · 중미(5개국) · 호주 · 캐나다 · 뉴질랜드 FTA에서는 당사국에서 출생되고 사육된 후 그로부터 획득되어야 한다는 엄격한 요건을 두고 있다. 이에 반하여 한-EU · 영국 FTA & RCEP은 당사국 역내에서 출생되지 않았더라도 당사국 역내에서 사육된 살아있는 동물로부터 획득하면 완전생산품으로 인정하도록 완화하고 있으며, 한-미국 FTA는 당사국 역내에서 출생 및 사육이 이루어지지 않더라도 살아있는 동물로부터 획득만 하면 완전생산품으로 인정하고 있어서[11] 다른 FTA에 비해 완화

---

10) 한-싱가포르 FTA 부속서 3의 부록 3(원산지규정에 대한 주석) 제3조(농산물 및 원예상품)에서 수출 당사국의 영역에서 재배된 농산물 및 원예상품은 비당사국의 영역에서 수입된 씨 · 봉우리 · 대목 · 잘라진 가지 · 접지 또는 다른 살아있는 부분으로부터 재배되었더라도 그 당사국 영역의 원산지 상품으로 취급된다. 이에 따라 가령, 중국에서 휴면상태의 재배용 마늘 인경(HS Code 제0601.10호)을 우리나라로 수입하여 재배하고 수확한 식용 마늘(HS Code 제0703.20호)은 우리나라의 완전생산품으로 인정된다.

하여 규정하고 있다.

4) 영역 내 수렵(hunting)·어로(fishing)·양식(aquaculture) 등에 의한 생산품

수렵(hunting)·어로(fishing)가 수행된 지역은 일반적으로 당사국의 영역 또는 영토, 내수, 영해로 한정하고 있는데, 한-호주 FTA에서는 영해의 바깥 한계 내까지 규정하고 있고, 한-캐나다 FTA에서는 영해의 외측 한계선까지 규정하고 있다. 그리고 수행방식에서 덫사냥(trapping)[12] 또는 채집(gathering)[13]과 포획(capturing)[14] 및 농작[15]을 추가하는 경우도 있다. 또한, 양식(aquaculture)을 수행방식으로 허용하고 있는 한-미국·아세안·중국·인도·베트남·페루·콜롬비아·중미(5개국)·호주·뉴질랜드 FTA & RCEP에서는 치어를 수입하여 FTA 당사국에서 양식한 경우 완전생산품으로 인정된다. 하지만 한-EU·튀르키에(터키)·영국 FTA에서는 당사국에서 태어나고 자란 어류, 갑각류 또는 연체류의 양식 제품만 완전생산품으로 인정하므로 당사국에서 출생하지 아니한 비원산지 치어 등을 양식한 경우는 완전생산품으로 인정되지 않는다. 여기에서 산란·부화·성장 과정 수행국가는 불문하고 포획된 나라의 완전생산품으로 인정한다.[16] 한편, 한-페루·콜롬비아 FTA에서는 비당사국에 등록 또는 등기되고 그 국기를 게양한 선박에 의해 양쪽 당사국의 영역 내의 바다에서 잡힌 어획물 및 그 밖의 상품은 완전생산품으로 간주되지 않는다.

---

11) 가령, 캐나다에서 나고 자란 소를 미국에서 도축만 하여도 미국산이 된다. ▶출생·사육한 나라와 상관없이 도축한 나라를 원산지로 인정(미국)하는 기준을 도축국 기준이라 하고, 일정 기간(6개월 이상) 사육한 나라를 원산지로 인정함에 따라 6개월 미만인 경우 출생국을 원산지(한국)로 인정하는 기준을 사육국 기준이라 한다.

12) 한-아세안·중국·인도·베트남·EU·EFTA·페루·튀르키에(터키)·콜롬비아·호주·뉴질랜드·캐나다·영국·중미(5개국) FTA & RCEP.

13) 한-아세안·중국·호주·뉴질랜드·중미(5개국) FTA & RCEP

14) 한-아세안·중국·호주·뉴질랜드·중미(5개국) FTA & RCEP

15) RCEP.

16) 한·아세안 FTA 부속서 3(원산지규정)의 부록 3(원산지규정에 대한 주석) 제4조(양식수산물)에서 수출 당사국의 영역에서 길러진 수산물은 보통 플랑크톤, 알테미어와 같은 시원 사료로 사육된 알, 치어, 유어, 새끼뱀장어 또는 새끼굴로부터 길러졌다하더라도 그 당사국 영역의 원산지상품으로 인정하고 있다.

5) 중고물품, 폐기물 및 스크랩, 우주에서 취득된 상품

FTA 당사국 역내에서 수집된 중고물품과 수행된 생산 또는 가공 공정에서 발생한 폐기물 및 스크랩(부스러기)은 완전생산품으로 간주된다. 중고물품이 완전생산품으로 간주되려면 그 전제요건으로 원재료 회수용 또는 폐기물 용도에만 적합하여야 한다. 그런데 한-미국 FTA에서는 당사국의 영역에서 중고상품으로부터 파생되고 재제조 상품의 생산에 사용된 재생상품도 완전생산품으로 간주된다. 한편, 우주에서 취득된 상품도 완전생산품으로 간주되는데, 그 전제요건은 당사국에서 획득되고 제3국의 영역에서 가공되지 아니하여야 한다. 우주에서 취득한 상품은 한-미국·아세안·칠레·싱가포르·베트남·호주·캐나다·콜롬비아 FTA에서만 허용하고 있다.

3. FTA 당사국의 역외지역에서 완전하게 획득·생산된 상품

FTA 당사국의 영역(영해) 밖의 바다에서 선박으로 잡은 어획물은 그 선박이 FTA 당사국에 등록되거나 등기(또는 등재[17]))되고, 조업 당시에 FTA 당사국의 국기를 게양하고 있어야 완전생산품으로 간주될 수 있다. 하지만 한-EU·터키 FTA에서는 선박이 당사국에 등록되고 조업당시 당사국 국기를 게양하는 것과 더불어 선박의 소유요건을 충족하여야 완전생산품으로 간주된다. 여기에서 선박의 소유요건은 양쪽 FTA 당사국 중 하나의 국민에 의해 적어도 50퍼센트가 소유되거나, 또는 그 본점과 주영업소가 양쪽 FTA 당사국 중 하나에 있고 양쪽 FTA 당사국의 하나의 공공기관 또는 FTA 당사국 중 하나의 국민에 의해 적어도 50퍼센트를 소유하고 있는 회사의 선박 및 가공선박으로 제한하고 있다. 반면에 한-EFTA FTA는 등록요건 없이 국기게양의 조건만 있어 매우 단순하다. 이에 따라 FTA 당사국에 등록하지 않은 선박, 즉 외국에 등록된 선박을 임차하여 당사국 국기를 달고 획득하면 원칙적으로 완전생산품으로 간주된다. 그런데 한-아세안·베트남 FTA에서는 어로 생산품의 원산지 자격의 취득을 위해 어로 상품을 취득하는 FTA 당사국이 당사국의 영해 밖의 수역, 해저 또는 해저하부에 대하여 국제법[18])상 자연자원을 탐사할 권리[19])를 소유할 것을 요구하고 있다.

---

17) 한-캐나다 FTA에서 "당사국에 등재된"이란 FTA 당사국의 국내법에 따른 외국 나용선으로 그 외국에의 등록이 용선기간 동안 정지된 선박을 의미한다.

18) 해양법에 관한 국제연합 협약과 같이 보편적으로 인정된 국제법을 말한다.

한편, FTA 역내선박이 영역(영해) 밖에서 획득한 어획물을 협정에서 인정하는 역내 가공선박에서 가공한 경우 영역 밖 어획물과 동일한 조건에서 완전생산품으로 인정된다.

Ⅱ 상품의 충분한 작업 또는 가공

어떤 상품이 FTA 당사국의 영역 내에서만 완전하게 획득되지 아니 하거나 또는 완전하게 생산되지 아니한 경우라도 그 상품이 FTA 당사국의 영역 안에서 "충분한 작업 또는 가공"(sufficient working or processing)을 거쳐 생산되었다면 그 상품은 FTA 당사국의 원산지자격을 부여받게 된다. 여기에서 작업(working)은 사업장에서 설비되어 있는 기계나 장치, 공구 등을 사용해서 원재료를 생산계획에 따라서 목적하는 제품을 만들어 가는 과정을 말한다. 그리고 가공(processing)은 원자재나 반제품을 인공적으로 처리하여 새로운 제품을 만들거나 제품의 질을 높이는 작업을 말한다. Koyto협약과 WTO원산지협정은 "충분한 작업 또는 가공"을 "실질적 변형"(substantial transformation)으로 표현하고 있다. 상품의 충분한 작업 또는 가공에 대한 인정기준으로 세번변경, 역내가치의 창출, 주요공정의 수행이 있다.

1. 세번변경

세번변경(Change in Tariff Classification)은 FTA 당사국 영역 안의 생산과정에서 투입된 비원산지재료(Non-Originating Materials)의 세번(HS Code No.)과 그 비원산지재료가 원재료로 투입되어 제조된 완제품의 세번(HS Code No.)이 다르면 그 완제품을 원산지상품으로 판정하는 기준이다. 이것은 투입된 비원산지재료와 그 생산품 간에 발생한 세번변경이 상품의 충분한 작업이나 가공을 의미하고 이에 따라 최초에 투입된 비원산지재료의 본질적 특성이 바뀐 새로운 상품이 본래 생산되었으므로 그 상품에 원산지자격을 부여할 수 있다는 원리이다.

19) FTA 당사국과 그 연안국 정부간 또는 적법하게 권한받은 사적단체간에 체결된 협정 또는 다른 약정에서 비롯되는 연안국의 어로자원 접근권을 포함한다.

그런데 모든 세번이 상품의 본질적 특성을 기준으로 그 번호가 정해진 것은 아니다. 예를 들면, 페니실린을 대용량으로 포장한 경우 세번 제3003호이나, 소매용으로 포장된 것은 세번 제3004호가 된다. 이 경우에 본질적 특성의 변화가 없는데도 품목번호(HS Code No.)는 바뀐다. 또한, 세번 제7019호에 분류되는 유리섬유를 직조(織造)하여 직물을 만들면 상품의 특성이 섬유에서 직물로 실질적인 변형이 발생하지만 세번은 변하지 않는다. 품목분류체계가 이러한 한계를 가지고 있기 때문에 세번변경 적용 품목에서 배제하거나, 세번변경을 채택하더라도 특정 공정 또는 역내가치 요건을 추가하는 경우가 많다.

세번변경에서는 세번이 어느 정도 수준에서 변해야 상품의 충분한 작업이나 가공으로 인정할 것인지가 중요하다. 일반적으로 세번 6단위 변경(CTSH: Change of Tariff Sub-Heading), 세번 4단위 변경(CTH: Change of Tariff Heading), 세번 2단위 변경(CC: Change of Chapter) 등 세 가지 유형이 있다. 변경하는 세번 단위수가 커질수록 기준을 쉽게 충족할 수 있기 때문에 체약당사국은 경쟁력이 강한 품목은 6단위 세번변경, 중간 수준인 경우 4단위 세번변경, 약한 품목은 2단위 세번변경 기준을 채택하려는 경향이 있다. 세번변경 사례를 알기 쉽게 도표로 요약하여 설명하면 다음의 [표 2-9]와 [표 2-10] 및 [표 2-11]과 같다.

[표 2-9] 품목번호 2단위 변경(CC) 사례 : 한-미국 FTA 적용 '쇠고기'의 경우

품목별 원산지규정	다른 류(Chapter)에 해당하는 물품에서 세번(HS Code) 제0201호에 해당하는 물품으로 변경된 것					
비원산지 재료	살아있는 소		FTA 당사국에서 도축하면		완제품	냉장 쇠고기
류 (Chapter)	01 류	⇨	Chapter(2단위)가 변경됨	⇨	류 (Chapter)	02 류
세번 (HS Code)	제0102호		PSR 충족		세번 (HS Code)	제0201호

수입한 동물을 사육하거나 살찌우는 것은 체중, 크기 및 상업적 가치가 상당히 증가한다는 것을 고려할 때 해당 동물을 근본적으로 변형시킨다는 것을 의미한다.[20] 위의

도표에서 HS 제02.01호 표제의 "쇠고기"(Meat of bovine animals)를 얻기 위해서는 HS 제01.02호 표제의 "살아있는 소"(Live bovine animals)를 사용해야 한다.[21] 즉, 동물(소)을 도축(slaughtering)하는 것은 실질적인 변형이다. 따라서 HS Chapter 2단위가 변경되는 것은 상품의 충분한 작업 또는 가공에 해당한다.

[표 2-10] 품목번호 4단위 변경(CTH) 사례 : 한-미국 FTA 적용 '캔디'의 경우

품목별 원산지규정	다른 호(Heading)에 해당하는 물품에서 세번(HS Code) 제1704호에 해당하는 물품으로 변경된 것					
비원산지 재료	세번 (HS Code)		FTA 당사국에서 혼합·졸임·성형하면		완제품	세번 (HS Code)
설탕	제1701호	⇨	Heading(4단위)이 변경됨	⇨	캔디	제1704호
물엿	제1702호					
딸기 향료	제3302호		PSR 충족			
딸기 색소	제3203호					

---

20) Stefano Inama, 앞의 책, 101쪽.

21) 참고로 쇠고기의 부위별 명칭은 다음과 같다.

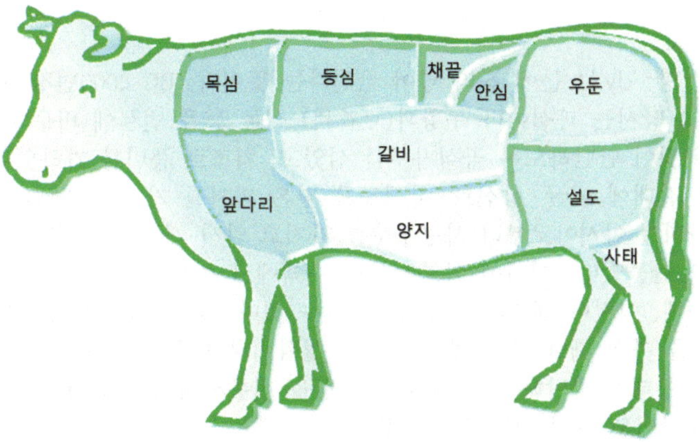

캔디(candy)[22]를 만드는 방법은 설탕, 물엿, 딸기 향료, 딸기 색소 등을 혼합하여 증기솥 등에서 졸인 다음 성형하는 것이다. HS 제17류에는 자당(蔗糖: sucrose)·유당(乳糖: lactose)·맥아당(glucose)·과당(fructose)과 같은 당류가 분류될 뿐 아니라 당시럽, 인조 꿀, 캐러밀, 설탕의 정제하거나 추출의 결과로 얻는 당밀(糖蜜: molasses), 설탕과자를 분류한다. 캔디가 당류를 함유하고 있다는 특성에서 설탕이나 물엿과 동일한 상품군에 속하는 것으로 보일지라도 HS Heading 4단위에서 설탕이나 물엿과 그 세번을 달리하여 분류된다. 그러므로 [표 2-11]에서 수입한 설탕, 물엿, 딸기 향료, 딸기 색소를 사용하여 캔디를 생산하였다면, "혼합·졸임·성형"하는 과정은 새로운 제품을 생산하는 작업이므로 캔디의 원산지는 이 작업과정이 마지막 실질적인 변형으로서 일어난 나라가 된다. 따라서 HS Heading 4단위가 변경되는 것은 상품의 충분한 작업 또는 가공에 해당한다.

[표 2-11] 품목번호 6단위 변경(CTSH) 사례 : 한-미국 FTA 적용 '볶은 커피'의 경우

품목별 원산지규정	다른 소호(Sub-Heading)에 해당하는 물품에서 세번(HS Code) 제0901.21호에 해당하는 물품으로 변경된 것					
비원산지 재료	세번 (HS Code)		FTA 당사국에서 볶음(roasting)		완제품	세번 (HS Code)
볶지 않은 커피	제0901.11호	⇨	Sub-Heading (6단위)이 변경됨 PSR 충족	⇨	볶은 커피	제0901.21호

22) 어원은 라틴어이며, 'can'은 설탕, 'dy'는 틀에 흘려 넣어 굳힌다는 뜻이다. BC 2000년경 이집트에서 과자가 만들어졌는데, 그 당시는 과실이나 두향과(豆香科) 식물 등을 벌꿀에 버무려서 만든 단과자였다. 그 후 버무린 것이 단단하도록 곡식가루를 섞었고, 치즈로 풍미를 가하였다. 알렉산드로스 대왕은 원정시에 갈대에 벌꿀·향신료·착색료를 넣은 과자를 가지고 다녔다고 한다. 그 후 아라비아에서, 원산지인 아시아로부터 사탕수수를 가지고 와서 재배하여 설탕의 정제를 시작하였으며, 가루설탕을 만들었다. 여기에 아카시아의 수액에서 얻은 아라비아고무를 섞어 로젠지라는 것을 만들었는데, 이것이 캔디의 시조라고 할 수 있다. 중세 유럽에서도 설탕은 사치품으로 간주되었으며, 약을 마실 때나 맛을 없애기 위해 설탕이나 벌꿀을 사용하는 습관이 있었으며, 그 후 차차 캔디의 형태가 발달하였다. 현재는 설탕을 비롯하여 캔디용 원료의 종류가 풍부하고, 기계에 의한 생산법도 발달하여 종류가 많아졌다.

볶거나 카페인을 제거하지 않은 커피(Coffee, not noasted or not decaffeinated)는 식물이 자란 나라에서 유래하였다.[23] 반면에, 커피가 디카페인 또는 로스팅 과정을 거치는 경우, 이러한 과정 중 하나 또는 둘 다 원산지지위를 부여하는 사건으로 간주되는지는 해당 원산지결정기준에 따라 달라진다. HS Code 제0901.12호에는 볶지 않았지만 디카페인을 거친 커피(Coffee, not roasted and decaffeinated)가 분류된다.

디카페인이 실질적인 변형이 아니며 결과적으로 상품의 원산지를 결정할 때 고려되어서는 안 된다는 견해가 제기될 수 있지만, 투입한 물질의 화학적 구조의 변화를 고려하면 디카페인이 새로운 제품을 생산하는 것으로 간주되어야 한다는 견해도 주장된다.[24] 상품의 원산지는 이 과정이 마지막 실질적인 변형으로서 일어난 나라이다. 후자의 경우에 적용되는 원산지결정기준은 HS Sub-Heading 6단위 변경이다. 로스팅(roasting)의 경우에도 동일한 추론이 적용될 수 있다. HS 제0901.22호를 분류하는 경우에, 구운(roasted), 디카페인(decaffeinated) 커피는 구운(roasted), 카페인(not decaffeinated) 커피에서 유래할 수 없다. 왜냐하면 구운, 카페인 커피는 HS 제0901.21호에 분류되어야 하기 때문이다. 이 경우, 제품은 로스팅(roasting) 과정이 발생한 국가의 원산지지위를 획득한다. 따라서 HS sub-heading 6단위가 변경되는 것은 상품의 충분한 작업 또는 가공에 해당한다.

FTA 원산지상품의 판정을 위해 세번변경기준은 다음과 특징이 고려된다:[25]

23) 커피의 원산지는 에티오피아로 추정된다. 이와 관련된 설화로 "에티오피아의 염소치기 칼디와 춤추는 염소들"이라는 이야기가 있다. 칼디라는 사람은 자기 염소들이 어떤 나무 열매를 먹고 나면 밤늦게까지 잠을 못 자는 것을 알게 된다. 열매를 가지고 수도원 원장을 찾아가 이 사실을 이야기하자, 원장은 쓸데없는 일이라며 열매를 불 속에 집어던졌다. 그러자 열매가 구워지며 아주 향긋한 냄새가 났다. 이 열매를 갈아 물에 녹여 마셔보니 한밤중까지 정신이 또렷한 채 잠이 안 왔다. 그 후 이 수도원에서는 수도사들이 철야 기도를 할 때 이 열매로 만든 음료, 즉 커피를 마시고 밤새 맑은 정신으로 정진할 수 있었다. 이탈리아의 언어학자인 파우스투스 나이론(Faustus Nairon)이 1671년에 출판한 책에 나오는 이야기다. ▶커피가 이슬람 세계에 널리 퍼져 간 것은 메카 순례 관습 덕분이다. 신전을 찾는 사람들이 이 음료를 마셔보고는 자기 고향으로 가지고 간 것이다. 사람들은 철야 기도라는 원래의 종교적 의미보다는 점차 이 음료의 향과 맛을 즐기게 되었다. 커피는 16세기 이후 메카로부터 카이로, 이스탄불, 다마스쿠스 등지로 퍼져 갔다. 이슬람 세계에서 특히 커피가 널리 보급된 이유는 이 문명권에서 술이 금지되어 다른 기호음료가 필요했기 때문이다. 곧 유럽 여행자들이 터키에서 이 이상한 검은 음료를 보고는 처음에 혐오감을 표시하다가 조만간 여기에 빠져들고 말았다. 17세기 중엽이 되어 유럽의 여러 도시에서 커피를 마시기 시작했고, 그 후 전 세계로 확산되어 갔다.

24) Stefano Inama, 앞의 책, 103쪽.

- 국제무역에서 거래되는 대부분의 상품이 HS품목분류체계로 분류되므로 원산지 판정을 위해 HS를 사용하므로 시너지 효과(Synergy effects)를 얻을 수 있다;
- HS는 다목적 품목명(multi-purpose nomenclature)으로 설계되어 있고, 무역업자와 관세공무원에게 친숙한 세관 용어로 발전되어 왔다;
- 세번변경기준에 기초한 PSR은 투입원료와 최종제품의 정확한 품목분류로 그 적용과 관리가 간편하고 그 뜻이 분명하다;
- 세번변경기준은 어떤 환경에서도 선별적 채택으로 모든 제품의 범주(all product categories)에 대하여 통상 전반적으로 적용될 수 있다;
- 세번변경기준에 기초한 PSR은 일단 설정되면 예측이 가능하다;
- HS분류체계가 다목적 품목명임에도 불구하고 원산지판정 목적에 항상 적합한 것은 아니다;
- 어떤 Chapter에서는 HS에 관한 광범위한 지식이 요구된다;
- HS분류체계는 매 5년마다 수정되어 원산지규정의 변형이 요구된다;
- 세번변경기준에 기초한 PSR의 적용은 최소가공/불충분한 가공과 같은 부가적인 조건이 요구될 수 있다.

2. 역내가치의 창출

FTA 당사국의 역내가치(Regional Value Content)가 각 FTA에서 정해진 수준으로 창출된 상품을 원산지상품으로 인정하는 것이다. 이것은 투입된 비원산지재료에 덧붙여 창출되는 경제적 가치가 상품의 충분한 작업이나 가공을 의미하고, 따라서 최초에 투입된 비원산지재료의 본질적 특성이 바뀐 새로운 상품이 본래 생산되었으므로 그 상품에 원산지자격을 부여하는 원리이다. 역내가치의 창출에서 역내가치 비율을 정할 때는 "특정 국가에서 발생한 부가가치가 일정 비율 이상일 것"과 같이 규정하는 「RVC 방식 : Regional Value Contents Method」 또는 "특정국가 이외의 국가에서 생산된 원재료의 가치가 일정비율 이하일 것"으로 규정하는 「MC 방식 : iMport Contents Method」이 대표적으로 사용된다. 역내가치에서 "가치"(Value)란 대체로 원산지 판정 대상인 상품을 생산하는데 소요된 원자재의 가격을 의미한다. 원산지규정에서 가치는

25) WCO, WCO Origin Compendium, 30~31쪽.

GATT/WTO 관세평가협정에서 사용되는 '가격'을 의미한다. 가치는 그 사물이 가진 중요성, 유용성 등을 주로 나타내고, 경제학적으로도 사용가치와 교환가치로 구분하여 인간욕망의 충족 정도를 가늠한다.

FTA원산지상품의 판정에서 역내(부가)가치기준이 갖는 특징은 다음과 같다:[26)]

- 세번변경이 없어도 보다 정제되었거나 공정화된 상품에 적합하다;
- 부가가치기준은 개발도상국가의 차별적 발전단계에 맞춰 단순하고 유연하게 조정할 수 있도록 비교적 쉽게 이해하고 적용할 수 있다;
- 경제주체(economic operators)는 그 가격이 상업 및 관세목적으로 알려지는 것처럼 완제품에 투입되는 비용요소에 친숙하다;
- 부가가치기준의 관리는 중소기업에게는 복잡하고, 추가적 상용부기와 복잡한 회계시스템이 요구될 수 있다;
- 공급자의 민감한 상업정보에 대한 공개가 필요하다;
- 다양한 비용요소를 계산할 필요성 때문에 상대적으로 높은 관리부담이 있다;
- 환율변동의 충격에 민감함: 환율의 하락은 판정대상 완제품의 가격 대비 투입된 비원산지재료의 가치를 증가시키고, (수입상품의 송품장에 기재된 금액에 대한) 환율의 상승은 외화로 지급된 모든 수입 구성부품의 가격을 증가시킬 것이기 때문에 종가세규정(ad-valorem rule)을 보다 엄격하게 만든다;
- 물품의 가격 변동성에 민감하다.

FTA 원산지상품의 판정기준에서 역내가치의 산정 방법으로 통상 쓰이는 산식은 공제법과 집적법이 있다.

1) 공제법 (Build-down Method)

공제법은 비원산지재료의 가치를 기초로 역내(부가)가치의 포함비율을 계산하는 방법이다. 이 계산 방법은 원산지재료의 비율이 낮지만 가공비의 비율이 높은 경우에 적용하면 유리하다. 공제법의 계산공식은 다음의 산식과 같다.

26) WCO, WCO Origin Compendium, 34~35쪽.

$$\text{역내가치포함비율}(RVC) = \frac{\text{원산지상품가격} - \text{비원산지재료비}(VNM)}{\text{원산지상품가격}} \times 100$$

예를 들면, HS 제8459호의 드릴링 머신은 다음과 같은 재료로 제조된다.

- 역내(자국산) 원재료인 케이스 : 100 유로
- 역외(수입한) 원재료인 전자제어반 : 250 유로
- 역외(수입한) 원재료인 전기 모터 : 100 유로
- 원산지가 불분명한 기타 부품 : 50 유로
- 인건비 및 제조업체의 이윤 : 500 유로
- 최종 드릴링 머신 판매가격(공장도가격 기준) : 1,000 유로

한-EU FTA 품목별 원산지규정에서 HS 제8456호부터 제8466호까지의 원산지결정 기준은 "해당 물품의 생산에 사용된 모든 비원산지재료의 가격이 해당 물품의 공장도 가격의 45%를 초과하지 않은 것"이다.

$$\frac{1{,}000 \text{ 유로 (원산지상품가격)} - 400 \text{ 유로 (비원산지재료비)}}{1{,}000 \text{ 유로 (원산지상품가격)}} \times 100 = 60\%$$

공제법을 적용하여 산출하면, 드릴링 머신에 포함된 비원산지 원재료의 가치(전자제어반, 모터 및 기타 부품 = 400 유로)(원산지가 불분명한 기타 부품은 비원산지 원재료로 계산)는 제품의 공장도 가격 45%, 즉 실질적인 변형에 요구된 비율을 초과하지 않는다. 따라서 드릴링 머신은 EU의 원산지제품으로 인정된다.

2) 집적법 (Build-up Method)

집적법은 원산지재료의 가치를 기초로 역내(부가)가치의 포함비율을 계산하는 방법이다. 이 계산 방법은 원산지의 역내 생산·조달의 비율이 높은 경우 사용하면 유리하다. 집적법의 계산공식은 다음의 산식과 같다.

$$역내가치포함비율(RVC) = \frac{원산지재료비(VOM)}{원산지상품가격} \times 100$$

가령, 전기 헤어 컬 아이언(An electric hair curling iron: HS 제8516.32호)은 일본산 헤어 컬러 부품(HS 제8516.90호)을 사용하여 베트남에서 제조된다. 판매가격은 4.40 달러로 비원산지 헤어 컬러 부품의 값은 1.20 달러이다. 판매가격의 구성내역은 역외(수입한) 원재료를 사용한 비용은 1.20 달러로, 제조 비용이 2.45 달러이라면 순원가는 3.65 달러가 되고, 여기에 이윤 0.50 달러를 더하면 공장도 가격은 4.15 달러가 된다. 그리고 운송료 0.25 달러를 포함하면 FOB 가격은 4.40 달러가 된다.

한-베트남 FTA 품목별 원산지규정에서 HS 제8516.10호부터 제8516.80호까지의 원산지결정기준은 "40% 이상의 역내부가가치가 발생한 것"이다.

$$\frac{3.20(4.40 - 1.20)\text{ 달러 (원산지재료비)}}{4.40\text{ 달러 (원산지상품가격)}} \times 100 = 72.72\ \%$$

집적법을 적용하여 산출하면, 전기 헤어 컬 아이언에 포함된 원산지 원재료의 가치는 제품의 FOB 가격 40%, 즉 실질적인 변형에 요구된 비율을 초과한다. 따라서 전기 헤어 컬 아이언은 베트남의 원산지제품으로 인정된다.

역내(부가)가치포함비율[27]의 산정에 고려된 모든 비용은 상품을 생산하는 FTA 당사국의 영역에서 적용 가능한 일반적으로 인정되는 회계원칙[28]과 합치되게 기록되고 유지되어야 한다.

27) 역내가치포함비율(Regional Value Content)은 백분율로 표시된다.

28) "일반적으로 인정되는 회계원칙"(generally accepted accounting principles)의 개념은 수입·경비·비용·자산 및 부채의 기록, 정보의 공개, 그리고 재무제표의 작성에 대하여 체약당사국의 영역에서 인정된 컨센서스 또는 실질적이고 권위있는 지지로 정의된다. 일반적으로 인정되는 회계원칙은 세부 표준, 관행과 절차뿐만 아니라 일반적인 적용을 위한 폭넓은 지침을 포함할 수 있다.

3) 순원가법 (Net Cost Method)

자동차상품[29]이 원산지상품인지 여부를 결정하기 위하여 역내가치포함비율 요건을 명시하는 경우, 수입자·수출자 또는 생산자는 공제법과 집적법의 산식 또는 순원가법(Net Cost Method)의 산식을 기초로 해당 상품의 역내가치포함비율을 산정할 수 있다. 순원가법의 계산공식은 다음의 산식과 같다.

$$\text{역내가치포함비율} = \frac{\text{자동차상품의 순원가} - \text{비원산지재료가치}}{\text{자동차상품의 순원가}} \times 100$$

예컨대, 변속기(transmission: HS 제8708.40호)는 일본산 gears(HS 제8483.40호)를 사용하여 미국에서 제조된다. 총원가는 100.00 달러로 비원산지 기어의 값은 40.00 달러이다. 판촉·마케팅·판매후서비스 비용은 5.00 달러이고, 로열티가 2.50 달러, 선적 및 포장비가 3.00 달러, 허용범위를 넘는 이자비용이 1.50 달러이다.

한-미국 FTA 품목별 원산지규정에서 HS 제8708호의 원산지결정기준은 "집적법 또는 순원가법의 경우 35% 이상의 역내부가가치가 발생한 것"이다.

$$\frac{\text{88 달러 (자동차상품의 순원가)} - \text{40달러 (비원산지재료가치)}}{\text{88(100.00 - 12.00)달러 (자동차상품의 순원가)}} \times 100 = 54.5\%$$

한-미국 FTA 순원가법을 적용하여 산출하면, 변속기에 포함된 원산지 원재료의 가치는 제품의 순원가 35%, 즉 실질적인 변형에 요구된 비율을 초과한다. 따라서 변속기는 미국의 원산지제품으로 인정된다.

한-미국 FTA 순원가법에서 비원산지재료가치는 생산자가 획득하여 자동차상품의 생산에 사용한, 간접재료 이외의, 비원산지재료의 가치이다.[30] **순원가(Net Cost)의 개념**은

29) 자동차상품의 적용범위는 통일상품명 및 부호체계의 다음 호와 소호로 분류된 상품에만 해당된다: 제8407.31호 내지 제8407.34호(엔진), 제8408.20호(자동차를 위한 디젤엔진), 제8409호(엔진 부품), 제8701호 내지 제8705호(자동차), 제8706호(샤시), 제8707호(차체) 및 제8708호(자동차 부품).

30) 비원산지재료가치는 자가생산된 재료의 가치를 포함하지 아니한다.

[그림 2-4] 원산지상품의 단계별 원가구성

총비용[31]에서 총비용에 포함되어 있는 판촉·마케팅·판매후서비스 비용, 로열티, 운송·포장비용, 그리고 비허용 이자비용[32]을 차감한 것으로 정의된다.[33] 참고로

31) 총비용(total cost)의 적용범위는 한국이나 미국 또는 양 국가의 영역에서 발생한 상품에 대한 모든 제품비용, 기간비용과 그 밖의 비용이 해당된다. 여기에서 제품비용의 적용범위는 상품의 생산과 관련된 비용이며, 재료의 가치, 직접노무비, 그리고 직접경비를 포함한다. 기간비용의 적용범위는 제품비용 이외의 것으로서, 판매경비와 일반 및 관리 경비처럼 발생한 기간 중에 소요된 비용이 해당된다. 그 밖의 비용의 적용범위는 이자와 같이 생산자의 회계장부에 기록된 비용으로서 제품비용이나 기간비용이 아닌 모든 비용이 해당된다. 총비용은 생산자가 보유하거나 타인에게 배당금으로 지급되는지 여부에 관계없이 생산자에 의하여 취득된 이윤이나, 자산 취득세를 포함하여 그 이윤에 대해 납부된 세금은 포함하지 아니한다.

32) 비허용 이자비용(non-allowable interest cost)의 적용범위는 생산자에 의하여 발생한 이자비용으로서, 생산자가 소재하는 체약당사국의 중앙정부가 발행한 비슷한 만기의 채무증권 수익률보다 700 베이시스(basis) 포인트(points)를 초과하는 이자비용이 해당된다.

33) 이에 따라 자동차상품의 순원가는 다음 중 하나의 방법에 따라 상품에 합리적으로 할당될 수 있는 순원가를 적용하여 산출한다. 여기에서 합리적 할당(reasonably allocate)이란 일반적으로 인정되는 회계원칙에 따라 적합한 방식으로 배분하는 것을 말한다. ① 생산자가 생산한 모든 상품에 대하여 발생한 총비용을 계산하여, 그러한 모든 상품의 총비용에 포함되어 있는 판촉·

원산지상품의 단계별 원가구성은 [그림 2-4]와 같다.

우리나라가 체결한 각 자유무역협정에서 역내가치의 산출방식과 상품가격의 계상기준은 다음 [표 2-12]와 같다.

[표 2-12] 자유무역협정별 역내가치의 산출방식과 상품가격의 계상기준

체약 상대국	미국·캐나다	EU·튀르키예(터키)·EFTA·영국	아세안·베트남·페루·뉴질랜드·중미(5개국)·RCEP	중국·인도	칠레·호주·콜롬비아	싱가포르
산출 방식	공제법, 집적법, 순원가법	MC	공제법, 집적법	공제법	공제법, 집적법	공제법
가격 기준	조정가치 (또는 EX-works*)	EX-works	FOB	FOB	조정 가치	관세 가격

* 한-캐나다 FTA만 해당.

3. 주요공정의 수행

어떤 원산지상품은 제품의 세번변경이나 역내부가가치의 창출과 상관없이 FTA PSR 목록에 기술된 제조·공정작업를 거치면 실질적 변형이 발생하는 것으로 간주된다. 다시 말하면 FTA PSR 목록에서 완제품의 제조공정 중 각 상품에 대해 가장 중요하다고 인정되거나 해당 상품의 주요한 특성을 발생시키는 기술적 제조·가공작업(specific manufacturing/processing operations)을 열거하여 지정된 공정이 FTA 당사국의 역내에서 수행된 경우 원산지상품으로 인정하는 것이다. 주요공정의 수행은 대부분의 원산지규정에서 특히 직물제품과 의류제품 분야에서 널리 사용된다.

마케팅·판매후서비스 비용, 로열티, 운송·포장비용, 그리고 비허용 이자비용을 공제한 후, 이렇게 도출된 그러한 상품들의 순원가를 그 상품에 합리적으로 할당한 것; ② 생산자가 생산한 모든 상품에 대하여 발생한 총비용을 계산하여, 합리적으로 그 상품에 총비용을 할당한 후, 그 상품에 할당된 총비용 부분에 포함되어 있는 판촉·마케팅·판매후서비스 비용, 로열티, 운송·포장비용, 그리고 비허용 이자비용을 공제한 것; 또는 ③ 그 상품에 대하여 발생한 총비용의 부분을 구성하는 각 비용을 합리적으로 할당하여, 이러한 비용들의 총합이 판촉·마케팅·판매후서비스 비용, 로열티, 운송·포장비용, 그리고 비허용 이자비용을 포함하지 아니하도록 한 것.

FTA 원산지상품의 판정에서 주요공정기준은 다음과 같은 특징을 갖는다:[34]

- 특정 제조공정은 객관적이고, 그 뜻이 분명하다;
- 해당 규정이 이해하기 쉬운 방법으로 정해진다;
- 기술발전에 보조를 맞추기 위해서는 빈번한 수정이 필요하다;
- 정확성을 위해서는 보다 길고 상세한 규정의 기술이 필요하다;
- 해당 규정이 물품마다 다양하다;
- 새로운 제품에 대한 규정이 빈번하게 요구된다.

주요공정의 수행은 세번변경이나 역내가치의 창출에 비하여 적용되는 품목의 범위가 비교적 좁은 편이다. 어류·식물성 생산품과 석유·화학제품 및 플라스틱·섬유제품 등의 분야에서도 채택하고 있으며, 세번변경 등과 병용하거나 선택적으로 사용된다. 그리하여 어류·식물성 생산품과 석유·화학제품 및 플라스틱제품 등은 세번변경과 주요공정의 수행 중 하나를 골라 적용할 수 있는 선택기준으로, 섬유제품은 세번변경 또는 역내가치의 창출과 동시에 충족하도록 하는 조합기준 형태가 주를 이룬다. 주요공정 수행의 또 다른 특징은 '공통기준'으로 규정되는 경우가 많다는 것이다. 섬유류는 '개별기준'이 많으나, 어류·식물성 생산품과 석유·화학제품 및 플라스틱제품 등은 대부분 '공통기준'으로 정해져 있다. 한-EU FTA PSR 목록에서 공정기준의 적용사례를 보면 다음 [표 2-13]과 같다.

[표 2-13] 한-EU FTA 공정기준 적용사례

품목명	품목번호 (HS Code)	PSR (품목별 원산지기준)
황산 테레빈유	3805.10	다음 각 호의 어느 하나에 해당하는 것에 한정한다. 1. 황산테레빈원류를 증류 또는 정제에 의해 정화한 것 2. 해당 물품에 생산에 사용된 모든 비원산지재료의 가격이 해당 물품의 공장도가격의 40%를 초과하지 아니한 것
제재목	4407.10	대패질, 연마 또는 엔드-조인트한 것

34) WCO, WCO Origin Compendium, 35~36쪽.

품목명	품목번호 (HS Code)	PSR (품목별 원산지기준)
베니어용 단판	4408.10	이어붙임, 대패질, 연마 또는 엔드-조인트한 것
고도밀화 목재	4413.00	구술형가공 또는 주형가공한 것
바트 용접용 연결구	7307.23	단조 반가공품을 터닝, 드릴링, 리밍, 트레딩, 디벌링 및 샌드블라스팅한 것. 다만, 해당 물품의 생산에 사용된 비원산지 단조 반가공품의 가격이 해당 물품의 공장도가격의 35%를 초과하지 아니한 것에 한정한다.

그런데 섬유제품의 원산지결정기준은 이들 제조공정의 특성을 반영한 특정공정기준이 많이 채택되고 있으며, 전통산업으로서의 민감성 때문에 다른 품목에 비하여 매우 엄격한 기준을 둔 경우가 많다. 한-미국 FTA에서는 직물 및 의류의 공통 기본원칙으로 "원사기준(yarn forward)"을 채택하고 있다. 이 기준을 충족하려면 실(yarn)을 만드는 공정에서부터 시작하여 직물을 만드는 공정, 재단·봉제공정까지 FTA 당사국에서 수행되어야 한다. 섬유산업의 공정단계에 따른 원산지결정기준의 구조는 다음 [그림 2-5]와 같다.

[그림 2-5] 섬유산업의 공정단계에 따른 원산지결정기준 구조

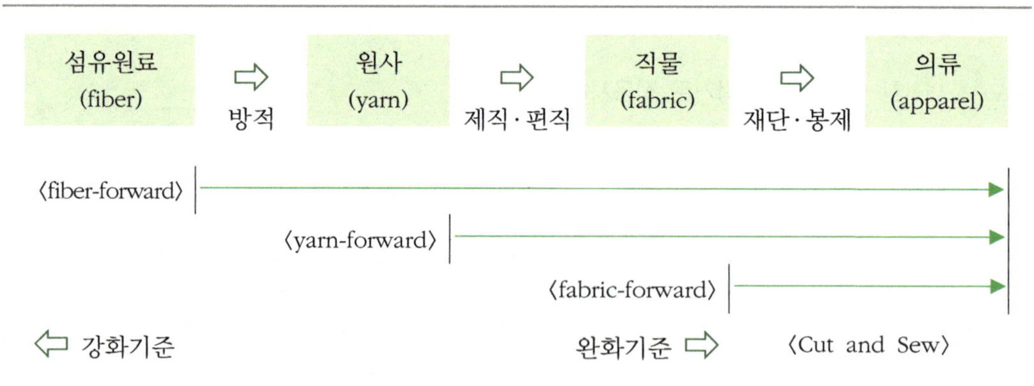

Ⅲ 상품의 불충분한 작업 또는 가공

각 FTA에서 비록 어떠한 상품이 완전한 생산이나 세번변경·역내가치의 창출·주요 공정의 수행 또는 최소허용수준의 요건을 충족하더라도, 그 상품이 단순한 작업 또는 공정만을 거쳐 생산된 상품이라면, 그 상품은 원산지자격을 부여할 수 있는 실질적 변형이 발생하지 않았기 때문에 불충분한 작업 또는 가공에 의한 생산품으로 간주하여 원산지상품으로 불인정하고 있다. 이것은 Koyto협약에서도 권고하는 규정원리로, ① 운송 또는 보관을 위해 상품을 양호한 상태로 보존하는 것, ② 선적 또는 운송을 용이하게 하는 것, ③ 판매용 상품을 포장하거나 제시하는 것 등의 목적을 위해 단독으로 또는 서로 결합하여 수행되는 작업 또는 가공은 최소한의 작업 또는 가공으로 간주되며 상품이 한 국가에서 완전히 획득되었는지 여부를 결정할 때 고려되지 않는다는 것이다.[35] 이에 따라 그 물품이 FTA 당사국의 영역에서 다음과 같은 경우에 해당하는 작업 또는 공정만을 거쳐서 생산된 때에는 일반적으로 원산지상품으로 인정하지 않고 있다:

① 운송이나 저장을 목적으로 물품을 양호한 상태로 보존하기 위한 작업 또는 공정(건조·냉동·냉장 또는 염수장을 포함한다);

② 포장·재포장 또는 포장상태를 변경하는 작업(병·통·용기·가방 그 밖에 이와 유사한 포장용기에 단순히 물품을 넣는 작업과 카드 또는 판에 고정하는 작업을 포함한다);

③ 세탁·세척 작업 또는 먼지·녹·기름·페인트 등 이물질 제거 작업;

④ 섬유류제품에 대한 다림질 또는 압착(壓着) 작업;

⑤ 단순한 페인트칠 및 광택작업;

⑥ 곡물 및 쌀에 대한 외피제거·표백·광택 작업;

⑦ 당류의 착색(着色) 또는 각(角)설탕 작업;

⑧ 과일, 견과류 및 채소에 대한 탈피(脫皮)·씨제거 및 탈각(脫殼) 작업;

⑨ 연마, 단순 분쇄 또는 단순 절단;

⑩ 체질·선별·구분·분류·등급 및 조화 작업(물품의 세트 구성을 포함한다);

---

35) Stefano Inama, 앞의 책, 123쪽.

⑪ 제품에 대한 단순 혼합 작업(종류가 다른 것과의 혼합 여부를 불문한다);
⑫ 완성품을 구성하기 위한 부분품의 단순한 조립 또는 제품을 부분품으로 분해하는 작업;
⑬ 단순한 시험 또는 측정;
⑭ 살아 있는 동물의 도축;
⑮ 앞의 제①부터 제⑭까지에 해당하는 작업이나 공정이 2 이상 조합된 작업이나 공정.

앞의 제②·⑤·⑫·⑬에서 "단순히" 또는 "단순한"이라 함은 해당 물품을 생산하는 경우 특별한 기술이나 특별히 제작 또는 설치된 기계·장비 또는 기기가 필요하지 아니하는 일반적인 작업을 말한다. 그리고 앞의 제⑪에서 "단순 혼합"이라 함은 해당 물품을 생산하는 경우 특별한 기술이나 특별히 제작 또는 설치된 기계·장비 또는 기기가 필요하지 아니하는 일반적인 작업을 말한다. 다만, 화학적인 반응을 거치는 공정을 제외한다. 여기에서 화학적인 반응이란 분자 내의 결합을 해체하여 분자 내 결합을 새로이 형성하거나 분자 내 원자의 배열을 변형하여 새로운 구조의 분자를 만드는 공정(생화학공정을 포함한다)을 말한다.

제 3 절 FTA 원산지상품의 증명방식과 보충적 증명제도

I FTA 원산지상품의 증명방식

FTA 원산지상품을 입증할 수 있는 증빙서류로서 작성자, 기재사항, 유효기간 등 법정요건을 갖춘 문서를 원산지증명서(Certificate of Origin)라고 말한다. 그리고 원산지증명서와 그 밖에 원산지 확인을 위하여 필요한 서류 정보 등을 원산지증빙서류라고 한다(FTA관세법 제2조제1항제5호). 원산지증명서는 형식적 요건과 내용적 요건이 충족되어야 유효한 것으로 인정될 수 있으며, 그 증명방식은 발급주체에 따라 기관증명방식과 자율증명방식으로 구분된다.

FTA 원산지증명서는 일반원산지증명서와 특수원산지증명서[36)]로 구분할 수 있다. **일반원산지증명서**는 FTA 체약상대국의 원산지발급기관이 발급하거나 체약상대국에 소재하는 수출자가 작성·발행한 원산지증명서로 FTA 체약당사국 간 수출입하는 물품이 FTA 특혜관세대우의 혜택을 누릴 수 있는 원산지상품의 자격을 갖추고 있음을 법적으로 증명하는 문서를 의미한다. 그리고 **특수원산지증명서**는 일반원산지증명서의 발행형태가 아닌 원산지증명서로 FTA 체약상대국의 원산지발급기관이 아닌 비당사국의 세관당국 등이 발행하는 경우에는 원산지상품 그 자체를 증명하는 것이 아니라 단지 해당 원산지상품이 그 증명서를 발행하는 비당사국에서 단순 가공하였거나 또는 단순 경유하였음을 입증하는 문서를 뜻하는 경우도 있다.

유효한 원산지증명서의 발급은 자유무역협정에서 정하는 방법과 절차에 따라 원산지국가의 세관 그 밖의 발급권한이 있는 기관이 해당 물품에 대하여 원산지를 확인하여 발급한 것이거나 아니면 자유무역협정에서 정하는 방법과 절차에 따라 수출자, 생산자 또는 수입자가 자율적으로 해당 물품에 대하여 원산지를 확인하여 작성·서명한 것이어야 한다(FTA관세법 제11조제1항). 이와 같은 원산지자율증명에서는 해당 물품의 상업송장 또는 이에 갈음하는 서류에 수출자, 생산자 또는 수입자가 원산지를 기재하는 것을 포함한다.

36) ① 가공원산지증명서(Processing Certificate of Origin): 증명서의 발행국에서 FTA 원산지상품의 실질적 변화를 주는 공정이 수행되지 않고 단순한 가공만을 거친 경우에 발행한다. ② 재수출·환적 원산지증명서(Re-export/Transshipment Certificate of Origin): FTA 원산지상품이 운송상 또는 지리적인 이유로 생산국이 아닌 나라를 경유·통과하는 경우에 그 경유국에서 단순히 경유하였다는 사실을 증명하는 서류이다. ③ 원산지증명서 부본(Duplicate): FTA 체약당사국에서 발행된 원산지증명서가 분실이나 파손 시 재발급하는 증명서이다. ④ 임시원산지증명서(Temporary Certificate of Origin): FTA 체약상대국에서 수출하는 원산지상품의 최종 목적국이 미정인 상태에서 임시로 발급하는 원산지증명서이다. ⑤ 소급원산지증명서(Issued Retroactively Certificate of Origin): FTA 체약상대국에서 수출 시에 발급되지 않는 경우에 사후 발급하는 원산지증명서로 대부분의 FTA는 일정기간을 정하여 원산지증명서의 소급발급을 허용하고 있다. ⑥ 대체원산지증명서(Replacement Certificate of Origin): FTA 체약상대국의 권한 있는 기관에서 발급된 원산지증명서를 근거로 하여 세관당국이 다시 발급하는 증명서를 말한다. ⑦ Back-to-Back 원산지증명서: 한-아세안 FTA에서 규정하고 있는 것으로 협정대상물품이 체약당사국들의 영역을 통과하는 동안 중간경유 당사국의 발급기관이 생산자 또는 수출자의 신청을 받아 최초 수출국의 원산지증명서 원본을 근거로 발급하는 원산지증명서이다. 다만, 중간 경유 FTA 체약당사국의 수입자와 중간 경유 FTA 당사국에서 동 원산지증명서 발급을 신청하는 수출자가 동일하여야 한다.

1. 원산지증명서의 기관발급

1) 원산지증명서의 법정요건

우리나라가 체결한 FTA에서 체약상대국에서 생산한 원산지상품에 대한 원산지증명서가 유효한 원산지증명서로 인정되려면, 해당 원산지증명서가 형식적 요건과 내용적 요건을 충족하고 그 유효기간이 지나지 않아야 한다. 그 형식적 요건은 법정(또는 권고)서식으로 발생되어야 하고, 그 내용적 요건(기재사항 및 기재방법)은 해당 자유무역협정에서 다르게 규정하는 경우를 제외하고는 ① 해당 물품의 수출자·품명·수량·원산지 등 기재부령으로 정하는 사항이 기재되어 있을 것, ② 영문으로 작성될 것, 그리고 ③ 원산지증명서에 서명할 자가 지정되어 있어야 하고, 그 서명할 자가 서명하여 발급할 것이어야 한다(FTA관세령 제6조제1항). 아울러 해당 원산지증명서의 유효기간이 경과되지 않아야 한다.

우리나라가 체결한 각 자유무역협정별 원산지증명서의 체약상대국 발행기관과 유효기간을 요약하면 다음 [표 2-14]와 같다.

[표 2-14] **자유무역협정별 원산지증명서의 체약상대국 발급기관과 유효기간**

체약상대국		체약상대국 발급기관	유효기간	유효기간의 예외
아세안	브루나이	재정경제부	발급일부터 1년	잘못 발급된 원산지증명서를 대체하기 위하여 재발급되는 경우에는 당초 발급된 원산지증명서의 발급일부터 12개월
	캄보디아	상무부		
	인도네시아	통상부		
	라오스	산업통상부·상공회의소		
	말레이시아	국제통상산업부		
	미얀마	상무부		
	필리핀	세관		
	싱가포르	세관		
	태국	상무부		
	베트남	산업무역부		
중국		해관총서, 국제무역촉진위원회	발급일부터 1년	
인도		수출검사위원회	발급일부터 1년	

<table>
<tr><th colspan="2">체약상대국</th><th>체약상대국 발급기관</th><th>유효기간</th><th>유효기간의 예외</th></tr>
<tr><td colspan="2">베트남</td><td>산업무역부</td><td>발급일부터 1년</td><td>잘못 발급된 원산지증명서를 대체하기 위하여 재발급되는 경우에는 당초 발급된 원산지증명서의 발급일 다음날부터 1년</td></tr>
<tr><td colspan="2">싱가포르</td><td>관세당국</td><td>발급일부터 1년</td><td></td></tr>
<tr><td colspan="2">EFTA</td><td>연방 농업국이 인증한 기관</td><td>발급일부터 1년</td><td>스위스 치즈만 해당</td></tr>
<tr><td colspan="2">호주</td><td>상공회의소, 산업협회</td><td>발급일부터 2년</td><td>자율발급은
발행일부터 2년</td></tr>
<tr><td rowspan="14">RCEP</td><td>브루나이</td><td>재정경제부</td><td rowspan="14">발급일부터 1년</td><td rowspan="14"></td></tr>
<tr><td>캄보디아</td><td>상무부</td></tr>
<tr><td>인도네시아</td><td>통상부</td></tr>
<tr><td>라오스</td><td>산업통상부 또는 상공회의소</td></tr>
<tr><td>말레이시아</td><td>국제통상산업부</td></tr>
<tr><td>미얀마</td><td>상무부</td></tr>
<tr><td>필리핀</td><td>세관</td></tr>
<tr><td>싱가포르</td><td>세관</td></tr>
<tr><td>태국</td><td>상무부</td></tr>
<tr><td>베트남</td><td>산업무역부</td></tr>
<tr><td>호주</td><td>상공회의소 또는 호주산업협회/관세청장이 「역내포괄적경제동반자협정」 제18.3조제1항자목에 따른 사무국으로부터 통보받은 바에 따라 관세청장이 지정하는 정보통신망에 게시한 기관</td></tr>
<tr><td>중국</td><td>중국해관총서 또는
중국국제무역촉진위원회</td></tr>
<tr><td>일본</td><td>상공회의소</td></tr>
<tr><td>뉴질랜드</td><td>관세청장이 「역내포괄적경제동반자협정」 제18.3조제1항자목에 따른 사무국으로부터 통보받은 바에 따라 관세청장이 지정하는 정보통신망에 게시한 기관</td></tr>
</table>

아세안회원국과의 협정에 따른 원산지증명서의 서식

(앞쪽)

<table>
<tr><th colspan="6">Original(Duplicate/Triplicate)</th></tr>
<tr><td colspan="3">1. Goods Consigned from(Exporter's business name, address, country)

2. Goods Consigned to(Consignee's name, address, country)</td><td colspan="3">Reference No.
KOREA-ASEAN FREE TRADE AREA PREFERENTIAL TARIFF CERTIFICATE OF ORIGIN
(Combined Declaration and Certificate)
FORM AK
Issued in ______________
(country)
See Notes Overleaf</td></tr>
<tr><td colspan="3">3. Means of transport and route(as far as known)

Departure date:
Vessel's name/Aircraft etc.:
Port of Discharge</td><td colspan="3">4. For Official Use
☐ Preferential Treatment Given Under KOREA-ASEAN Free Trade Area Preferential Tariff
____
☐ Preferential Treatment Not Given (Please state reason/s)
____
....
Signature of Authorised Signatory of the Importing Country</td></tr>
<tr><td>5. Item number</td><td>6. Marks and numbers on packages</td><td>7. Number and type of packages, description of goods(including quantity where appropriate and HS number of the importing country)</td><td>8. Origin Criterion (See Notes overleaf)</td><td>9. Gross weight or other quantity and Value (FOB only when RVC criterion is used)</td><td>10. Number and date of Invoices</td></tr>
<tr><td></td><td></td><td></td><td></td><td></td><td></td></tr>
<tr><td colspan="3">11. Declaration by the exporter
The undersigned hereby declares that the above details and statement are correct; that all goods were produced in
....
(Country)
and that they comply with the origin requirements specified for these goods in the KOREA-ASEAN Free Trade Area Preferential Tariff for the goods exported to
....
(Importing Country)
....
Place and date,
signature of authorised signatory</td><td colspan="3">12. Certification
It is hereby certified, on the basis of control carried out, that the declaration by the exporter is correct

....
Place and date, signature and stamp of certifying authority</td></tr>
<tr><td colspan="6">13. ☐ Third Country Invoicing ☐ Exhibition ☐ Back-to-Back CO</td></tr>
</table>

■ 작성 방법은 FTA관세규칙 [별지 제12호서식]의 (뒤쪽)을 참조.

중국과의 협정에 따른 원산지증명서의 서식

(앞쪽)

<table>
<tr><td colspan="8">ORIGINAL</td></tr>
<tr><td colspan="3">1. Exporter's name and address, country:</td><td colspan="5" rowspan="3">Certificate No.:

CERTIFICATE OF ORIGIN
Form for Korea-China FTA

Issued in ____________
(see Overleaf Instruction)</td></tr>
<tr><td colspan="3">2. Producer's name and address, country:</td></tr>
<tr><td colspan="3">3. Consignee's name and address, country:</td></tr>
<tr><td colspan="3">4. Means of transport and route(as far as known):

Departure Date:

Vessel/Flight/Train/Vehicle No.:

Port of loading:

Port of discharge:</td><td colspan="5">5. Remarks:</td></tr>
<tr><td>6. Item number</td><td>7. Marks and Numbers on packages</td><td>8. Number and kind of packages; description of goods</td><td>9. HS code (Six-digit code)</td><td>10. Origin criterion</td><td>11. Gross weight, quantity (Quantity Unit) or other measures (liters, ㎥, etc.)</td><td colspan="2">12. Number and date of invoice</td></tr>
<tr><td colspan="3">13. Declaration by the exporter:

The undersigned hereby declares that the above details and statement are correct, that all the goods were produced in

(Country)

and that they comply with the origin requirements specified in the FTA for the goods exported to

(Importing country)

Place and date, signature of authorized signatory</td><td colspan="5">14. Certification:

On the basis of control carried out, it is hereby certified that the information herein is correct and that the goods described comply with the origin requirements specified in the Korea-China FTA.

Place and date, signature and stamp of authorized body</td></tr>
</table>

■ 작성 방법은 FTA관세규칙 [별지 제24호서식]의 (뒤쪽)을 참조.

인도와의 협정에 따른 원산지증명서의 서식

<table>
<tr><td colspan="5">Certificate of Origin
Korea-India Comprehensive Economic Partnership Agreement
Original (Duplicate/Triplicate/Quadruplicate)</td></tr>
<tr><td colspan="3">1. Exporter (name, address, country, e-mail address, telephone number, fax number)</td><td colspan="2" rowspan="2">Reference No.:
KOREA-INDIA COMPREHENSIVE ECONOMIC PARTNERSHIP AGREEMENT
PREFERENTIAL CERTIFICATE OF ORIGIN
(Combined Declaration and Certificate)

Issued in _________(Country) _____</td></tr>
<tr><td colspan="3">2. Producer (name, address, country) (optional)</td></tr>
<tr><td colspan="3">3. Importer (name, address, country) (optional)</td><td colspan="2">5. For Official Use</td></tr>
<tr><td colspan="3">4. Means of transport and route (optional)
Departure date:
Vessel's name/Aircraft etc.:
Port of Discharge</td><td colspan="2">6. Remarks</td></tr>
<tr><td>7. HS Code (6 digit)</td><td>8. Description of goods, including quantity</td><td>9. Gross weight and value (FOB)</td><td>10. Origin criterion</td><td>11. Number and date of Invoices</td></tr>
<tr><td></td><td></td><td></td><td></td><td></td></tr>
<tr><td colspan="3">12. Declaration by the exporter
The undersigned hereby declares that the above details and statement are correct; that all goods were produced in
.... (Country) ...
and that they comply with the origin requirements specified for these goods in the KOREA-INDIA Comprehensive Economic Partnership Agreement for the goods exported to
.... (Importing Country)...................
....
Place and date, signature of authorised signatory</td><td colspan="2">13. Certification
It is hereby certified, on the basis of control out, that the declaration by the exporter is correct.

....
....
Place and date, signature and stamp of issuing authority</td></tr>
<tr><td colspan="5">14. □ Third country invoicing(name, address, country)</td></tr>
</table>

■ 작성 방법은 FTA관세규칙 [별지 제14호서식]의 (뒤쪽)을 참조.

베트남과의 협정에 따른 원산지증명서의 서식

(앞쪽)

Original(Duplicate/Triplicate)

1. Goods Consigned from(Exporter's business name, address, country)

2. Goods Consigned to(Consignee's name, address, country)

Reference No.

KOREA-VIETNAM FREE TRADE AGREEMENT PREFERENTIAL TARIFF CERTIFICATE OF ORIGIN

(Combined Declaration and Certificate)

FORM KV

Issued in ______________ (country)

See Notes Overleaf

3. Means of transport and route(as far as known)

Departure date

Vessel's name/Aircraft etc.

Port of Discharge

4. For Official Use

☐ Preferential Treatment Given Under Korea-Viet Nam Free Trade Agreement

☐ Preferential Treatment Not Given (Please state reason/s)

....

Signature of Authorized Signatory of the Importing Country

5. Item number	6. Marks and numbers on packages	7. Number and type of packages, description of goods (including quantity where appropriate and HS code of the good in the importing country)	8. Origin Criterion (See Overleaf Notes)	9. Gross weight or other quantity and Value(FOB only when RVC criterion is used)	10. Number and date of Invoices

11. Declaration by the exporter

The undersigned hereby declares that the above details and statement are correct, that all goods were produced in

....

(Country)

and that they comply with the origin requirements specified for these goods in the Korea-Viet Nam Free Trade Agreement for the goods exported to

....

(Importing Country)

....

Place and date, signature of authorized signatory

12. Certification

It is hereby certified, on the basis of control carried out, that the declaration by the exporter is correct.

....

Place and date, signature and stamp of certifying authority

13. Remarks

■ 작성 방법은 FTA관세규칙 [별지 제22호서식]의 (뒤쪽)을 참조.

싱가포르와의 협정에 따른 대한민국의 원산지증명서

<table>
<tr><td colspan="3">1. Exporter</td><td colspan="3" rowspan="2">Reference No.:

KOREA - SINGAPORE FREE TRADE AGREEMENT
PREFERENTIAL TARIFF
CERTIFICATE OF ORIGIN</td></tr>
<tr><td colspan="3">2. Importer</td></tr>
<tr><td colspan="3">3. Departure Date:</td><td colspan="3">4. Vessel's Name/Flight No:.</td></tr>
<tr><td colspan="6">5. Port of Discharge and Route:</td></tr>
<tr><td colspan="3">6. Country of Final Destination:</td><td colspan="3">7. Country of Origin:</td></tr>
<tr><td>8. Item Number</td><td>9. Description of Goods</td><td>10. HS No.</td><td>11. Marks & Numbers</td><td>12. Quantity & Unit</td><td>13. Origin Criterion</td></tr>
<tr><td></td><td></td><td></td><td></td><td></td><td></td></tr>
<tr><td colspan="3">14. Declaration by the exporter

The undersigned hereby declares that the above details and statements are correct; that all the goods were produced in

(Country)
and that they comply with the origin requirements specified for these goods in the KOREA-SINGAPORE FREE TRADE AGREEMENT for the goods exported to
(Importing Country)</td><td colspan="3" rowspan="2">15. Certification

It is hereby certified that the goods originated in the territory of Korea, and comply with the origin requirements specified for those goods in KOREA-SINGAPORE FREE TRADE AGREEMENT

Place and Date:

Signature and Stamp of Certifying Authority</td></tr>
<tr><td colspan="3">Place and Date :
Signature of Authorized Signatory</td></tr>
</table>

■ 작성 방법은 FTA관세규칙 [별지 제10호서식]의 (뒤쪽)을 참조.

「대한민국과 스위스연방 간의 농업에 관한 협정」에 따른 스위스치즈 원산지증명서

<table>
<tr><td colspan="2">Certificate of Authenticity</td></tr>
<tr><td>1. Exporter (full name and address)
(수출자)</td><td>CERTIFICATE
for cheese designated as
....
(Code .... of the Harmonized System Nomenclature)
Nr. ORIGINAL</td></tr>
<tr><td>2. Consignee (full name and address)
(수하인)</td><td>3. Authorized Organization
(증명기관)</td></tr>
<tr><td>Notes</td><td>4. Number and date of the invoice
(상업송장번호 및 발행일자)</td></tr>
<tr><td rowspan="2">5. Marks and numbers - Number and nature of the packages
(포장의 표시 및 일련번호)</td><td>6. Gross weight (kg)
(총중량)</td></tr>
<tr><td>7. Net weight (kg)
(순중량)</td></tr>
<tr><td colspan="2">8. Visa of the Authorized Organization
(증명기관의 인증)

It is certified that the above mentioned invoice contains the designated Swiss cheese in conformity to the description in Appendix to Annex I of the Free Trade Agreement on Agricultural products between the Republic of Korea and Switzerland
(위에서 언급된 송품장은 「대한민국과 스위스연방 간의 농업에 관한 협정」의 부속서 I의 부록에 따라 지정된 스위스 치즈를 포함하고 있음을 증명합니다.)

Place and date: (발행일자 및 장소)   Signature: (서명)   Seal of the Authorized Organization: (증명기관 직인)</td></tr>
<tr><td colspan="2">9. Reserved for the customs authorities of the Republic of Korea
(대한민국 세관용)</td></tr>
</table>

■ 작성 방법은 FTA관세규칙 [별지 제11호서식]의 (뒤쪽)을 참조.

호주와의 협정에 따른 원산지증명서의 서식

(앞쪽)

<table>
<tr><td colspan="3">Korea-Australia Free Trade Agreement
Certificate of Origin
1. Issuing Number:</td></tr>
<tr><td>2. Exporter- Name and contact details:</td><td colspan="2">3. Blanket Period for multiple shipments:

From: (DD/MM/YYYY) To: (DD/MM/YYYY)</td></tr>
<tr><td>4. Producer- Name and contact details (optional field):</td><td colspan="2">5. Importer- Name and contact details (optional field):</td></tr>
<tr><td>6. Description of good(s)
(including quantity, invoice number or other unique reference number where appropriate):</td><td>7. Harmonized System code(six digits):</td><td>8. Preference criterion:</td></tr>
<tr><td></td><td></td><td></td></tr>
<tr><td colspan="3">9. Observations (optional field):</td></tr>
<tr><td colspan="3">10. Declaration:

I certify that:

- The information in this document is true and accurate and I assume the responsibility for proving such representations. I understand that I am liable for any false statements or material omissions made on or in connection with this document.

- I agree to maintain, and present upon request, documentation necessary to support this Certificate, and to inform, in writing, all persons to whom the Certificate was given of any changes that would affect the accuracy or validity of this Certificate.

- The goods originate in the territory of one or both Parties and comply with the origin requirements specified for those goods in the Korea - Australia Free Trade Agreement.

This Certificate consist of ______ pages, including all attachments.</td></tr>
<tr><td>11. Signature:</td><td colspan="2">Company or Authorised Body</td></tr>
<tr><td>Name:</td><td colspan="2">Title:</td></tr>
<tr><td>Date:</td><td colspan="2">Contact details:</td></tr>
</table>

■ 작성 방법은 FTA관세규칙 [별지 제19호서식]의 (뒤쪽)을 참조.

「역내포괄적경제동반자협정」 제3.17조에 따른 원산지증명서의 서식

<table>
<tr><td colspan="4" rowspan="2">1. Goods Consigned from (Exporter's name, address and country)</td><td colspan="4">Certificate No. Form RCEP</td></tr>
<tr><td colspan="4" rowspan="3">REGIONAL COMPREHENSIVE ECONOMIC PARTNERSHIP AGREEMENT

CERTIFICATE OF ORIGIN

Issued in.................................
(Country)</td></tr>
<tr><td colspan="4">2. Goods Consigned to (Importer's/ Consignee's name, address, country)</td></tr>
<tr><td colspan="4">3. Producer's name, address and country (if known)</td></tr>
<tr><td colspan="4">4. Means of transport and route (if known)

Departure Date:

Vessel's name/Aircraft flight number, etc.:

Port of Discharge:</td><td colspan="4">5. For Official Use

Preferential Treatment:
☐ Given ☐ Not Given (Please state reason/s)

....
Signature of Authorised Signatory of the Customs Authority of the Importing Country</td></tr>
<tr><td>6. Item number</td><td>7. Marks and numbers on packages</td><td>8. Number and kind of packages ; and description of goods.</td><td>9. HS Code of the goods (6 digit-level)</td><td>10. Origin Conferring Criterion</td><td>11. RCEP Country of Origin</td><td>12. Quantity (Gross weight or other measurement), and value (FOB) where RVC is applied</td><td>13. Invoice number(s) and date of invoice(s)</td></tr>
<tr><td></td><td></td><td></td><td></td><td></td><td></td><td></td><td></td></tr>
<tr><td colspan="8">14. Remarks</td></tr>
<tr><td colspan="4">15. Declaration by the exporter or producer

The undersigned hereby declares that the above details and statements are correct and that the goods covered in this Certificate comply with the requirements specified for these goods in the Regional Comprehensive Economic Partnership Agreement. These goods are exported to:

....
(importing country)

....
Place and date, and signature of authorised signatory</td><td colspan="4">16. Certification

On the basis of control carried out, it is hereby certified that the information herein is correct and that the goods described comply with the origin requirements specified in the Regional Comprehensive Economic Partnership Agreement.

....
Place and date, signature and seal or stamp of Issuing Body</td></tr>
<tr><td colspan="8">17. ☐ Back-to-back Certificate of Origin ☐ Third-party invoicing ☐ ISSUED RETROACTIVELY</td></tr>
</table>

■ 작성 방법은 FTA관세규칙 [별지 제24호의5서식]의 (뒤쪽)을 참조.

2) 우리나라에서 원산지증명서의 기관발급

우리나라가 체결한 FTA에서 대한민국을 원산지로 하는 물품에 대한 원산지증명서 발급기관은 원칙적으로 세관, 자유무역지역관리원 및 상공회의소법에 따라 설립된 상공회의소·대한상공회의소가 해당된다. 여기에서 자유무역지역관리원의 원산지증명서 발급은 자유무역지역법에 따른 자유무역지역에 입주한 기업체가 신청하는 경우로 제한된다. 그리고 개성공업지구에서 생산된 물품의 원산지증명서를 발급하는 기관은 세관으로 한다.

우리나라에서 FTA 체약상대국 또는 그 밖의 국가로 수출하는 물품에 대한 원산지증명서의 기관발급은 다음과 같은 절차에 따라 이루어진다.

(1) 발급의 신청

기관발급 원산지증명서는 신청자의 신청이 있는 경우에 한하여 발급할 수 있다. 각 FTA에서 규정하고 있는 신청자의 적격은 원산지상품의 수출자, 생산자 또는 그 수출자로부터 권한을 서면으로 위임받은 대리인이 된다.

수출물품을 선적하기 전에 원산지증명서의 발급을 신청하려면, 해당 수출물품의 선적이 완료되기 전까지 소정의 원산지증명서 발급신청서에 법정서류를 첨부하여 증명서 발급기관에 제출하여야 하는데,[37] 원산지인증수출자(FTA관세법 제12조제1항)의 경우에는 첨부서류를 생략할 수 있다(FTA관세규칙 제10조제1항).[38]

그리고 원산지증명서의 발급신청을 받은 증명서발급기관은 신청자가 제출한 서류로 해당 물품이 원산지결정기준을 충족하는지 여부를 확인할 수 없다고 인정하는 경우에는 원산지소명서에 기재된 내용을 입증할 수 있는 서류나 정보 및 수출용원재료의 국내제조확인서(FTA관세규칙 제13조)의 제출을 원산지증명서 발급신청자에게 요청할 수 있는데, 이 경우 요청을 받은 자는 해당 서류를 증명서발급기관에 제출하되, 수출자와 생산자가 다른 경우라면 생산자가 해당 서류를 증명서발급기관에 직접 제출할 수도 있다(FTA관세규칙 제10조제2항).

37) 원산지증명서의 발급신청 및 발급(재발급신청, 정정발급신청, 재발급 및 정정발급을 포함한다)은 관세청장이 정하는 바에 따라 전자문서의 방식으로 할 수 있다(FTA관세규칙 제10조제10항).

38) 첨부서류에 관하여는 FTA관세규칙 제10조 제1항 각호를 참조.

한편, 수출물품의 선적이 완료되기 전까지 원산지증명서 발급신청서를 증명서발급기관에 제출하여야 하지만 수출자의 과실·착오 그 밖의 부득이한 사유로 인하여 수출물품의 선적이 완료되기 전까지 원산지증명서의 발급을 신청하지 못한 경우에는 해당 수출물품의 선적일부터 1년 이내에 원산지증명서의 발급을 사후에 신청할 수 있다(FTA관세규칙 제10조제3항).[39]

(2) 발급기관의 보정요구와 현지확인

증명서발급기관은 제출된 서류가 미비한 경우에는 5일 이상 10일 이내의 기간을 정하여 보정을 요구할 수 있다(FTA관세규칙 제10조제7항).[40] 그리고 증명서발급기관은 원산지증명서 발급신청이 현지확인의 대상에 해당하는 경우 원산지증명서를 발급하기 위하여 신청인의 주소·거소·공장 또는 사업장 등을 방문하여 원산지의 적정 여부를 확인할 수 있는바, 원산지인증수출자의 경우에는 그 확인을 생략할 수 있다(FTA관세규칙 제10조제4항).[41] 여기에서 **현지확인의 대상요건**은 다음과 같다: ① 국내 생산시설이 없는 자가 원산지증명서 발급을 최초로 신청한 경우; ② 해당 물품을 직접 생산하지 아니하는 자가 원산지증명서 발급을 최초로 신청한 경우; ③ 원산지증명서 신청 오류의 빈도, 협정·법·영 및 규칙의 준수도, 생산공장의 유무, 제조공정 및 물품의 생산특성 등을 고려하여 관세청장이 정하여 고시하는 현지확인기준에 해당하는 자가 신청한 경우; ④ 속임수 또는 부정한 방법으로 원산지증명서의 발급을 신청한 것으로 의심되는 경우; ⑤ 체약상대국의 관세당국으로부터 원산지의 조사를 요청받은 수출자 또는 생산자가 신청한 경우; ⑥ 그 밖에 신청자가 제출한 서류만으로 원산지를 확인하기

---

39) 선적 후 발급신청은 선적 전 발급신청과 마찬가지로 소정의 서류를 첨부한 원산지증명서 발급신청서를 발급기관에 제출하되, ① 사유서와 ② 선하증권 사본 또는 수출물품의 선적사실을 입증할 수 있는 서류를 첨부서류와 함께 제출하여야 하는데, 수출물품의 선적일부터 30일 이내에 신청하는 경우라면 사유서는 제출하는 서류에서 제외된다.

40) 이 경우 보정기간은 원산지증명서의 발급기간에 산입하지 않는다.

41) 대한상공회의소 및 상공회의소의 장은 원산지증명서 발급을 위하여 현지확인이 필요한 때에는 관세청장이 정하는 바에 따라 세관장에게 현지확인을 요청하여야 한다. 그리고 이러한 요청을 받은 세관장은 그 요청을 받은 날부터 7일(공휴일·토요일 및 근로자의 날을 제외한다) 이내에 현지확인을 완료하고 그 결과를 대한상공회의소의 장에게 통보하여야 한다. 대한상공회의소의 장은 원산지증명서의 발급을 담당하는 소속 직원에 대하여 품목분류, 물품가격의 산정, 원산지 결정기준, 그 밖에 원산지증명서의 발급과 관련된 교육이 필요하다고 인정하는 때에는 관세청장에게 교육의 실시를 요청할 수 있다.

곤란하다고 인정하는 경우.

(3) 증명서의 발급과 재발급

발급신청을 받은 증명서발급기관은 원산지결정기준에 적합한지의 여부를 확인한 후 신청을 받은 날부터 현지확인이 필요한 경우에는 10일(공휴일·토요일 및 근로자의 날을 제외한다) 이내 또는 그 밖의 경우에는 3일(공휴일·토요일 및 근로자의 날을 제외한다) 이내에 원산지증명서를 발급하여야 한다(FTA관세규칙 제10조제6항). 그리고 증명서발급기관[42]은 원산지증명서를 발급받은 자가 분실·도난·훼손 그 밖의 부득이한 사유로 원산지증명서의 재발급을 신청하거나 원산지증명서의 기재내용에 잘못이 있어 원산지증명서의 정정을 신청하는 경우에는 원산지증명서를 재발급하거나 정정발급할 수 있다(FTA관세규칙 제10조제8항).[43]

여기에서 원산지증빙서류(수출입물품의 원산지를 입증할 수 있는 것으로서 작성자, 기재사항, 유효기간 등 대통령령으로 정하는 요건을 갖춘 서류를 말한다)를 속임수 또는 그 밖의 부정한 방법으로 신청하여 발급받았거나 작성·발급하는 행위는 관세범으로 취급되어 2천만 원 이하의 벌금에 처한다(FTA관세법 제44조제2항).[44] 그리고 과실로 원산지증빙서류를 사실과 다르게 신청하여 발급받았거나 작성·교부하는 행위[원산지증빙서류를 수정통보한(FTA관세법 제14조제1항) 자는 처벌되지 않는다]도 관세범으로 취급되어 300만 원 이하의 벌금에 처한다(FTA관세법 제44조제3항).

(4) 원산지증명서 발급기관의 의무

관세청장에게 통보[45]된 증명서발급기관[46]은 원산지증명서 발급대장에 발급내역을

42) 증명서발급기관은 아세안회원국 및 베트남과의 협정에 따라 수출자 또는 생산자가 잘못 발급된 원산지증명서를 대체하기 위한 원산지증명서의 재발급을 신청한 경우에는 원산지증명서를 재발급할 수 있는데, 이 경우 증명서발급기관은 당초 발급한 원산지증명서의 발급일을 확인하여 재발급하는 원산지증명서에 기재하여야 한다(FTA관세규칙 제10조제11항).

43) 재발급과 정정발급의 신청방법에 관하여는 FTA관세규칙 제10조 제9항을 참조.

44) 법인의 대표자나 법인 또는 개인의 대리인, 임직원, 사용인, 그 밖의 종업원이 그 법인 또는 개인의 업무에 관하여 형벌제재대상 원산지위반행위를 하면 그 행위자를 벌하는 외에 그 법인 또는 개인에게도 해당 조문의 벌금형을 과(科)하는데, 법인 또는 개인이 그 위반행위를 방지하기 위하여 해당 업무에 관하여 상당한 주의와 감독을 게을리 하지 아니한 경우에는 그러하지 아니하다(FTA관세법 제45조).

기재·관리하여야 하고(FTA관세규칙 제9조제3항),[47] 또한 원산지증명서 발급대장, 원산지증명서의 발급신청서류 원본 또는 사본을 5년간 보관하여야 한다(FTA관세규칙 제9조제4항).[48] 아울러 증명서발급기관은 신청자가 원산지증명서의 발급을 속임수 또는 부정한 방법으로 신청한 사실을 알게 되었거나 원산지결정의 기준을 충족하지 아니하여 원산지증명서의 발급신청을 반려한 때에는 지체 없이 해당 사항을 관세청장[49]에게 통보하여야 한다(FTA관세규칙 제9조제6항).

한편, 세관공무원과 원산지증명서 발급권한이 있는 기관(세관을 제외한다)에서 원산지증명서의 발급을 담당하는 직원은 수입자·수출자·생산자(체약상대국에 거주하는 수출자·생산자와 그 밖의 이해관계인을 포함한다) 또는 체약상대국의 권한 있는 기관이 자유무역협정 및 FTA관세법에서 정하는 바에 따라 원산지의 결정, 관세의 부과·징수 또는 통관을 목적으로 제출한 자료로서 법정 비밀취급자료로 지정된 자료를 자료제출자의 동의 없이 타인(체약상대국의 관세당국을 포함한다)에게 제공 또는 누설하거나 사용목적 외의 용도로 사용하는 것을 금지된다(FTA관세법 제38조제1항).[50] 하지만

45) 통보절차 등에 관하여는 FTA관세규칙 제9조 제1항을 참조.

46) 증명서발급기관은 원산지증명서의 발급내역을 매일 업무를 마칠 때에 관세청장에게 통보하여야 하고(FTA관세규칙 제9조제5항), 기재부장관이나 관세청장 또는 증명서발급기관이 자체적으로 실시하는 원산지증명서의 발급과 관련된 교육(품목분류, 물품가격의 산정 및 FTA관세법 시행규칙에 따른 원산지결정기준을 포함한다)을 받은 소속 직원을 우선하여 원산지증명서 발급담당자로 지정하여야 한다(FTA관세규칙 제9조제8항).

47) 기재·관리할 사항에 관하여는 FTA관세규칙 제9조 제3항 각호를 참조.

48) 중국의 경우에는 중국과의 협정 제3.20조에 따라 예외적으로 3년간 보관한다.

49) 관세청장은 아세안회원국 관세당국의 요청이 있거나 필요하다고 인정할 경우에는 증명서발급기관으로부터 통보받은 원산지증명서의 발급내역(발급번호, 발급일자, 수출자, 생산자 및 품명을 말한다)을 해당 물품이 수출된 아세안회원국의 관세당국에 제공할 수 있다(FTA관세규칙 제9조제7항).

50) FTA관세법 제38조 제1항에 따른 자료제출자는 관세청장(세관장) 및 발급권한기관의 장에게 자료를 제출할 때에 정당한 사유를 제시하여 해당 자료를 비밀로 취급할 것을 요청할 수 있으며, 이러한 요청을 받은 관세청장(세관장) 및 발급권한기관의 장은 특별한 사유가 없으면 해당 자료를 지정하여 비밀로 취급하여야 한다(FTA관세령 제50조제2항·제3항). 그럼에도 불구하고 관세청장(세관장) 및 발급권한기관의 장은 다음과 같은 자료로서 공개될 경우 자료를 제출한 자 또는 이해관계인의 이익이 침해될 우려가 있을 것으로 인정되는 자료에 대해서는 그 자료를 제출한 자나 이해관계인의 요청이 없더라도 해당 자료를 비밀로 취급하는 자료(FTA관세법 제38조제1항)로 지정하여야 한다(FTA관세령 제50조제4항): ① 제조원가; ② 제조공정; ③ 거래 상대방의 성명, 주소 및 거래량; ④ 협정에 따라 체약상대국의 관세당국으로부터 제공받은 원산지증빙서류; ⑤ 그 밖에 관세청장(세관장)이 비밀로 취급하는 것이 타당하다고 인정하는 자료. ▶한편, 비밀로 지정된 자료는 특별한 사정이 없으면 제출받은 날부터 5년간 보관하여야 하며, 보관기간

이러한 비밀유지의무는 다음과 같은 경우에는 예외적으로 그 사용목적에 맞는 범위에서 비밀취급자료를 제공할 수 있다:

① 국가기관이 관세에 관한 쟁송 또는 관세범의 소추(訴追)를 목적으로 비밀취급자료를 요구하는 경우;

② 법원의 제출명령 또는 법관이 발부한 영장에 따라 비밀취급자료를 요구하는 경우;

③ 세관공무원 상호 간에 관세의 부과·징수, 통관 또는 질문·검사상의 필요에 따라 제공하는 경우;

④ 다른 법률에 따라 비밀취급자료를 요구하는 경우.

여기에서 비밀유지의무를 위반하여 비밀취급자료를 타인에게 제공 또는 누설하거나 목적 외의 용도로 사용한 행위는 관세범으로 취급되어 3년 이하의 징역 또는 3천만 원 이하의 벌금에 처한다(FTA관세법 제44조제1항).

2. 원산지증명서의 자율발행

원산지증명서의 자율발급이란 자유무역협정에서 정하는 방법과 절차에 따라 수출자, 생산자 또는 수입자가 자율적으로 해당 물품에 대한 원산지를 확인하여 작성·서명한 원산지증명서를 발급하는 방식이다(FTA관세법 제11조제1항제2호).[51] 원산지증명서 자율

이 지나면 소각 또는 파쇄 등의 방법으로 폐기하여야 한다(FTA관세령 제50조제5항). 그리고 관세청장(세관장)은 체약상대국의 관세당국이 비밀취급자료 제공을 요청하는 경우에는 자료제출자에게 그 사실을 통보하고, 자료제공에 관한 동의를 받았을 때에만 체약상대국의 관세당국에 그 자료를 제공할 수 있다(FTA관세령 제50조제6항). 아울러 관세청장(세관장)은 체약상대국의 관세당국에 비밀취급자료를 제공할 때에는 제공되는 자료의 비밀유지에 관한 보증서를 요구할 수 있는데, 이 경우 체약상대국의 관세당국이 보증서 제공을 거부하면 자료제공을 거부할 수 있다(FTA관세령 제50조제7항).

51) 원산지증명서를 작성하는 수출자, 생산자 또는 수입자는 원산지증명서의 작성대장에 다음과 같은 사항을 기재·관리하여야 한다(FTA관세규칙 제14조제2항): ① 작성번호 및 작성일자; ② 수출입신고번호 및 수출입신고 수리일자(생산자의 경우에는 기재를 생략할 수 있다); ③ 품명·품목번호(6단위)·수량·금액 및 원산지; ④ 원산지증명서를 작성하는 수출자, 생산자 또는 수입자의 거래 상대방에 대한 다음과 같은 사항; ㉮ 수출자의 경우라면 생산자 또는 공급자(생산자 또는 공급자가 따로 있는 경우에 한정한다) 및 체약상대국의 수입자·수입국명; ㉯ 생산자의 경우라면 수출자 또는 물품을 공급받는 자; ㉰ 수입자의 경우라면 체약상대국의 수출자·수출국명;

발급에는 당해 물품의 상업송장 또는 이에 갈음하는 서류에 생산자 또는 수출자가 원산지를 기재하는 것을 포함한다.

우리나라가 체결한 FTA에서 체약상대국에서 생산한 원산지상품에 대한 원산지증명서가 유효한 원산지증명서로 인정되려면, 해당 원산지증명서가 내용적 요건을 충족하고 그 유효기간이 지나지 않아야 한다. 그 내용적 요건(기재사항 및 기재방법)은 해당 자유무역협정에서 다르게 규정하는 경우를 제외하고는 ① 해당 물품의 수출자·품명·수량·원산지 등 기재부령으로 정하는 사항이 기재되어 있을 것, ② 영문으로 작성될 것,[52] 그리고 ③ 원산지증명서에 서명할 자가 지정되어 있어야 하고, 그 서명할 자가 서명하여 발급할 것이어야 한다(FTA관세령 제6조제1항). 아울러 해당 원산지증명서의 유효기간이 경과되지 않아야 한다. 한편, 우리나라의 수출자는 그 물품의 생산자가 따로 있는 경우에는 원산지확인서 또는 원산지소명서 또는 그 밖에 원산지를 확인할 수 있는 서류·정보 등을 근거로 하여 원산지증명서를 작성하여야 한다(FTA관세규칙 제14조제1항).

한-EFTA FTA에 따라 수출자가 자율적으로 작성하는 원산지증명서는 다음과 같은 문안이 기재되어 있는 해당 물품의 상업송장 또는 이를 갈음하는 서류로 한다.

The exporter of the products covered by this document (customs authorization No........1)) declares that, except where otherwise clearly indicated, these products are of ....2) preferential origin.

....3)
(Place and date)
....4)
(Signature of the exporter, in addition the name of the person signing the declaration has to be indicated in clear script)
....5)
(Remarks)

⑤ 해당 물품에 적용된 협정의 명칭 및 원산지결정기준.

52) 한-미국·영국 FTA의 경우에는 한국어(한국)도 가능하다. 그리고 한-EU FTA의 경우에는 EU회원국 23개 언어본 중 하나로 가능하고, 한-캐나다 FTA의 경우에는 한국어(한국)과 프랑스어(캐나다)도 가능하다.

위 문안을 송품장 등의 상업서류에 다음과 같이 영문으로 작성한다. 1)에는 인증수출자인 경우 인증번호를 적는데, 인증수출자가 아닌 경우에는 빈칸으로 두거나 생략할 수 있다. 2)에는 해당 물품의 원산지국가는 해당 국가의 국명 또는 다음과 같이 ISO 알파 2단위 부호를 적는다. ① 대한민국: KR, ② 아이슬란드: IS, ③ 노르웨이: NO, ④ 스위스(리히텐슈타인을 포함한다): CH. 3)에는 원산지증명서를 작성한 장소 및 작성일을 적는데, 이들 정보가 상업서류 자체에 명시된 경우에는 생략할 수 있다. 4)에는 수출자의 성명을 정확하게 적고, 서명을 하는데, 유럽자유무역연합회원국과의 협정 부속서 1 제16조제1항에 따라 원산지 인증수출자가 수출국 관세당국에 서면확인서를 제출한 경우에는 성명과 서명을 기재하지 않을 수 있다. 5)는 특이사항을 기재하는데, 역외가공된 물품(개성공업지구에서 생산된 물품을 포함한다)에 대한 원산지증명서인 경우 다음의 문구를 적는다. "The provisions of Appendix 4 to Annex I(Exemptions from the Principle of Territoriality) have been applied."

한-EU FTA에 따른 원산지증명서는 다음과 같은 문안이 기재되어 있고 품명·규격 등 해당 물품을 확인하는 데 필요한 상세 정보가 포함된 상업송장, 인도증서 또는 그 밖의 상업서류로 한다.[53)]

> The exporter of the products covered by this document (customs authorisation No … 1)) declares that, except where otherwise clearly indicated, these products are of … 2) preferential origin.
>
> ……………………………………………………………3)
>
> (Place and date)
>
> ……………………………………………………………4)
>
> (Signature of the exporter, in addition the name of the person signing the declaration has to be indicated in clear script)

위 문안을 송품장 등의 상업서류에 다음과 같이 작성하는데, 언어는 영어본 이외에도 한글과 EU회원국의 22개 언어본도 사용할 수 있다.

53) 다만, 유럽연합당사자와의 원산지 관련 의정서 부속서 2-가에 따라 원산지인증수출자가 별표 6 제5호에 규정된 물품에 대하여 같은 호에 따른 완화된 원산지결정기준을 적용받으려는 경우에는 원산지증명서에 "Derogation - Annex II(a) of Protocol"이라는 영어문구를 포함하여야 한다.

1)에는 인증수출자의 인증번호를 적는데, 인증수출자가 아닌 경우에는 빈칸으로 두거나 생략할 수 있다. 2)에는 해당 물품의 원산지를 적는데, 세우타 및 멜리야를 원산지로 하는 물품인 경우에는 "CM"으로 표기한다. 3)에는 원산지증명서를 작성한 장소 및 작성일을 적는데, 이들 정보가 상업서류 자체에 명시된 경우에는 생략할 수 있다. 4)에는 수출자의 이름을 정확하게 적고, 서명을 하는데, 유럽연합당사자와의 원산지 관련 의정서 제16조 제5항에 따라 원산지 인증수출자가 수출국 관세당국에 서면확인서를 제출한 경우에는 성명과 서명을 기재하지 않을 수 있다.

한-미국 FTA에 따른 원산지증명서는 권고서식이 아닌 원산지 증빙서류의 경우에는 다음과 같은 사항이 반드시 포함되어야 한다:

- 작성자의 성명·주소·전화번호;
- 수입자의 성명·주소·전화번호(작성자가 알고 있는 경우만 해당한다);
- 수출자의 성명·주소·전화번호(생산자와 다른 경우만 해당한다);
- 생산자의 성명·주소·전화번호(작성자가 알고 있는 경우만 해당한다);
- 해당 물품의 품목번호(6단위) 및 품명;
- 해당 물품이 원산지물품임을 증명하는 정보;
- 원산지포괄증명 유효기간(원산지포괄증명 대상 물품인 경우만 해당한다);
- 작성일.

한-튀르키에(터키) FTA에 따른 원산지증명서는 다음과 같은 문안이 기재되어 있고 품명·규격 등 해당 물품을 확인하는 데 필요한 상세 정보가 포함된 상업송장, 인도증서 또는 그 밖의 상업서류로 한다.[54)]

> The exporter of the products covered by this document declares that, except where otherwise clearly indicated, these products are of ... preferential origin.

54) 다만, 터키와의 협정 중 「원산지 규정 및 원산지 절차에 관한 의정서」 부속서 2-가에 따라 수출자가 별표 9 제4호에 규정된 물품에 대하여 같은 호에 따른 완화된 원산지결정기준을 적용받으려는 경우에는 원산지증명서에 "Derogation - Annex II(a) of Protocol"이라는 영어문구를 포함하여야 한다.

……………………………………………………………………

(Place and date)

……………………………………………………………………

(Signature of the exporter, in addition the name of the person signing the declaration has to be indicated in clear script)

위 문안을 송품장 등의 상업서류에 다음과 같이 영문으로 작성한다. ① 원산지신고 문안은 송품장 등의 상업서류에 타이핑·스탬핑·프린팅 등의 방법으로 작성하는데, 수기로 작성할 경우에는 잉크를 사용하되, 대문자로 기재한다. ② 문안의 …에는 물품의 원산지를 적는다. ③ 장소 및 일자란에는 원산지증명서를 작성한 장소 및 작성일을 적는데, 이들 정보가 상업서류 자체에 명시된 경우에는 생략할 수 있다. ④ 수출자의 성명 및 서명란에는 수출자의 성명을 정확하게 적고, 수기로 서명을 한다. ⑤ 터키와의 원산지 관련 의정서 부속서 2-가에 따라 별표 9 제4호에 규정된 원산지결정기준을 적용받기 위해서는 "Derogation - Annex II(a) of the Protocol on Rules of Origin and Origin Procedures"이라는 문구를 기재한다. ⑥ 터키와의 협정 제14조에 따라 제3국 전시후 수입되는 물품에 대해 협정관세를 적용받고자 하는 경우에는 전시회의 명칭과 주소를 적는다.

한-뉴질랜드 FTA에 따라 수출자 또는 생산자가 자율적으로 작성하는 원산지증명서는 다음과 같은 문안이 기재되어 있는 해당 물품의 상업송장 또는 이를 갈음하는 서류로 한다.

I…………………….1) being the …………………………….2) hereby declare that the goods enumerated on this invoice are originating from ………………………….3) in that they comply with the provisions of Chapter 3 (Rules of Origin and Origin Procedures) of the Korea-New Zealand Free Trade Agreement.

Observations: 4)

Signature ____________________ Date: _________ 5)

위 원산지신고 문안을 송품장 또는 물품과 관련된 그 밖의 서류(이하 "송품장등"이라 한다)에 영문으로 다음과 같이 작성한다. 1)에는 작성자(수출자 또는 생산자)의 성명 및 직책을 기재하는데, 필요한 경우, 신원확인 정보를 얻기 위한 상세연락처를 포함할 수 있다. 2)에는 수출자(exporter), 생산자(producer) 또는 생산자 및 수출자(producer and exporter) 중 택일하여 기재한다. 3)에는 해당 물품의 원산지국가(the Republic of Korea 또는 New Zealand)를 기재한다. 4)에는 다음과 같은 사항을 포함하여 기재하는데, 송품장등에 이미 그러한 정보가 포함되어 있는 경우에는 생략할 수 있다. ① 물품의 수입자(아는 경우에 한한다), ② 물품의 수출자(생산자와 다른경우에 한한다), ③ 물품의 생산자(아는 경우에 한한다), ④ 통일상품명및부호체계(HS Code)에 따른 6단위 세번 및 상품명, ⑤ 해당 물품이 충족하는 원산지 기준, ⑥ 원산지 신고일, ⑦ 협정 제3.19조제7항나호의 규정에 따른 포괄신고의 경우에는 원산지신고가 증명하는 포괄기간. 5)에는 서명일을 기재한다.

한-영국 FTA에 따른 원산지증명서는 다음과 같은 문안이 기재되어 있고 품명·규격 등 해당 물품을 확인하는 데 필요한 상세정보가 포함된 상업송장, 인도증서 또는 그 밖의 상업서류로 한다.[55]

The exporter of the products covered by this document (customs authorisation No ...1)) declares that, except where otherwise clearly indicated, these products are of ...2) preferential origin.

....3)
(Place and date)
....4)
(Signature of the exporter, in addition the name of the person signing the declaration has to be indicated in clear script)

위 문안을 송품장 등의 상업서류에 다음과 같이 작성하는데, 언어는 영어본 이외에도 아래의 국문본도 사용할 수 있다. 1)에는 인증수출자의 인증번호를 적는데, 인증

55) 다만, 영국과의 원산지 관련 의정서 부속서 2-가에 따라 원산지인증수출자가 별표 15의3 제5호에 규정된 물품에 대하여 같은 호에 따른 완화된 원산지결정기준을 적용받으려는 경우에는 원산지증명서에 "Derogation - Annex II(a) of Protocol"이라는 영어문구를 포함해야 한다.

수출자가 아닌 경우에는 빈칸으로 두거나 생략할 수 있다. 2)에는 해당 물품의 원산지를 적는다. 3)에는 원산지증명서를 작성한 장소 및 작성일을 적는데, 이들 정보가 상업서류 자체에 명시된 경우에는 생략할 수 있다. 4)에는 수출자의 이름을 정확하게 적고, 서명을 하는데, 영국과의 원산지 관련 의정서 제16조제5항에 따라 원산지 인증수출자가 수출국 관세당국에 서면확인서를 제출한 경우에는 성명과 서명을 기재하지 않을 수 있다. 5)에는 영국과의 원산지 관련 의정서 부속서 2-가에 따라 별표 15의3제5호에 규정된 원산지결정기준을 적용받기 위해서는"Derogation - Annex Ⅱ(a) of Protocol"이라는 문구를 기재한다.

우리나라가 체결한 각 자유무역협정별 자율발행 원산지증명서의 발행주체와 유효기간은 [표 2-15]와 같다.

[표 2-15] 자유무역협정별 자율발행 원산지증명서의 발행주체와 유효기간

체약상대국	발행주체	유효기간	유효기간의 예외
미국	수출자·생산자·수입자	발행일부터 4년	
EU·영국	6,000유로 이상 물품은 원산지인증수출자, 6,000유로 미만 물품은 모든 수출자	발행일부터 1년	
EFTA	수출자 또는 생산자	발행일부터 1년	스위스 치즈는 제외
칠레·튀르키예(터키)	수출자	서명(발급)일부터 1년	
페루	수출자 또는 생산자 (2016.8.1. 이후)	발행일부터 1년	원산지증명서에 기재된 물품이 비당사국 관세당국의 관할 하에 일시적으로 보관된 경우에는 2년
호주	수출자 또는 생산자	서명일부터 2년	기관발급은 발급일부터 2년
캐나다·콜롬비아·뉴질랜드	수출자 또는 생산자	서명일부터 2년	
중미(5개국)	수출자 또는 생산자	서명일부터 1년	
RCEP			

칠레와의 협정에 따른 원산지증명서의 서식

KOREA-CHILE FREE TRADE AGREEMENT
CERTIFICATE OF ORIGIN

Issuing Number:

1: Exporter (Name and Address) Tax ID No.	
2: Producer (Name and Address) Tax ID No.	3: Importer (Name and Address)

4. Description of Good(s)	5. HS No	6. Preference Criterion	7. Regional Value Content	8. Country of origin

9. Remarks:

10: Certification of Origin

I certify that:

- The information on this document is true and accurate and I assume the responsibility for providing such representations.
  I understand that I am liable for any false statements or material omissions made on or in connection with this document
- I agree to maintain and present upon request, documentation necessary to support this certificate, and to inform, in writing, all persons to whom the certificate was given of any changes that could affect the accuracy or validity of this certificate.
- The goods originated in the territory of the Parties, and comply with the origin requirements specified for those goods in KOREA-CHILE FREE TRADE AGREEMENT, and there has been no further production or any other operation outside the territories of the Parties in accordance with Article 4.12 of the Agreement.

Authorized Signature	Company Name
Name (Print or Type)	Title
Date (MM/DD/YY)	Telephone / Fax / E-mail

■ 작성 방법은 FTA관세규칙 [별지 제8호서식]의 (뒤쪽)을 참조.

미합중국과의 협정에 따른 원산지증명서의 (권고)서식

Certificate of Origin
Korea-US Free Trade Agreement

1.Exporter (수출자)		2. Blanket Period (원산지포괄증명기간)
	Name (성명)	
	Address(주소)	
	Telephone (전화)	YYYY (년) MM (월) DD (일) YYYY (년) MM (월) DD (일)
	Fax (팩스)	From (부터) ＿＿＿＿/＿＿/＿＿ To (까지) ＿＿＿＿/＿＿/＿＿
	E-mail (전자주소)	

3.Producer (생산자)			4.Importer (수입자)		
	Name (성명)			Name (성명)	
	Address(주소)			Address(주소)	
	Telephone (전화)			Telephone (전화)	
	Fax (팩스)			Fax (팩스)	
	E-mail (전자주소)			E-mail (전자주소)	

5. 원 산 지 증 명 대 상 물 품 내 역

Serial No. (연번)	Description of Good(s) (품명 · 규격)	Quantity & Unit (수량 및 단위)	HS No. (품목번호 HS 6단위)	Preference Criterion[1] (원산지결정기준)	Country of Origin (원산지 국가)

6. Observations:
(특이사항)

I certify that:
본인은 다음 사항을 확인합니다.

- The information in this document is true and accurate and I assume the responsibility for proving such representations. I understand that I am liable for any false statements or material omissions made on or in connection with this document.
  상기 서식에 기재된 내용은 사실이고 정확하며, 기재된 사항에 대한 책임은 본인에게 있습니다. 이 증명서 또는 이와 관련한 허위 진술 또는 중대한 사실 누락에 대해서는 본인에게 책임이 있음을 확인합니다.
- I agree to maintain, and present upon request, documentation necessary to support this Certificate, and to inform, in writing, all persons to whom the Certificate was given of any changes that would affect the accuracy or validity of this Certificate.
  본인은 이 증명서를 입증하는데 필요한 문서를 보관하며, 요청이 있을 경우 이를 제출할 뿐 아니라, 이 증명서의 정확성이나 유효기간에 영향을 미치는 여타 변동사항에 대해서 이 증명서를 받은 관계자들에게 서면으로 통보할 것에 동의합니다.
- The goods originate in the territory of one or both Parties and comply with the origin requirements specified for those goods in the Korea -United State of America Free Trade Agreement.
  해당 물품은 대한민국과 미합중국간의 자유무역협정에 따른 원산지결정기준을 충족하고 있음을 확인합니다.

This Certificate consists of ______ pages, including all attachments.
이 증명서는 첨부서류를 포함하여 총___장으로 구성되어 있습니다.

7. Authorized Signature (서명권자의 서명)	Company (회사명)	
Name: (작성자 성명)	Title (직위)	
YYYY (년) MM (월) DD (일) ＿＿＿＿＿/＿＿ ＿＿/＿＿/	Telephone : (전화번호)	Fax: (팩스번호)

1) Originating goods in accordance with Article 6.1(a) of the Agreement(미합중국과의 협정 제6.1조 가호에 따른 원산지물품): WO
Originating goods in accordance with Article 6.1(b) of the Agreement(미합중국과의 협정 제6.1조 나호에 따른 원산지물품): PSR
Originating goods in accordance with Article 6.1(c) of the Agreement(미합중국과의 협정 제6.1조 다호에 따른 원산지물품): PE

* 수입자, 생산자 란은 기재 생략 가능하며, 한글본과 영문을 선택하여 사용할 수 있습니다.

페루와의 협정 부속서 4-가 부록 4-가-1에 따른 원산지증명서의 서식

CERTIFICATE OF ORIGIN
ORIGINAL

1. Exporter's name and address:	Certificate No.:
2. Producer's name and address:	CERTIFICATE OF ORIGIN Form for Korea-Peru FTA
3. Consignee's name and address:	Issued in ------------ (see Overleaf Instruction)
4. Means of transport and route (as far as known): Departure Date: Vessel/Flight/Train/Vehicle No.: Port of loading: Port of discharge:	5. Remarks:

6. Item number (Max 20)	7. Number and kind of packages; description of goods	8. HS code (Six digit code)	9. Origin criterion	10. Gross weight, quantity (Quantity Unit) or other measures (liters, m³, etc.)	11. Number and date of invoice

12 Declaration by the exporter: The undersigned hereby declares that the above details and statement are correct, that all the goods were produced in (Country) and that they comply with the origin requirements specified in the FTA for the goods exported to (Importing country) Place and date, signature of authorized signatory (장소 및 날짜, 권한있는 서명권자의 서명)	13 Certification: On the basis of control carried out, it is hereby certified that the information herein is correct and that the goods described comply with the origin requirements specified in the Korea-Peru FTA Place and date, signature and stamp of authorized body (장소 및 날짜, 수임기관의 서명 및 소인)

■ 작성 방법은 FTA관세규칙 [별지 제16호서식]의 (뒤쪽)을 참조.

콜롬비아와의 협정에 따른 원산지증명서의 서식

(앞쪽)

CERTIFICATE OF ORIGIN
KOREA-COLOMBIA FREE TRADE AGREEMENT

1. Exporter's Name and Address:	2. Blanket Period:
Telephone: FAX:	YYYY MM DD YYYY MM DD
E-Mail:	From: _____/__/__/ To: _____/__/__/
3. Producer's Name and Address:	4. Importer's Name and Address:
Telephone (optional):	Telephone: FAX:
E-Mail (optional):	E-Mail:

5. Description of Good(s)	6. HS Tariff Classification #	7. Origin Criterion	8. Producer	9. Value Test	10. Country of Origin

11. Remarks:

I certify that:

- The information in this document is true and accurate and I assume the responsibility for proving such representations. I understand that I am liable for any false statements or material omissions made on or in connection with this document.

- I agree to maintain, and present upon request, documentation necessary to support this Certificate, and to inform, in writing, all persons to whom the Certificate was given of any changes that would affect the accuracy or validity of this Certificate.

- The goods originate in the territory of one or both Parties and comply with the origin requirements specified for those goods in the Korea-Colombia Free Trade Agreement.

This Certificate consist of ______ pages, including all attachments

12. Authorized signature:	Company:
Name:	Title:
YYYY MM DD Date: _____/__/__	Telephone: Fax:

■ 작성 방법은 FTA관세규칙 [별지 제18호서식]의 (뒤쪽)을 참조.

호주와의 협정에 따른 원산지증명서의 서식

(앞쪽)

<table>
<tr><td colspan="3">Korea-Australia Free Trade Agreement
Certificate of Origin

1. Issuing Number:</td></tr>
<tr><td>2. Exporter- Name and contact details:</td><td colspan="2">3. Blanket Period for multiple shipments:

From: (DD/MM/YYYY) To: (DD/MM/YYYY)</td></tr>
<tr><td>4. Producer- Name and contact details (optional field):</td><td colspan="2">5. Importer- Name and contact details (optional field):</td></tr>
<tr><td>6. Description of good(s)
(including quantity, invoice number or other unique reference number where appropriate):</td><td>7. Harmonized System code(six digits):</td><td>8. Preference criterion:</td></tr>
<tr><td></td><td></td><td></td></tr>
<tr><td colspan="3">9. Observations (optional field):</td></tr>
<tr><td colspan="3">10. Declaration:

I certify that:

- The information in this document is true and accurate and I assume the responsibility for proving such representations. I understand that I am liable for any false statements or material omissions made on or in connection with this document.

- I agree to maintain, and present upon request, documentation necessary to support this Certificate, and to inform, in writing, all persons to whom the Certificate was given of any changes that would affect the accuracy or validity of this Certificate.

- The goods originate in the territory of one or both Parties and comply with the origin requirements specified for those goods in the Korea - Australia Free Trade Agreement.

This Certificate consist of ______ pages, including all attachments.</td></tr>
<tr><td>11. Signature:</td><td colspan="2">Company or Authorised Body</td></tr>
<tr><td>Name:</td><td colspan="2">Title:</td></tr>
<tr><td>Date:</td><td colspan="2">Contact details:</td></tr>
</table>

■ 작성 방법은 FTA관세규칙 [별지 제19호서식]의 (뒤쪽)을 참조.

캐나다와의 협정에 따른 원산지증명서의 서식

(앞쪽)

Certificate of Origin
Korea-Canada Free Trade Agreement

1. Exporter's Name and Address: Telephone: Fax: E-mail: Reference No.	2. Blanket Period: From: _________/______/______ YYYY MM DD To: ___________/______/______ YYYY MM DD				
3. Producers's Name and Address: Telephone: Fax: E-mail: Reference No.	4. Importer's Name and Address: Telephone: Fax: E-mail: Reference No.				
5. Description of Good(s)	6. HS Tariff Classification #	7. Preference Criterion	8. Producer	9. Value Test	10. Country of Origin

I certify that:

- the information in this document is true and accurate and I assume the responsibility for proving such representations. I understand that I am liable for any false statements or material omissions made on or in connection with this document.
- I agree to maintain, and present upon request, documentation necessary to support this Certificate, and to inform, in writing, all persons to whom the Certificate was given of any changes that would affect the accuracy or validity of this Certificate.
- The goods originate in the territory of one or both Parties and comply with the origin requirements specified for those goods in the Korea Canada Free Trade Agreement.
- This Certificate consists of ______pages, including all attachments.

11. Authorized signature:	Company:
Name:	Title:
Date: ________/_____/______ YYYY MM DD	Telephone: Fax:

■ 작성 방법은 FTA관세규칙 [별지 제20호서식]의 (뒤쪽)을 참조.

뉴질랜드와의 협정에 따른 원산지증명서의 서식

(앞쪽)

<table>
<tr><td colspan="6">Origin Declaration
Korea-New Zealand Free Trade Agreement</td></tr>
<tr><td>1. Exporter's Name and Address:

Telephone: Fax:

E-Mail:

Reference No.</td><td colspan="5">2. Blanket Period:

YYYY MM DD YYYY MM DD

From: / / / To: / / /</td></tr>
<tr><td>3. Producer's Name and Address:

Telephone: Fax:

E-Mail:

Reference No.</td><td colspan="5">4. Importer's Name and Address:

Telephone: Fax:

E-Mail:</td></tr>
<tr><td>5. Description of good(s)</td><td>6.
HS Tariff Classification</td><td>7.
Preference Criterion</td><td>8.
Producer</td><td>9.
Value Test</td><td>10.
Country of origin</td></tr>
<tr><td></td><td></td><td></td><td></td><td></td><td></td></tr>
<tr><td colspan="6">11. Observations:</td></tr>
<tr><td colspan="6">I certify that:

- The information in this document is true and accurate and I assume the responsibility for proving such representations. I understand that I am liable for any false statements or material omissions made on or in connection with this document.

- I agree to maintain, and present upon request, documentation necessary to support this declaration, and to inform, in writing, all persons to whom the declaration was given of any changes that would affect the accuracy or validity of this declaration.</td></tr>
<tr><td colspan="6">- The goods originate in the territory of one or both of the Parties and comply with the origin requirements specified for those goods in the Korea-New Zealand Free Trade Agreement.

This declaration consists of ______ pages, including all attachments.</td></tr>
<tr><td colspan="3">12. Authorized signature:</td><td colspan="3">Company:</td></tr>
<tr><td colspan="3">Name:</td><td colspan="3">Title:</td></tr>
<tr><td colspan="3">YYYY MM DD
Date: / / /</td><td colspan="3">Telephone: Fax:</td></tr>
</table>

■ 작성 방법은 FTA관세규칙 [별지 제21호서식]의 (뒤쪽)을 참조.

중미 공화국들과의 협정에 따른 원산지증명서의 서식

(앞쪽)

<table>
<tr><td colspan="6">FREE TRADE AGREEMENT BETWEEN THE REPUBLIC OF KOREA AND THE REPUBLICS OF CENTRAL AMERICA</td></tr>
<tr><td>1. Exporter's Name and Address:
Telephone: Fax (optional):
E-Mail:</td><td colspan="5">2. Blanket Period:
YYYY MM DD YYYY MM DD
From: / / / To: / / /</td></tr>
<tr><td>3. Producer's Name and Address:
Telephone:
E-Mail:</td><td colspan="5">4. Importer's Name and Address:
Telephone: Fax (optional):
E-Mail:</td></tr>
<tr><td>5. Description of Good(s)</td><td>6. HS Tariff Classification#</td><td>7. Origin Criterion</td><td>8. Producer</td><td>9. RVC</td><td>10. Country of Origin</td></tr>
<tr><td></td><td></td><td></td><td></td><td></td><td></td></tr>
<tr><td colspan="6">11. Remarks:</td></tr>
<tr><td colspan="6">I certify that:

- The information in this document is true and accurate and I assume the responsibility for proving such representations. I understand that I am liable for any false statements or material omissions made on or in connection with this document.

- I agree to maintain, and present upon request, documentation necessary to support this Certificate, and to inform, in writing, all persons to whom the Certificate was given of any changes that would affect the accuracy or validity of this Certificate.

- The goods originate in the territory of one Party and comply with the origin requirements specified for those goods in the Free Trade Agreement between the Republic of Korea and the Republics of Central America.

This Certificate consists of pages, including all attachments.</td></tr>
<tr><td colspan="3">12. Authorized signature:</td><td colspan="3">Company:</td></tr>
<tr><td colspan="3">Name:</td><td colspan="3">Title:</td></tr>
<tr><td colspan="3">YYYY MM DD
Date: / / /</td><td colspan="3">Telephone:
Fax(optional):</td></tr>
</table>

■ 작성 방법은 FTA관세규칙 [별지 제24호의2서식]의 (뒤쪽)을 참조.

Ⅱ FTA 원산지상품의 보충적 증명제도

1. 인증수출자의 지정

1) 개요

FTA에서 인증수출자(Approved Exporter)란 관세당국이 원산지증명능력이 있다고 인증한 수출자에게 원산지증명서의 발행과 관련한 각종 편의를 제공하는 제도를 말한다. 우리나라의 인증수출자제도에서는 모든 자유무역협정 및 품목에 대해 인증을 받는 업체별 원산지인증수출자와 자유무역협정별 HS 6단위에 대해 인증을 받는 품목별 원산지인증수출자로 나뉘는데, 그 인증요건 및 혜택 등에 차이가 있다. FTA 인증수출자 자격을 부여받게 되면 기관발급 자유무역협정의 경우 원산지증명서 발급신청에 따른 첨부서류의 제출이 면제되며, 자율발급 자유무역협정의 경우에는 서명을 생략할 수 있도록 하는 등 자유무역협정에 따라 소정의 혜택을 누릴 수 있다.

우리나라가 체결한 FTA 가운데 인증수출자제도를 규정하고 있는 자유무역협정은 한-EU·EFTA·페루·영국 FTA이다. 이에 따라 한-EU·영국 FTA 원산지상품의 가격이 6,000 유로를 초과하는 물품에 대한 원산지신고서(증명서)의 발행은 체약당사국 관세당국으로부터 인증수출자 지위를 부여받는 경우에만 가능하다. 그러므로 한-EU·영국 FTA 원산지상품의 가격이 6,000 유로를 초과하는 물품을 수출하는 자가 인증수출자가 아니라면 그 상품에 대한 특혜관세의 적용은 허용되지 않는다. 원산지신고서(증명서)에서 인증수출자의 자격은 체약상대국에서 부여한 세관인증번호(Customs Authorisation Number)로 확인할 수 있다.

한-EFTA FTA에서 인증수출자는 자율발행 원산지증명서(통상 Invoice 신고 시)에 서명을 생략할 수 있어서 전자문서의 이용이 가능하지만, 인증수출자가 아니면 전자문서의 이용이 불가능하다. 한-페루 FTA에서는 인증수출자는 미화 2,000 달러를 초과하는 원산지상품에 대한 원산지증명서의 기관발급과 자율발행이 모두 가능하지만, 인증수출자가 아니라면 원산지증명서의 기관발급만 가능하다.

그런데 한-아세안·중국·인도·싱가포르·베트남 FTA는 협정문에서 인증수출자제도를 규정하고 있지 않지만, 우리나라 관세당국은 원산지증명서의 기관발급 신청에 필요한 첨부서류의 제출을 생략하게 하여 전산으로 발급신청이 가능하며, 원산지증명서의 기관발급에서 수출하는 원산지상품의 현지확인도 생략할 수 있도록 운영하고 있다.

2) 업체별 원산지인증수출자

(1) 주체적 요건

업체별 원산지인증수출자로 지정[56]받으려면, 원산지물품의 수출자나 생산자가 다음과 같은 요건을 모두 갖추어야 한다(FTA특례령 제7조제1호):

① 수출실적이 있는 물품 또는 새롭게 수출하려는 물품이 FTA관세법의 규정에 따른 원산지 결정기준을 충족하는 물품(품목번호 6단위를 기준으로 한다)임을 증명할 수 있는 전산처리시스템을 보유하고 있거나 그 밖의 방법으로 증명할 능력이 있을 것;

② 원산지인증수출자 인증신청일 이전 최근 2년간 FTA관세법의 규정에 따른 서면조사 또는 현지조사를 거부한 사실이 없을 것;

③ 원산지증명서 작성대장을 비치·관리하고 기재부령으로 정하는 원산지관리전담자를 지정·운영할 것;

④ 원산지인증수출자 인증신청일 이전 최근 2년간 FTA관세법의 규정에 따른 서류의 보관의무를 위반한 사실이 없을 것;

⑤ 원산지인증수출자 인증신청일 이전 최근 2년간 속임수 또는 부정한 방법으로 원산지증명서를 발급신청하거나 작성·발급한 사실이 없을 것.

(2) 인증심사절차

인증신청서류를 제출받은 관세청장(세관장)은 수출자가 인증기준 요건을 충족하는 때에는 신청을 받은 날부터 20일 이내에 수출자에게 인증서를 교부[57]하고 그 사실을 지체없이 관세청장은 증명서 발급기관에, 세관장은 관세청장 및 증명서발급기관에

56) 인증신청방법에 관하여는 FTA관세규칙 제17조 제1항을 참조.

57) 인증 사실을 관세청장이 지정하는 정보통신망에 게재함으로써 통보에 갈음할 수 있다.

각각 통보하여야 한다(FTA관세규칙 제17조제3항).[58] 여기에서 관세청장(세관장)은 제출받은 서류가 미비하거나 원산지결정기준의 충족 여부를 심사하기가 곤란하다고 인정되면 5일 이상 10일 이내의 기간을 정하여 보정을 요구하거나 현지 확인을 할 수 있는데, 이 경우 보정기간은 심사기간에 포함하지 아니한다(FTA관세규칙 제17조제4항).

(3) 인증의 유효기간 및 기간연장

업체별 원산지인증수출자의 인증유효기간은 5년으로 한다(FTA관세규칙 제17조제7항).[59] 인증유효기간을 연장하려면 인증유효기간 만료 30일 전까지 인증한 관세청장(세관장)에게 인증유효기간의 연장을 신청하여야 하는데, 이 경우 연장신청을 받은 관세청장(세관장)은 원산지인증수출자가 인증기준 요건을 유지하고 있는 것으로 인정하면 그 인증유효기간을 5년간 연장할 수 있으며, 인증유효기간을 연장한 때에는 이를 지체없이 관세청장은 증명서 발급기관에, 세관장은 관세청장 및 증명서발급기관에 각각 통보하여야 한다(FTA관세규칙 제17조제8항).[60]

(4) 시정명령 및 인증취소사유

업체별 원산지인증수출자가 원산지결정기준을 충족하는 물품을 수출하거나 생산함을 증명할 수 있는 전산처리시스템을 보유하는 요건 또는 원산지증명서 작성대장을 비치·관리하는 요건이나 법정 원산지관리전담자를 지정·운영하는 요건을 갖추지 못한

---

58) 인증서를 교부받은 인증수출자는 상호·대표자의 성명·주소·원산지관리전담자 등 인증사항이 변경된 때에는 그 변경사항을 지체없이 관세청장이 정하는 세관장에게 신고하여야 하는데, 기업의 합병, 분할, 폐업 후 기업신설 등으로 인하여 기업의 동일성 및 연속성이 인정되지 않는 경우에는 새로 인증을 받아야 한다(FTA관세규칙 제17조제5항). 그리고 변경신고를 받은 관세청장(세관장)은 변경신고를 받은 날부터 7일 이내에 그 신고내용을 확인하여 타당하다고 인정하면 원산지인증수출자 인증사항 변경신고수리서를 교부하고, 그 사실을 지체 없이 관세청장은 증명서발급기관에, 세관장은 관세청장 및 증명서발급기관에 각각 통보하여야 한다(FTA관세규칙 제17조제6항).

59) 세관장은 업체별 원산지인증수출자 인증서를 발급받은 자가 분실·도난·훼손 그 밖의 부득이한 사유로 인증서의 재발급을 신청하는 경우에는 이를 재발급할 수 있는데, 이 경우 재발급신청자는 원산지인증수출자 인증서 재발급 신청서를 세관장에게 제출하여야 한다(FTA관세규칙 제17조제13항).

60) 인증 유효기간이 연장된 사실을 관세청장이 지정하는 정보통신망에 게재함으로써 통보에 갈음할 수 있다(FTA관세규칙 제17조제15항).

것이 확인되면 시정명령의 대상이 되는데, 시정명령 기간은 30일 이상의 기간이 주어진다(FTA관세규칙 제17조제9항).

한편, 관세청장(세관장)의 시정명령에 대하여 업체별 원산지인증수출자가 정당한 사유 없이 기간 내에 시정하지 아니하거나 FTA관세법의 규정에 따른 서류보관의무의 위반, 서면조사 또는 현지조사의 거부와 속임수나 그 밖의 부정한 방법으로 원산지증명서의 발급을 신청하거나 원산지증명서를 작성·발급한 것으로 확인되면 업체별 원산지인증수출자 지정취소사유에 해당는데, 업체별 원산지인증수출자 지정취소 시 관세청장은 지체 없이 업체별 원산지인증수출자 및 증명서발급기관에, 세관장은 지체 없이 관세청장, 업체별 원산지인증수출자 및 증명서발급기관에 각각 통보하여야 한다(FTA관세규칙 제17조제10항·제11항).[61] 여기에서 업체별 원산지인증수출자의 지정을 취소하려면 반드시 청문을 실시하여야 한다(FTA관세규칙 제17조제12항).

2) 품목별 원산지인증수출자

(1) 주체적 요건

품목별 원산지인증수출자로 지정[62]받으려면 업체별 원산지인증수출자가 아닌 수출자 또는 생산자로서 다음과 같은 요건을 모두 갖추어야 한다(FTA관세령 제7조제2호):

① 자유무역협정별 원산지결정기준을 충족하는 물품(품목번호 6단위를 기준으로 한다)을 수출하는 자;

② 원산지증명서 작성대장을 비치·관리하고, 법정 원산지관리전담자를 지정·운영하는 자.

(2) 인증심사절차

인증신청 서류를 제출받은 관세청장(세관장)은 수출자가 인증기준을 충족하는 때에는 신청을 받은 날부터 20일 이내에 수출자에게 HS 4단위 기준으로 인증서를 교부[63]하고 그 사실을 지체 없이 관세청장은 증명서 발급기관에, 세관장은 관세청장 또는

61) 인증의 취소 사실을 관세청장이 지정하는 정보통신망에 게재함으로써 통보에 갈음할 수 있다(FTA관세규칙 제17조제15항).

62) 인증신청방법에 관하여는 FTA관세규칙 제18조 제1항을 참조.

증명서발급기관에 각각 통보하여야 한다(FTA관세규칙 제18조제7항).[64] 여기에서 관세청장(세관장)은 제출 받은 서류가 미비하거나 원산지결정기준의 충족 여부를 심사하기가 곤란하다고 인정하면 5일 이상 10일 이내의 기간을 정하여 보정을 요구하거나 현장확인을 할 수 있는데, 이 경우 보정기간은 심사기간에 포함하지 아니한다(FTA관세규칙 제18조제3항·제7항).

(4) 인증유효기간 및 기간연장

품목별 원산지인증수출자의 인증유효기간은 5년으로 한다(FTA관세규칙 제18조제6항). 여기에서 최근 2년간 원산지조사를 거부한 사실이 있거나, 최근 2년간 원산지증빙서류 보관의무(보관 요구를 받고 시정한 경우는 제외)를 위반한 사실이 있는 자에 대해서는 관세청장이 정하는 바에 따라 인증유효기간을 달리 할 수 있다. 인증유효기간을 연장하려면 인증유효기간 만료 30일 전까지 인증한 관세청장(세관장)에게 인증유효기간의 연장을 신청하여야 한다(FTA관세규칙 제18조제7항·제17조제8항). 이 경우 연장신청을 받은 관세청장(세관장)은 원산지인증수출자가 인증기준 요건을 유지하고 있는 것으로 인정하면 그 인증유효기간을 5년간 연장할 수 있으며, 인증유효기간을 연장한 때에는 이를 지체 없이 관세청장은 증명서발급기관에, 세관장은 관세청장 및 증명서발급기관에 각각 통보하여야 한다(FTA관세규칙 제18조제7항).[65]

63) 인증 사실을 관세청장이 지정하는 정보통신망에 게재함으로써 통보에 갈음할 수 있다(FTA관세규칙 제17조제15항).

64) 인증서를 교부받은 인증수출자는 상호·주소·대표자성명·원산지관리전담자 등 인증사항이 변경된 때에는 그 변경사항을 지체 없이 관세청장이 정하는 세관장에게 신고하여야 하는데, 인증물품의 원산지결정기준 또는 인증물품의 종류가 변경되었거나 기업의 합병·분할, 폐업 후 기업신설 등으로 인해 기업의 동일성 및 연속성이 인정되지 않는 경우에는 해당 물품에 대하여 새로 인증을 받아야 한다(FTA관세규칙 제18조제2항). 그리고 변경신고를 받은 관세청장(세관장)은 변경신고를 받은 날부터 7일 이내에 그 신고내용을 확인하여 타당하다고 인정하면 원산지인증수출자 인증사항 변경신고수리서를 교부하고, 그 사실을 지체 없이 관세청장은 증명서발급기관에, 세관장은 관세청장 및 증명서발급기관에 각각 통보하여야 한다(FTA관세규칙 제18조제7항).

65) 인증기간연장 사실을 관세청장이 지정하는 정보통신망에 게재함으로써 통보에 갈음할 수 있다(FTA관세규칙 제17조제15항).

(5) 시정명령 및 인증취소사유

품목별 원산지인증수출자가 수출하는 물품이 협정별 원산지결정기준을 충족하지 못하는 것이 확인되면 품목별 원산지인증수출자 인증의 취소사유가 되며, 품목별 원산지인증수출자 인증을 취소하면[66] 지체 없이 관세청장은 품목별 원산지인증수출자 및 증명서발급기관에, 세관장은 관세청장, 품목별 원산지인증수출자 및 증명서발급기관에 각각 통보하여야 한다(FTA관세규칙 제18조제3항). 그리고 품목별 원산지인증수출자가 원산지증명서 작성대장을 비치·관리하는 요건이나 원산지관리전담자를 지정·운영하는 요건을 갖추지 못한 것이 확인되면 시정명령의 대상이 되는데, 시정명령은 30일 이상의 기간이 주어진다(FTA관세규칙 제18조제4항).

한편, 관세청장(세관장)의 시정명령에 대하여 품목별 원산지인증수출자가 정당한 사유 없이 기간 내에 시정하지 아니하면 품목별 원산지인증수출자의 인증을 취소하고 지체 없이 관세청장은 품목별 원산지인증수출자 및 증명서발급기관에, 세관장은 관세청장, 품목별 원산지인증수출자 및 증명서발급기관에 각각 통보하여야 한다(FTA관세규칙 제18조제5항). 여기에서 품목별 원산지인증수출자의 인증을 취소하려는 때에는 청문을 실시하여야 한다(FTA관세규칙 제18조제7항·제17조제12항).

2. FTA 원산지재료의 확인제도

1) 원산지(포괄)확인서

수출물품의 생산에 사용되는 재료 또는 최종물품을 생산하거나 공급하는 자는 수출자 또는 생산자의 요청이 있는 경우 해당 재료 또는 최종물품의 원산지를 확인하여 작성한 서류(전자문서를 포함한다)인 소위 원산지확인서를 생산자 또는 수출자에게 제공할 수 있다(FTA관세규칙 제12조제1항).[67]

그리고 수출물품의 생산에 사용되는 재료 또는 최종물품을 동일한 생산자 또는

66) 인증취소 사실을 관세청장이 지정하는 정보통신망에 게재함으로써 통보에 갈음할 수 있다(FTA관세규칙 제18조제7항·제17조제8항).

67) 원산지(포괄)확인서 제도는 국내에서 공급되는 수출물품 또는 수출용 원재료에 대한 원산지확인절차를 마련하여 수출자의 원산지 입증부담을 경감하고, 원산지증명절차를 신속히 할 수 있도록 하기 위해 마련되었다.

수출자에게 장기간 계속적·반복적으로 공급하는 재료 또는 최종물품 생산자 등은 생산자 또는 수출자의 요청이 있는 경우 물품공급일부터 12개월을 초과하지 아니하는 범위에서 최초의 원산지확인서를 반복하여 사용할 수 있는 확인서(전자문서를 포함한다)인 이른바 원산지포괄확인서를 작성하여 제공할 수 있다(FTA관세규칙 제12조제2항). 아울러 관세청장은 농산물이력추적관리등록증나 수산물이력추적관리등록증(농수산물품질법 시행규칙 제47조제7항) 또는 그 밖에 이와 유사한 서류를 원산지확인서로 인정하여 고시할 수 있다(FTA관세규칙 제12조제4항). 이에 따라 재료 또는 최종물품의 생산자 등으로부터 원산지(포괄)확인서 등을 제공 받은 생산자 또는 수출자는 이를 기초로 원산지증명서의 발급을 신청하거나 원산지증명서를 작성할 수 있다(FTA관세규칙 제12조제6항).

2) 국내제조(포괄)확인서

수출물품의 생산에 사용되는 재료 또는 최종물품을 생산하거나 공급하는 자는 생산자 또는 수출자의 요청이 있는 경우 해당 재료 또는 최종물품의 국내제조 사실을 확인하여 작성한 서류(전자문서를 포함한다)인 소위 국내제조확인서를 생산자 또는 수출자에게 제공할 수 있다(FTA관세규칙 제13조제1항).[68] 그리고 수출물품의 생산에 사용되는 재료 또는 최종물품을 동일한 생산자 또는 수출자에게 장기간 계속적·반복적으로 공급하는 재료 또는 최종물품의 생산자 등은 생산자 또는 수출자의 요청이 있는 경우 물품공급일부터 12개월을 초과하지 아니하는 범위에서 최초의 국내제조확인서를 반복하여 사용할 수 있는 확인서(전자문서를 포함한다)인 이른바 국내제조포괄확인서를 작성하여 제공할 수 있다(FTA관세규칙 제13조제2항). 이에 따라 재료 또는 최종물품의 생산자 등으로부터 국내제조확인서 또는 국내제조포괄확인서를 제공받은 생산자 또는 수출자는 이를 기초로 원산지증명서의 발급을 신청하거나 원산지증명서를 작성할 수 있다(FTA관세규칙 제13조제3항).

68) 국내제조(포괄)확인서 제도는 국내에서 일정 수준의 제조 과정이 수행되었으나 원산지 인정을 받지 못한 원재료에 대하여 국내에서 발생한 부가가치 부분은 최종 물품의 원산지를 결정할 때 반영할 수 있도록 하기 위해 도입되었다.

3. 원산지증빙서류의 보관의무와 제출의무

1) 보관의무

FTA 원산지상품의 수입자, 수출자 및 생산자는 자유무역협정 및 FTA관세법에 따른 원산지의 확인, 협정관세의 적용 등에 필요한 법정 서류를 법정 기간(자유무역협정에서 정한 기간이 5년을 초과하는 경우에는 그 기간) 동안 보관[69]하여야 한다(FTA관세법 제15조).[70] 이것은 FTA 원산지상품에 대한 특혜관세대우를 누릴 수 있는 권리에 수반되는 의무로서 수입 당사국의 관세부과권을 보장하는 장치로 보아야 할 것이다. 여기에서 정당한 사유 없이 법정 서류보관의무를 위반하여 관련 서류를 보관하지 아니하는 행위는 관세범으로 취급되어 2천 만원 이하의 벌금에 처한다(FTA관세법 제44조제2항).[71]

---

69) 서류의 보관 방법은 관세청장이 정하여 고시하는 바에 따라 마이크로필름·광디스크 등

70) **1) 수입자가 보관해야 하는 서류**(FTA관세령 제10조제1항제1호) ① 원산지증명서(전자문자료전달매체 또는 서버 등 자료보관매체 등을 이용하여 보관할 수 있다(FTA관세령 제10조제3항).서를 포함한다) 사본(협정에 따라 수입자의 증명 또는 인지에 기초하여 협정관세 적용신청을 하는 경우로서 수출자 또는 생산자로부터 원산지증명서를 발급받지 아니한 경우에는 그 수입물품이 협정관세의 적용대상임을 증명하는 서류를 말한다); ② 수입신고필증; ③ 수입거래 관련 계약서; ④ 지적재산권거래 관련 계약서; ⑤ 수입물품의 과세가격결정에 관한 자료; ⑥ 수입물품의 국제운송 관련 서류; ⑦ 사전심사서 사본 및 사전심사에 필요한 증빙서류(사전심사서를 교부받은 경우에 한한다). **2) 수출자가 보관하여야 하는 서류**(FTA관세령 제10조제1항제2호) ① 체약약상대국의 수입자에게 제공한 원산지증명서(전자문서를 포함한다) 사본 및 원산지증명서 발급 신청서류 사본; ② 수출신고필증; ③ 당해 물품의 생산에 사용된 원재료의 수입신고필증(수출자의 명의로 수입신고한 경우에 한한다); ④ 수출거래 관련 계약서; ⑤ 당해 물품 및 원재료의 생산 또는 구입 관련 증빙서류; ⑥ 원가계산서, 원재료내역서 및 공정명세서; ⑦ 당해 물품 및 원재료의 출납, 재고관리대장; ⑧ 생산자(해당 물품의 생산에 사용된 재료를 공급하거나 생산한 자를 포함한다)가 해당 물품의 원산지 증명을 위하여 작성한 후 수출자에게 제공한 서류. **3) 생산자가 보관하여야 하는 서류**(FTA관세령 제10조제1항제3호) ① 수출자 또는 체약상대국의 수입자에게 당해 물품의 원산지의 증명을 위하여 작성·제공한 서류; ② 수출자와의 물품공급계약서; ③ 당해 물품의 생산에 사용된 원재료의 수입신고필증(수출자의 명의로 수입신고한 경우에 한한다); ④ 당해 물품 및 원재료의 생산 또는 구입 관련 증빙서류; ⑤ 원가계산서, 원재료내역서 및 공정명세서; ⑥ 당해 물품 및 원재료의 출납, 재고관리대장; ⑦ 재료생산자가 해당 재료의 원산지증명을 위하여 작성한 후 생산자에게 제공한 서류.

71) 법인의 대표자나 법인 또는 개인의 대리인, 임직원, 사용인, 그 밖의 종업원이 그 법인 또는 개인의 업무에 관하여 형벌제재대상 원산지위반행위를 하면 그 행위자를 벌하는 외에 그 법인 또는 개인에게도 해당 조문의 벌금형을 과(科)하는데, 법인 또는 개인이 그 위반행위를 방지하기 위하여 해당 업무에 관하여 상당한 주의와 감독을 게을리 하지 아니한 경우에는 그러하지 아니하다(FTA관세법 제45조).

구체적인 원산지증빙서류 보관의무의 법정 기간은 다음과 같다(FTA관세령 제10조제2항):

① 수입자는 FTA관세법의 규정에 따라 협정관세의 적용을 신청한 날의 다음 날부터 5년;

② 수출자 및 생산자는 원산지증명서의 작성일 또는 발급일부터 5년(체약상대국이 중국인 경우에는 중국과의 협정 제3.20조에 따라 3년으로 한다).

2) 제출의무

관세청장(세관장)은 자유무역협정에서 정하는 범위에서 원산지의 확인, 협정관세의 적용 등에 관한 심사를 하는데 필요하다고 인정하는 경우에는 다음과 같은 원산지 물품의 관계자에게 원산지증빙서류의 제출을 요구할 수 있다(FTA관세법 제16조제1항):

① 수입자;

② 수출자·생산자(체약상대국에 거주하는 수출자 및 생산자를 포함한다);

③ 그 밖에 원산지 또는 협정관세의 적정 여부 등을 확인하기 위하여 필요한 자로서 당해 물품의 생산에 사용된 재료를 공급하거나 생산한 자(체약상대국에 거주하는 자를 포함한다) 또는 당해 물품의 거래·유통·운송·보관 및 통관을 대행하거나 취급한 자(FTA관세규칙 제21조제1항).

여기에서 만일 관세청장(세관장)이 요청한 서류를 거짓으로 제출하는 행위는 관세범으로 취급되어 2천 만 원 이하의 벌금에 처한다(FTA관세법 제44조제2항).[72]

한편, 관세청장(세관장)으로부터 서류의 제출을 요구받은 자는 그 서류의 제출을 요구받은 날로부터 30일(페루와의 협정 제4.8조 및 뉴질랜드와의 협정 3.24조에 따라 서류의 제출을 요구받은 자는 요구받은 날부터 90일) 이내에 제출하여야 하는데, 관세청장(세관장)[73]은 서류의 제출을 요구받은 자가 부득이한 사유로 서류제출기한의

72) 법인의 대표자나 법인 또는 개인의 대리인, 임직원, 사용인, 그 밖의 종업원이 그 법인 또는 개인의 업무에 관하여 형벌제재대상 원산지위반행위를 하면 그 행위자를 벌하는 외에 그 법인 또는 개인에게도 해당 조문의 벌금형을 과(科)하는데, 법인 또는 개인이 그 위반행위를 방지하기 위하여 해당 업무에 관하여 상당한 주의와 감독을 게을리 하지 아니한 경우에는 그러하지 아니하다(FTA관세법 제45조).

73) 서류제출기한의 연기신청을 받은 경우 관세청장(세관장)은 그 승인 여부 및 서류제출기한을 신청인에게 알려야 한다(FTA관세규칙 제21조제4항). 여기에서 관세청장(세관장)은 제출받은 원산지증명서가 협정 및 FTA특례법의 규정에 따른 요건을 갖추지 아니한 경우 또는 원산지증명서의

연기를 신청[74]하는 경우에는 1회에 한하여 30일을 초과하지 아니하는 범위 내에서 그 기한을 연장할 수 있다(FTA관세규칙 제21조제2항제2호).

여기에서 만일 정당한 사유 없이 법정기간 이내에 서류를 제출하지 아니하는 행위는 1천만 원 이하의 과태료 부과대상 질서위반행위에 해당한다(FTA관세법 제46조제1항).

기재사항의 일부가 누락되었거나 오류 또는 흠이 있는 경우에는 5일 이상 30일 이내의 기간을 정하여 그 원산지증명서를 제출한 자에게 보정을 요구할 수 있는데, 그 사항이 원산지결정에 영향을 미치지 않는 경미한 사항이라고 인정되는 경우라면 보정을 요구하지 않는다(FTA관세규칙 제21조제5항).

74) 서류제출기한의 연기신청 방법에 관하여는 FTA관세규칙 제21조 제3항을 참조.

Chapter 03

FTA 원산지상품의 수출입통관과 원산지검증

Free Trade Agreement

제 1 절 관세국경에서 운송수단의 왕래와 물품의 반출입

I 관세국경 반입물품에 대한 관세행정권의 포착

1. 관세영역에 반입된 외국물품에 대한 세관감시

1) 세관감시의 개시와 종료

(1) 세관감시의 개시

관세법 제1조에 따라 관세행정권이 입법자로부터 부여받은 임무는 관세의 부과·징수와 수출입물품의 통관을 적정하게 집행하고 관세수입을 확보하는 것이다. 관세행정권이 관세와 수입물품에 대한 국세 등을 부과하거나 징수하는 행위는 국가가 그 존립과 활동에 필요한 재력의 취득을 직접목적으로 하는 국가목적적 작용으로서 일반통치권에 의하여 국민에게 명령하거나 강제하는 재정권력작용이다. 이러한 연유에서 외국으로부터 우리나라의 관세영역에 수입목적을 갖고 실체적으로 반입되는 물품은 관세고권[1]에 기초한 관세행정권의 세관감시에 놓이게 된다. 이것은 관세행정법령의 준수를 담보할 수 있는 세관당국의 각종 처분과 조치가 개시될 수 있음을 뜻한다. 따라서 **세관감시**는 관세영역에 실체적으로 반입되는 외국물품을 반입 후 최초의 단계에서 관세행정권에 기속시키는 데 이바지하게 된다.

관세행정권이 관세영역에 실체적으로 반입되는 외국물품을 기속하고 그에 따라 상응하는 관세행정처분을 내리기 위해서는 해당 외국물품이 필수적으로 세관당국에게 제시되어야 한다. 제시는 운송수단의 입항보고에서 적재화물목록의 제출과 같은 방법으로 행하여진다. 그런 까닭에 반입자가 관세영역에 반입한 외국물품을 임의로 이적하거나 운송하는 것은 허용되지 않는다. 이러한 요구는 세관감시를 통하여 법적으로

---

1) 국가가 관세법에서 정한 과세요건에 따라 해당 물품에 대하여 관세 등을 독점적·배타적으로 부과·징수할 수 있는 국가권력을 **관세고권(Zollhoheit)**이라 하며, 관세고권이 발동되는 일정한 범위의 공간을 **관세영역(Zollgebiet)**이라 한다. 관세영역은 법적으로 관세법이 적용되는 지역적 효력범위를 의미하며, 우리나라의 관세영역은 원칙적으로 헌법상의 대한민국의 영토를 기초로 하고, 영토에는 영해도 포함된다.

보장된다. 관세영역에 반입되는 모든 외국물품은 반드시 한 번은 관세행정처분을 받아야 하기 때문에 관세영역에 반입된 외국물품의 향후 진로는 결정적으로 관세행정권의 의사에 좌우된다. 세관감시는 종국적으로 세관당국의 직무집행활동에 필요한 그 대상 외국물품에 대한 기초이기 때문에 그 물품에 대한 법적으로 특별한 상태로 이해될 수 있다.[2)] 세관감시는 그 법적 성질에서 관세법 제14조부터 제16조까지의 목적에 따라 조세감시에 해당된다. 이것은 관세국경을 통과하는 모든 물품거래의 기속에 이바지한다. 그러나 관세와 수입물품에 대한 국세를 징수하는지 여부가 중요하지 않을 때도 있다. 내국물품이 관세영역 밖으로 반출될 때의 세관감시가 그러한 경우이다.

(2) 세관감시의 종료

세관감시는 관세행정권이 관세행정에서 국가적 공권의 보존에 필요한 모든 조치를 다 할 때까지 해당 물품의 법적 지위에 상응하여 지속된다. 이것은 원칙적으로 외국으로부터 우리나라의 관세영역에 실체적으로 반입된 물품이 관세법의 규정에 따른 내국물품의 지위를 부여받거나 관세영역 밖으로 다시 반출(반송)될 때까지 멈추지 않는다. 관세법에서 물품의 지위는 관세법 제2조에서 정하는 용어정의에 따라 달리 부여된다. 그리고 물품에 대한 관세행정처분은 관세법에서 규정하는 그 물품의 지위에 따라 결정적으로 구분된다. 즉, 내국물품 또는 외국물품인지 여부이다. 여기에서 내국물품은 원칙적으로 관세법률관계의 국가적 공권의 범위 밖에 놓인다.

내국물품은 원산지가 우리나라인 물품이다. 우리나라의 원산지자격은 상응하는 규범적 전제요건의 성취를 통하여, 가령 외국물품의 충분한 가공을 통하여 획득될 수 있다. 또한, 외국물품도 관세법의 규정에 따른 수입통관을 통하여 내국물품의 자격이 부여된다. 그리하여 관세법에서 규정하는 **내국물품의 법적 개념**은 다음과 같은 물품으로 정의된다(관세법 제2조제5호):

- 우리나라에 있는 물품으로서 외국물품이 아닌 것;
- 우리나라의 선박 등이 공해[3)]에서 채집하거나 포획한 수산물 등;

---

2) Peter Witte/Hans-Michael Wolffgang, 앞의 책, S.60.

3) '공해'란 적어도 외국의 내수와 영해를 제외한 수면을 의미하는 것임이 분명하고, 조업을 함에 있어서 당해 외국에 경제적 대가를 지불하지 아니하였다고 하여 외국의 내수 또는 영해까지도 관세법상 공해로 볼 수는 없다(대법원 1996.10.25. 선고 96도1210 판결).

- 입항전수입신고(관세법 제244조제1항)가 수리된 물품;
- 수입신고수리 전 반출승인(관세법 제252조)을 받아 반출된 물품;
- 수입신고 전 즉시반출신고(관세법 제253조제1항)를 하고 반출된 물품.

외국으로부터 우리나라의 관세영역에 실체적으로 반입된 물품은 원칙적으로 외국물품의 지위를 갖게 된다. 이것에 대하여 관세법 제229조 제1항에서 명시적으로 나타내고 있는 이른바 속지주의가 인과적 근거가 된다. 내국물품은 관세영역 밖으로의 실체적 반출에 의하여 그 법적 지위를 잃는다. 그럼에도 불구하고 예외적인 경우 외국으로부터 반입된 물품이 내국물품의 지위를 가질 수도 있다.

이에 반하여 비내국물품, 즉 관세법에서 규정하는 외국물품의 개념은 다음과 같은 물품으로 정의된다(관세법 제2조제4호):

- 외국으로부터 우리나라에 도착된 물품[외국의 선박 등이 공해(公海, 외국의 영해가 아닌 경제수역을 포함한다)에서 채집하거나 포획한 수산물 등을 포함한다]으로서 수입의 신고(관세법 제241조제1항)가 수리(受理)되기 전의 것;[4)]
- 수출의 신고(관세법 제241조제1항)가 수리된 물품.

관세영역에 실체적으로 반입된 물품의 법적 지위는 반드시 한 번은 확정되어야 하기 때문에 모든 외국물품은 세관감시에 예속되지 않으면 안 된다. 관세영역에 반입된 후 법적으로 내국물품의 지위가 확정된 후에 계속된 세관감시는 원칙적으로 소멸한다. 예외적으로 세관감시 하에, 예컨대 일정한 용도의 사용에만 제한된 수입통관으로 내국물품의 상태가 될 수 있다. 외국물품은 관세법에 따라 선택되는 결정에 상응하여 그 지위가 유지되거나 변경되든지 또는 잃게 될 수 있다. 그렇기 때문에 그 지위는 일정한 관세행정절차에 이행되는 경우에는 변경되지 않는다.

외국물품이 이른바 관세행정작용의 특례지역인 (특허)보세구역이나 자유무역지역으로 반입되는 경우 해당 물품들이 비록 실체적으로 우리나라의 관세영역 내에 소재하고 있음에도 불구하고 그 법적 지위는 변하지 않는다. 그리고 이러한 관세행정작용의

4) 관세법 제2조 제1항 제1호 소정의 '외국의 선박'이라 함은 원칙적으로 외국 국적의 선박을 의미하나 외국 국적의 선박이라도 내국인이 나용선하거나 양수하여 이를 운용하면서 공해에서 수산물을 채포하는 경우에는 그 수산물이 채포의 주체에 따라 내국물품으로 구분되기 때문에 그 국내인취를 수입이라고 하지 않는다(대법원 1989.04.11. 선고 88도460 판결).

특례지역에서 세관감시도 원칙적으로 행하여지지 않는다. 여기에서 세관감시는 단지 해당 물품의 반입과 반출에만 제한적으로 이루어지게 된다. 관세등 수입조세가 일반적으로 부과·징수되는 경우인 수입물품의 통관 시에 물품의 법적 지위는 비로소 변경되며 그에 따라 통상적인 세관감시는 종료된다. 하지만 예외적으로 수입통관 시 일정한 조건으로 감면을 받는다든가 또는 용도세율을 적용받았다면 세관감시는 그러한 목적이 달성될 때까지 견지된다.

상이한 법적 지위에 있는 물품의 혼합(민법 제256조 이하) 시 하나의 지위를 갖는 합성물품이 생긴다. 따라서 이 물품의 법적 지위는 강제적으로 외국물품이 되어야만 한다.[5] 왜냐하면 그렇지 않다면 관세법에 따른 국가적 공권은 보호될 수 없기 때문이다. 외국물품이 물리적으로 분쇄되면 그 물품의 관세법에 따른 지위 또한 소멸된다. 물론 여기에서 생기는 대용물이 동일한 지위를 승계받는다는 것을 고려하여야 한다. 물리적 존재의 종료인 폐기 또는 관세영역 밖으로의 반출 시 모든 물품은 그 규범적 지위를 잃는다. 따라서 수출통관된 물품의 법적 지위는 외국물품이 된다. 그것은 속지주의원칙[6]에 따라 국외반출에 의하여 내국물품의 특성을 잃어버렸기 때문이다. 분쇄와 폐기의 구분에서는 소멸이 해당된다. 대량변경은 자연적 유입, 가령 증발로 이해될 수 있다. 물품은 그 자체가 형체로서 존재한다.

2. 세관감시의 목적

관세국경을 통과하는 물품거래에 대한 세관감시의 본질적 이유는 관세등 수입조세의 확보와 그 밖의 통관법규에서 규정하는 금지나 제한과 같은 통상정책적 조치의 준수에 있다.

1) 수입조세

관세법에서 실질적인 수입조세는 관세법 제14조에 의하여 관세를 의미하지만, 관세법에 따라 수입물품에 대한 국세의 납세의무가 있는 물품 또한 세관감시에 예속된다.

5) 관세법 제158조 제3항과 제188조에서 외국물품에 부가되거나 합성된 내국물품은 외국물품으로 간주된다.

6) 국가의 입법·사법·집행관할권을 자국의 영역 내에서만 행사한다고 하는 원칙.

여기에서 수입조세의 종류는 관세, 부가가치세, 개별소비세, 주세, 교통·에너지·환경세 등이 있다.

2) 수출입물품의 금지와 제한

관세법 제226조 제1항에 따라 관세국경을 통과하는 물품거래에 대한 세관감시는 관련 법령이 규정하고 있는 수출입물품의 금지와 제한의 확인에도 이바지하게 된다. 수많은 물품의 수입·수출 또는 통과는 단지 일정한 전제요건을 충족할 때에만 허용될 수 있다. 여기에서 세관감시는 본질적으로 국가의 여러 가지 법익을 보호하는 기능을 수행하게 된다. 그런데 관세법이 직접 상대물을 규정하고 있는 포괄적인 금지와 제한이 문제된다. 관세법 제234조에 따라 다음과 같은 물품은 어떠한 경우에도 수출 또는 수입이 허용될 수 없다: ① 헌법질서[7]를 문란하게[8] 하거나 공공의 안녕질서 또는 풍속을 해치는[9] 서적·간행물·도화·영화·음반·비디오물·조각물 기타 이에 준하는 물품; ② 정부의 기밀[10]을 누설하거나 첩보활동[11]에 사용되는 물품; ③ 화폐[12]·채권 기타 유가증권[13]의 위조품·변조품 또는 모조품.[14] 한편, 관세법 제235조 제1항에

7) 헌법상 기본질서는 정치적 공동체로서의 기본질서로 민주적 기본질서, 경제적 공동체로서의 기본질서로 사회적 시장경제질서, 그리고 국제사회의 구성국으로서의 대한민국의 기본질서로 평화주의적 국제질서를 말한다.

8) 헌법질서를 문란하게 하는 것이란 헌법상 기본질서를 파괴하는 것을 말한다.

9) 공공의 안녕질서를 해친다는 것은 공공의 법질서 또는 공공의 안전과 평온을 해하는 것을 의미하며, 풍속을 해하는 것이란 성도덕 또는 건전한 성적 풍속을 해하는 것을 말한다.

10) 정부의 기밀이란 제한된 범위의 사람에게만 알려져 있고 대한민국의 외적 안전에 중대한 불이익을 초래할 위험을 방지하기 위하여 적국에 대하여 비밀로 하여야 할 사실·대상 또는 지식을 말한다.

11) 첩보활동이란 정부의 기밀을 적국을 위하여 탐지·모집하는 활동을 말한다.

12) 화폐란 금속화폐인 경화를 말하며, 재료에 따라 금화·은화·백동화·청동화·니켈화 등도 있으나, 현재 우리나라에서 통용되는 화폐로는 주화가 있을 뿐이다.

13) 채권이란 사채를 표창하는 유가증권으로서 요식증권이며, 유가증권이란 증권상에 표시된 재산상의 권리의 행사와 처분에 그 증권의 점유를 필요로 하는 것을 말한다.

14) 위조품이란 발행권자가 아닌 자가 진정물품의 외관을 가지는 것처럼 작성한 물품을 말하고, 변조품이란 진정물품에 가공하여 그 가치를 변경한 물품을 말하며, 모조품이란 진정물품에 유사하지만 일반인의 통상의 주의력으로서는 진정한 것으로 오인되지 않을 정도로 작성된 물품을 말한다.

따라 상표법 · 저작권법 · 식물신품종법 · 농수산물품질법 · 특허법 · 디자인보호법에 따라 설정등록된 지식재산권(상표권 · 저작권/저작인접권 · 품종보호권 · 지리적 표시권/지리적 표시 · 특허권 · 디자인권)을 침해하는 물품은 수출 또는 수입이 허용될 수 없다.

3. 외국물품의 반입 후 세관당국의 검사

일반적인 세관감시는 추상적 방법으로 관세법의 법익보호에 이바지하게 된다. 물론 관세법의 법익보호는 관세법 제262조(운송수단의 출발 중지 등), 제263조(서류의 제출 또는 보고 등의 명령), 제265조(물품 또는 운송수단 등에 대한 검사 등), 제300조(검증수색) 및 제301조(신변 수색 등)에서 규정된 바와 같이 관세행정의 구체적인 검사조치나 검색조치를 통하여 실현될 것을 요구받고 있다.

1) 운송수단과 수화물에 대한 검사

관세행정권은 외국물품의 우리나라 관세영역으로 실체적 반입과 관련하여 우선 먼저 반입되는 물품이 관세법에서 어떠한 지위를 갖는지와 관세법 제155조에 따라 반입되는 물품이 보세장치되어 있는지 여부에 관하여 검사할 수 있어야만 한다. 따라서 관세영역에 반입되는 외국물품은 관세법 제140조부터 제143조까지와 제151조에 따라 세관감시 하에 하역되어야 하며, 이에 따라 세관당국은 구체적인 검사조치를 행할 수 있게 된다. 세관감시는 내국물품이 관세행정절차에 이행되는 경우에도 또한 행하여진다. 관세법에 따라 지시된 검사는 물품의 지위와 장치의 검색에 이바지하게 된다.

공식화된 구체적 검사로서 검색은 관세법의 수권에 기인한다. 검사가 물품의 구체적인 수량과 성질(상태)에 관련되지 않고 이러한 확인은 추후에 신청하는 이행절차의 틀(수입통관)에서 세관당국의 물품검사에 유보 하에 놓이게 된다(관세법 제246조제1항). 오히려 운송수단, 용기와 포장품을 대상으로 하는 것은 검색의 목적으로부터 생긴다. 이에 따라 세관공무원은 관세법 또는 관세법에 의한 명령에 위반한 행위를 방지하기 위하여 필요하다고 인정되는 때에는 물품 · 운송수단 · 장치장소와 관계장부서류를 검사하거나 봉쇄 기타 필요한 조치를 할 권한을 갖는다(관세법 제265조). 검색은 장치장소에서 행하여지기 때문에 원칙적으로 직무장소로 제한되며, 현실적으로 그 물품이 장치장소를 떠날 때까지 실행된다. 그리고 검색은 관세법에 의한 장치장소 밖에서의 검사조치와 사람에 대한 권능, 즉 신변 수색이나 검색으로 구분된다.

외국으로부터 우리나라 관세영역에 실체적으로 반입된 물품은 원칙적으로 외국물품의 지위를 갖기 때문에 검색의 실질적 중요성은 그 물품이 온전하게 장치되었는지 여부의 확인에 귀속된다. 이것은 선박이나 항공기 또는 화물차의 적재공간과 승용차의 트렁크 안의 물품과 수화물에 관련되는 한 문제가 되지 않는다. 따라서 검색은 궁극적으로 구체적인 세관감시를 통과하여 반입되는 운송수단 또는 수화물에 숨겨진 외국물품을 발견하는 것을 그 대상으로 한다. 이와 동시에 검색은 특히 밀수입품과 수출입의 금지와 제한에 위반되는 물품의 단속에 이바지하게 된다. 적법한 재량에 의한 검사의 틀에서 차량은 구체적으로 해체될 수 있고, 수화물은 분해될 수 있으며, 분리된 채로 휴대반입되는 의류품들도 검사될 수 있다. 검사는 밀수입이나 금지위반과 함께 여행자 왕래에서 상용물품의 반입을 찾아내는 일도 수행하게 된다. 여기에서 관세청장 또는 세관장은 세관공무원의 적법한 물품검사(관세법 제246조)로 인하여 물품에 손실이 발생한 경우 그 손실을 입은 자에게 손실보상을 하여야 하는데, 손실보상[15]의 지급절차 및 방법 등은 관세청장이 정한다(관세법 제246조의2).

한편, 관세법률관계에서 관세행정주체의 운송수단 또는 수화물에 대한 검사권에 상응하여 관세행정객체에게는 그에 대응되는 편의제공의무가 발생하게 되는데, 관세법 제325조에 따라 "관세법에 따라 물품의 운송·장치 또는 그 밖의 취급을 하는 자는 세관공무원의 직무집행에 대하여 편의를 제공하여야 한다."라는 규정이 바로 그것이다.

2) 입국자 신변에 대한 수색과 검색

검사에 대한 권리는 운송수단, 수화물 그리고 분리되어 반입되는 그 밖의 물품에 제한된다. 그러므로 운송수단과 수화물에 대한 검사권은 밀수품이 세관감시에 놓여있는 신체에 은닉되는 경우에는 그 효과가 감소된다. 그러한 이유에서 형사소송절차상

15) 손실보상의 기준은, ① 해당 물품을 수리할 수 없는 경우에는 관세의 과세가격 결정(관세법 제30조부터 제35조까지) 규정에 따른 해당 물품의 과세가격에 상당하는 금액으로, ② 해당 물품을 수리할 수 있는 경우라면 수리비에 상당하는 금액(다만, 앞의 제①에 따른 금액을 한도로 한다)으로 한다(관세령 제251조의2).

조건의 실현 없이 자주 발생하는 밀수 형태에 대처할 수 있도록 광범위한 권능이 이를테면 최종적 수단으로서 신변수색의 권리와 함께 성립된다. 신변의 수색이란 압수할 물품을 발견할 목적으로 사람의 신체에 대하여 행하는 강제처분이다. 그렇기 때문에 원칙적으로는 법원 또는 수사기관이 피고인 또는 피의자의 신체를 수색할 수 있다(형사소송법 제109조제1항·제219조). 그리고 피고인 또는 피의자 아닌 자의 신체에 관하여는 압수할 물품이 있음을 인정할 수 있는 경우에 한하여 수색할 수 있다(형사소송법 제109조제2항·제219조). 법원이 행하는 수색이라 할지라도 공판정 외에서 수색을 할 때에는 영장을 발부하여야 한다(형사소송법 제113조). 또한, 검사는 범죄수사에 필요한 때에는 지방법원판사에게 청구하여 발부받은 영장에 의하여 수색할 수 있다. 사법경찰관이 범죄수사에 필요한 때에는 검사에게 신청하여 검사의 청구로 지방법원판사가 발부한 영장에 의하여 수색할 수 있다(형사소송법 제215조). 관세법 제296조에서도 수색할 때에는 관할지방법원판사의 영장을 받도록 하고 있으며 긴급을 요하는 경우에도 반드시 사후에 영장을 발부받도록 규정하고 있다.

그럼에도 불구하고 세관공무원은 피의자가 범죄사실을 증명하기에 충분한 물품을 신변에 은닉하였다고 인정되는 때에는 이를 내보이도록 요구하고 이에 응하지 아니하는 때에는 신변을 수색할 수 있게 된다. 관세법에 규정하고 있는 신변수색의 본질적인 전제요건은 구체적인 밀수혐의 또는 금지위반혐의의 존재가 아니다. 관세법 제301조 제1항에서 "범죄사실을 증명하기에 충분한 물품을 피의자가 신변에 은닉하였다고 인정될 때"가 잘 알려진 혐의개념에 해당된다. 형사소송법에서 규정하는 전제요건(최초혐의) 해당성에서 즉각적으로 수사의 개시가 형사소송법에 따라 불가피하기 때문에 관세법 관계조항의 개입전제요건은 낮게 해석되지 않으면 안 된다. 그렇기 때문에 해당자가 이미 일찍이 비교될 수 있는 밀수행위에서 마주치는 것은 사실을 충족시킬 수 있게 된다:

- 해당자가 자신의 착의 속에 목적물을 은닉하고 있다는 것이 식별된다;
- 해당자가 마약류 중독자의 신체상 전형적 징후를 식별할 수 있게 한다;
- 해당자가 검색을 회피하려고 한다.

위와 같은 전제요건이 존재하면 상응되는 물품을 은닉하고 있는 해당자의 착의는 검색될 수 있다. 이것을 넘어 해당자가 물품을 신체에 부착했는지 여부를 확인할 수도 있다. 이와 같은 두 가지 경우에 있어서 탈의가 요구된다. 탈의조치는 그것에 관하여 규정하고 있는 장소, 즉 인간의 존엄, 예의범절과 위생이 준수될 수 있는 곳에서 그리고 해당자의 동일한 성이 고려되어야만 한다.[16] 그러나 관세행정권은 신체 내부에 있는 것으로 추측되는 물품의 확인에 관한 한 특별한 권한을 갖지 못한다. 이러한 경우에도 신체수색은 요구되지만 그것은 원칙적으로 형사소송법적 전제요건에 의한 판사의 명령이 요구되는 의사의 조치문제이기 때문이다.

3) 그 밖의 권한

관세행정주체는 관세법에 따른 관세행정목적을 달성하기 위하여 재정권력작용으로서 재정하명권[17]을 갖기 때문에 관세청장이나 세관장은 관세법 또는 관세법에 의한 명령(대한민국이 체결한 조약 및 일반적으로 승인된 국제법규에 따른 의무를 포함한다)을 집행하기 위하여 필요하다고 인정되는 때에는 운송수단의 출발을 중지시키거나 그 진행을 정지시킬 수 있다(관세법 第262조). 그리고 관세청장이나 세관장은 직무를 집행하기 위하여 필요하다고 인정되는 때에는 그 소속공무원으로 하여금 무기[18]를 휴대하게 할 수 있다(관세법 第267조제1항).[19] 또한, 운송수단에 대한 검사권 행사의 실현을 위하여 관세행정권은 관계행정기관에게 원조요구권을 행사할 수 있어서 세관공무원은 직무를 집행하기 위하여 필요하다고 인정되는 때에는 육군·해군·공군의 각 부대장이나 국가경찰관서의 장 또는 해양경찰관서의 장의 협조를 요청할 수 있다(관세법 第267조의2제1항). 이러한 경우에 협조요청을 받은 관계행정기관은 밀수 관련 혐의가 있는 운송수단에 대하여 추적감시 또는 진행정지명령을 하거나 세관공무원과 협조하여 해당 운송수단에 대하여 검문·검색을 할 수 있으며, 이에 따르지 아니하는 경우 강제로 그 운송수단을 정지시키거나 검문·검색할 수 있다.

16) 관세법 제301조 제2항에 따라 여성의 신변을 수색하는 때에는 성년의 여성을 참여시켜야 한다.

17) 재정하명에는 작위하명, 부작위하명, 급부하명, 수인하명 등이 있다.

18) 여기에서 "무기"란 총포화약법에 따른 총포(권총 또는 소총에 한정한다), 도검, 분사기 또는 전자충격기를 말한다(관세법 제267조제2항).

19) 세관공무원은 그 직무를 집행할 때 특히 자기나 다른 사람의 생명 또는 신체를 보호하고 공무집행에 대한 방해 또는 저항을 억제하기 위하여 필요한 상당한 이유가 있는 경우 그 사태에 응하여 부득이하다고 판단될 때에는 무기를 사용할 수 있다(관세법 제267조제3항).

한편, 관세법 제236조에 따라 관세청장 또는 세관장은 세관감시상 필요하다고 인정될 때에는 통관역·통관장 또는 특정한 세관에서 통관할 수 있는 물품을 제한할 수 있다. 그리고 관세청장은 밀수감시단속 활동의 효율적인 수행을 위하여 필요한 경우에는 수출입 관련 분야의 민간종사자 등을 명예세관원으로 위촉하여 공항·항만에서의 밀수감시, 정보제공과 밀수방지의 홍보 등의 활동을 하게 할 수 있다(관세법 제268조제1항).

Ⅱ 외국물품의 반입에 직접 관련된 관세행정절차20)

1. 관세국경에서 운송수단의 출입장소제한과 반입물품의 장치장소제한

외국으로부터 우리나라의 관세영역에 반입되거나 우리나라의 관세영역에서 외국으로 반출되는 물품은 세관당국이 그 물품의 왕래를 포착할 수 있도록 특정한 지역이나 통로를 통하여 운송되지 않으면 안 된다. 그렇기 때문에 우리나라와 외국을 왕래하는 국제무역선과 국제무역기가 개항이 아닌 지역을 통하여 외국과 왕래하는 것은 원칙적으로 허용될 수 없다(관세법 제134조제1항). 아울러 국경을 출입하는 차량은 반드시 관세통로를 경유하여야 하며, 통관역이나 통관장에 정차하여야 한다(관세법 제148조제1항).

따라서 만일 국제무역선이나 국제무역기가 출입의 허가를 받지 아니하고 개항이 아닌 지역을 운항하였거나 관세통로의 경유의무 또는 통관역·통관장에서의 정차의무를 이행하지 아니하였다면, 그 의무위반행위는 관세형벌법규에 따라 2천만 원(과실인 경우 300만 원) 이하의 벌금에 처해지는 허위신고죄 등에 해당된다(관세법 제276조제3항). 여기에서 국제무역선의 법적 개념은 무역을 위하여 우리나라와 외국 간을 운항하는 선박을 말하며, 국제무역기의 법적 개념은 무역을 위하여 우리나라와 외국 간을 운항하는 항공기를 말한다(관세법 제2조제6호·제7호).

20) 국제항이 아닌 지역에 대한 출입허가신청(관세법 제134조)이나 출항허가신청(관세법 제136조), 물품하역 등의 허가신청(관세법 제140조), 항외하역에 관한 허가의 신청(관세법 제142조), 선박용품 및 항공기용품의 하역허가신청(관세법 제143조)을 받은 세관장은 그 신청을 받은 날부터 10일 이내에 허가여부를 신청인에게 통지하여야 하는데, 만일 그 기간 내에 허가여부 또는 처리기간의 연장을 신청인에게 통지하지 아니하면 그 기간이 끝난 날의 다음 날에 허가를 한 것으로 간주한다.

1) 국제항과 관세통로

관세법 제133조에 따라 국제항은 일정한 시설기준 등을 갖춘 항구나 공항에 대하여 지정될 수 있는데, 국제항으로 지정될 수 있는 전제요건은 다음과 같다(관세령 제155조의2):

- 선박입출항법 또는 공항시설법에 따라 국제무역선(기)이 항상 입출항 할 수 있을 것;
- 국내선과 구분되는 국제선 전용통로와 그 밖에 출입국업무를 처리하는 행정기관의 업무수행에 필요한 시설·장비를 확보할 수 있을 것;
- 공항의 경우에는 ① 정기여객기가 주 6회 이상 입항하거나 입항할 것으로 예상될 것 또는 ② 여객기로 입국하는 여객수가 연간 4만 명 이상일 것의 기준을 갖추어야 하고, 항구의 경우에는 국제무역선인 5천 톤급 이상의 선박이 연간 50회 이상 입항하거나 입항할 것으로 예상될 것.

이러한 요건에 따라 현재 지정된 개항은 다음 [표 3-1]과 같다(관세령 제155조제1항).[21]

[표 3-1] 관세법에서 규정하는 지정된 개항

구분	개 항 명
항구	인천항, 부산항, 마산항, 여수항, 목포항, 군산항, 제주항, 동해·묵호항, 울산항, 통영항, 삼천포항, 장승포항, 포항항, 장항항, 옥포항, 광양항, 평택·당진항, 대산항, 삼척항, 진해항, 완도항, 속초항, 고현항, 경인항, 보령항
공항	인천공항, 김포공항, 김해공항, 제주공항, 청주공항, 대구공항, 무안공항, 양양공항

관세법에서 규정하는 개항이 아닌 지역에 일반적으로 국제무역선이나 국제무역기의 출입이 금지되는 것이 원칙이지만 부득이한 경우 세관장의 허가를 받는다면 국제항이 아닌 지역에 국제무역선이나 국제무역기의 운항은 허용될 수 있는데, 국제항이 아닌 지역에 대한 출입허가를 받는 방법은 소정의 신청서[22]를 해당 지역을 관할하는

21) 국제항의 항계는 항만법시행령 별표 I 에 따른 항만의 수상구역 또는 공항시설법에 의한 범위가 된다(관세령 제155조제2항).

22) 국제항이 아닌 지역의 출입허가신청서에 기재하는 법정사항은 관세령 제156조를 참조.

세관장에게 제출하는 것이다(관세령 제156조제1항).[23] 국제항이 아닌 지역은 관세공무원이 상주하여 근무하는 지역범위를 벗어나기 때문에 국제무역선이나 국제무역기가 국제항이 아닌 지역에의 출입으로 발생되는 관세행정경비에 대한 수익자 부담의 법리에 따라 해당 운송수단의 선장이나 기장은 소정의 출입허가수수료를 납부하여야 한다(관세법 제134조제2항).[24]

한편, 우리나라와 외국을 왕래하는 차량이 반드시 경유하여야 하는 **관세통로**는 육상국경(陸上國境)으로부터 통관역에 이르는 철도와 육상국경으로부터 통관장에 이르는 육로 또는 수로 중에서 세관장에 의하여 지정된다(관세법 제148조제2항). 여기에서 통관역은 국외와 연결되고 국경에 근접한 철도역 중에서 관세청장이 지정한다(관세법 제148조제3항). 그리고 통관장은 관세통로에 접속한 장소 중에서 세관장이 지정한다(관세법 제148조제4항).

2) 외국물품의 보세장치의무

우리나라의 관세영역에 반입된 외국물품은 적어도 한 번은 반드시 관세법에 따른 처분을 받게 된다. 관세행정절차에 제공되는 외국물품이 관세법에 따른 처분을 받기 위한 전제요건은 그 물품에 대한 관세행정처분의 현실적 기속가능성과 그 물품에 대하여 세관공무원이 행사할 수 있는 물품검사권의 구체적 실현가능성이다. 그렇기 때문에 외국물품은 세관장이 지정하거나 특허한 일정한 장소에 한하여 그 장치가 허용된다(관세법 제155조제1항). 이와 같이 관세행정절차에 제공되는 외국물품의 장치를 일정한 장소로 제한하여 허용하는 것은 외국물품의 반입자에게는 관세법에 따른 **보세장치의무**가 된다. 여기에서 만일 보세장치의무를 위반하였다면 그 의무위반행위는 1천만원 이하의 과태료 부과대상 질서위반행위에 해당된다(관세법 제277조제2항).

이러한 맥락에서 외국물품의 보세장치는 관세행정절차에 제공되는 외국물품의 적법한 소재를 의미하는데, 외국물품의 적법한 소재에 이바지하는 일정한 구역을 보세(장치)구역이라고 한다. 보세(장치)구역은 지정장치장과 세관검사장 그리고 특허보세

23) 국제무역선이나 국제무역기의 항행의 편의도모 기타 특별한 사정이 있는 때에는 해당 지역의 관할세관장이 아닌 다른 지역의 세관장에게 제출할 수도 있다(관세령 제156조).

24) 국제항이 아닌 지역에 대한 출입허가수수료의 산정기준 및 면제요건 등은 관세규칙 제62조를 참조.

창고로 구분되는데, **지정장치장**은 통관하려는 물품을 일시장치하기 위한 장소로 세관장이 지정하는 구역을 말하고, **세관검사장**은 통관하려는 물품을 검사하기 위한 장소로서 세관장이 지정하는 지역을 말하며, **특허보세창고**는 사인이 세관장의 특허를 받아서 외국물품 또는 통관하려는 물품을 장치하는 창고를 말한다.

2. 선박과 항공기의 관세국경 출입에 관련된 관세행정절차

1) 입출항절차

(1) 입항절차

관세법 제135조 제1항에 따라 국제무역선이나 국제무역기가 국제항(국제항이 아닌 지역에 대한 출입허가를 받은 지역을 포함한다)에 입항하였을 때에는 선장이나 기장[25)]은 선박용품 또는 항공기용품의 목록[26)], 여객명부[27)], 승무원명부[28)], 승무원 휴대품목록[29)]과 적재화물목록[30)]을 첨부하여 지체 없이 세관장에게 입항보고[31)]를 하여야 하며,[32)] 국제무역선은 선박국적증서와 최종 출발항의 출항면장(出港免狀)이나 이를 갈음할 서류를 제시하여야 한다. 여기에서 적하목록을 제출한 자는 제출한 자료를 해당 신고에 대한 수리일부터 2년 동안 보관[33)]할 의무가 생긴다(관세법 제12조). 그리고 만일 입항보고를 거짓으로 하였거나 입항보고를 불이행하였다면, 그 의무위반행위는

25) 관세법 제145조에 따라 선장이나 기장이 하여야 할 직무를 대행하는 자를 포함한다.

26) 선박용품목록에 기재하는 법정사항에 관하여는 관세령 제157조 제2항을 참조.

27) 선박(항공기)의 여객명부에 기재하는 법정사항에 관하여는 관세령 제157조 제3항·제8항을 참조.

28) 선박(항공기)의 승무원명부에 기재하는 법정사항에 관하여는 관세령 제157조 제4항·제8항을 참조.

29) 선박(항공기)의 승무원 휴대품목록에 기재하는 법정사항에 관하여는 관세령 제157조 제5항·제8항을 참조.

30) 적재화물목록에 기재하는 법정사항에 관하여는 관세령 제157조 제6항·제8항을 참조.

31) 선박(항공기)의 입항보고서에 기재하는 법정사항은 관세령 제157조 제1항·제7항을 참조.

32) 세관장은 세관감시와 밀수단속에 지장이 없다고 인정될 때에는 선박용품 또는 항공기용품의 목록이나 승무원 휴대품목록의 첨부를 생략하게 할 수 있다.

33) 관세청장이 정하는 바에 따라 마이크로필름·광디스크 등 자료전달 및 보관 매체에 의하여 보관할 수 있다(관세령 제3조제2항).

관세형벌법규에 따라 1천만 원(과실인 경우 200만 원) 이하의 벌금에 처해지는 허위신고죄 등에 해당된다(관세법 제276조제4항). 아울러 부정한 방법으로 적재화물목록을 작성하였거나 제출하였다면, 그 의무위반행위는 마찬가지로 관세형벌법규에 따라 2천만 원 이하의 벌금에 처해지는 허위신고죄 등에 해당된다(관세법 제276조제3항). 또한, 적재물품과 일치하지 아니하는 적재화물목록을 작성하였거나 제출하였다면 그 의무위반행위[34]는 100만 원 이하의 과태료 부과대상 질서위반행위에 해당된다(관세법 제277조제5항).

그런데 세관장은 신속한 입항과 통관절차의 이행, 그리고 효율적인 세관감시와 밀수단속을 위하여 필요할 때에는 관세법 제135조 제2항에 따라 입항하는 해당 선박 또는 항공기가 소속된 선박회사 또는 항공사(그 업무를 대행하는 자를 포함한다)로 하여금 앞서 설명한 여객명부·적재화물목록 등을 입항하기 전에 미리 제출하게 할 수 있다. 여기에서 화물운송주선업자(관세법 제222조 제1항제2호; 관세법 제254조의2 제1항에 따른 탁송품 운송업자로 한정한다)로서 법정요건(관세령 제231조제2항)을 갖춘 자가 작성한 적재화물목록은 해당 화물운송주선업자로 하여금 제출하게 할 수 있다. 그리고 만일 세관장의 제출명령을 거부하였다면, 그 의무위반행위는 관세형벌법규에 따라 1천만 원(과실인 경우 200만 원) 이하의 벌금에 처해지는 허위신고죄 등에 해당된다(관세법 제276조제4항). 그러나 과실로 여객명부 또는 승객예약자료를 제출하지 아니하였다면, 그 의무위반행위는 200만 원 이하의 과태료 부과대상 질서위반행위에 해당된다(관세법 제277조제4항).

한편, 국제무역선이나 국제무역기가 국제항에 입항하여 물품(선박용품 또는 항공기용품과 승무원의 휴대품은 제외한다)을 하역하지 아니하고 입항한 때부터 24시간 이내에 출항하는 경우 세관장은 입항절차에 따른 적재화물목록, 선박용품 또는 항공기용품의 목록, 여객명부, 승무원명부, 승무원 휴대품목록 또는 출항절차에 따른 적재물품의 목록의 제출을 생략하게 할 수 있다(관세법 제137조제1항). 또한, 세관장은 국제무역선이나 국제무역기가 국제항에 입항하여 입항절차를 마친 후 다시 우리나라의 다른 국제항에 입항할 때에는 간이입출항절차를 준용하여 서류제출의 생략 등 간소한 절차로 입출항하게 할 수 있다(관세법 제137조제2항).

34) 다만, 부정한 방법으로 적하목록을 작성하였거나 제출한 행위 또는 다른 선박회사·항공사 및 화물운송주선업자가 투입과 봉인한 것이어서 적재화물목록을 제출한 자가 해당 적재물품의 내용을 확인하는 것이 불가능한 경우에는 해당 적재화물목록을 제출한 행위는 제외된다.

(2) 출항절차

관세법 제136조 제1항에 따라 국제무역선이나 국제무역기가 국제항을 출항하려면 선장이나 기장[35]은 출항하기 전에 세관장에게 서면으로 출항허가[36]를 받아야 한다. 여기에서 선장이나 기장은 그 국제항에서 적재한 물품의 목록을 제출하여야 하는데,[37] 세관장이 출항절차를 신속하게 진행하기 위하여 필요하다고 인정하여 출항허가 후 7일의 범위에서 따로 기간을 정하는 경우에는 예외적으로 따로 정한 그 기간 내에 그 목록의 제출이 허용된다(관세법 제136조제2항). 그리고 적재화물목록를 제출한 자는 제출한 자료를 해당 신고에 대한 수리일부터 2년 동안 보관[38]할 의무가 생긴다(관세법 제12조). 아울러 만일 출항허가를 거짓으로 받았거나 출항허가를 받지 아니하였다면, 그 의무위반행위는 관세형벌법규에 따라 1천만 원(과실인 경우 200만 원) 이하의 벌금에 처해지는 허위신고죄 등에 해당된다(관세법 제276조제4항). 그리고 부정한 방법으로 적재한 물품의 목록을 작성하였거나 제출하였다면, 그 의무위반행위는 마찬가지로 관세형벌법규에 따라 2천만 원 이하의 벌금에 처해지는 허위신고죄 등에 해당된다(관세법 제276조제3항). 또한, 적재물품과 일치하지 아니하는 적재화물목록을 작성하였거나 제출하였다면 그 의무위반행위[39]는 100만 원 이하의 과태료 부과대상 질서위반행위에 해당된다(관세법 제277조제5항).

35) 관세법 제145조에 따라 선장이나 기장이 하여야 할 직무를 대행하는 자를 포함한다.

36) 선박(항공기)의 출항허가신청서에 기재하는 법정사항에 관하여는 관세령 제158조를 참조.

37) 세관장은 신속한 출항 및 통관절차의 이행과 효율적인 감시·단속을 위하여 필요한 경우에는 관세청장이 정하는 바에 따라 출항하는 해당 국제무역선 또는 국제무역기가 소속된 선박회사 또는 항공사로 하여금 적재화물목록을 출항허가 신청 전에 제출하게 할 수 있다(관세법 제136조제3항). 다만, 관세법 제222조 제1항 제2호에 따른 화물운송주선업자(관세법 제254조의2제1항에 따른 탁송품 운송업자로 한정한다.)로서 대통령령으로 정하는 요건을 갖춘 자가 작성한 적재화물목록은 관세청장이 정하는 바에 따라 해당 화물운송주선업자로 하여금 제출하게 할 수 있다.

38) 관세청장이 정하는 바에 따라 마이크로필름·광디스크 등 자료전달 및 보관 매체에 의하여 보관할 수 있다(관세령 제3조제2항).

39) 다만, 부정한 방법으로 적재화물목록을 작성하였거나 제출한 자나 적재물품을 수출한 자 또는 다른 선박회사·항공사 및 화물운송주선업자가 투입 및 봉인한 것이어서 적재화물목록을 제출한 자가 해당 적재물품의 내용을 확인하는 것이 불가능한 경우에는 해당 적재화물목록을 제출한 자는 제외된다.

2) 물품의 하역[40]

관세법 제140조 제1항에 따라 국제항에 입항한 외국무역선이나 외국무역기는 관세법상 입항절차를 마친 후가 아니면 원칙적으로 반입한 물품의 하역이나 환적은 허용될 수 없다. 따라서 만일 입항절차가 종료되기 전 물품을 하역하였거나 환적하였다면, 그 행위는 관세형벌법규에 따라 1천만 원(과실인 경우 200만 원) 이하의 벌금에 처해지는 허위신고죄 등이 적용된다(관세법 제276조제4항). 이것은 관세행정권이 관세영역에 반입된 외국물품에 대한 정확한 정보를 확보하여 그 물품에 대한 세관감시의 수행을 개시하기 위함이다. 하지만 국제무역선이나 국제무역기로 반입된 물품의 하역이 시급하고 그 외국물품에 대한 세관감시에 지장이 없다고 인정될 경우 예외적으로 입항절차가 종료하기 전이라도 세관장의 허가를 받는다면 물품의 하역이나 환적은 허용될 수 있다.[41] 여기에서 '하역'(荷役)이란 물품을 보세구역에서 반출하여 운송수단인 선박이나 항공기 또는 차량에 옮겨 놓거나 선박이나 항공기 또는 차량에서 하선이나 하기 또는 하차장소에 반입하는 행위를 말한다. 그리고 '환적'(換積)의 법적 개념은 동일한 세관의 관할구역에서 입국 또는 입항하는 운송수단에서 출국 또는 출항하는 운송수단으로 물품을 옮겨 싣는 것을 말한다(관세법 제2조제14호).[42]

그런데 관세법에 따라 물품의 하역[43]이나 환적이 허용되는 상태임에도 외국무역선이나 외국무역기에서 실제로 물품을 하역하려면 원칙적으로 세관장에게 신고하고[44]

---

40) 물품의 하역등에 관한 세부사항에 관하여 관세청장은 행정규칙으로 「보세화물입출항하선하기및적재에관한고시」와 「환적화물처리절차에관한특례고시」 및 「선박용품등관리에관한고시」를 제정·시행하고 있다.

41) 입항절차 가 종료하기 전 물품을 하역 또는 환적하기 위하여 세관장에게 제출하는 허가신청서에 기재하는 법정사항에 관하여는 관세령 제161조 제1항을 참조.

42) 입국 또는 입항하는 운송수단의 물품을 다른 세관의 관할구역으로 운송하여 출국 또는 출항하는 운송수단으로 물품을 옮겨 싣는 것은 "복합환적"이라 한다(관세법 제2조제15호).

43) 참고로 관세법이 수입화물에 관하여 관세확보를 위하여 여러 가지 규제를 하고 있다고 하여도 운송인에게 입항한 선박에 선적된 수입화물의 양륙 자체를 강제하는 것은 아니므로 운송인은 선하증권을 교부받을 때까지 수입화주의 화물양하작업을 적법하게 거부할 수 있다(대법원 1990.02.13. 선고 88다카23735 판결).

44) 세관장은 신고된 물품이 폐기물·화학물질 등 관세청장이 관계 중앙행정기관의 장과 협의하여 고시하는 물품으로서 하역 장소 및 통로, 기간을 제한하는 방법으로는 사회안전 또는 국민보건 피해를 방지하기 어렵다고 인정되는 경우에는 하역을 제한하고, 적절한 조치 또는 반송을 명할 수 있다(관세법 제140조제7항).

현장에서 세관공무원의 확인[45]을 받아야 한다(관세법 제140조제4항).[46] 그렇기 때문에 만일 현장에서 세관공무원의 확인을 받지 아니하고 물품을 하역하였거나 환적하였다면, 그 의무위반행위는 관세형벌법규에 따라 1천만 원(과실인 경우 200만 원) 이하의 벌금에 처해지는 허위신고죄 등에 해당된다(관세법 제276조제4항). 이것은 관세행정권이 해당 운송수단으로 반입된 물품에 대한 세관감시와 밀수단속의 용이성을 확보하기 위함이며, 세관장은 감시·단속의 필요성이 인정되는 경우라면 물품을 하역하는 장소와 통로인 이른바 하역통로와 기간을 제한할 수도 있다(관세법 제140조제5항).[47] 여기에서 만일 하역통로와 기간에 대한 제한을 위반하여 물품을 하역하였다면, 그 의무위반행위는 200만 원 이하의 과태료 부과대상 질서위반행위에 해당된다(관세법 제277조제4항).

물품의 하역은 일반적으로 국제항 내에서만 허용되는 것이 원칙이기 때문에 국제무역선이 국제항의 바깥에서 물품을 하역하거나 환적하려면 선장은 세관장의 허가를 받아야 하고, 항외하역에 관한 허가수수료를 납부하여야 한다(관세법 제142조). 국제항의 바깥에서 물품을 하역하거나 환적하는 행위를 원칙적으로 금지하는 이유는 외국으로부터 우리나라의 관세영역에 반입되는 물품에 대한 세관감시를 보장하기 위함이다. 따라서 만일 세관장의 허가 없이 국제항의 바깥에서 물품을 하역하거나 환적하였다면, 그 의무위반행위는 관세형벌법규에 따라 1천만 원(과실인 경우 200만 원) 이하의 벌금에 처해지는 허위신고죄 등에 적용된다(관세법 제276조제4항).

한편, 관세법 제140조 제4항에 따라 세관장의 허가를 받지 아니하고 국제무역선이나 국제무역기에 외국물품이 아닌 내국물품의 적재는 허용될 수 없으며, 국내운항선이나 국내운항기에 외국물품의 적재도 허용될 수 없다.[48] 따라서 만일 세관장의 허가를 받지 아니하고 적재하였다면, 그 의무위반행위는 관세형벌법규에 따라 1천만 원(과실의 경우 200만 원) 이하의 벌금에 처해지는 허위신고죄 등에 해당된다(관세법 제276조제4항). 마찬가지로 ① 외국물품을 운송수단으로부터 일시적으로 육지에 내려놓으려는

45) 세관공무원이 확인할 필요가 없다고 인정하는 경우에는 예외적으로 세관공무원의 확인이 없다고 하더라도 물품의 하역이나 환적은 가능하게 된다.

46) 세관장에게 제출하고 그 신고필증을 현장세관공무원에게 제시하는 물품의 하역(환적)신고서에 기재하는 법정사항 및 신고갈음에 관하여는 관세령 제161조 제2항을 참조.

47) 하역통로와 기간은 세관장이 지정하고 이를 공고하여야 한다(관세령 제161조제3항).

48) 허가를 받기위하여 세관장에게 제출하는 신청서에 기재하는 법정사항에 관하여는 관세령 제161조 제4항·제5항을 참조.

경우[49]나 ② 해당 운송수단의 여객·승무원 또는 운전자가 아닌 자가 운송수단에 타려는 경우[50] 또는 외국물품을 적재한 운송수단에서 다른 운송수단으로 물품을 (복합)환적하거나 사람을 이동시키는 경우[51]에 해당하는 행위를 하려면 세관장에게 이를 신고를 하고, 그 현장에서 세관공무원의 확인을 받아야 한다(관세법 제141조).[52] 그렇기 때문에 만일 외국물품의 일시양륙 또는 물품의 (복합)환적이나 사람의 이동 등에 대한 신고의무를 위반하였다면, 그 의무위반행위는 관세형벌법규에 따라 1천만 원(과실인 경우 200만 원) 이하의 벌금에 처해지는 허위신고죄 등에 해당된다(관세법 제276조제4항). 그리고 세관장에게 신고하지 아니하고 운송수단에 승선이나 탑승하였다면, 그 의무위반행위는 100만 원 이하의 과태료 부과대상 질서위반행위에 해당된다(관세법 제277조제5항). 아울러 ⓐ 선박용품 또는 항공기용품,[53] ⓑ 국제무역선·국제무역기 안에서 판매하는 물품, ⓒ 원양산업발전법 제6조 제1항 및 제17조 제1항·제3항에 따라 해양수산부장관의 허가·승인 또는 지정을 받은 자가 조업하는 원양어선에 무상으로 송부하기 위하여 반출하는 물품으로서 해양수산부장관이 확인한 물품을 국제무역선·국제무역기 또는 원양어선에 하역하거나 환적하려면 세관장의 허가[54]를 받아야 한다(관세법 제143조제1항).[55] 따라서 만일 허가를 받지 아니하고 선박용품이나 항공기용품을 하역

49) 외국물품의 일시양륙은 선하증권(항공화물운송장을 포함함)상의 수하인과 목적지가 제3국으로 기재된 외국물품을 운송수단 등의 변경을 위해 우리나라에 일시적으로 양륙(하선 또는 하기를 포함한다)하는 것을 말하는데, 세관장에게 제출하고 그 신고필증을 현장세관공무원에게 제시하는 외국물품의 일시양륙 신고서에 기재하는 법정사항에 관하여는 관세령 제162조 제1항을 참조. ▶육지에 내려놓고자 하는 외국물품을 장치할 수 있는 장소의 범위 등에 관하여는 관세청장이 정한다(관세령 제162조제2항).

50) 세관장에게 제출하고 그 신고필증을 현장세관공무원에게 제시하는 승선(탑승)신고서에 기재하는 법정사항에 관하여는 관세령 제163조를 참조.

51) 세관장에게 제출하고 그 신고필증을 현장 세관공무원에게 제시하는 환적(이동) 신고서에 기재하는 법정사항에 관하여는 관세령 제164조를 참조.

52) 관세청장이 세관감시나 밀수단속에 지장이 없다고 인정하여 따로 정하는 경우에는 외국물품의 일시양륙 등에 해당하는 행위를 간소한 방법으로 신고 또는 확인하거나 이를 생략하게 할 수 있다.

53) 해상면세유 등 선박·항공기 용품의 적재 허가를 받은 후 적재하지 않고 국내로 부정유출하는 사례 등을 방지하기 위하여 2014.1.1. 개정법령에서 추가되었다.

54) 허가를 받아야 하는 물품의 종류와 수량 등에 관하여 필요한 사항은 관세청장이 정하여 고시한다(관세법 제143조제5항).

55) 선박(항공기)용품의 하역(환적) 허가신청에 관한 세부사항에 관하여는 관세령 제166조를 참조.

하였거나 환적하였다면, 그 의무위반행위는 1천만 원 이하의 과태료 부과대상 질서위반행위에 해당된다(관세법 제277조제2항). 여기에서 허가를 받아야 하는 물품의 종류와 수량은 선박이나 항공기의 종류, 톤수 또는 무게, 항행일수·조업일수 또는 운행일수, 여객과 승무원·선원의 수 등을 고려하여 세관장이 타당하다고 인정하는 범위에 따라 결정된다(관세법 제143조제3항). **선박용품**[56]의 법적 개념은 음료, 식품, 연료, 소모품, 밧줄, 수리용 예비부분품과 부속품, 집기, 그 밖에 이와 유사한 물품으로서 해당 선박에서만 사용되는 것을 말하며(관세법 제2조제10호), **항공기용품**의 법적 개념은 선박용품에 준하는 물품으로서 해당 항공기에서만 사용되는 것을 말한다(관세법 제2조제11호).

그런데 세관장의 허가를 받아 외국무역선 또는 외국무역기에 하역하거나 환적하려면 앞서 설명한 ⓐ와 ⓑ에 해당하는 물품이 외국으로부터 우리나라에 도착한 외국물품일 때에는 보세구역으로부터 외국무역선·외국무역기 또는 원양어선에 적재하는 경우에 한하여 그 외국물품을 그대로 적재할 수 있지만(관세법 제143조제2항), 환승전용내항기[57]는 외국무역기에 관한 규정이 준용되어 적용되는 대상임에도 불구하고 그 외국물품을 그대로 적재하는 것이 허용되지 않는다(관세법 제146조제2항). 여기에서 만일 외국물품이 세관장으로부터 받은 하역허가의 내용대로 운송수단에 적재되지 아니한 경우에는 해당 허가를 받은 자로부터 즉시 그 관세를 징수하는데, ① 세관장이 지정한 기간 내에 그 물품이 다시 보세구역에 반입된 경우나 ② 재해나 그 밖의 부득이한 사유로 멸실된 경우 또는 ③ 미리 세관장의 승인[58]을 받고 폐기한 경우에는 예외적으로 그 관세를 징수하지 아니한다(관세법 제143조제6항).

---

56) 선박용품의 적용범위와 관련하여 판례(대법원 2016.10.27. 선고 2016두42081 판결)는 "관세법 제239조 제1호가 선박 안에서 소비하거나 사용될 것이 예정된 외국물품을 수입신고대상에서 제외하여 통관절차의 편의를 제공하려는 취지이므로 선용품은 항해 중에 선박 자체 또는 선원이나 승객에게 통상적으로 필요한 물품으로 보아야 하는 점, 관세법 제2조 제10호(정의조항)에서 선용품으로 열거된 다른 품목들도 선박 운행에 필요한 연료나 선원과 승객이 소비하는 음료·식품 등과 같이 항해를 위하여 기본적으로 갖추어야 할 소모성 물품들인 점, 반면 외국에서 선박을 수리하는 데 사용된 일반적인 부분품이나 부속품은 국내 반입 시 간이세율 등이 적용되는 수입으로 보아 달리 취급하고 있는 점 등을 종합하여 보면, 정의조항에서의 '수리용 예비부분품 및 부속품'은 항해 중에 있을 수 있는 선박의 자체적인 유지·관리·보수를 대비하여 통상적으로 구비하는 예비적인 부분품이나 부속품을 의미하고, 특정 부분품이 이에 해당하는지는 선박의 종류 및 규모, 부분품의 구성, 기능, 가격, 교체주기, 수리기간 및 방법 등 여러 사정을 종합적으로 고려하여 판단하여야 한다."는 태도를 보이고 있다.

57) 세관장이 조치할 수 있는 환승전용내항기의 관리사항에 관하여는 관세령 제168조의2를 참조.

58) 폐기승인 신청서에 기재하는 법정사항에 관하여는 관세령 제166조 제8항을 참조.

지금까지 설명한 물품의 하역에 관련된 관세행정절차는 재해나 그 밖의 부득이한 사유에 의한 경우에는 적용되지 않는데, 이러한 경우에 선장이나 기장[59]은 지체 없이 그 이유를 세관공무원이나 국가경찰공무원(세관공무원이 없는 경우로 한정한다)[60]에게 신고하여야 하고, 재해나 그 밖의 부득이한 사유가 종료되었을 때에는 지체 없이 세관장에게 그 경과를 보고하여야 한다(관세법 제138조).[61] 여기에서 재해나 그 밖의 부득이한 이유에 대한 신고의무를 이행하지 아니하였거나 그 경과보고의무를 이행하지 아니하였다면, 그 의무위반행위는 100만 원 이하의 과태료 부과대상 질서위반행위에 해당된다(관세법 제277조제5항).

3. 외국물품의 보세운송

1) 보세운송의 요건

외국물품은 관세영역 내에서 그 법적 지위가 내국물품으로 바뀌기 전까지 임의적 운송이 허용될 수 없는 것이 원칙이지만, 물류의 원활한 흐름과 효율적 통관을 위하여 필요한 경우에 예외적으로 ① 국제항, ② 보세구역, ③ 허가된 보세구역이 아닌 장소(관세법 제156조제1항), ④ 세관관서, ⑤ 통관역, ⑥ 통관장, ⑦ 통관우체국 등의 장소 상호 간에 한하여 그 운송이 허용될 수 있는데(관세법 제213조제1항), 이러한 장소 간 외국물품의 운송을 관세법상 보세운송이라고 한다. 여기에서 수출신고가 수리된 물품(관세법 제248조)은 해당 물품이 장치된 장소에서 앞서 설명한 제①부터 제⑦까지에 해당하는 장소로 운송될 수 있다. 또한, 재해나 그 밖의 부득이한 사유로 선박 또는 항공기로부터 내려진 조난 외국물품도 그 물품이 있는 장소로부터 앞서 설명한 제①부터 제⑦까지의 장소로 운송될 수 있다(관세법 제219조제1항).[62]

보세운송은 일반적으로 세관장에게 보세운송에 대한 신고의무를 이행만 하면 허용

59) 관세법 제145조에 따라 선장이나 기장이 하여야 할 직무를 대행하는 자를 포함한다.

60) 신고를 받은 국가경찰공무원은 지체 없이 그 내용을 세관공무원에게 통보하여야 한다.

61) 재해 등으로 인한 행위의 경과보고서에 기재하는 법정사항에 관하여는 관세령 제159조를 참조.

62) 이와 같은 경우에 외국물품을 운송하려면 보세운송의 승인을 받아야 하는데, 긴급한 경우에는 세관공무원이나 국가경찰공무원(세관공무원이 없는 경우로 한정한다)에게 신고하여야 하며, 신고를 받은 국가경찰공무원은 지체 없이 그 내용을 세관공무원에게 통보하여야 하고, 조난물품의 운송에 관하여는 관세법 제215조부터 제218조까지의 규정을 준용한다(관세법 제219조).

되지만, 특별히 물품에 대한 세관감시 등이 필요한 특정물품은 세관장의 승인을 받아야만 보세운송이 허용될 수 있다(관세법 제213조제2항).[63] 세관장의 승인을 얻어야 그 보세운송이 허용될 수 있는 물품은 다음과 같은 물품이 해당된다(관세령 제226조제3항):[64] ① 보세운송된 물품 중 다른 보세구역 등으로 재보세운송하고자 하는 물품; ② 검역법·식물방역법·가축전염병예방법 등에 따라 검역을 요하는 물품; ③ 위험물관리법에 따른 위험물; ④ 화학물질관리법에 따른 유해화학물질; ⑤ 비금속설; ⑥ 화물이 국내에 도착된 후 최초로 보세구역에 반입된 날부터 30일이 경과한 물품; ⑦ 통관이 보류되거나 수입신고수리가 불가능한 물품; ⑧ 보세구역 외 장치허가를 받은 장소(관세법 156조제1항)로 운송하는 물품; ⑨ 귀석·반귀석·귀금속·한약재·의약품·향료 등과 같이 부피가 작고 고가인 물품; ⑩ 화주 또는 화물에 대한 권리를 가진 자가 직접 보세운송하는 물품; ⑪ 통관지가 제한되는 물품(관세법 236조); ⑫ 적재화물목록상 동일한 화주의 선하증권 단위의 물품을 분할하여 보세운송하는 경우 그 물품; ⑬ 불법 수출입의 방지 등을 위하여 세관장이 지정한 물품; ⑭ 관세법 및 관세법에 의한 세관장의 명령을 위반하여 관세범으로 조사를 받고 있거나 기소되어 확정판결을 기다리고 있는 보세운송업자 등이 운송하는 물품.

그런데 보세운송의 신고 또는 승인신청을 받은 세관당국의 입장에서 세관감시와 밀수단속을 위하여 필요하다고 인정될 때에 세관공무원은 보세운송하려는 물품에 대한 검사권을 행사할 수 있으며, 수출신고가 수리된 물품에 대한 보세운송절차는 관세청장이 따로 정하는 것을 제외하고 생략된다(관세법 제213조제3항·제4항).[65] 여기에서 보세운송의 신고 또는 승인신청에 대한 취하와 각하에 대한 처리 방법은 관세법 제250조를 준용하여 승인되거나 조치되며, 보세운송하려는 물품에 대한 검사 장소는 관세법 제247조를 준용한다(관세법 제213조제5항). 그리고 보세운송의 신고 또는 승인신청은 화주나 관세사 등 또는 보세운송을 업(業)으로 하는 소위 보세운송업자의 명의로만 허용

---

63) 보세운송신고(승인신청)서에 기재하는 법정사항에 관하여는 관세령 제226조 제1항·제2항을 참조.

64) 이러한 물품 중 관세청장이 보세운송승인대상으로 하지 아니하여도 화물관리와 불법 수출입의 방지에 지장이 없다고 판단하여 정하는 물품에 대하여는 신고만으로 보세운송이 허용될 수 있다(관세령 제226조제4항).

65) 보세운송의 신고·승인과 검사에 대하여는 관세법 제247조의 검사장소 규정과 관세법 제250조의 신고의 취하와 각하 규정을 준용한다(관세법 213조제5항).

되며, 보세운송의 신고를 하거나 승인을 받은 자는 해당 물품이 운송목적지에 도착하였을 때에는 도착지의 세관장에게 보고할 의무가 주어진다(관세법 제214조·제215조). 따라서 만일 보세운송의 신고인 적격이 위반되었거나 보세운송의 도착보고의무가 위반되었다면 그 의무위반행위는 200만 원 이하의 과태료 부과대상 질서위반행위가 해당된다(관세법 제277조제4항).

한편, 보세운송물품에 대한 세관감시와 밀수단속을 위하여 필요하다고 인정될 때에는 세관장에게 운송통로를 제한할 수 있는 권한이 주어지며,[66] 보세운송의 신고인은 관세청장이 정하는 기간 내에 보세운송을 끝내야 하는데, 세관장은 재해나 그 밖의 부득이한 사유로 필요하다고 인정될 때에는 그 기간을 연장할 수 있다(관세법 제216조).[67] 만일 보세운송의 신고를 하거나 승인을 받아 보세운송하는 외국물품이 지정된 기간 내에 목적지에 도착하지 아니한 경우에는 즉시 그 관세를 징수하는데, 해당 물품이 재해나 그 밖의 부득이한 사유로 망실되었거나 미리 세관장의 승인을 받아 그 물품을 폐기하였을 때에는[68] 예외적으로 해당 물품에 대한 관세의 징수를 면하게 된다(관세법 제217조). 아울러 세관장은 보세운송하려는 물품의 성질과 형태, 보세운송업자의 신용도 등을 고려하여 보세운송업자나 물품을 지정하여 보세운송신고절차의 간소화, 보세운송하려는 물품에 대한 검사의 생략, 보세운송대상물품에 대한 담보제공의 면제 등, 간이보세운송의 조치를 할 수 있다(관세법 제220조). 그리고 국제무역선이나 국제무역기가 내국물품을 운송하려면 세관장에게 내국운송의 신고를 하여야 하는데, 내국운송에 관하여는 외국물품의 보세운송에 관한 규정이 준용된다(관세법 제221조; 관세령 제230조). 그리고 보세운송에 관한 자료는 해당 신고에 대한 수리일부터 2년 동안 보관[69]할 의무가 생긴다(관세법 제12조).

66) 세관장은 보세운송의 신고를 하거나 승인을 받으려는 물품에 대하여 관세의 담보를 제공하게 할 수 있다(관세법 제218조).

67) 보세운송을 신고하거나 승인한 세관장 또는 도착지 세관장에게 제출하는 보세운송기간 연장신청서에 기재하는 법정사항에 관하여는 관세령 제227조를 참조..

68) 운송물품의 폐기승인신청과 관련하여 관세령 제179조와 제180조의 규정이 준용된다(관세령 제228조).

69) 관세청장이 정하는 바에 따라 마이크로필름·광디스크 등 자료전달 및 보관 매체에 의하여 보관할 수 있다(관세령 제3조제2항).

2) 보세운송업등의 등록과 관리

관세법 제222조 제1항에 따라 ① 보세운송업, ② 화물운송주선업(보세화물을 취급하려는 자로서 다른 법령에 따라 화물운송을 주선하는 업),[70] ③ 국제무역선·국제무역기 또는 국경출입차량에 물품을 하역하는 업, ④ 국제무역선·국제무역기 또는 국경출입차량에 선박용품, 항공기용품, 차량용품, 선박·항공기 또는 철도차량 안에서 판매할 물품, 용역 등을 공급하는 업, ⑤ 국제항 안에 있는 보세구역에서 물품이나 용역을 제공하는 업, ⑥ 국제무역선·국제무역기 또는 국경출입차량을 이용하여 상업서류나 그 밖의 견본품 등을 송달하는 업, ⑦ 전자상거래법 제12조 제1항에 따라 통신판매업자로 신고한 자로서 직전 연도 구매대행한 수입물품의 총 물품가격이 10억원 이상인 자로 구매대행업 등을 영위하려면 관세청장 또는 세관장에게 등록하여야 한다.[71]

따라서 만일 등록을 하지 아니하고 보세운송업등을 영위하였다면 그 의무위반행위는 관세형벌법규에 따라 2천만 원(과실인 경우 300만 원) 이하의 벌금에 처해지는 허위신고죄 등에 해당된다(관세법 제276조제3항). 여기에서 보세운송업등의 등록증을 교부받기 위한 전제조건으로 다음과 같은 등록요건을 갖추어야 한다(관세법 제223조): ① 특허보세구역 운영인의 결격사유(관세법 제175조)에 해당하지 아니할 것, ② 항만운송사업법 등 관련 법령에 따른 면허·허가·지정 등을 받거나 등록을 하였을 것, ③ 관세 및 국세의 체납이 없을 것, ④ 보세운송업자등의 등록이 취소된 후 2년이 지났을 것.

관세법 제222조 제5항에 따라 보세운송업등의 등록의 유효기간은 3년으로 하되, 그 기간은 갱신[72]될 수 있다. 여기에서 관세청장 또는 세관장은 관세법 제255조의2 제7항에 따른 안전관리 기준의 준수 정도 측정·평가결과가 우수한 자가 등록을 갱신하는 경우에는 유효기간을 2년의 범위에서 연장하여 정할 수 있다. 하지만 등록된 보세

70) 2011.7.25. 개정법률에서 수출입물류의 통관질서를 유지하고 보세화물운송주선업자를 통한 밀수 등의 불법행위를 방지하기 위하여 수출입물류에 참여하는 보세화물운송주선업을 신고제에서 등록제로 전환하였다.

71) 보세운송업자 등의 등록신청서에 기재하는 법정사항과 등록증 교부요건에 관하여는 관세령 제231조 제1항·제2항을 참조.

72) 등록의 유효기간을 갱신하려면 등록갱신신청서를 기간만료 1개월 전까지 관할지세관장에게 제출하여야 한다(관세령 제231조제3항). ▶세관장의 기간만료예정 통보절차 등에 관하여는 관세령 제231조 제4항·제5항을 참조.

운송업자가 폐업한 때, 사망한 때(법인의 경우 해산한 때), 등록기간이 만료된 때, 등록이 취소된 때에는 그 등록의 효력이 상실된다(관세법 제222조의2). 그리고 보세운송업자등은 다른 사람에게 자신의 성명·상호를 사용하여 보세운송업자등의 업무를 하게 하거나 그 등록증을 빌려주는 것이 금지된다(관세법 제223조의2).

관세법에서 보세운송업등의 등록관리당국인 관세청장 또는 세관장은 관세법의 준수 여부를 확인하기 위하여 필요하다고 인정할 때는 앞서 설명한 업종을 영위하는 보세운송업자등에게 업무실적, 등록사항 변경 등 그 영업에 관하여 보고를 명하거나 장부 또는 그 밖의 서류를 제출하도록 명할 수 있는 권한이 주어지며, 화물운송주선업자에게 해당 업무[73]에 관한 보고를 하도록 지시할 수 있는 권한도 갖는다(관세법 제222조 제3항·제4항). 그렇기 때문에 만일 이러한 관세청장 또는 세관장의 명령 또는 지시를 이행하지 아니하였다면 그 의무위반행위는 200만 원 이하의 과태료 부과대상 질서위반행위에 해당된다(관세법 제277조제4항). 또한, 세관장은 보세운송업자등이 다음과 같은 행정제재의 요건에 해당한다면 등록의 취소, 6개월의 범위에서의 업무정지 또는 그 밖에 필요한 조치를 할 수 있다(관세법 제224조): ① 거짓이나 그 밖의 부정한 방법으로 등록을 한 경우; ② 특허보세구역 운영인의 결격사유(관세법 제175조)에 해당하는 경우;[74] ③ 항만운송사업법 등 관련 법령에 따라 면허·허가·지정·등록 등이 취소되거나 사업정지처분을 받은 경우; ④ 보세운송업자 등(그 임직원과 사용인을 포함한다)이 보세운송업자 등의 업무와 관련하여 관세법이나 관세법에 따른 명령을 위반한 경우, ⑤ 명의대여 등의 금지규정를 위반한 경우; ⑥ 보세운송업자등(그 임직원과 사용인을 포함한다)이 보세운송업자등의 업무와 관련하여 조세범처벌법 제4조 제4항에 따른 과태료를 부과받은 경우. 보세운송업자등의 등록 취소 및 업무정지 처분을 하려면 반드시 청문을 실시하여야 한다(관세법 제328조제8호).

한편, 선박회사 또는 항공사(그 업무를 대행하는 자를 포함한다)가 보세화물을 취급하려면 세관장에게 신고하여야 하는데, 신고를 이행한 후 신고인의 주소 등 중요사항을 변경한 때에도 또한 같다(관세법 제225조제1항).[75] 따라서 만일 신고의무를 이행

73) 해당 업무에 관하여는 관세령 제232조 제3항을 참조.

74) 다만, 임원 중에 관세법 제175조 제2호 또는 제3호에 해당하는 자가 있는 법인의 경우 3개월 이내에 해당 임원을 변경한 때에는 예외로 한다.

75) 보세화물 취급 선박회사 등의 신고요건과 신고서에 기재하는 법정사항 및 신고대상 중요사항에 관하여는 관세령 제232조 제1항·제2항을 참조.

하지 아니하고 보세화물을 취급하였다면 그 의무위반행위는 관세형벌법규에 따라 2천만 원(과실인 경우 300만 원) 이하의 벌금에 처해지는 허위신고죄 등에 해당되며(관세법 제276조제3항), 중요사항 변경신고를 이행하지 아니하였다면 그 의무위반행위는 200만 원 이하의 과태료 부과대상 질서위반행위에 해당된다(관세법 제277조제4항). 여기에서 세관장은 통관의 신속을 기하고 보세화물의 관리절차를 간소화하기 위하여 필요하다고 인정할 때에는 보세화물 취급신고를 한 선박회사 또는 항공사로 하여금 해당 업무[76]에 관하여 보고를 하도록 지시할 수 있는 권한을 갖는다(관세법 제225조제2항). 따라서 만일 이러한 세관장의 지시를 이행하지 아니하였다면 그 의무위반행위는 200만 원 이하의 과태료 부과대상 질서위반행위에 해당된다(관세법 제277조제4항).

4. 물품취급시간의 제한

관세법 제321조 제1항에 따라 세관의 업무시간과 보세구역과 운송수단에 있어서의 물품의 취급시간은 제한된다.[77] 그렇기 때문에 ① 세관의 업무시간이 아닌 때에 통관절차·보세운송절차 또는 입출항절차를 밟으려는 자와 ② 운송수단의 물품취급시간이 아닌 때에 물품을 취급하려는 자는 세관장에게 미리 통보하지 않으면 안 된다(관세법 제321조제2항). 이에 따라 공휴일 또는 개청시간 외에 통관절차·보세운송절차 또는 입출항절차를 밟고자 하는 자는 사무의 종류 및 시간과 사유를 기재한 통보서[78]를 세관장에게 제출하여야 한다(관세령 제275조제1항). 여기에서 수출(반송)·수입의 신고(법 제241조) 대상 우편물을 제외한 우편물과 특별한 경우[79]에 대하여는 통보서 제출의무가 면제된다. 그리고 세관장에게 사전통보를 한 자는 개청시간 및 물품취급시간 외 통관절차 등에 관한 수수료의 기준[80]에 따라 수수료를 납부하여야 하며(관세법 제321조제3항), 사전

76) 해당 업무에 관하여는 관세령 제232조 제3항을 참조.

77) 세관의 개청시간과 보세구역 및 운수수단의 물품취급시간은 다음과 같은 구분에 의한다(관세령 제274조): ① 세관의 개청시간 및 운송수단의 물품취급시간은 국가공무원복무규정에 의한 공무원의 근무시간(다만, 항공기·선박 등이 상시 입·출항하는 등 세관의 업무특성상 필요한 경우에 세관장은 관세청장의 승인을 얻어 부서별로 근무시간을 달리 정할 수 있다); ② 보세구역의 물품취급시간은 24시간(다만, 감시·단속을 위하여 필요한 경우 세관장은 그 시간을 제한할 수 있다).

78) 통보서에 기재하는 법정사항에 관하여는 관세령 제275조 제3항을 참조.

79) 통보서 제출이 면제되는 특별한 경우에 관하여는 관세령 제275조 제2항을 참조.

80) 개청시간 및 물품취급시간외 통관절차 등에 관한 수수료의 세부기준 등에 관하여는 관세규칙

통보는 부득이한 경우를 제외하고는 국가공무원복무규정에 의한 공무원의 근무시간 내에 하여야 한다(관세령 275조제4항).

제 2 절 FTA 원산지상품의 수입통관과 원산지검증

I 국내반입 외국물품의 수입신고의무

1. 수입물품에 대한 신고의무

관세법 제241조 제1항에 따라 외국물품을 우리나라에 반입(보세구역을 경유하는 것은 보세구역으로부터 반입하는 것을 말한다)하거나 우리나라에서 소비 또는 사용[81]하는 경제주체는 관세법에 따라 그 물품에 대한 수입신고의무를 가지게 된다. 그리고 관세법 제248조 제1항에서 수입신고를 받은 세관장에게 적합한 신고에 대한 처리의무, 즉 신고수리의무와 신고인에게 수입신고필증을 교부할 의무를 일반원칙으로 규정하고 있다.

(1) 수입신고의 법적 성질

관세법에 따라 수입신고의무를 이행하는 행위는 외국물품을 국내로 반입하려는 사인(私人)이 세관장의 신고수리를 받기 위하여 세관장에게 그 반입 의사와 함께 해당 물품의 품명·규격·수량과 가격 등에 관한 사항을 알리는 신고행위가 된다. 이러한 신고행위는 관세행정주체인 세관장과 사인인 수입신고인 간의 관세법률관계에서 형성되는 행위로서 사인이 공법상의 효과인 관세법에 따른 법률관계의 발생·변경·소멸을 목적으로 행하는 행위를 의미하게 되는데, 이를 강학(講學)에서는 이른바 '사인(私人)의

제81조를 참조.

81) 우리나라의 운송수단 안에서의 소비 또는 사용을 포함하며, 관세법 제239조에서 수입으로 보지 아니하는 소비 또는 사용은 제외한다.

공법행위'라고 부른다.

사인의 공법행위의 관념에 부합하는 신고행위는 일반적으로 그 유형에 있어서 자체완성적 공법행위와 행정요건적 공법행위로 구분하는데, 양자는 사인의 공법행위라는 동일한 법적 성질에도 불구하고 그 법적 효과의 발생요건에서는 차이가 있다. 예컨대, 관세법 제157조 제1항에 따른 물품의 반입신고의무, 다시 말하면 보세구역에 물품을 반입하려는 사인이 이행하여야 하는 물품의 반입신고행위도 사인의 공법행위에 속한다. 그런데 수입신고행위와 반입신고행위 모두는 사인이 반입하려는 외국물품에 대하여 세관장에게 알리는 같은 형태의 신고행위이기 때문에 사인의 공법행위라는 동일한 법적 성질을 갖지만 그 법적 효과의 발생요건에서 수입신고행위가 관세법에 따라 세관장에 대하여 일정한 사항을 통지하고 세관장이 이를 수리함으로써 법적 효과가 발생하는 행정요건적 공법행위의 신고임에 반하여, 보세구역 반입신고행위는 관세법령에 따라 세관장에 대하여 일정한 사항을 통지함으로써 그 의무가 끝나는 자체완성적 공법행위의 신고가 된다.

(2) 수입신고의 기본적 요건

외국물품을 국내로 반입하려는 사인으로부터 수입신고를 받은 세관장은 그 수입신고가 관세법령에 적합하게 이루어진 것으로 인정하는 경우에 그 신고를 지체없이 수리하고 신고인에게 신고필증을 발급할 의무를 가지게 된다. 사인의 수입신고가 관세법령에 적합하게 이루어진 것으로 받아들여지기 위해서는 세 가지 기본적 요건의 충족이 요구된다. 즉, 수입신고의 형식적 요건, 시기적 요건, 내용적 요건을 실현하는 수입신고만이 일반적으로 관세법에 따른 유효한 신고행위로 인정될 수 있게 된다. 세 가지 기본적 요건을 나누어 설명하면 다음과 같다.

가. 형식적 요건

수입신고의 형식적 요건은 적격요건을 갖춘 신고인 명의로 소정양식의 서면 — 이것을 소위 '정식(일반)수입신고'라고 말한다 — 에 신고서류를 첨부하여 세관장에게 제출[82]하는 것이다. 따라서 구두에 의한 수입신고는 원칙적으로 허용될 수 없다.

82) 제출의 방법은 소정의 신고서를 세관에 직접 제출하거나 세관의 EDI통관시스템을 통하여 전송(P/L신고)할 수 있는데, P/L(paperless)신고가 일반적인 방법이다.

여기에서 신고인의 자격은 화주 또는 관세사법에 따른 관세사와 관세법인[83] 등에 한하여 부여된다(관세법 제242조). 그리고 수입신고서에 첨부하여야 할 주요 신고서류[84]는 과세자료와 선하증권 사본 또는 항공화물운송장 사본, 원산지증명서,[85] 기타 참고서류 등이다(관세법 제245조제1항; 관세령 제250조제1항). 아울러 수입신고하는 물품이 통관요건의 확인이 필요로 하는 경우(관세법 제226조)라면 관련 증명서류를 첨부하여야 한다(관세령 제250조제2항).[86] 그런데 신고인의 자격이 부여되는 '화주'는 해당 물품의 실제 소유권자를 의미하지만 수입거래의 계약조건에 따라 수입물품의 법적 소유권은 갖고 있지 않더라도 그 물품에 대한 사용·수익 또는 처분권을 가졌다면 화주로 간주되어야 할 것이다. 그리고 신고인은 관세당국에 대하여 수입신고서에 기재한 사항의 정확성, 관세와 제세의 납부에 대한 책임을 져야하기 때문에 화주에게는 신고인의 권리로서 수입신고 전에 수입신고물품에 대한 확인이 허용된다(관세법 제246조제3항). 또한, 신고인은 수입신고 시 서류의 제출을 생략하게 하거나 수입신고수리 후에 서류를 제출하게 하는 경우 세관장이 필요하다고 인정하여 신고인에게 관세청장이 정하는 장부 기타 관계 자료의 제시 또는 제출을 요청하는 때에는 이에 응하여야 한다(관세법 제245조제3항). 만일 세관장이

83) 관세사 또는 관세사 법인과 그에게 통관업무를 맡긴 수입업자 사이의 법률관계는 민법상의 위임관계와 같으므로, 관세사는 위임계약의 내용에 의하여 정해지는 구체적 위임사무 범위에서 위임의 본지에 따라 선량한 관리자의 주의로써 의뢰받은 통관업무를 처리하여야 하고, 위임인인 의뢰인의 지시가 있으면 우선적으로 이에 따라야 할 것이지만, 관세사는 의뢰받은 사무와 밀접하게 연관되는 범위 안에서는 비록 별도의 위임이 없다 하여도 의뢰인이 이익을 도모하고 손해를 방지하기 위하여 필요한 조치를 취하도록 의뢰인에게 설명하고 조언하여야 하며, 의뢰인의 구체적인 지시가 있어도 그에 따르는 것이 위임의 본지에 적합하지 않거나 또는 의뢰인에게 불이익한 때에는 관세사는 그러한 내용을 의뢰인에게 설명하고 그 지시를 변경하도록 조언할 의무를 진다. ▶관세사가 의뢰인으로부터 위임받은 수입물품의 통관업무를 처리하면서 관세청장에 대한 사전회시 등 수입물품의 관세율표 품목분류번호(세번)를 확정하는 데 필요한 조치를 취하지 아니한 채, 의뢰인의 요구에 따라 잘못된 세번과 세율로 수입신고함으로써 의뢰인으로 하여금 가산세를 무는 손해를 입게 하였다면, 관세사로서의 선량한 관리자의 주의의무와 설명조언의무를 위반한 것이다(대법원 2005.10.07. 선고 2005다38294 판결).

84) 화주인 신고인이 수입신고서에 첨부하여야 할 신고서류를 관세사 등에게 제출하고, 관세사 등이 해당 서류를 확인한 후 수입신고를 하는 때에는 해당 서류의 제출을 생략하게 하거나 해당 서류를 수입신고수리 후에 제출하게 할 수 있다(관세법 제245조제2항).

85) 수입신고인이 법·조약·협정 등에 의하여 다른 국가의 생산(가공을 포함한다)물품에 적용되는 세율보다 낮은 세율을 적용받으려는 자로서 원산지확인이 필요하다고 관세청장이 정하는 자 또는 관세율의 적용 기타의 사유로 인하여 원산지확인이 필요하다고 관세청장이 지정한 물품을 수입하는 자에 해당하는 경우를 말한다.

86) 세관장은 필요 없다고 인정되는 때에는 이를 생략하게 할 수 있다(관세령 제250조제2항단서).

요청하는 장부나 기타 관계자료를 제시 또는 제출하지 아니하였다면, 그 의무위반행위는 100만 원 이하의 과태료 부과대상 질서위반행위에 해당된다(관세법 제277조제5항).

한편, 수입신고의 형식적 요건에서 신고 형태의 정형적 서면주의원칙에도 불구하고 관세법은 국외로부터 우리나라에 반입되거나 보세구역으로부터 국내로 반입되는 물품이 ① 휴대품·탁송품·별송품, ② 우편물, ③ 관세가 면제되는 물품, ④ 관세율표 중 기본세율이 무세인 국제운송을 위한 컨테이너, ⑤ 보고 또는 허가의 대상이 되는 운송수단(관세법 제135조·제136조·제149조·제150조)[87] 등에 해당되는 경우에는 예외적으로 서면에 의한 정식신고를 생략하게 하거나 정식신고의 형태가 아닌 간이한 수입신고 방법을 허용하고 있다(관세법 제241조제2항). 신고를 생략하게 할 수 있는 물품은 여행자 휴대품, 승무원 휴대품, 우편물, 국제운송을 위한 컨테이너(관세율표상 기본세율이 무세인 것에 한한다), 그리고 기타 서류·소액면세물품 등 신속한 통관을 위하여 필요하다고 인정하여 관세청장이 정하는 탁송품 또는 별송품이 해당된다(관세령 제246조제4항). 하지만 예외적 수입신고 방법의 허용범위에 속하는 경우라고 하더라도 그 휴대품·탁송품·별송품 또는 우편물이 이른바 수입구비조건에 대한 세관장확인대상물품(관세법 제226조)에 해당되거나 정식수입신고대상[88]인 우편물(관세법 제258조제2항)에 해당한다면 정식신고 방법으로 수입신고를 하지 않으면 안 된다. 여기에서 수입신고를 생략하게 한다는 것은 구두에 의한 신고를 허용한다는 의미로 새겨야 할 것이다. 이것은 가령, 여객항공기로 입국하는 여행자가 휴대하여 반입하는 물품에 대하여 세관공무원의 휴대품검사는 그 여행자의 구두신고를 토대로 수행되고 있는 사실에서 추론될 수 있다.[89] 그리고 정식신고의 형식이 아닌 간이한 수입신고 방법은 "상호주의에 의한

87) 우리나라에 수입할 목적으로 최초로 반입되는 운송수단 또는 해외에서 수리 또는 개체(改替)된 우리나라의 운송수단은 제외된다.

88) ① 수출입의 승인을 얻은 것(대외무역법 제11조), ② 법령에 의하여 수출입이 제한되거나 금지되는 물품, ③ 세관장의 확인이 필요한 물품(관세법 제226조), ④ 판매를 목적으로 반입하는 물품 또는 대가를 지급하였거나 지급하여야 할 물품(통관허용 여부 및 과세대상 여부에 관하여 관세청장이 정한 기준에 해당하는 것에 한한다), ⑤ 가공무역을 위하여 우리나라와 외국 간에 무상으로 수출입하는 물품 및 그 물품의 원·부자재, ⑥ 그 밖에 수출입신고가 필요하다고 인정되는 물품으로서 관세청장이 정하는 금액(현재 한화 15만 원)을 초과하는 물품 등을 말한다.

89) 이와 관련하여 판례(대법원 1981.01.27. 선고 80도3096 판결)는 물품을 휴대 반입할 때에 세관원에게 구두로 신고하고 검사대 위에 이를 제시하는 등 적법한 절차에 의하여 통관하였다면 비록 사전에 정식 수입절차를 밟지 않고 수입하였다고 하더라도 관세법위반의 죄책을 물을 수 없다는 태도를 보여 구두신고에 의한 신고의무의 이행을 인정하고 있다.

간이한 통관"(관세법 제255조)절차인 "A.T.A 까르네에 의한 일시수출입통관"절차가 그 전형적인 실례가 된다. 이러한 범주의 신고 방법에는 "전자상거래물품의 특별통관 등"(관세법 제254조) 절차에서 따로 정한 수입신고 방법 또는 "탁송품의 특별통관"(관세법 제254조의2)절차에서 이른바 '통관목록'의 제출도 포함될 수 있을 것이다.

나. 시기적 요건

수입신고의 시기적 요건은 원칙적으로 외국물품이 국외로부터 우리나라에 도착된 이후[90]에나 그 물품의 수입신고가 가능하게 된다(관세법 제243조제2항). 따라서 외국물품을 적재한 선박 또는 항공기가 우리나라의 항구나 공항에 입항하기 전이라면 수입신고는 받아들여질 수 없다. 하지만 관세법은 관세행정상 신속한 통관의 필요성이 인정된다면 예외적으로 외국물품을 적재한 선박 또는 항공기가 우리나라의 항구나 공항에 아직 입항하지 않았다고 하더라도 그 물품을 적재한 선박 또는 항공기가 국외의 항구 또는 공항에서 출항하여 선박의 경우 5일 이내, 항공기의 경우 1일 이내 우리나라의 항구나 공항에 입항할 예정인 경우에 한하여 해당 외국물품이 우리나라에 도착된 것으로 간주하면서 수입신고를 허용하고 있는데 이를 **'입항전수입신고'**라 부른다(관세법 제244조제1항).

그러나 이와 같은 수입신고의 시기적 요건에 관한 특례규정에도 불구하고 국외로부터 우리나라에 반입하려는 물품에 대하여 세율이 인상되거나 새로운 수입요건을 갖추도록 요구하는 법령이 적용되거나 적용될 예정[91] 또는 수입신고하는 때와 우리

90) 임대 항공기의 수입신고 시기는 임대기간 종료 후 최초 입항한 시점이 해당된다.

91) 액화천연가스 수입업자인 '갑'공사가 2006.1.1. 우리나라 도착 예정인 액화천연가스에 대하여 2005.12.30. 입항 전 수입신고를 하였는데, 당시 2006.1.1.부터 액화천연가스에 대한 특별소비세율을 인상하는 내용의 구 특별소비세법 개정안이 입법예고되어 있어서 구 관세법시행령 제249조 제3항 제1호에 따라 위 물품은 입항전수입신고 대상에 해당되지 않는다는 이유로 과세관청이 '갑'공사에 개정된 세율에 따른 특별소비세 및 그에 대한 가산세 등을 부과하는 처분을 한 사안에 대하여, 판례(대법원 2011.10.13. 선고 2009두22072 판결)는 구 관세법 제244조 제1항의 문언상 입항전수입신고의 절차와 방법만을 구 관세법시행령에서 정하도록 위임한 것이 아니므로 시행령이 입항전수입신고의 대상에 관하여도 필요한 경우 일정한 제한을 하는 것을 충분히 예상할 수 있는 점, 입항전수입신고는 신속한 통관의 편의를 위하여 법 제243조 제2항에 의한 입항후수입신고의 원칙에 대한 예외로서 인정된 것인 만큼 그로 인하여 법령의 개정이 예고되어 있는 상황에서 개정법령의 적용을 회피하는 결과까지 초래되는 것은 바람직하지 않으므로 이와 같은 경우에 시행령에서 입항전수입신고를 제한하더라도 모법의 취지에 반한다고 할 수 없는 점 등을 종합하면, 관세법시행령 제249조 제3항 제1호 규정이 세법 개정에 따라 높은 세율의

나라에 도착하는 때의 물품의 성질과 수량이 달라지는 물품으로서 관세청장이 지정한 물품에 해당된다면 입항전수입신고는 허용될 수 없어서 해당 물품을 적재한 선박 등이 우리나라에 도착[92]된 후에 수입신고하지 않으면 안 된다(관세령 제249조제3항). 이것은 관세법에서 과세물건의 확정시기와 관련하여 수입신고를 하는 때의 물품의 성질과 그 수량에 의하여 관세를 부과하는 원칙과 아울러 적용법령과 관련하여 수입신고 당시의 법령에 의하여 관세를 부과하는 원칙에 비추어 볼 때 논리필연적인 당연한 귀결일 수밖에 없다.

그런데 관세법에서 수입목적으로 지정장치장 또는 보세창고에 반입되거나 보세구역이 아닌 장소에 장치된 물품은 그 반입일 또는 장치일부터 30일 이내에 수입신고의무가 강제된다(관세법 제241조제3항).[93]

만일 위의 기간 내에 가산세대상물품의 수입신고를 하지 아니하였다면 세관장은 법정 가산세율[94]에 의하여 산출한 금액을 가산세로 징수한다(관세법 제241조제4항). 가산세를 징수하는 대상물품은 물품의 신속한 유통이 긴요하다고 인정하여 보세구역의 종류와 물품의 특성을 감안하여 관세청장이 정하는 물품[95]이 되며(관세령 제248조), 가산세액은 다음과 같은 법정 가산세율에 따라 산출한다(관세령 제247조제1항): ① 위의 "신고의무기한"(관세법 제241조제3항)이 경과한 날부터 20일 내에 신고를 한 때에는 해당 물품의 과세가격의 1천분의 5; ② 신고의무기한이 경과한 날부터 50일 내에 신고를 한 때에는 해당 물품의 과세가격의 1천분의 10; ③ 신고의무기한이 경과한 날부터 80일 내에 신고를 한 때에는 해당 물품의 과세가격의 1천분의 15; ④ 앞의 제①부터 제③까지 이외의 경우에는 해당 물품의 과세가격의 1천분의 20. 여기에서 가산세액의 총금액은

적용이 예고되어 있는 물품에 대하여 입항전수입신고를 제한하더라도 이를 두고 관세법 제244조 제1항의 위임범위를 벗어나 무효라고 할 수 없다는 입장을 보였다.

92) "우리나라에 도착"은 객관적 증빙자료 등을 통해 입증되는 경우 원칙적으로 영해 등 우리나라의 영해에 도착한 시점으로 보고 있다(기재부 관세제도과-646, 2019.7.4.).

93) 세관장은 신고의무기간 내에 신고를 하지 아니한 물품에 대하여는 직권으로 이를 검사할 수 있으며, 해당 신고인이 세관장의 직권에 의한 검사에 참여할 것을 신청하거나 신고인의 참여가 필요하다고 인정하는 때에는 그 일시·장소·방법 등을 정하여 검사에 참여할 것을 통지할 수 있다(관세령 제251조).

94) 해당 물품의 과세가격의 100분의 2에 상당하는 금액의 범위 안에서 정한다.

95) 보세구역인도조건(BWT)에 의하여 수입된 물품으로서 추신 또는 결재의 미필 등으로 국내에 수입하지 못한 상태에 있는 물품은 포함되지 아니한다.

500만 원을 초과할 수 없으며, 신고기한이 경과한 후 보세운송된 물품에 대하여는 보세운송신고를 한 때를 기준으로 앞서 설명한 율에 따라 가산세율을 적용하며, 그 세액은 수입신고를 하는 때에 징수한다(관세령 제247조제2항·제3항).

한편, 앞서 설명한 수입신고의무의 강제기간 규정에도 불구하고 전기·가스·유류·용수(用水) 등은 그 물품의 특성으로 인하여 전선로, 배관 등 해당하는 물품을 공급하기에 적합하도록 설계·제작된 일체의 시설 또는 장치 등을 이용하여 수입하는 경우라면 예외적으로 1개월을 단위로 하여 해당 물품의 법정 신고사항으로 다음 달 10일까지 수입신고하여야 한다(관세법 제241조제6항; 관세령 제6항·제7항). 이 경우 기간 내에 수입신고를 하지 아니하는 경우의 가산세 징수는 앞서 설명한 법정 가산세율을 준용하여 산출한다.

다. 내용적 요건

수입신고의 내용적 요건은 국외로부터 우리나라에 반입하거나 보세구역으로부터 국내로 반입하려는 외국물품의 품명·규격·수량, 그리고 가격[96]과 그 밖의 법정 신고사항이 신고서에 포함되어야 한다(관세법 제241조제1항). 그 밖의 법정 신고사항은 포장의 종류·번호와 개수, 목적지·원산지 그리고 선적지, 원산지표시 대상물품인 경우에는 표시유무·방법과 형태, 상표, 사업자등록번호·통관고유번호[97]와 해외거래처부호,[98] 물품의 장치장소 그리고 기타 참고사항 등이다(관세령 제246조제1항).

96) 해외에서 수리 또는 개체된 우리나라의 운송수단을 수입신고하는 경우 가격은 수리 또는 개체된 부분의 가격으로 한다(관세법 제241조의2).

97) 이와 관련하여 판례(대법원 2014.01.29. 선고 2013도12939 판결)는 "구 관세법시행령 제246조 제1항 제5호가 '사업자등록번호·통관고유부호'를 물품 수입 시의 신고사항으로 정하고 있는 것은 대체로 수입신고명의의 대여 등으로 인하여 물품의 수입신고명의인과 실제로 납세의무를 부담하는 이가 상이한 경우에 있어서 관세의 부과·징수 및 수입물품의 통관을 적정하게 하고 관세수입을 확보하려는 의도에서 형식상의 신고명의인과는 별도로 실제로 물품을 수입한 자, 즉 화주인 납세의무자에 관한 신고의무를 정하였다고 봄이 상당하다. 그리하여 위 시행령 규정은 이러한 납세의무자에 관한 신고의무를 전제로 그 납세의무자의 구체적인 특정을 위하여 그의 사업자등록번호 등을 신고하도록 정한 것으로 보아야 할 것이다. 그리고 이러한 해석은 통상의 해석 방법에 의하여 그 의미내용을 합리적으로 파악할 수 있는 것으로서, 처벌법규의 명확성의 원칙에 반한다거나 자의적으로 처벌 범위를 넓히는 해석이라고 할 수 없다."라는 태도를 보이고 있다.

98) 이와 관련하여 관세청장은 「통관고유부호및해외거래처부호등록·관리에관한고시」를 제정·시행하고 있다.

그런데 만일 수입신고서에 기재된 품명·규격이나 수량과 같은 법정사항이 실제로 우리나라에 반입하거나 보세구역으로부터 국내로 반입하려는 수입신고의 대상물품(객체)과 신고서에 기재된 물적 요소가 서로 상이한 경우 내용적 요건을 충족하는 것으로 인정할 수 있는지 여부가 쟁점으로 제기될 수 있다. 이것은 수입신고된 물품과 물리적으로 장치된 물품의 동일성에 대한 인정범위와 관련되므로 그 동일성의 기준은 관세형벌법규에서 규정하는 무신고(밀)수입죄에 대한 판례의 태도[99]를 참고하여 판단하는 것이 규범논리에 부합될 것이다. 그 이유는 이러한 판례가 세관장이 행한 수입신고수리의 효력범위와 관련하여 실체적으로 반입된 수입물품과 수입신고서에 기재된 물품의 동일성 여부를 판단하고 있기 때문이다.

한편, 절대적으로 수출입이 금지되는 물품(관세법 제234조)은 어떠한 경우에도 그 수입이 허용될 수 없다. 마찬가지로 지식재산권을 침해하는 물품도 그 수입이 금지(관세법 제235조제1항)되기 때문에 수입신고의 대상이 될 수 없다. 그리고 ① 체신관서가 수취인에게 교부한 우편물,[100] ② 관세법에 의하여 매각 또는 몰수된 물품, ③ 법령에 의하여 국고에 귀속된 물품 등에 해당하는 외국물품도 관세법의 규정에 의하여 이미 수입된 것으로 간주(수입의 의제)하기 ─ 관세법상 내국물품으로 이전되었기 ─ 때문에 법리적으로 수입신고가 성립될 수 없게 된다.

수입신고의 내용적 요건과 관련하여 관세가 부과되지 않는 물품에 해당한다고 하더라도 적법한 수입신고절차 없이 통관하는 경우에는 무신고수입으로 인한 관세법위반죄가 성립[101]될 수 있으므로 모든 유체물은 예외 없이 수입신고의 대상범위에 포함되는 반면에 대외무역법상 전자적 형태의 무체물은 관세법에 따른 물품의 개념범위에서 벗어나기 때문에 수입신고의 대상이 될 수 없으나 해당 무체물이 전달매체에 저장되어 외국으로부터 우리나라 관세영역에 반입되는 경우에 세관당국은 해당 무체물의 가치를 관세의 과세가격에 포함시키고 있으므로 그 한도 내에서 수입신고의 대상

---

99) 상세한 내용은 김용태, Global 경제시대에서의 한국 관세행정법에 관한 연구: 불공정무역규제법규와 의무위반규제법규를 중심으로(서울시립대학교, 박사학위논문, 2005), 172~174쪽을 참고.

100) 판례(대법원 2012.12.26. 선고 2011도10192 판결)는 "구 관세법 제258조 제2항에서 정한 특례 우편물은 수입신고 생략대상에서 제외되어 원칙적으로 수입신고를 하여야 하므로, 구 관세법 제240조 제1항 제1호의 '체신관서가 수취인에게 교부한 우편물'에 대한 적법한 수입의제규정이 구 관세법 제258조 제2항에서 정한 특례 우편물에는 적용되지 아니한다고 보아야 할 것"이라는 입장을 취하고 있다.

101) 대법원 2002.12.06. 선고 2000도3581 판결.

범위에 포함된다.

(3) 수입신고의 법적 효과

외국물품을 우리나라에 반입하거나 보세구역으로부터 외국물품을 국내로 반입하려는 사인이 세관장에게 알린 일정한 (법률)사실이 관세법의 규정에 적합하게 이루어진 경우에는 그 세관장에게 해당 수입신고의 처리의무, 즉 수입신고를 지체없이 수리하고 해당 신고인에게 수입신고필증을 교부할 의무가 지워진다. 아울러 관세법의 규정에 적합하게 수입신고한 사인에게는 해당 세관장으로부터 수입신고필증을 교부받을 권리가 주어진다. 그런데 물품의 수입통관은 관세법에 따라 납세의무가 성립되는 구체적 요건이 되기 때문에 수입신고의 효력이 발생되면 관세의 납세의무도 당연히 발생하게 된다. 이때 발생되는 납세의무는 추상적 납세의무에 지나지 않기 때문에 그 구체적 의무(급부)의 내용은 세관장의 수입신고수리에 의하여 확정(간주)되고, 이러한 확정(간주)절차를 통하여 납세의무의 주체(자연인이나 법인 또는 법인격없는 단체)에게 국가에 대한 관세채무가 귀속되며 국가는 이것에 대응하는 관세채권을 취득하게 된다. 여기에서 관세법에 따른 수입신고의 효력발생 시점은 전송된 수입신고자료가 EDI통관시스템에 접수된 시점이 된다. 이러한 시점은 세관장이 현실적으로 사인(수입신고인)의 행정행위를 수령하여 인식하여야 함을 뜻하는 것이 아니라 세관장이 인식할 수 있는 상태에 두는 도달주의원칙에 따른 것이다. 그리고 신고필증의 교부방법은 세관장이 국가관세종합정보망의 전산처리설비를 이용하여 신고를 수리하는 경우(관세법 제327조제2항)에는 신고인이 직접 전산처리를 이용하여 수입신고필증을 교부받을 수 있다.

관세법의 규정에 따라 수입신고된 물품은 원칙적으로 세관장의 신고수리 전에는 운송수단, 관세통로, 하역통로 또는 관세법에 따른 장치 장소로부터 반출하는 것이 허용되지 않는다(관세법 제248조제3항). 만일 이러한 반출금지의무를 위반하였다면 그 의무위반행위는 관세형벌법규에 따라 물품원가 또는 2천만 원 중 높은 금액 이하의 벌금에 처하는 허위신고죄 등에 해당된다(관세법 제276조제2항제5호). 하지만 수입신고의 효력발생 이후 수입신고인은 세관장의 수입신고수리 이전이라도 해당 외국물품에 대한 납부하여야 할 관세에 상당하는 담보를 제공하고[102] 세관장의 승인을 얻는다면 그 외국물품을 장치된 장소로부터 국내로 반출할 수 있게 된다.[103] 다시 말하면 앞서 설명한 일정한 전제조건(관세액상당의 담보제공)의 충족 하에 수입신고수리 전 외국물품을 반출할 수 있는 권리를 얻게 된다. 이에 따라 국내에서 해당 외국물품의 소비 또는 사용과 물리적·법률적 처분이 가능하게 된다. 한편, 외국물품에 대하여 이미 세관장에게 수입신고를 하였다고 하더라도 정당한 이유가 있는 경우라면 세관장의 승인을 받아 그 물품에 대한 수입신고를 취소할 수 있지만 수입신고된 해당 물품이 운송수단·관세통로·하역통로 또는 관세법에 규정된 장치장소에서 이미 반출되었다면 그 수입신고는 취하될 수 없다(관세법 제250조제1항).

2. 세관장의 통관심사

1) 수입통관의 요건확인과 물품검사

(1) 수입통관의 요건확인

관세법 제226조 제1항에 따라 법령[104]에서 정하는 바에 의하여 허가·승인·표시

102) 정부 또는 지방자치단체가 수입하거나 신고수리 시 담보를 제공하지 아니하여도 세관의 입장에서 해당 관세의 확보에 지장이 없는 경우에는 담보의 제공을 생략할 수 있다.

103) 수입신고 전이라고 하더라도 납부하여야 하는 관세에 상당하는 담보를 제공하고 운송수단·관세통로·하역통로 및 관세법상 장치장소로부터 외국물품을 국내로 즉시 반출(관세법 제253조)할 수 있다. 이와 같이 수입신고 전의 외국물품반출은 관세 등의 체납이 없고 최근 3년 동안 수출입실적이 있는 제조업자 또는 외국인투자자가 수입하는 시설재 또는 원부자재 및 기타 관세 등의 체납우려가 없는 경우로서 관세청장이 정하는 물품에 해당하는 것 중 구비조건의 확인(관세법 제226조제2항)에 지장이 없는 경우로서 세관장이 지정하는 것에 한하여 허용된다. 또한 수입신고 전 즉시반출이 허용된 경우에도 즉시반출신고를 한 날부터 10일 이내에 수입신고의무를 이행하여야 한다.

104) 대외무역법 제12조에 따라 산업부장관이 고시하는 "통합공고"에서 해당 물품의 수출입의 요건 및 절차 등을 규정하고 있는 다음과 같은 법령을 말한다: 약사법; 마약류관리법; 화장품법; 식품위생법; 검역법; 화학물질관리법; 화학물질등록평가법; 양곡관리법; 비료관리법; 농약관리법; 가축전염병예방법; 식물방역법; 종자산업법; 축산법; 전기생활용품안전법; 계량에관한법률; 석유사업법; 원자력안전법; 전파법; 야생생물법; 폐기물국가간이동법; 대기환경보전법; 소음·진동관리법; 자동차관리법; 산업안전보건법; 오존층보호법; 건설기계관리법; 먹는물관리법; 자원재활용법; 생화학무기법; 축산물위생관리법; 건강기능식품법; 농수산물품질법; 방위사업법; 수산업법; 고압가스법; 영화비디오법; 게임산업법; 음악산업법; 하수도법; 주세법; 지방세법; 총포화약법; 의료기기법; 인체조직법; 수산생물질병법; 사료관리법; 생물다양성법; 폐기물관리법; 전자제품등자원순환법; 액화석유가스법; 목재이용법; 농수산생명자원법; 기타 특정물품의수출입절차 또는 요령을 정한 법률 및 국제협약; 수입식품법; 어린이제품법; 위생용품관리법.

또는 그 밖의 조건인 이른바 '구비조건'이 요구되는 수입물품의 통관은 해당 신고인이 세관장에게 해당 구비조건을 갖춘 물품임을 증명하는 경우에 한하여 실현될 수 있다. 그러므로 관세법의 규정에 따른 수입통관을 위하여 구비조건이 요구되는 물품은 법령이 정한 요건확인을 담당하는 기관에서 해당 수입물품에 대한 허가·승인·표시 또는 그 밖의 조건의 확인·증명이 전제되어야 하고, 이러한 물품의 통관이 적정하게 집행되기 위해서 해당 구비조건에 대한 세관장의 확인이 필요한 수입물품에 대하여는 다른 법령에도 불구하고 그 물품과 확인방법, 확인절차, 그 밖에 필요한 사항이 미리 공고되어야 한다(관세법 제226조제2항). 이에 따라 관세청장은 해당 주무부장관의 요청을 받아 세관공무원에 의하여 확인이 가능한 사항인지 여부, 물품의 특성 기타 수입물품의 통관여건 등을 고려하여 세관장의 확인대상물품, 확인방법, 확인절차(관세청장이 지정·고시하는 정보통신망을 이용한 확인신청 등의 절차를 포함한다), 그 밖에 확인에 필요한 세부사항을 행정규칙으로 제정·시행하는 「관세법제226조의규정에의한세관장확인물품및확인방법지정고시」에서 공고하고 있다(관세법 시행령 제233조).

한편, 수출입금지물품(관세법 제234조)은 수입신고의 기본적 요건의 하나인 내용적 요건에 반하기 때문에 절대적으로 그 수입이 허용될 수 없다. 그리고 법령의 규정에 의하여 원산지를 표시하여야 하는 물품이 원산지표시가 법정 기준과 방법에 부합되지 아니하게 표시된 경우나 부정한 방법으로 원산지표시가 사실과 다르게 표시된 경우 또는 원산지표시가 없는 경우라면 그 수입물품의 통관은 허용될 수 없다(관세법 제230조).[105] 또한, 품질 등 허위·오인 표시물품도 통관이 제한되므로 수입물품의 품질, 내용, 제조방법, 용도, 수량을 사실과 다르게 표시한 물품 또는 품질 등을 오인(誤認)할 수 있도록 표시하거나 오인할 수 있는 표지를 부착한 물품으로서 부정경쟁방지법, 식품위생법, 산업표준화법 등 품질 등의 표시에 관한 법령을 위반한 물품은 수입통관이 허용될 수 없다(관세법 제230조의2).

(2) 세관장의 물품검사권과 통관수반의무 명령

세관장에게 신고된 수입물품에 대한 통관요건의 적합성을 판정하기 위하여 제출된 수입신고서의 작성내용에 대한 정확성과 필요한 입증서류가 규정된 조건을 충족하였

105) 위반사항이 경미한 때에는 이를 보완·정정하도록 한 후 통관을 허용할 수 있다(관세법 제230조단서).

는지 여부에 대하여 확인하는 행위로서 세관장의 통관심사는 수입신고수리 여부를 결정하기 위하여 요구되는 관세행정절차가 된다. 그러므로 입법자는 통관심사의 실효성 보장을 위하여 세관공무원에게 수입물품에 대한 물리적 검사권, 즉 수입물품의 성질, 원산지, 상태, 수량 및 가격이 수입신고서에 기재된 사항과 일치하는가를 확인하기 위하여 **물품검사권**을 부여하고 있다(관세법 제246조제1항).[106] 아울러 검사대상 물품에 대한 품명, 규격, 성분, 용도, 원산지 등을 확인하거나 품목번호를 결정할 필요가 있는 때에는 해당 물품에 대하여 물리적·화학적 분석을 할 수 있는 권한도 부여받고 있다(관세법 제246조의4).

만일 세관공무원의 적법한 물품검사로 인하여 물품에 손실에 발생한 경우에는 관세청장 또는 세관장은 그 손실을 입은 자에게 보상하여야 한다(관세법 제246조의2제1항).[107] 그리고 관세청장은 물품검사의 효율을 거두기 위하여 검사대상·검사범위·검사방법 등에 관하여 필요한 세부기준을 행정규칙으로 제정·시행하는 「수입통관사무처리에 관한고시」에서 정하고 있고(관세법 제246조제2항), 이 행정규칙을 통하여 물품검사의 객관성과 투명성을 담보하고 있다.[108] 그런데 수입물품의 검사는 원칙적으로 관세법 제155조 제1항에 따라 장치가 허용된 장소에서 수행되어야 하지만, 효율적인 검사를 위하여 부득이하다고 인정되는 경우라면 세관장은 해당 물품을 보세구역에 반입하게

106) 우편물 통관검사절차에서 이루어지는 우편물의 개봉, 시료채취, 성분분석 등의 검사는 수출입물품에 대한 적정한 통관 등을 목적으로 한 행정조사의 성격을 가지는 것으로서 수사기관의 강제처분이라고 할 수 없으므로, 압수·수색영장 없이 우편물의 개봉, 시료채취, 성분분석 등 검사가 진행되었다 하더라도 특별한 사정이 없는 한 위법하다고 볼 수 없다(대법원 2013.9.26. 선고 2013도7718 판결).

107) 물품의 검사에 대한 손실보상의 금액은 다음의 구분에 따른 금액으로 한다(관세령 제251조의2): ① 해당 물품을 수리할 수 없는 경우에는 관세법 제30조부터 제35조까지의 규정에 따른 해당 물품의 과세가격에 상당하는 금액; ② 해당 물품을 수리할 수 있는 경우에는 수리비에 상당하는 금액으로 하되, ①에 따른 금액을 한도로 한다. 한편, 손실보상의 지급절차 및 방법, 그 밖에 필요한 사항은 관세청장이 정한다(관세법 제246조의2제3항).

108) 판례(대법원 1998.07.24. 선고 96누18076 판결)는 수출입물품 검사에 관한 관세법상 규정과 '수입통관사무처리규정'(관세청고시)상 규정에 따라 수출입물품 검사는 수송포장단위를 기준으로 2개 이상만 검사하면 되고, 그 시료채취의 방법에 관하여는 특별한 제한이 없으므로 전체가 동일한 종류의 물품이라고 신고한 수입 합판에 있어 수송포장단위인 번들을 기준으로 하여 2번들 이상을 육안으로 검사하고 그 가운데서 시료를 채취하여 검사한 검사결과에 따라 관세율표상 품목분류를 정하여 위 합판이 조정관세의 대상이라고 한 원심(서울고법 1996.10.9. 선고 95구23844 판결)의 판단을 적법한 것으로 인정하고 있다.

한 후 검사할 수도 있다(관세법 제247조제1항·제2항). 그리고 관세법 제246조의3 제1항에 따라 세관장은 구비조건의 확인이 필요한 수입물품(관세법 제226조) 등 다른 법령에서 정한 물품의 성분·품질 등에 대한 안전성 검사를 할 수 있다. 아울러 세관장은 수입신고한 물품에 대하여 필요하다고 인정되는 때에는 화주 또는 그 위임을 받은 자에게 그 원형을 변경하거나 해체·절단 등의 작업조치를 명할 수 있다(관세법 제159조제4항). 여기에서 만일 세관장의 이러한 작업조치 명령을 위반하였다면, 그 의무위반행위는 200만 원 이하의 과태료 부과대상 질서위반행위에 해당된다(관세법 제277조제4항).

세관장은 다른 법령에 따라 수입 후 특정한 용도로 사용하여야 하는 등의 의무가 부가되어 있는 물품에 대하여는 문서로써 해당 의무를 이행할 것을 요구할 수 있으며, 세관장으로부터 의무의 이행을 요구받은 자는 특별한 사유(의무의 면제요건)가 없으면 해당 물품에 대하여 부가된 의무를 이행하지 않으면 안 된다(관세법 제227조). 여기에서 의무를 면제받을 수 있는 특별한 사유는 다음과 같은 경우가 해당되며, 수입신고수리 시에 부과된 의무를 면제받으려면 해당 의무이행을 요구한 세관장의 승인을 얻어야 한다(관세령 제234조): ① 법령이 정하는 허가·승인·추천 기타 조건을 구비하여 의무이행이 필요하지 아니하게 된 경우; ② 법령의 개정 등으로 인하여 의무이행이 해제된 경우; ③ 관계행정기관의 장의 요청 등으로 부과된 의무를 이행할 수 없는 사유가 있다고 인정된 경우.

한편, 세관장은 관세보전을 위하여 필요하다고 인정할 때에 한하여 수입되는 물품이 다음과 같은 물품에 해당된다면 그 물품에 대하여 통관표지의 첨부를 명할 수 있다(관세법 제228조; 관세령 제235조제1항): ① 관세의 감면 또는 용도세율의 적용을 받은 물품; ② 관세의 분할납부승인(관세법 제107조제2항)을 얻은 물품; ③ 부정수입물품과 구별하기 위하여 관세청장이 지정하는 물품. 여기에서 만일 해당 수입물품에 대한 세관장의 통관표지 첨부명령을 위반하였다면, 그 의무위반행위는 200만 원 이하의 과태료 부과대상 질서위반행위에 해당된다(관세법 제277조제4항).

2) 수입물품에 대한 통관제한

(1) 지식재산권 침해물품의 통관제한

관세법 제235조 제1항에 따라 지식재산권을 침해하는 물품은 그 수입이 허용될 수 없는데,[109] 관세법에서 보호될 수 있는 지식재산권은 다음과 같은 권리가 해당된다: ① 상표법에 따라 설정등록된 상표권; ② 저작권법에 따른 저작권과 저작인접권; ③ 식물신품종법에 따라 설정등록된 품종보호권; ④ 농수산물품질법에 따라 등록되거나 조약·협정 등에 따라 보호대상으로 지정된 지리적 표시권 또는 지리적 표시; ⑤ 특허법에 따라 설정등록된 특허권; ⑥ 디자인보호법에 따라 설정등록된 디자인권.

가. 지식재산권침해 혐의물품의 통관보류 또는 유치

관세법 제235조 제2항에 따라 관세청장은 지식재산권을 침해하는 물품[110]을 효율적으로 단속하기 위하여 필요한 경우에는 해당 지식재산권을 관계 법령에 따라 (설정)등록한 자 등으로 하여금 해당 지식재산권에 관한 사항을 신고[111]하게 할 수 있다.[112] 그리고 관세법 제235조 제3항에 따라 세관장은 ① 수입신고된 물품, ② (복합)환적 신고된 물품, ③ 보세구역에 반입신고된 물품, ④ 보세운송신고된 물품, ⑤ 일시양륙(관세법 제141조제1호)이 신고된 물품, ⑥ 통관우체국에 도착한 물품 등이 관세청에 신고된 지식재산권을 침해하였다고 인정될 때에는 그 지식재산권을 신고한 자에게 해당 물품과 관련된 수입신고 등 사실을 통보하여야 하고, 통보를 받은 권리자는 세관장에게

109) 하지만 여행자휴대품 또는 우편물 등 상업적 목적이 아닌 개인용도에 사용하기 위하여 소량으로 수출입되는 물품에 대하여는 '지식재산권 보호' 규정의 적용이 배제된다(관세령 제243조).

110) 지식재산권을 침해하는 물품 가운데 상표권 침해물품이란 타인의 등록상표와 동일한 상표 또는 타인의 등록상표와 유사한 상표를 그 지정상품과 동일 또는 유사한 상품에 사용하여 수출입되는 물품을 말하되, 세관장에게 상표권 보호신청을 한 상표와 동일한 상표가 부착된 물품을 당해 상표에 대한 권리가 없는 자가 수입신고한 물품으로서 당해 상표가 외국에서 적법하게 사용할 수 있는 권리가 있는 자에 의하여 부착되고 국내외 상표권자가 동일인이거나 계열회사관계(주식의 30% 이상을 소유하면서 최다 출자자인 경우), 수입대리점 관계 등 동일인으로 볼 수 있는 관계가 있는 경우 또는 외국의 상표권자와 동일인 관계에 있는 국내 상표권자로부터 전용상표권을 설정받은 경우(다만, 국내전용사용권자가 당해 상표가 부착된 물품을 제조·판매만 하는 경우에는 국내 전용사용권자와 외국의 상표권자가 동일인 관계에 있는 경우에 한함)에 해당되는 경우에는 상표권을 침해하지 아니하는 것으로 간주한다.

111) 지식재산권의 신고방법에 관하여는 관세령 제237조를 참조.

112) 관세청장은 지식재산권의 신고(관세법 제235조제2항)에 관한 업무의 일부(신고서의 접수 및 보완 요구만 해당한다)를 지식재산권 보호업무와 관련된 단체에 위탁할 수 있는데, 이 경우 관세청장은 예산의 범위에서 위탁업무의 수행에 필요한 경비를 지원할 수 있다(관세법 제329조제4항). 여기에서 권한 또는 업무를 위탁받아 행사하는 자(임직원과 사용인을 포함한다)는 형법 제129조부터 제132조까지의 규정을 적용할 때에는 공무원으로 간주된다(관세법 제329조제5항).

담보를 제공하고 해당 물품의 통관보류나 유치를 요청할 수 있다.[113]

아울러 지식재산권을 신고한 권리자 또는 지식재산권을 보호받으려는 권리자로부터 지식재산권을 침해하는 물품의 통관보류나 유치의 요청을 받은 세관장은 특별한 사유가 없으면 해당 물품의 통관을 보류하거나 유치하여야 한다(관세법 제235조제5항).[114] 물론 지식재산권을 보호받으려는 권리자는 앞서 설명한 절차에 따른 세관장의 신고사실에 대한 통보가 없는 경우라고 하더라도 세관장에게 담보를 제공하고 해당 물품의 통관보류나 유치를 요청할 수 있다(관세법 제235조제4항). 그리고 앞서 설명한 물품이 관세법에서 보호하고 있는 지식재산권을 침해하였음이 명백한 경우에는 세관장이 직권으로 해당 물품의 통관을 보류하거나 해당 물품을 유치할 수 있으며, 이 경우 세관장은 해당 물품의 수입신고 등을 행한 자에게 그 사실을 즉시 통보하여야 한다(관세법 제235조제7항).[115]

세관장은 통관보류 등을 요청한 권리자가 해당 물품에 대한 통관보류 등의 사실을 통보받은 후 10일 이내에 법원에의 제소사실을 입증하였을 때에는 해당 통관보류 등을 계속할 수 있는데, 이 경우 통관보류 등을 요청한 권리자가 부득이한 사유로 인하여 10일 이내에 법원에 제소하지 못하는 때에는 상기 입증기간은 10일[116] 간 연장될 수 있다(관세령 제239조제3항).[117] 그런데 이러한 통관보류 등을 지속하는 조치가 허용됨에도 불구하고 해당 통관보류 등이 법원의 임시보호조치에 의하여 시행되는 상태이거나 계속되는 경우 통관보류 등의 기간은 법원에서 임시보호조치 기간을 명시한 경우라면 그 마지막 날이, 법원에서 임시보호조치 기간을 명시하지 아니한 경우라면 임시보호조치 개시일부터 31일이 된다(관세령 제239조제4항).

나. 지식재산권침해 혐의물품에 대한 통관보류 또는 유치의 해제

지식재산권침해 혐의물품의 수입신고 등을 행한 자가 세관장에게 담보를 제공하고

113) 통관의 보류나 유치를 요청하는 방법에 관하여는 관세령 제238조를 참조.

114) 통관의 보류나 유치를 요청받은 세관장의 조치에 관하여는 관세령 제239조 제1항·제2항을 참조.

115) 통보방법에 관하여는 관세령 제239조 제5항을 참조.

116) 10일의 기간에 휴일과 공휴일은 제외된다.

117) 통관보류 등이 된 물품은 통관이 허용되거나 그 유치가 해제될 때까지 세관장이 지정한 장소에 보관하여야 한다(관세령 제239조제6항).

해당 물품의 통관 또는 유치해제를 요청하는 경우에 그 물품이 다음과 같은 물품이 아니라면 해당 물품에 대한 통관이나 유치해제는 허용될 수 있다(관세법 제235조제5항): ① 위조하거나 유사한 상표를 부착하여 앞서 설명한 상표권을 침해하는 물품;[118] ② 불법복제된 물품으로서 저작권 등을 침해하는 물품; ③ 같거나 유사한 품종명칭을 사용하여 앞서 설명한 품종보호권을 침해하는 물품; ④ 위조하거나 유사한 지리적 표시를 사용하여 지리적 표시권 등을 침해하는 물품; ⑤ 특허로 설정등록된 발명을 사용하여 앞서 설명한 특허권을 침해하는 물품; ⑥ 같거나 유사한 디자인을 사용하여 앞서 설명한 디자인권을 침해하는 물품. 그런데 수입신고 등을 행한 자가 통관 또는 유치해제를 요청하려면 신청서와 해당 물품이 지식재산권을 침해하지 아니하였음을 소명하는 자료를 세관장에게 제출하여야 하고(관세령 제240조제1항), 이러한 요청을 받은 세관장은 그 요청사실을 지체없이 통관보류 등을 요청한 권리자에게 통보하여야 하는데, 그 통보를 받은 권리자는 침해와 관련된 증거자료를 세관장에게 제출할 수 있다(관세령 제240조제2항).[119] 여기에서 통관 또는 유치해제를 요청한 자는 세관장으로부터 해당 물품의 통관 또는 유치해제 허용여부에 대한 결정을 요청일부터 15일 이내에 통보받을 수 있다(관세령 제240조제3항).

다. 담보의 제공과 해제

지식재산권침해 혐의물품의 수입신고 등을 행한 자가 그 물품의 통관 또는 유치해제를 요청하려는 경우 또는 지식재산권을 신고한 권리자 또는 지식재산권을 보호받으려는 권리자가 지식재산권을 침해하는 물품의 통관보류나 유치의 요청을 하려면 세관장에게 제공하여야 하는 담보는 해당 물품의 과세가격의 100분의 120에 상당하는

118) 상품의 유사 여부에 대한 판단 방법과 관련하여 판례(대법원 2008.11.27. 선고 2006도2650 판결)는 상품의 유사 여부는 대비되는 상품에 동일 또는 유사한 상표를 사용할 경우 동일 업체에 의하여 제조 또는 판매되는 상품으로 오인될 우려가 있는지 여부를 기준으로 하여 판단하되, 상품 자체의 속성인 품질, 형상, 용도와 생산 부문, 판매 부문, 수요자의 범위 등 거래의 실정을 종합적으로 고려하여 일반 거래의 통념에 따라 판단하여야 한다는 태도를 보이고 있다.

119) 세관장은 수입신고 등이 된 물품의 지식재산권 침해 여부를 판단하기 위하여 필요하다고 인정되는 경우에는 해당 지식재산권의 권리자로 하여금 지식재산권에 대한 전문인력 또는 검사시설을 제공하도록 할 수 있으며(관세령 제242조제1항), 지식재산권의 권리자 또는 수입신고 등을 행한 자가 지식재산권의 침해 여부를 판단하기 위하여 수입신고 등의 사실이 통보된 물품 또는 통관보류 등이 된 물품에 대한 검사와 견본품의 채취를 요청하면 해당 물품에 관한 영업상의 비밀보호 등 특별한 사유가 없는 한 이를 허용하여야 한다(관세령 제242조제2항).

금액의 담보를 금전 등(관세법 제24조제1항제1호부터제3호까지·제7호)으로 제공하여야 한다(관세령 제241조제1항).[120] 여기에서 만일 담보를 제공하여야 하는 자가 중소기업인(조세특례법 제5조 제1항)에 해당하는 경우라면 담보금액은 해당 물품의 과세가격의 100분의 60에 상당하는 금액으로 줄어든다(관세령 제241조제2항). 그리고 담보를 제공하는 자는 제공된 담보를 법원의 판결에 따라 수입신고 등을 행한 자 또는 통관보류 등을 요청한 권리자가 입은 손해의 배상에 사용하여도 좋다는 뜻을 세관장에게 문서로 제출하여야 한다(관세령 제241조제3항). 한편, 세관장은 통관보류 등을 조치한 물품의 통관을 허용하거나 유치를 해제하였을 때 또는 통관이나 유치해제 요청에도 불구하고 통관보류 등을 계속할 때에는 제공된 담보를 담보제공자에게 반환하여야 한다(관세령 제241조제4항).

라. 진정상품에 대한 병행수입의 허용

지식재산권의 보호를 위하여 관세국경에서 그 권리를 침해하는 물품의 통관이 허용되지 않는 것이 원칙임에도 불구하고 관세행정권은 외국에서 적법하게 상표가 부착되어 유통되는 상품인 진정상품을 국내수입권자의 허락 없이 제3자가 수입하는 행위를 허용하는 이른바 **병행수입제도**를 시행하고 있다. 이 제도의 법적 근거는 WTO의 TRIPs(지적재산권협정) 제6조의 각 회원국은 자유롭게 권리소진(exhaustion)과 병행수입문제를 결정할 수 있다는 규정으로[121] 병행수입제도의 이론적 배경은 권리소진론, 상표기능론 그리고 과도보호론이 있다. 권리소진론에 따르면 상표권자 등이 적법하게 생산된 상품을 일단 판매하면 권리행사를 한 것, 즉 권리가 소진된 것으로 보아 이후의 매매에 대하여 권리를 주장할 수 없다는 것이다. 상표기능론에 따르면 상표보호의 본질은 상품의 출처표시와 품질보증을 보장하여 상표권자와 소비자를 보호하는 것으로 소비자에게 출처와 품질의 혼동을 주지 않는 한 상표권을 침해하는 것이 아니라는 것이다. 과도보호론에 따르면 병행수입 금지 시 국가 간 자유로운 상품이동을 차단하여 국제시장이 분할되고, 권리자의 글로벌 가격정책에 따라 폭리를 취하고 피해가 증대된다는 것이다.

120) 제공된 담보의 해제신청과 포괄담보에 관하여는 관세령 제11조와 제13조의 규정이 준용된다(관세령 제241조제4항·제5항).

121) 주요 국가의 병행수입 허용은 판례의 축적에 따라 이루어졌고 법률로 규정하지 아니하고 있는데 미국은 연방행정규칙에, 일본은 대장성 행정규칙에, EU는 상표법 통일화 지침에 규정하고 있다.

관세청고시에서 병행수입 가능 여부 판단기준은 기본적으로 상품출처의 혼동과 품질오인이 없어야 하고, 국내외 상표권자(전용사용권자 포함한다)가 동일인 관계[122)]이면 국내 상표권자가 제조를 하더라도 병행수입이 허용되며, 국내외 상표권자(전용사용권자 포함)가 동일인 관계가 아니라고 하더라도 국내 상표권자가 진정상품을 수입하는 경우라면 병행수입이 허용되지만 동일인 관계가 아니면서 제조만 하는 경우라면 병행수입은 허용될 수 없다.

병행수입의 허용 여부에 관한 판례의 태도를 살펴보면, 국내에 등록된 상표와 동일·유사한 상표가 부착된 그 지정상품과 동일·유사한 상품을 수입하는 행위가 그 등록상표권의 침해 등을 구성하지 않는다고 하기 위해서는, 외국의 상표권자 내지 정당한 사용권자가 그 수입된 상품에 상표를 부착하였어야 하고, 그 외국 상표권자와 우리나라의 등록상표권자가 동일인이거나 그들 사이에 법적 또는 경제적으로 밀접한 관계가 존재하여 상표권을 남용하여 부당하게 독점적인 이익을 꾀할 우려가 적고, 국외에서 생산·판매되는 상품이 국내 상표권자 또는 전용사용권자가 생산·판매하는 상품과 비교하여 품질상의 차이가 없는 경우이어야 할 것이다.[123)] 아울러 그 수입된 상품과 우리나라의 상표권자가 등록상표를 부착한 상품 사이에 품질에 있어 실질적인 차이가 없어야 하고, 여기에서 품질의 차이란 제품 자체의 성능, 내구성 등의 차이를 의미하는 것이지 그에 부수되는 서비스로서의 고객지원, 무상수리, 부품교체 등의 유무에 따른 차이를 말하는 것이 아니다.[124)]

(2) 통관의 보류

관세법 제237조 제1항에 따라 수입신고된 물품이 다음과 같은 경우에 해당한다면 세관장에게 해당 물품에 대한 통관보류조치의 권한이 부여된다: ① 수입에 관한 신고서의 기재사항(관세법 제241조)에 보완이 필요한 경우; ② 수입신고 시의 제출서류(관세법 제245조) 등이 갖추어지지 아니하여 보완이 필요한 경우; ③ 관세법에 따른 의무사항(대한민국이 체결한 조약 및 일반적으로 승인된 국제법규에 따른 의무를 포함한다)을

122) 동일인이거나 계열회사 관계, 즉 주식의 30% 이상을 소유하면서 최다 출자자인 경우 또는 수입대리점 관계가 해당된다.

123) 대구지방법원 2006.04.06. 선고 2005노3002 판결.

124) 대법원 2006.10.13. 선고 2006다40423 판결.

위반하거나 국민보건 등을 해칠 우려가 있는 경우;125) ④ 물품의 안전성 검사(관세법

125) 판례(서울행정법원 2021.07.23. 2020구합69830 판결)는 잠정 통관보류를 규정한 구 관세법 제237조 제3호의 해석론과 통관보류 처분사유로서 "풍속을 해할 우려"에 관한 판단방법과 관련하여 다음과 같은 입장을 취하고 있다. ▶구 관세법 제237조 제1항의 규정 내용과 체계에 비추어 보면, 이러한 통관 보류처분은 수입신고가 있었던 경우에 일정한 사항에 대한 보완, 사실조사나 검사 내지 보다 정밀한 실체적 판단이 필요하여 곧바로 그 수리 내지 수리거부를 결정할 수 없는 경우에 잠정적 판단에 따라 일단 그 통관을 보류할 수 있도록 하는 잠정적인 처분이다. 이러한 전제에서 위 규정은 세관장에게 통관 보류처분 발령에 관한 일정한 재량을 부여하고 있다. 나아가 이러한 통관보류처분은 종국적 처분이 아니어서 그 자체로 한계를 가지고 있음이 명확하므로 장기간 통관 보류상태로 둘 수 있도록 하는 근거가 될 수는 없다. 따라서 일단 통관 보류처분이 있은 후에도 사실조사 및 검사 결과나 보류사유에 관한 구체적 판단에 따라 그 보류처분의 원인이 되는 사유가 존재하지 않는 것으로 판단될 수도 있고, 이 경우 세관장은 즉각 수입신고를 수리함으로써 그 보류처분에 기한 제한 을 해제해야 한다. 반대로 구 관세법 제237조가 정한 통관보류사유가 보완되지 않거나 문제된 사유가 존재함이 밝혀진 경우 세관장은 즉시 수입신고수리를 거부하여야 한다. 나아가 이러한 보류처분의 발령 여부 결정은 재량행위이고, 처분청이 그 기한을 정하지 않는 이상 그 효과는 실질적으로 수입신고 수리거부와 마찬가지의 효과를 가지게 되며, 그 판단의 잠정성으로 인하여 최종적 판단이 달라질 가능성이 있게 된다. 특히 구 관세법 제237조 제3호는 이 법에 따른 의무사항을 위반하거나 국민보건 등을 해칠 "우려"가 있는 경우를 그 통관 보류사유로 규정하고 있으므로, 이 법에 따른 의무사항을 위반할 "우려"가 있는 경우도 그 통관에 관한 잠정보류사유가 될 수 있다. 그러나 위 제237조 제3호와 같은 사유로 통관 보류처분을 할 경우에는 사전에 필요한 자료를 제출하도록 하는 등으로 그 보류 여부 판단에 신중을 기할 필요가 있고, 경우에 따라서는 일정한 자료 제출을 조건으로 붙이거나 보류기간을 설정하는 등으로 부관 을 부가하여 최소 침익적인 처분이 이루어질 수 있도록 하여야 한다. ▶구 관세법 제237조 제3호가 정하는 "이 법에 따른 의무사항 위반 우려가 있는 경우"에 관한 해석론은, 형법 제243조가 금지하는 음란물 반포 등 행위에 관한 해석론이나 형사처벌 구성요건인 관세법 제234조 제1호의 금지규정 위반 여부에 관한 해석론과 완전히 같을 수는 없다. 먼저 후자(형법 제243조)의 경우, 기본적으로 법문 자체가 다를 뿐 아니라 음란물을 반포, 판매, 임대한 행위 등을 처벌하는 규정으로서 단순한 반포, 판매, 임대만으로 처벌될 수 있으므로 당연히 "음란물" 부분을 최대한 엄격하게 해석할 필요성이 인정된다. 게다가 이미 발생한 과거의 행위를 처벌하는 규정이라는 점에서 향후 일어날 일을 고려하는 예방적 잠정처분인 통관 보류처분의 발령요건에 그대로 차용할 성질의 것이라고 볼 수 없다. 또한, 전자(前者)인 관세법 제234조 제1호의 금지규정 역시 이미 벌어진 위반행위를 처벌하는 규정이므로, 향후 있을지도 모르는 풍속을 해하는 행위까지 염두에 둔 통관 보류처분과는 맥락을 달리한다. 결국, 이미 발생한 과거의 행위를 평가하는 맥락인 형벌규정에 관한 해석론을, 그 물품이 통관됨에 따라 향후 발생할지도 모르는 풍속을 해하게 될 우려를 고려한 예방 적 잠정처분의 발령요건에 관한 해석론에 완전히 똑같이 차용할 수는 없는 것이다. 더욱이, 형사처벌 규정인 관세법 제234조 제1호가 적용되는 경우에도, 단순히 물건의 존재 그 자체로 음란한지 여부만을 기준으로 범죄를 구성하는지를 판단하는 것이 아니라, 결국 "그 물품이 향후 사용되는 맥락과 상황"까지 고려하여 판단해야 한다는 것이 대법원 판례이다. 즉, 대법원 2004.02.26. 선고 2002도7166 판결은, 문제가 된 물품인 선불카드가 그 소지자로 하여금 인터넷 포르노사이트에 접속하여 풍속을 해치는 음란한 내용의 사진이나 동영상을 제공

제246조의3제1항)가 필요한 경우; ⑤ 물품의 안전성 검사 결과 불법·불량·유해 물품으로 확인된 경우; ⑥ 국세징수법 제30조 및 지방세징수법 제39조의2에 따라 세관장에게 강제징수 또는 체납처분이 위탁된 해당 체납자가 수입하는 경우; ⑦ 관세 관계 법령을 위반한 혐의로 고발되거나 조사를 받는 경우(관세령 제244조).

세관장이 수입신고된 물품에 대한 통관을 보류할 때에는 즉시 그 사실을 화주(화주의 위임을 받은 자를 포함한다) 또는 수입 신고인에게 통지하여야 하는데, 이 경우 이행기간을 정하여 통관의 보류 해제에 필요한 조치를 요구할 수 있다(관세법 제237조제2항·제3항). 그리고 관세법 제237조 제4항에 따라 통관의 보류 사실을 통지받은 자는 세관장에게 통관 보류사유에 해당하지 아니함을 소명하는 자료 또는 세관장의 통관 보류 해제에 필요한 조치를 이행한 사실을 증명하는 자료를 제출하고 해당 물품의 통관을 요청할 수 있다. 이 경우 세관장은 해당 물품의 통관 허용 여부(허용하지 아니하는 경우에는 그 사유를 포함한다)를 요청받은 날부터 30일 이내에 통지하여야 한다.

국민보건 등을 해칠 우려가 있는 경우의 통관보류조치와 관련하여 판례의 태도를 살펴본다. 판례[126]는 "물품의 용도 및 기능이 여성용 자위기구라는 이유만으로 수입통관을 보류하는 것은 그 물품의 잠재적 소비자인 국민 개개인의 성적 자기결정권에 대한 지나친 간섭으로 보일 뿐만 아니라, 그 물품이 음란물에 해당한다거나 우리 사회의 건전한 가치질서에 대한 중대한 위협이 된다고 볼 수 없으므로, 여성용 자위기구가 관세법 제234조 제1호에 정한 '풍속을 해치는 물품'에 해당한다는 이유로 수입통관을 보류한 처분은 위법하다"라는 태도를 보이고 있다. 또한, 판례[127]는 세관장이 관세법 제237조 제3호에 따라 성인 여성의 신체와 비슷한 형태 및 크기를 가진 남성용 자위기구[128] 1개에 대한 수입통관을 보류·처분한 사건에서 이 사건 물품은 전체적으로

받을 수 있도록 해주는 것으로서, 관세법 제234조 제1호 소정의 풍속을 해치는 물품 그 자체는 아니라 하더라도 같은 규정 소정의 '이에 준하는 물품'에 해당한다고 판단한 바 있다. 그러므로 '위험(risk) 관리'를 위한 예방적 처분으로서 통관 보류 처분사유인 구 관세법 제237조제3호에 따른 "풍속을 해칠 우려"가 있는지 여부는, 단순히 해당 물품 자체가 음란성을 가지는지 여부만을 기준으로 볼 것은 아니고, 그 물품을 사용할 주체가 누구인지, 향후 그 물품이 사용될 맥락과 환경이 풍속을 해할 우려가 있는지, 그 물품 수입신고가 최종적으로 수리될 경우의 파급효과와 그에 관한 사회적 인식, 같은 호 후단에 언급된 국민보건 등을 해칠 우려와의 관계 등을 종합적으로 고려하여 판단하여 한다.

126) 인천지방법원 2008.05.15. 선고 2007구합5725 판결.

127) 서울행정법원 2021.02.18. 선고 2020구합68950 판결; 같은 취지로, 서울행정법원 2021.07.23. 2020구합69830 판결.

관찰하여 볼 때 그 모습이 저속하고 문란한 느낌을 주지만 이를 넘어서서 사람의 존엄성과 가치를 심각하게 훼손·왜곡하였다고 평가할 수 있을 정도로 노골적인 방법에 의하여 성적 부위나 행위를 적나라하게 표현 또는 묘사한 것이라 볼 수 없다는 이유[129]를 들어 성풍속을 해치는 음란물이어서 관세법 제234조 제1호의 '풍속을 해치는

128) 이른바 '리얼돌'로 불리며, 성인 여성 전신과 비슷한 모양의 인형으로서, 머리 부분은 탈부착할 수 있다. 머리를 포함한 전체 길이는 약 164cm, 무게는 약 39kg이고, 전체적으로 사람의 피부색과 유사한 색깔을 띠고 있고, 유두 및 성기 부분은 좀 더 진한 색으로 채색되어 있으며, 외음부 형태가 구현된 성기 위로 음모 형태의 털이 부착되어 있다. 그리고 가슴 부분은 성인 여성의 가슴과 비슷한 모양이고, 성기 부분과 항문 부분에는 구멍이 뚫려 있으며, 신체와 유사한 관절이 형성되어 있어 앉거나 구부리는 등 다양한 자세가 가능하고, 피부는 실리콘 재질로, 뼈대는 철심으로 이루어져 있다.

129) 판례는 이러한 판단의 근거로 다음과 같은 사정을 설시하고 있다. ① 이 사건 물품은 성인 여성의 신체 중 가슴, 성기를 진한 색으로 도드라지게 보이게 하고 전체적으로 피부색과 유사한 실리콘을 재질로 사용하여 성인 여성의 신체를 재현한 것으로 그 전체적인 모습이 실제 사람의 형상과 유사하다. 피고는 이와 같이 이 사건 물품이 신체를 사실적으로 묘사하고 성기 등을 노골적이고 적나라하게 표현함으로써 사람의 존엄성과 가치를 심각하게 훼손·왜곡하여 성풍속을 해치는 물품 에 해당한다고 주장하나, 성기구는 신체접촉을 대신하여 성기구를 통한 성적 만족감 충족이라는 목적을 위해 제작·사용되는 도구로서 필연적으로 신체의 형상이나 속성을 사실적으로 묘사하거나 구현할 수밖에 없고, 앞서 든 성기구와 관련된 법리를 함께 고려하면 그 전체적인 모습이 신체와 유사하다거나 성기 등의 표현이 다소 구체적이고 적나라하다는 것만으로 그 본질적인 특징이나 성질이 달라져 사람의 존엄성과 가치를 심각하게 훼손·왜곡하고 정상적인 성적 수치심을 해하여 성적 도의관념에 반할 정도 에 이른다고 쉽게 단정할 것은 아니다. ② 이 사건 물품이 성기구 이외의 다른 의학, 교육, 예술 등의 목적으로 제작된 것이고 실제 그 목적에 맞게 사용되는 것이라면 일반적으로 보통인의 성욕을 자극하여 성적 흥분을 유발하고 정상적인 성적 수치심을 해하여 성적 도의관념에 반하는 것이라고 보기는 어렵다. 이 사건 처분에는 이 사건 물품의 용도가 성기구인 점이 전제되어 있으나, 앞서 든 법리와 같이 신체와 유사한 성기구는 단순한 성적인 만족이나 쾌락을 위한 경우뿐만 아니라 그 사용자가 육체적·심리적 성기능 장애를 가지고 있는 경우나 일시적 혹은 상시적으로 성행위 상대가 없는 경우에도 중요한 역할을 하는 점, 통상 매우 사적인 공간에서 이용되는 점에 비추어 보면, 이 사건 물품의 원래 용도나 목적을 고려하여 음란성 여부를 다르게 판단하는 것은 더욱 신중할 필요가 있다. ③ 피고는 그 형상이 조잡한 신체 형상의 성기구 수입을 허용하고 있어 '성기구'라는 이유만으로 풍속을 해치는 것으로 판단하지 않고 있다. 우리나라 법률도 성기구 전반에 관하여 일반적인 법적 규율을 하고 있지 않다. 이는 성기구는 성적인 내용 을 대외적으로 표현하는 일반적인 음란물과는 달리 사용자의 성적 욕구 충족에 은밀하게 이용되는 도구에 불과하고, 개인의 사적이고 은밀한 영역에 대한 국가의 개입은 최소화되어야 한다는 인식을 전제로 한 것이라 볼 수 있다. 따라서 적어도 공중에게 성적 혐오감을 줄 만한 성기구가 공공연하게 전시·판매됨으로써 그러한 행위를 제재할 필요가 있는 경우 등이 아니라면 성기구를 음란한 물건으로 취급하여 수입 자체를 금지하는 일은 매우 신중하여야 한다. ④ 청소년 보호법은 '성기구'를 청소년유해물건으로 분류하여 '청소년유해표시'를 하도록 하고 성기구를 취급

물품'에 해당함을 전제로 한 이 사건 처분은 위법하다는 입장을 취하고 있다.

하지만 판례[130]는 "원고가 타란툴라 거미를 수입하는 목적은 애완동물로 판매하는 등 상업용으로 사용하기 위한 것이어서 일반 국민이 타란툴라 거미의 독액과 털에 노출되는 상황이 예정되어 있는 점, 타란툴라 거미의 독성은 사람에게 다양한 알레르기 반응을 일으킬 수 있을 뿐만 아니라 타란툴라의 종과 사람의 신체적 조건 등에 따라 치명적 위해를 야기할 가능성도 배제할 수 없는 점, 타란툴라 거미를 다루는 방법에 따라서는 거미 털에 의하여 예측하지 못한 질환이 발생할 위험이 있는 점, 타란툴라 거미가 일정한 시설에서 통제, 관리되지 않고 애완동물로 판매되는 등 상업적으로 사용될 경우 자연적 증식을 통해 그 서식지가 확산되어 국민이 이에 노출되는 사례가 증가하고 그 형태도 다양해질 수 있는 점, 일부 외국에서는 타란툴라 거미가 애완동물로 유통되지 않도록 규제하고 있는 점 등을 고려하면, 타란툴라 거미를 애완동물로 판매하는 등 상업적인 목적에 사용하기 위하여 수입하는 것은 국민보건을 해칠 우려가 있는 경우에 해당한다."는 입장을 취하고 있다.

3. 세관장의 신고수리와 수입통관물품에 대한 사후관리

1) 세관장의 신고수리

(1) 신고수리의 요건

세관장의 수입신고수리란 외국물품을 우리나라에 반입하거나 보세구역으로부터 외국물품을 국내로 반입하려는 사인이 세관장에게 알린 그 반입 의사와 해당 물품의 품명·규격·수량과 가격, 그리고 그 밖의 법정 신고사항을 해당 세관장이 관세법의 규정에

하는 업소는 '청소년유해업소'로 삼아 청소년의 출입과 고용을 금지하는 동시에 성기구를 청소년에게 판매·대여·유포하는 경우를 형사처 벌하도록 하고 있다. 이처럼 우리나라 법률은 미성숙 한 청소년이 성기구에 노출됨으로써 발생할 수 있는 문제점에 대하여만 별도 보호장치를 마련하고 있다. 성인의 사적이고 은밀한 사용을 본래 목적으로 한 성기구의 수입 자체를 금지할 법적 근거는 달리 찾아보기 어렵다. 피고는 일반 성기구와 달리 신체 형상을 한 성기구가 공공연하게 전시·판매되는 경우 공중에 성적 혐오감을 줄 가능성이 상당하다고 주장하나, 이러한 전시·판매가 공중에 성적 혐오감을 줄 경우 공연음란죄 등 관련 형사법에 따라 처벌하면 될 것이고, 이러한 우려로 인하여 신체 형상의 성기구 자체의 수입통관을 보류할 것은 아니다.

130) 서울고등법원 2013.12.13. 선고 2013누21214 판결.

따른 유효한 행위로 받아들이는 것을 의미한다. 따라서 사인의 수입신고행위가 앞서 설명한 수입신고의 기본적 요건인 형식적 요건과 시간적 요건, 그리고 내용적 요건에 부합되는 사실의 인정이 수입신고수리의 일반적 요건이 된다. 만일 세관장에게 접수된 수입신고가 그 기본적 요건을 갖추지 못하였거나 부정한 방법으로 신고된 경우라면 세관장은 그 수입신고를 각하할 수 있다(관세법 250조제3항).[131]

그런데 세관장에게 수입신고된 물품이 만일 지식재산권 보호규정(관세법 제235조)에 따라 통관의 보류가 요청된 상표권 또는 저작권 등을 침해하는 물품이라고 인정된다면 세관장은 상표권 또는 저작권 등의 권리자가 해당 물품의 통관에 동의하지 않는 한 그 물품에 대한 통관보류를 조치하여야 하므로 이러한 경우 세관장의 수입신고수리는 기대할 수 없다. 또한, 나중에 설명하는 통관보류(관세법 제237조)의 조치대상에 해당하는 수입신고물품도 세관장의 신고수리는 기대하기 어렵다.

세관장의 신고수리와 관련하여 판례의 태도를 살펴본다. 판례[132]는 "구 관세법 제17조 제1항, 제2항 등은 관세의 원칙적인 부과·징수를 신고납세방식에 의함을 밝히고 있는바, 이러한 신고납세방식 아래에서는, 물품을 수입하고자 하는 자가 납세신고를 함에 있어서 수입신고서에 구 관세법시행령 제5조 제1항에 따라 당해 물품의 품목분류·세율·세액 등을 기재하여 신고함과 아울러 관세를 납부할 의무가 있고, 세관장은 신고한 세액에 대하여는 수입신고를 수리한 후에 심사할 수 있는 것이므로, 수입업자가 시장접근물량을 초과하는지 여부에 따라 양허관세율이 차등 적용되는 물품을 수입하면서 시장접근물량에 적용되는 낮은 양허관세율을 적용받기 위해 필요한 시장접근물량 양허관세적용 추천서를 납세신고시 제출하지 아니하는 경우, 세관장은 그 납세신고를 수리함에 있어서 그 물품이 양허관세율이 적용되는 물품인지 여부, 추천서를 갖추었는지 여부 등을 심사하거나 그 보완을 요구할 의무가 없다."는 태도를 보이고 있다. 그리고 판례[133]는 "수입화주 갑이 수입물품을 관세율 8%인 '감자전분의

131) 세관장이 관세법 제250조 제3항에 따라 신고를 각하할 수 있는 구체적 경우는 ① 수입신고가 형식적인 요건을 갖추지 못한 경우, ② 신고된 물품에 대해 멸각, 폐기, 공매낙찰, 몰수확정 또는 국고귀속이 결정된 경우, ③ 입항전수입신고의 요건(관세령 제249조)을 갖추지 못한 경우, ④ 사위 기타 부정한 방법으로 신고한 경우 등이다. ▶세관장이 신고를 각하한 때에는 즉시 그 신고인에게 ① 신고의 종류, ② 신고연월일 및 신고번호, ③ 각하사유를 기재한 통지서를 송부하여야 한다(관세령 제254조).

132) 대법원 2003.02.14. 선고 2001두4832 판결.

133) 대법원 2012.10.11. 선고 2010두27165 판결.

조제품'으로 하여 수입신고하였는데, 중앙관세분석소가 그 시료를 분석하여 관세율 455%인 '감자전분'으로 판정하고서도 남은 시료를 갑 등의 의사 확인 없이 즉시 폐기한 후 그에 기초하여 관세를 증액하여 부과한 사안에서, 위 처분은 '분석결과에 대하여 수출입화주가 이의를 제기할 가능성이 있는 경우'에는 남은 시료를 6개월간 보관하도록 한 구 '수출입물품의 분석사무처리에 관한 시행세칙'을 어겨 갑에게 이의제기권 등을 보장하지 아니한 잘못된 절차에 근거하여 위법하다"고 본 원심판단[134]을 수긍하는 입장을 취하고 있다.

한편, 세관장은 수입신고서의 기재사항이 미비되거나 첨부한 신고서류가 미비된 경우에는 수입신고수리 이전까지 신고인에게 이를 보완하게 할 수 있는데, 미비된 사항이 경미하고 신고수리 후에 보완이 가능하다고 인정되는 경우라면 신고수리 후 이를 보완하게 할 수도 있다(관세법 제249조). 여기에서 만일 세관장의 보완조치 등에 대한 명령을 위반하였다면, 그 의무위반행위는 100만 원 이하의 과태료 부과대상 질서위반행위에 해당된다(관세법 제277조제5항).

(2) 신고수리의 법적 효과

세관장이 행한 수입신고수리의 법적 효과는 관세법상 직접효과와 간접효과로 구분할 수 있다. 먼저, 직접효과는 수입신고된 해당 외국물품에 대하여 관세법상 내국물품의 지위를 부여하게 된다. 다시 말하면 국외로부터 우리나라에 도착하였거나 보세구역에 반입된 해당 외국물품은 내국의 자유로운 재화거래로 이전됨에 따라 더 이상 관세법이 규정하는 외국물품의 취급에 따른 속박에서 해방될 뿐만 아니라 엄격한 세관감시의 대상범위에서도 벗어나기 때문에 국내에서 자유롭게 소비 또는 사용되거나 물리적·법률적으로 처분될 수 있을 것이다. 다음으로 간접효과는 관세행정주체의 입장에서 볼 때, 수입신고의 효력발생과 함께 성립된 추상적 납세의무는 세관장의 수입신고수리에 의하여 구체적 납세의무로 확정(간주)[135]되기 때문에 수입신고가 수리되면 해당 납세의무(귀속)자에 대한 세관장의 관세징수권이 발생되면서 동시에 관세

134) 서울고등법원 2010.11.04. 선고 2009누39867 판결.

135) 수입신고한 납세자의 입장에서 볼 때, 납세신고(관세법 제38조제1항)를 한 자는 수입신고가 수리된 날로부터 15일 이내에 관세 등을 국고수납은행 또는 우체국에 납부하여야 할 의무가 발생한다.

징수권의 소멸시효 기산의 기준일이 된다.

수입신고한 납세자의 입장에서 볼 때, 세관장의 수입신고수리가 가져오는 관세법의 규정에 따른 주요한 간접효과는 첫째, 수입신고가 수리된 물품이 관세청장이 정하는 보세구역에 장치되어 있다면 그 수입신고수리일로부터 15일 이내에 해당 물품을 보세구역으로부터 반출할 의무가 생긴다.[136] 둘째, 재수출면세의 적용기간 기산의 기준일이 된다. 즉, 수입신고일로부터 일정한 기간 내에 해당 물품을 국외로 다시 수출한다면 그 물품에 대한 관세를 면제받을 수 있는 권리가 생긴다. 셋째, 마찬가지로 수입신고수리된 해당 물품을 수입한 원상태로 다시 수출한다면 관세환급특례법이 규정하는 환급청구권을 행사할 수 있는 기간의 소급기산에 대한 기준일이 된다. 넷째, 수입신고서류의 보관의무가 발생하게 된다. 이에 따라 수입신고인은 그 수리일로부터 5년간 수입신고필증, 수입거래 관련 계약서 또는 이에 갈음하는 서류, 지적재산권거래 관련 계약서 또는 이에 갈음하는 서류, 수입물품 가격결정에 관한 자료 등을 보관[137]하여야 하는 의무를 가진다(관세법 제12조). 마지막으로, 신고수리된 외국물품이 관세청장이 지정한 유통이력 신고물품의 대상범위에 적용된다면 해당 물품에 대한 유통이력 신고의무가 발생한다. 따라서 외국물품을 수입한 자와 수입물품을 국내에서 거래하는 자는 해당 물품에 대한 유통단계별 거래내역을 관세청장에게 신고하지 않으면 안 된다.

한편, 관세법은 세관장이 이미 수입신고를 수리하였다고 하더라도 정당한 사유의 존재가 인정되는 경우에 한하여 그 수입신고 취하에 대한 세관장의 승인을 허용하고 있는데, 이러한 경우 수입신고 취하가 승인된 건에 대해 행해졌던 세관장의 신고수리는 중대하고 명백한 하자있는 행정행위가 되는 결과가 되기 때문에 그 법적 효력은 당연히 상실하게 된다(관세법 제250조제2항). 그리고 수입신고수리의 효력발생 시점은 EDI 통관시스템을 통하여 신고인에게 수입신고수리가 되었음을 통보한 시점이 된다. 하지만 EDI통관시스템을 통하지 아니하고 수작업에 의하여 수입신고를 수리하는 때에는 신고인에게 수입신고필증을 교부한 시점이 된다. 그러므로 수입신고수리의 효력발생 시점은 도달주의를 채택하고 있는 수입신고의 효력발생 시점과는 달리 수입신고인의

136) 하지만 외국물품의 장치에 방해가 되지 아니하는 것으로 인정되어 세관장으로부터 해당 반출기간의 연장승인을 얻은 때에는 예외로 한다.

137) 관세청장이 정하는 바에 따라 마이크로필름·광디스크 등 자료전달 및 보관 매체에 의하여 보관할 수 있다(관세령 제3조제2항).

사적 이익을 신속하게 보호하기 위하여 발신주의를 따르고 있다.

2) 수입통관물품에 대한 사후관리

(1) 수입통관물품의 보세구역 반입명령

관세법 제238조 제1항에 따라 만일 수입신고가 수리되어 반출된 물품이 관세법에 따른 의무사항을 위반하거나 국민보건 등을 해칠 우려가 있는 물품에 해당하는 경우에 관세청장 또는 세관장은 해당 물품을 보세구역으로 반입할 것을 명할 수 있는 권한을 행사[138]할 수 있으며,[139] 이에 상응하여 반입명령을 받은 자(화주 또는 화주의 위임을 받은 자 또는 수출입 신고인)는 해당 물품을 지정받은 보세구역으로 반입할 의무가 발생한다. 하지만 해당 물품이 수입신고가 수리된 후 3개월이 지났거나 관련 법령에 따라 관계행정기관의 장의 시정조치가 있는 경우라면 이른바 보세구역 반입명령권은 허용될 수 없는데, 관세청장 또는 세관장이 보세구역 반입명령권을 행사할 수 있는 반입대상물품은 다음과 같은 경우에 해당하는 수입통관물품에 한하여 적용된다(관세령 제245조제1항): ① 세관장이 요구하는 의무(관세법 제227조)를 이행하지 아니한 경우; ② 원산지 표시(관세법 제230조)가 적법하게 표시되지 아니하였거나 수입신고수리 당시와 다르게 표시되어 있는 경우; ③ 지식재산권을 침해한 경우. 여기에서 만일 보세구역 반입명령에 대하여 반입대상 물품의 전부 또는 일부를 반입하지 아니하였다면 그 행위는 물품원가 또는 2천만 원 중 높은 금액 이하의 벌금에 처하는 의무위반행위가 된다(관세법 제276조제2항제3호).

한편, 관세청장 또는 세관장이 반입명령을 하는 경우에는 반입대상물품, 반입할 보세구역[140], 반입사유와 반입기한을 기재한 명령서를 화주 또는 수출입신고자에게 송달

138) 보세구역 반입명령은 관세청장, 수입신고를 수리한 세관장, 관세법의 규정에 따라 의무사항이행 위반 여부를 조사한 세관장 그리고 반입명령대상물품의 소재지를 관할하는 세관장이 행할 수 있으며, 관세청장이 반입명령하는 경우에는 반입대상물품과 반입명령사유 등을 지정하여 세관장에게 보세구역반입명령을 발하도록 지시할 수 있다.

139) 그럼에도 불구하고 관세청장이나 세관장은 법 위반사항이 경미하거나 감시·단속에 지장이 없다고 인정되는 경우에는 반입의무자에게 해당 물품을 보세구역으로 반입하지 아니하고 필요한 조치를 하도록 명할 수 있다(관세법 제238조제5항).

140) 반입명령인 또는 반입대상물품의 소재지 지정보세구역으로 하는데, 해당 세관 관할 내에 지정보세구역이 없거나 그 밖에 부득이한 사유가 있는 경우에는 특허보세구역으로 할 수 있다.

하여야 하는데, 만일 명령서를 받을 자의 주소 또는 거소가 불분명한 경우라면 관세청 또는 세관의 게시판 그리고 기타 적당한 장소에 반입명령사항을 공시할 수 있으며(관세령 제245조제2항), 공시한 날부터 2주일이 경과한 때에는 명령서를 받을 자에게 반입명령서가 송달된 것으로 간주된다(관세령 제245조제3항).

여기에서 반입의무자는 관세청장 또는 세관장이 정한 기한 내에 명령서에 기재된 해당 물품을 지정받은 보세구역에 반입하여야 하지만 반입기한 내에 반입하기 곤란한 사유가 있는 경우에는 관세청장 또는 세관장의 승인을 얻어 반입기한을 연장할 수 있다(관세령 제245조제4항). 그리고 보세구역에 반입된 물품에 대하여 세관장은 반입의무자에게 그 물품을 국외로 반출 또는 폐기할 것을 명하거나 보완 또는 정정 후 반출하게 할 수 있는데, 반송 또는 폐기에 소요되는 비용은 반입의무자가 이를 부담하며, 보세구역에 반입된 물품이 반송 또는 폐기된 경우[141]에는 당초의 수입신고수리는 취소된 것으로 간주되고, 해당 물품을 수입할 때 납부한 관세는 관세법 제46조 및 제48조에 따라 환급한다(관세법 제238조제3항·제4항).

(2) 수입통관물품의 유통이력관리

관세법 제240조의2 제1항에 따라 외국물품을 수입하는 자와 수입물품을 국내에서 거래하는 자(소비자에 대한 판매를 주된 영업으로 하는 사업자는 제외한다)에게 사회안전 또는 국민보건을 해칠 우려가 현저한 물품 등으로서 관세청장이 지정하는 물품인 이른바 "유통이력 신고대상물품"에 대한 유통단계별 거래명세인 "유통이력"을 관세청장에게 신고할 의무가 발생한다.[142]

만일 유통이력에 대한 신고의무를 이행하지 아니하거나 유통이력을 거짓으로 신고하였다면, 그 의무위반행위는 500만 원 이하의 과태료 부과대상 질서위반행위에 해당된다(관세법 제277조제3항). 그런데 유통이력에 대한 신고의무자는 유통이력을 장부에 기록(전자적 기록 방식을 포함한다)하고, 그 자료를 거래일부터 1년간 보관하지 않으면

141) 반송 또는 폐기된 물품에 대하여는 관세법에서 규정하고 있는 과오납금의 환급(제46조)과 환급가산금(제48조)에 관한 규정을 준용한다(관세령 제245조제7항).

142) 관세청장은 유통이력 신고물품을 지정할 때 미리 관계 행정기관의 장과 협의하여야 하고, 유통이력 신고물품의 지정, 신고의무 존속기한과 신고대상 범위 설정 등을 할 때 수입물품을 내국물품에 비하여 부당하게 차별하여서는 아니되며, 이를 이행하는 유통이력 신고의무자의 부담이 최소화 되도록 하여야 한다(관세법 제242조의2제3항·제4항).

안 된다(관세법 제242조의2제2항). 그리고 관세청장은 필요하다고 인정할 때에는 세관공무원으로 하여금 유통이력 신고의무자의 사업장에 출입하여 영업관계의 장부나 서류를 열람하여 조사하게 할 수 있는데, 유통이력에 대한 신고의무자는 정당한 사유 없이 이러한 유통이력 조사를 거부·방해 또는 기피하여서는 아니 되고, 이러한 유통이력 조사를 하는 세관공무원은 신분을 확인할 수 있는 증표를 지니고 이를 관계인에게 보여 주어야 한다(관세법 제240조의3). 여기에서 만일 유통이력에 대한 장부기록 자료의 보관의무를 이행하지 아니하였다면, 그 의무위반행위는 500만 원 이하의 과태료 부과대상 질서위반행위에 해당된다(관세법 제277조제3항).

4. 수입통관의 특례

1) 수입물품의 반출특례

어떤 수입물품이 신속한 경제순환의 필요성이 요구되면서 그 물품에 대한 관세채권의 행사에 지장이 없다면 그 물품에 대한 수입신고(수리) 이전이라 하더라도 그 수입물품을 내국물품으로 대우하는 것이 국민경제의 발전에 도움이 될 것이다. 이에 따라 관세법은 특정한 전제조건을 갖춘 외국물품에 대하여 수입신고(수리) 이전에 운송수단 또는 지정된 장치장소 등으로부터의 반출을 허용하고 있다.

(1) 수입물품의 수입신고 전 즉시반출

관세법 제253조 제1항에 따라 수입신고 전에 운송수단, 관세통로, 하역통로 또는 관세법에서 규정하는 장치장소로부터 즉시반출이 허용될 수 있는 수입물품의 해당범위는 ① 관세 등의 체납이 없고 최근 3년 동안 수출입실적이 있는 제조업자나 외국인투자자가 수입하는 시설재 또는 원부자재에 해당되거나 ② 그 밖에 관세 등의 체납우려가 없는 경우로서 관세청장이 정하는 물품에 해당되는 수입물품이면서 구비조건의 확인(관세법 제226조제2항)에 지장이 없는 경우로서 세관장이 지정하는 것에 한하여 적용된다(관세령 제257조제2항). 이러한 물품에 대한 수입신고 전 즉시반출의 허용은 그 전제조건으로 해당 물품에 대한 즉시반출신고[143]와 함께 납부하여야 하는 관세에 상당하는

143) 반출신고의 방법에 관하여는 관세령 제257조 제1항을 참조.

담보의 제공이 요구된다.

한편, 즉시반출신고를 하고 수입물품을 반출하는 자는 즉시반출신고를 한 날부터 10일 이내에 관세법에 따른 수입신고의무를 이행하여야 한다(관세법 제253조제3항). 만일 이러한 법정기간 내에 수입신고의무가 이행되지 아니한다면 세관장은 즉시반출된 수입물품에 대한 관세를 부과·징수하는데, 이러한 경우에 해당 물품에 대한 관세의 100분의 20에 상당하는 금액이 가산세로 부가되어 징수될 뿐 아니라 수입신고 전 즉시반출 허용대상자의 지정이 취소될 수 있다(관세법 제253조제4항).

(2) 수입물품의 수입신고수리 전 반출

관세법 제252조에 따라 수입신고수리 전 반출의 승인은 그 전제조건으로 수입신고를 한 물품에 대한 신고수리 전 반출신고[144]와 함께 납부하여야 할 관세에 상당하는 담보의 제공이 요구된다.[145]

2) 탁송품의 수입통관특례

관세법 제254조의2에 따른 탁송품의 특별통관은 자가사용물품 또는 면세되는 상업용 견본품 중 물품가격이 미화 150달러 이하인 물품(관세규칙 제79조의2제1항)에 한하여 적용된다. 특별통관의 방식은 탁송품 운송업자가 통관목록을 세관장에게 제출함으로써 관세법상 정식수입신고에 갈음하는 것이 된다.[146] 여기에서 '탁송품 운송업자'란 국제

---

144) 신고수리 전 반출신고의 방법에 관하여는 관세령 256조 제1항을 참조.

145) 다음과 같은 물품에 대해서는 담보의 제공을 생략할 수 있는데, 제②와 제③의 물품을 수입하는 자 중 관세 등의 체납, 불성실신고 등의 사유로 담보 제공을 생략하는 것이 타당하지 아니하다고 관세청장이 인정하는 자가 수입하는 물품에 대해서는 담보를 제공하게 할 수 있다(관세법 시행령 제256조제3항): ① 국가, 지방자치단체, 공공기관(공공기관법 제4조), 지방공사(지방공기업법 제49조)와 지방공단(지방공기업법 제79조)이 수입하는 물품; ② 관세법 제90조(학술연구용품의 감면세) 제1항 제1호와 제2호에 따른 기관이 수입하는 물품; ③ 최근 2년간 관세법위반(관세청장이 관세법 제270조·제276조 및 제277조에 따른 처벌을 받은 자로서 재범의 우려가 없다고 인정하는 경우를 제외한다) 사실이 없는 수출입자 또는 신용평가기관으로부터 신용도가 높은 것으로 평가를 받은 자로서 관세청장이 정하는 자가 수입하는 물품; ④ 수출용 원재료 등 수입물품의 성질, 반입사유 등을 고려할 때 관세채권의 확보에 지장이 없다고 관세청장이 인정하는 물품; ⑤ 거주 이전(移轉)의 사유, 납부할 세액 등을 고려할 때 관세채권의 확보에 지장이 없다고 관세청장이 정하여 고시하는 기준에 해당하는 자의 이사물품.

무역선·국제무역기 또는 국경출입차량을 이용하여 상업서류나 그 밖의 견본품 등을 송달하는 것을 업으로 하는 자로서 관세청장 또는 세관장에게 등록한 자를 말하며, **통관목록의 요건**은 그 목록의 내용으로 ① 물품의 발송인과 수신인의 성명, 주소, 국가, ② 물품의 품명, 수량, 중량과 가격, ③ 탁송품의 통관목록에 관한 것으로 법정사항[147] 등이 기재되어야 한다(관세법 제254조의2제1항).

탁송품 운송업자는 기본적으로 사실과 부합되는 통관목록을 제출할 의무를 지는데(관세법 제254조의2제2항), 만일 이러한 의무를 위반하였다면, 그 의무위반행위는 100만 원 이하의 과태료 부과대상 질서위반행위에 해당된다(관세법 제277조제5항). 그리고 제출한 통관목록에 적힌 물품수신인[수입신고 대상이 될 경우(관세법 제241조제1항)에는 수입신고서상의 납세의무자]의 주소지가 아닌 곳에 탁송품을 배송하거나 배송하게 한 경우(우편법 제31조단서에 해당하는 경우는 제외한다)에는 배송한 날이 속하는 달의 다음달 15일까지 실제 배송한 주소지를 세관장에게 제출할 의무를 지는데(관세법 제254조의2제3항),[148] 이러한 의무를 위반하였다면, 그 의무위반행위는 100만 원 이하의 과태료 부과대상 질서위반행위에 해당된다(관세법 제277조제5항). 아울러 세관장은 탁송품 운송업자가 이러한 탁송품의 특별통관절차상 준수의무를 위반하거나 관세법에 따라 통관이 제한되는 물품을 국내에 반입하는 경우에는 탁송품의 특별통관 절차의 적용을 배제할 수 있다(관세법 제254조의2제4항).

한편, 관세청장 또는 세관장은 탁송품에 대하여 세관공무원으로 하여금 검사하게 하여야 하고, 탁송품의 통관목록의 제출시한, 실제 배송지의 제출, 물품의 검사 등에 필요한 사항은 관세청장이 정하여 고시하며(관세법 제254조의2제5항), 세관장은 별도로 정한 지정장치장에서 탁송품을 통관하여야 한다(관세법 제254조의2제6항). 만일 세관장이 탁송품에 대한 세관감시와 밀수단속에 지장이 없다고 인정하는 경우 탁송품을 해당 탁송품 운송업자가 운영하는 보세창고 또는 시설[149]인 소위 자체시설에서 통관할 수 있다.

---

146) 관세법령에서 위임된 탁송품의 수입통관특례에 관한 세부사항을 정하기 위하여 관세청장은 행정규칙으로 「특송물품수입통관사무처리에관한고시」를 제정·시행하고 있다.

147) 세부사항에 관하여는 관세규칙 제79조의2 제2항을 참조.

148) 탁송품 배송 시 다수의 타인명의를 도용하여 관세를 포탈하는 사례 등을 차단하기 위하여 2014.1.1. 신설되었다.

149) 자유무역지역법 제11조에 따라 입주허가를 받아 입주한 업체가 해당 자유무역지역에서 운영하는 시설에 한정한다.

탁송품 운송업자가 탁송품을 자체시설에서 통관하려면 자체시설의 운영자료를 세관장에게 제출하여야 한다.

3) 전자상거래물품과 우편물의 수입통관

(1) 전자상거래물품의 특별통관

"전자상거래물품"이란 사이버몰(컴퓨터 등과 정보통신설비를 이용하여 재화 등을 거래할 수 있도록 설정된 가상의 영업장을 말한다) 등을 통하여 전자적 방식으로 거래가 이루어지는 수출입물품을 말한다. 관세법은 이러한 물품에 대한 적합한 통관제도가 운영될 수 있도록 관세청장에게 특별통관 대상 거래물품 또는 업체, 수입신고 방법과 절차, 관세 등에 대한 납부 방법, 물품검사 방법, 그 밖에 관세청장이 필요하다고 인정하는 사항 등 통관에 필요한 사항을 따로 정할 수 있는 권한을 부여하고 있다(관세법 제254조제1항; 관세령 제258조),[150] 전자상거래물품의 특별통관제도는 탁송품의 특별통관(관세법 제254조의2제1항) 및 우편물의 통관(관세법 제258조제2항)에 우선하여 적용한다(관세법 제254조제5항).

전자상거래물품의 적용범위는 물품의 주문, 대금의 결제 등 거래의 전부 또는 일부가 전자문서로 처리되는 상거래 물품이 해당되며, 전자상거래의 유형은 개인직접구매형, 배송대행형, 수입대행형, 수입쇼핑몰형으로 구분된다. 전자상거래 수입물품에 대한 수입신고 방식에서 수입대행형과 수입쇼핑몰형의 거래인 경우에 미화 2천 달러 이하의 특송물품과 미화 6백 달러 이하의 우편물에 한하여 목록통관이나 간이통관의 적용대상이 될 수 있다. 수입쇼핑몰형 거래의 경우에는 목록통관의 적용이 배제되고 위 금액을 초과하는 물품이라면 정식수입신고 방식의 형식적 요건을 갖추어 신고의무를 이행하여야 한다. 그리고 다른 유형의 거래물품에 대한 수입화주의 법적 지위와

150) 관세청장은 신속통관, 관세의 징수 및 효율적인 감시·단속을 위해 필요한 경우 사이버몰을 운영하는 통신판매중개자, 통신판매업자 등에게 전자상거래물품의 주문·결제 등과 관련된 거래정보로서 대통령령으로 정하는 정보를 요청할 수 있는데, 대통령령으로 정하는 정보의 제공방법, 절차 등 정보제공에 필요한 사항은 관세청장이 정하여 고시한다(관세법 제254조제2항·제3항). 한편, 관세청장은 납세자의 권리 보호 및 통관정보 제공을 위해 화주에게 전자상거래물품의 통관 및 납세와 관련된 사항으로서 대통령령으로 정하는 사항을 안내할 수 있다(관세법 제254조제4항).

그 물품에 대한 관세의 납세의무가 국내구매자에게 귀속되는 것과 달리 수입쇼핑몰형의 거래물품에 대한 수입화주의 법적 지위와 관세의 납세의무는 국내구매자가 아닌 전자상거래업체에게 귀속되며, 이러한 이유에서 수입쇼핑몰형의 거래물품은 관세평가에 따른 과세금액이 15만 원을 초과하지 아니한 경우에 해당한다고 하더라도 관세법에서 소액면세규정의 적용이 배제된다.

(2) 우편물의 수입통관

관세법 제256조에 따라 우편물의 수입은 체신관서 중에서 관세청장이 지정하는 통관우체국을 반드시 경유하지 않으면 안 된다. 이것은 수입되는 우편물에 대한 관세채권의 확보를 위한 통관관리를 효율적으로 하면서 국제우편물의 원활한 물류흐름도 가급적 보장하려는 취지이다. 우편물에 대한 수입통관의 특징은 수입신고의 이행이 일반적으로 그 우편물의 수취인이나 발송인을 대신하여 통관우체국장에 의하여 이루어진다는 것이다.[151] 이에 따라 통관우체국장은 수입하는 우편물을 접수하였을 때에는 세관장에게 우편물목록을 제출하고 해당 우편물에 대한 검사[152]를 받아야 한다(관세법 제257조).[153] 우편물의 검사결과 세관장이 우편물에 대하여 수입을 할 수 없다고 결정하였을 때에는 통관우체국장은 그 우편물을 수취인에게 내줄 수 없으며, 통관하려는 우편물이 대외무역법 제11조에 따른 수입의 승인을 받은 것이거나 그 밖에 수입신고대상 우편물에 해당된다면 그 우편물의 수취인이나 발송인은 관세법 제241조 제1항에 따른 신고의무를 이행하여야 한다(관세법 제258조). 여기에서 수입신고대상 우편물의 적용범위는 다음과 같은 우편물을 말한다(관세령 제261조): ① 법령에 따라 수입이 제한되거나 금지되는 물품; ② 수입구비조건(관세법 제226조)에 대한 세관장의 확인이 필요한 물품; ③ 판매를 목적으로 반입하는 물품 또는 대가를 지급하였거나 지급하여야 할 물품;[154] ④ 가공무역을 위하여 우리나라와 외국 간에 무상으로 수입하는 물품과

151) 세관장은 관세법 제257조부터 제259조까지의 규정에 따른 권한을 체신관서의 장에게 위탁할 수 있다(관세법 제329조제2항).

152) 통관우체국장은 검사를 받는 때에는 소속공무원을 참여시켜서 그로 하여금 세관공무원이 해당 우편물의 포장을 풀고 검사할 필요가 있다고 인정되는 때에는 그 우편물의 포장을 풀었다가 다시 포장하여야 한다(관세령 제260조).

153) 관세청장이 정하는 우편물은 검사를 생략할 수 있다.

154) 통관허용 여부와 과세대상 여부에 관하여 관세청장이 정한 기준에 해당하는 것으로 한정한다.

그 물품의 원·부자재; ⑤ 그 밖에 수입신고가 필요하다고 인정되는 물품으로서 관세청장이 정하는 금액을 초과하는 물품.

한편, 세관장은 우편물통관에 대한 결정사항이나 관세를 징수하려는 경우에는 그 세액을 통관우체국장에게 통지할 의무를 가지며(관세법 제259조), 세관장으로부터 이러한 통지를 받은 통관우체국장은 해당 우편물의 수취인에게 그 결정사항을 통지하여야 한다. 여기에서 해당 우편물이 관세법상 정식수입신고 대상물품에 해당하는 경우라면 세관장의 통관우체국장에 대한 통지는 신고수리(관세법 제248조) 또는 수입신고수리전 반출승인(관세법 제252조)을 받은 서류를 해당 신고인이 통관우체국에 제출하는 것으로써 이에 갈음하고, 통관우체국장의 해당 우편물의 수취인에 대한 통지는 세관이 발행하는 납부고지서로써 이에 갈음한다(관세령 제262조). 그런데 통관우체국장으로부터 납세고지서를 받은 관세의 납세의무자는 해당 관세를 세관장에게 금전으로 납부하여야 하고, 그 밖의 경우에 따른 관세의 납부는 체신관서에 금전으로 이를 납부하여야 한다(관세령 제263조). 이에 따라 체신관서는 관세를 징수하여야 하는 우편물은 관세를 징수하기 전에 수취인에게 내줄 수 없다(관세법 제260조제2항).

Ⅱ FTA 특혜관세대우의 적용

1. 원산지상품의 특혜관세대우 신청요건과 관세율 적용순위

1) 원산지상품의 특혜관세대우 신청요건

FTA 체약상대국에서 수입된 상품에 대하여 특혜관세대우를 신청하려면, 해당 상품이 특혜관세대우를 신청할 수 있는 요건을 갖추어야 하는데, 해당 상품의 거래당사자요건, 품목요건, 원산지증명요건, 직접운송요건 등을 충족하여야 비로소 특혜관세대우를 향유할 수 있는 FTA 원산지상품으로 취급된다.

(1) 거래당사자요건

FTA 원산지상품이 특혜관세대우의 신청요건을 갖추려면 그 상품의 수입자는 우리나라의 영역 안에 소재하는 자연인 또는 법인(기업)이어야 한다. 그리고 원산지상품의 수출자는 원칙적으로 FTA 체약상대국의 영역 안에 소재하면서 그 상품을 수출하는 자연인 또는 법인(기업)이어야 한다. 아울러 원산지상품의 생산자는 FTA 체약상대국의 영역 안에 소재하면서 그 상품의 생산활동을 수행하거나 종사하는 자연인 또는 법인(기업)이어야 한다. 하지만 제3국에 소재하는 자연인 또는 법인(기업)도 예외적으로 원산지상품의 수출자가 될 수 있으나, 그 상품의 생산자가 반드시 FTA 체약상대국에 소재하여야 한다는 것이 전제되어야 한다.

한편, 원산지상품의 수입자는 우리나라의 세관에 그 상품에 대한 특혜관세대우의 적용을 신청할 수 있는 주체가 되지만, 그 상품에 대한 원산지증빙자료를 법정기간 동안 보관할 의무를 진다. 그리고 원산지상품의 수출자는 원산지증명서의 자율발행이나 기관발급신청의 주체로서 그 상품에 대한 원산지증빙자료를 법정기간 동안 보관할 의무를 진다. 또한, 원산지상품의 생산자는 그 상품에 대한 원산지증빙자료를 법정기간 동안 보관할 의무를 진다.

(2) 품목요건

FTA 원산지상품이 특혜관세대우의 신청요건을 갖추려면 그 상품은 해당 자유무역협정의 양허대상품목에 해당되어야 한다. 양허대상품목은 HS Code(관세품목번호)로 정하고 있기 때문에 그 상품의 HS Code와 양허품목의 HS Code가 일치되어야 한다.

(3) 원산지증명요건

FTA 원산지상품이 특혜관세대우의 신청요건을 갖추려면 그 상품은 해당 자유무역협정에서 정하는 규정에 따라 발급된 원산지증명서가 증명하는 해당 물품과 부합되어야 한다. 한-EU·EFTA·터키·칠레 FTA에서는 원산지증명서의 명칭을 원산지신고서(Origin Declaration)로 사용하고 있다.

(4) 직접운송요건

FTA 원산지상품이 특혜관세대우의 신청요건을 갖추려면 그 상품은 FTA 체약상대국에서 우리나라로 직접 운송되어야 한다. 하지만 제3국(비체약당사국)의 영역에서 보세전시 후에 우리나라로 운송된 상품의 경우 특례가 인정될 수 있다. 한-미 FTA에서는 직접운송요건을 규정하고 있지 않으므로 반드시 수출 당시 FTA 체약상대국에서 우리나라를 목적국으로 지정하여 발송될 필요가 없고, 수입자가 정해지지 않은 상태에서 FTA 체약상대국에서 수출하여 제3국(비체약당사국) 보세구역에 장치하였다가 구매자가 나타나면 그 때 계약하여 우리나라로 운송한 경우에도 원산지상품으로 인정될 수 있다. 그럼에도 불구하고 제3국(비체약당사국) 세관당국의 통제 하에서 하역, 재선적 또는 상품을 양호한 상태로 유지하기 위한 작업 외의 어떠한 가공 또는 작업도 없어야 한다는 점은 직접운송요건을 규정하는 FTA의 경우와 같다. 우리나라가 체결한 FTA에서 제3국(비체약당사국) 경유사실 입증서류 요건을 정한 경우가 있고 그렇지 않은 경우도 있으나, 후자의 경우에도 국내법에서 유사한 서류에 의하여 입증하도록 요구하고 있으니 유의할 필요가 있다. 또한, 제3국(비체약당사국) 경유시 세관당국의 통제 하에 있어야 한다는 요건도 자유무역협정에서 규정하는 경우와 규정하지 않는 경우가 있으나, 국내법에서 같은 요건을 규정하고 있기 때문에 어느 자유무역협정의 적용에 있어서나 단순경유 사실과 세관당국의 통제 하에 있었다는 사실을 수입자가 입증하여야 FTA 특혜관세대우를 적용받을 수 있다.

직접운송요건과 관련하여 판례(대법원 2019.2.14. 선고 2017두63726 판결)의 태도를 살펴본다. 잠수복 및 관련 액세서리의 제조·판매·수출입업을 하는 갑 주식회사가 20차례에 걸쳐 캄보디아에서 제조한 잠수복 등을 베트남을 경유하여 대한민국으로 수입하면서 한-아세안 FTA 등에 따른 협정관세를 적용하여 수입신고를 하였는데, 과세관청이 제1차 수입신고에 관한 갑 회사의 협정관세 사후신청과 세액경정청구에 대하여, 위 협정 부속서 규정 제9조 제2항에서 정한 직접운송 간주요건에 의해 협정관세를 적용받기 위하여 필요한 '수출당사국에서 발행한 통과선하증권'이 제출되지 않았는데도 협정관세를 적용하고 관세 및 부가가치세를 감액경정하는 결정을 하자, 그에 따라 갑 회사는 제2 내지 20차 수입신고에 위 통과선하증권을 제출하지 않은 채 캄보디아에서 발행된 원산지증명서와 트럭 화물운송장(TRUCK MANIFEST) 및 베트남에서 발행된 선하증권(베트남-한국 해상운송)만을 제출하여 협정관세를 적용받았는데, 이후 과세관청이 '원산지 서면조사'를 통해 위 통과선하증권이 제출되지 않았으므로 협정관세가 적용될 수 없다는 조사결과를 통지하고 갑 회사에 관세, 부가가치세 등의 세액경정통지를 하였다.

이 사건 상고심은 다음과 같은 입장을 취하고 있다. 한·아세안 FTA 부속서 원산지

규정의 이행을 위한 절차적 사항을 담은 부록 '원산지 규정을 위한 원산지 증명 운영절차' 제19조의 문언, 체계, 경위, 한·아세안 FTA 부속서를 비롯한 관련 법령의 직접운송에 관한 규정들의 취지와 목적 등을 모두 종합할 때, 위 조항은 한·아세안 FTA 부속서 3(원산지 규정) 제9조의 직접운송 규정을 원활히 실시·집행하기 위하여 관세당국에 제출할 증명서류에 관하여 일반적으로 신빙성을 높게 보는 대표적인 증빙서류들을 정하고 있는 것으로서, 이를 제출하기 어려운 사정이 있는 경우에는 다른 신빙성 있는 자료로 대체할 수 있다. 따라서 가호의 '수출 당사국에서 발행된 통과 선하증권'을 발급받기 어려운 사정이 있는 경우에는 같은 조 라호에 따라 다른 신빙성 있는 증명서류를 제출하여 직접운송 간주 요건의 충족을 증명할 수 있고, 단지 위 '통과선하증권'이 제출되지 않았다는 형식적인 이유만으로 한·아세안 FTA 직접운송의 요건을 충족하지 못한다고 단정하여 협정세율 적용을 부인할 수는 없다. 그리고 조세법률관계에서 신의성실의 원칙이 적용되기 위한 과세관청의 공적인 견해 표명은 당해 언동을 하게 된 경위와 그에 대한 납세자의 신뢰가능성에 비추어 실질에 의하여 판단하여야 하나, 납세자가 FTA관세법 제10조에 따라 수입신고 시 또는 그 사후에 협정관세 적용을 신청하여 세관장이 형식적 심사만으로 수리한 것을 두고 그에 대해 과세하지 않겠다는 공적인 견해 표명이 있었다고 보기는 어렵다. 그런데도 원심(대구고법 2017.9.8. 선고 2016누5335 판결)[155]은 이와 다른 전제에서 그 판시와 같은 사정만으로 다른 신빙성 있는 자료에 의한 직접운송 간주요건 충족에 관한 심리 없이 곧바로 이 사건 처분이 위법하다고 판단하였다. 이러한 원심의 판단에는 한·아세안 FTA에서 직접운송으로 간주하기 위한 요건과 신의성실의 원칙에 관한 법리를 오해하여 필요한 심리를 다하지 아니함으로써 판결에 영향을 미친 잘못이 있다.

한편, 통과선하증권 미제출을 이유로 협정관세적용을 배제할 수 있는지 여부가 쟁점으로 제기된 사건에서 판례(서울고등법원 2013.5.9. 선고 2012누25851 판결)의 태도

155) 원심은 과세관청이 통과선하증권이 첨부되지 아니한 제1차 수입신고에 관한 갑 회사의 협정관세 사후신청과 세액경정청구에 대하여 적법성이나 타당성을 실질적으로 심사한 후 협정관세 적용요건을 충족하였다고 판단하여 감액경정을 한 것이고, 이는 과세관청의 처분으로서 갑 회사가 제출한 서류가 직접운송 간주요건을 충족하였음을 증명할 수 있는 서류에 해당한다는 점에 관한 공적 견해를 표명한 것이어서, 갑 회사가 그에 따라 제2 내지 20차 수입신고에 통과선하증권을 제출하지 않은 채 협정관세를 적용받은 것은 신의성실(신뢰보호)원칙의 적용대상이 되므로, 위 처분 중 제2 내지 20차 수입신고 부분에 대한 관세 및 부가가치세 부과처분은 모두 신의성실(신뢰보호)원칙에 반하는 것으로서 위법하여 취소되어야 한다고 판단하고 있다.

를 살펴본다. 원고(DW International)는 2007.12.17. 인도네시아 국영기업 티마와 Bank Low Lead Tin 등의 공급계약(기간: 2008.01.부터 2008.12.까지)을 체결하였는바, 인도네시아 Banka섬의 Muntok항에는 주석괴를 수입국으로 바로 운송할 수 있는 정기선과 이를 보관·관리할 수 있는 물류창고가 없음에 따라 티마는 지선 수송업체인 Sindo로 하여금 수출용 주석괴를 운송하게 하고, 싱가포르 소재 Steinweg이 운영하는 보세창고에 적치하였다가 출고하여 정기선으로 인천항으로 운송한다. ▶원고는 2008.12.4. 싱가포르 DW와 주석괴 주문계약을 체결하고, 2008.12.12. 싱가포르 DW를 수익자로 하여 주문한 주석괴 중 140톤의 대금 미화 1,933,600달러를 지급하기로 하는 신용장을 개설하고, 싱가포르 DW로 하여금 티마에 전신환 송금방식으로 위 돈을 지급하게 하였다. ▶싱가포르 DW는 2008.12.18. 원고에게 이 사건 주석괴(20톤)을 송부하고, 대금 미화 284,800달러를 청구하는 상업송장을 청구하였다. ▶싱가포르 세관은 2008.12.24. 이 사건 주석괴의 출고허가서를 발급하였으며, 이 사건 주석괴를 인천항으로 운송한 STX Pan Ocean은 2008.12.29. 해당 주석괴의 선하증권을 발행하였고, 티마는 2008.12.30. 인도네시아 통상부로부터 이 사건 주석괴에 대한 원산지증명서를 발급받았다. ▶이 사건 주석괴는 2009.1.7. 인천항에 도착하였고, 원고는 서울세관장에게, 2009.2.12. 수입신고를 하면서 한-아세안 FTA 관세율 0%의 적용을 신청하였으며 2009.2.13. 이 사건 주석괴 원산지증명서를 제출하였다. ▶서울세관장은 2011.2.11. 원고에 대하여 "한-아세안 FTA의 직접운송간주요건을 충족하지 못하였다"는 이유로 협정관세율 적용을 배제하고, 관세 11,947,750원, 부가가치세 1,194,770원, 가산세 2,679,150원을 부과하였다.

항소심(서울고등법원)은 다음과 같은 입장을 보이고 있다. 제1심(서울행정법원 2012.7.20. 선고 2011구합43607 판결) 판결[156]이 들고 있는 사정에다가, 아세안-오스

156) **1) 이 사건 주석괴 거래에 관하여** ▶티마가 수출신고서에 구매자를 Sindo로 기재한 점, 싱가포르로 주석괴를 운송한 Sindo가 선하증권에 수하인을 Steinweg으로 기재한 점, 티마가 싱가포르 세관으로부터 발급받은 보세창고 입고허가증에 수입자를 Steinweg으로 기재한 점, 원고가 대우로부터 이 사건 주석괴를 구매하는 계약을 체결하고 대우에게 대금을 지급한 점, 대우가 티마에게 이 사건 주석괴 대금을 지급한 점, 원고가 수입신고 시 대우를 공급자로 기재한 점 등은 인정된다. 그러나 ① 계약 및 대금지급 원고와 티마가 주석괴 공급계약을 체결하고 대금을 전신환으로 송금하기로 한 점, 원고가 대우에게 신용장을 개설하여 주고 대우로 하여금 이 사건 주석괴 대금을 지급하게 한 점, 대우가 티마에게 전신환으로 이 사건 주석괴 대금을 지급한 점, 대우와 티마가 주석괴 공급계약을 체결한 증거가 없는 점, ② 공급물품 티마가 원고에게

공급하기로 한 주석괴 종류와 원고가 공급받은 주석괴 종류가 일치하는 점, ③ 관련서류 이 사건 주석괴 원산지증명서에 '수출자 : 티마, 수입자 : 원고'로 기재되어 있는 점, 이 사건 주석괴 원산지증명서에 기재된 상업송장과 대우가 작성한 상업송장이 일치하는 점, ④ 거래의 특정 티마는 인천항 도착 시까지의 위험을 부담하기로 한 점, 원고가 개설한 신용장에 수출자가 대한민국항 도착 시까지는 "수출자가 수입자 소재국 보세창고에 입고시킨 화물을 수입자에게 인도함으로써 책임과 위험을 면하는 거래"인 점 등을 고려할 때, 원고는 티마로부터 이 사건 주석괴를 매수하되 대금결제의 편의를 위하여 대우로부터 매수하는 형식을 취한 것으로 봄이 상당하다. **2) 직접운송간주요건에 관하여 ▶**한-아세안 자유무역협정은 수출당사국의 원산지 상품에 특혜관세 혜택을 부여하는데(동 부속서 제15조), 비당사국이 우회수출입을 통하여 특혜관세 혜택에 무임승차하는 것을 방지하고 자유무역협정의 이익을 극대화하려면, 원산지규정을 충족하는 상품이라 하더라도 수출당사국에서 수입당사국으로 직접 운송된 상품에 한하여 특혜관세 혜택을 부여할 필요가 있다. 이에 따라 동 부속서 3 제9조 제1호는 "특혜관세 대우는 이 부속서의 요건을 충족하고, 수출당사국과 수입당사국 영역 간에 직접 운송된 상품에 적용된다"고 규정하고 있다. 한편 동 부속서 3 제9조 제2호는 "상품이 수출당사국 및 수입당사국 영역이 아닌 하나 또는 그 이상의 제3국을 경유하여 운송되더라도, ① 그 경유가 지리적 이유로 또는 오직 운송 요건에만 관련된 고려에 의하여 정당화되고, ② 그 상품이 경유국에서 거래 또는 소비되지 아니하였으며, ③ 그 상품이 하역, 재선적 또는 그 상품을 좋은 상태로 유지하는데 요구되는 공정 외의 어떠한 공정도 거치지 아니한 경우"에는 직접 운송된 것으로 간주하더라도 비당사국이 우회수출입을 통하여 특혜관세 혜택에 무임승차할 위험이 없기 때문에 직접 운송된 것으로 간주하도록 규정하고 있다. 이 사건으로 돌아와 보건대 Muntok항에는 주석괴를 수입국으로 바로 운송할 수 있는 정기선과 이를 보관·관리할 수 있는 물류창고가 없기 때문에, 티마는 지선수송업체를 통하여 수출용 주석괴를 싱가포르로 운송하여 보세창고에 적치하여 두었다가 해당 수입국으로 운송하여 주는 점, 이 사건 주석괴는 내수통관절차를 거치지 않고 싱가포르 소재 보세창고에 장치되었다가 우리나라로 수입된 점 등을 고려할 때, 이 사건 주석괴의 경유는 지리적 이유 또는 운송 요건에만 관련된 고려에 의하여 정당화되고, 이 사건 주석괴는 경유국에서 거래 또는 소비되지 아니하였으며, 이 사건 주석괴는 하역, 재선적 외의 어떠한 공정도 거치지 아니하였으므로, 티마가 싱가포르를 경유하여 이 사건 주석괴를 원고에게 공급한 것은 한-아세안 자유무역협정의 직접운송간주요건을 충족한다. **3) 증빙서류에 관하여 ▶**(1) 원산지증명서에 관하여: 이 사건 주석괴 중 'Banka Tin Four Nine' 3톤은 Sindo의 'Bg. Sindo Falcon V.363 SN'으로 운송되었음에도 이 사건 주석괴 원산지증명서에 이에 관한 기재가 누락된 점, 이 사건 주석괴 원산지증명서에 기재된 출발일과 Sindo가 발행한 선하증권에 기재된 선적일이 불일치하는 점은 인정된다. 그러나 한-아세안 자유무역협정 부속서 3 부록 1 제12조 제1호는 "물품의 원산지에 대한 의심의 여지가 없는 경우, 원산지증명서에 기재된 수입절차상 수입당사국의 관세당국에 제출된 서류에 기재된 내용의 경미한 차이가 물품과 사실상 일치한다면 그 경미한 차이로 인해 원산지증명서의 효력을 사실상 무효화해서는 안 된다"고 규정한 점, 이 사건 주석괴는 인도네시아 Muntok항에서 선적되어 싱가포르까지 운송 된 후 이 사건 보세창고에 입고되었다가 인천항으로 운송된 점 등을 고려할 때, 이 사건 주석괴의 원산지가 인도네시아임을 의심할 여지가 없으므로, 이 사건 주석괴 원산지증명서는 유효한 것으로 봄이 상당하다. (2) 통과선하증권에 관하여: ① 한-아세안 자유무역협정 부속서 3 부록 1 제19조는 "동 부속서 제9조의 이행목적상, 수출당사국과 수입당사국의 영역이 아닌 하나 또는 그 이상의 중간 경유국의 영역을 통하여 운송이 이루어지는 경우, 수출당사국에서 트레일리아 자유무역협정, 아세안-중국 자유무역협정, 아세안-인도 자유무역협정에서도 통과선하증권을 반드시 제출하도록 규정하고 있는 점, FTA관세법 제10조 제1항은 '협정관세를 적용받으려는 수입자는 세관장에게 협정관세의 적용을 신청할 때 원산지증빙서류를 갖추고 있어야 하며, 세관장이 요구하면 이를 제출하여야 한다'고 규정하고 있고, 같은 조 제2항은 '세관장은 수입자가 제1항에 따라 요구받은 원산지증빙서류를 제출하지 아니한 경우에는 협정관세를 적용하지 아니할 수 있다'고 규정하고 있는데, 통과선하증권은 원산지증빙서류의 일종이므로 이를 제출하지 않은 경우 협정관세율을 적용하지 않을 수 있는 점, 원고는 티마로부터 2008.8.10.자 및 2008.10.28.자 통과선하증권을 발급받아 제출함으로써 관세를 면제받은 적이 있으므로, 주석괴 수입과 관련하여 일반적으로 통과선하증권을 발급받는 것이 불가능하다고 할 수 없는

발행한 ㉠ 통과선하증권, ㉡ 원산지증명서 원본, ㉢ 물품의 상업송장 원본의 부본, ㉣ 그 밖에 동 부속서 제9조의 요건을 충족하였다는 증거인 증빙서류가 있는 경우 그 서류를 수입 당사국의 관련 정부당국에 제출하여야 한다"고 규정한 점, ② 통과선하증권은 "송하인이 운송화물을 목적지까지 운송하면서 다른 선박회사의 선박을 이용하거나 해운과 육운을 교대로 이용한 경우 최초의 운송업자가 전구간의 운송에 대하여 모든 책임을 지기로 하고 발행하는 선하증권"인 점, 원산지증명서에는 '송하인, 수하인, 운송수단 및 경로, 물품의 원산지 등 내용명세' 등이 기재되는 점, 상업송장은 "물품 거래가 원격지 간 이루어질 경우 매도인이 작성하여 매수인에게 송부하는 선적화물의 계산서 및 내용명세서"인 점 ③ 한-아세안 자유무역협정은 현재 발효된 대한민국의 다른 자유무역협정('대한민국 정부와 칠레공화국 정부 간의 자유무역협정 통일규칙' 제11조, '대한민국 정부와 싱가포르공화국 정부 간의 자유무역협정' 제5.9조 다목, '대한민국과 유럽자유무역연합 간의 자유무역협정' 부속서 I 제14조, '대한민국과 인도공화국 간의 포괄적 경제동반자협정' 제4.8조 제3호 나목, "대한민국과 유럽연합 및 그 회원국 간의 자유무역협정 '원산지 제품'의 정의 및 행정협력의 방법에 관한 의정서" 제13조 제2호, '대한민국과 페루공화국 간의 자유무역협정' 제3.14조 제3호 가, 나목, '대한민국과 미합중국 간의 자유무역협정' 제6.19조 제4호 아목)과 달리 직접운송간주요건을 입증하기 위한 선하증권의 종류를 통과선하증권으로 한정하고 있는 점, ④ 동 부록 제9조는 "수입자가 특혜관세대우 신청을 하려면 수입 시에 신고서, 증빙서류(즉 송장 그리고 요구 시 수출당사국에서 발행된 통과선하증권)를 포함한 원산지증명서와 수출당사국의 국내법령에 따라 요구되는 기타 서류를 수입당사국의 관세당국에 제출하여야 한다"고 규정하고, 동 부록 제17조는 "이 부록에 달리 규정된 경우를 제외하고, 물품이 동 부속서 3의 요건을 충족하지 아니하거나, 이 부록의 관련 요건이 충족되지 아니하는 경우 수입당사국은 자기 나라의 법령에 따라 특혜관세대우 신청을 배제하거나 관세를 추징할 수 있다"고 규정하고 있는 점 등을 고려할 때, 통과선하증권, 원산지증명서, 상업송장은 직접운송간주요건 중 "상품의 경유가 지리적 이유로 또는 오직 운송요건에만 관련된 고려에 의하여 정당화된다"는 것과 "당해 상품이 경유국에서 거래 또는 소비되지 아니하였다"는 것을 증명하는 서류이고, 수입자는 직접운송간주요건 충족 증빙서류로 통과선하증권을 반드시 제출하여야 하므로 서울세관장은 수입자로부터 통과선하증권을 제출받지 못한 경우 협정관세율 적용을 거부할 수 있다고 봄이 상당하다.

점, 이 사건 주석괴는 인도네시아에서 선적될 당시 그 수입자 및 물량이 특정되어 있지 않았고, 싱가포르에 있는 Steinweg의 보세창고에서 수입자 및 물량이 비로소 특정되었으므로, 직접운송간주요건을 충족하였는지 여부가 분명하지 않고, 관세의 경우 수입국 과세관청은 상대국 수출자 등을 상대로 원산지의 진정성이나 직접운송간주요건 충족 여부 등을 확인할 수 있는 방법이 매우 제한되어 있으므로, 한-아세안 자유무역협정은 원산지증명서 및 통과선하증권과 같은 증빙서류를 반드시 제출하도록 하는 등 원산지증명절차를 명확하게 규정하고 그 절차를 준수하지 않는 경우 특혜관세를 배제할 수 있도록 제도화한 것으로 보이고, 위와 같은 원산지증명절차의 불이행에 기인하는 특혜관세 배제라는 불이익은 수입자가 부담하여야 하는 점 등의 사정을 보태어 보면, 서울세관장은 이 사건 주석괴에 대한 통과선하증권의 미제출을 이유로 원고에 대하여 협정관세율의 적용을 거부할 수 있다고 할 것이다.

2) FTA 원산지상품에 대한 관세율 적용순위

FTA관세법 제2조 제1항에서“협정관세”를 우리나라가 체결한 자유무역협정에 따라 체약상대국을 원산지로 하는 수입물품에 대하여 관세를 철폐하거나 세율을 연차적으로 인하하여 부과하여야 할 관세라고 정의하고 있다. 협정관세는 FTA 상품무역협정에서 FTA 체약당사국 간 관세양허로 합의하는데, 우리나라는 실제로 적용하는 협정관세의 연도별 세율, 적용기간, 적용수량 등은 FTA관세법 제4조 제1항에 따라 FTA관세령으로 정한다.[157)]

관세법의 규정에 따라 납세의무의 대상인 수입물품에 부과되는 관세의 세율은 기본세율, 잠정세율, 조정세율 그리고 협정세율 등으로 그 종류가 구분된다(관세법 제49조). 여기에서 기본세율과 잠정세율 및 조정세율은 관세행정권이 관세고권에 기초하여 독립적으로 그 세율을 정하므로 국정관세율이라고 일컬으며, 이 가운데 조정세율은 관세

157) 협정관세에 관하여는 관세법에 따른 용도세율의 적용(제83조) 및 품목분류체계의 수정(제84조) 규정을 준용한다(FTA관세법 제4조제2항). 여기에서 용도세율의 적용에 대한 승인을 받지 아니하고 용도에 따라 다르게 정하는 물품을 세율이 낮은 용도에 사용하는 행위와 법정기간 내에 세관장의 승인을 받지 아니하고 세율이 낮은 용도와 동일한 용도에 사용하려는 자에게 양도하는 행위는 500만 원 이하의 과태료 부과대상 질서위반행위에 해당된다(FTA관세법 제46조제2항).

행정권이 불공정무역행위에 대한 제재, 국내산업의 피해구제, 국내산업의 보호 필요성, 국제통상의 증진, 그리고 국민경제 전반에 미치는 영향 등 통상정책적인 대응조치로서 그 세율을 행정부가 탄력적으로 정할 수 있도록 입법자가 위임하였기 때문에 **탄력관세율**이라고도 부른다. 그리고 관세법의 규정에 따른 조정세율의 유형으로는 덤핑방지관세(관세법 제51조), 상계관세(관세법 제57조), 보복관세(관세법 제63조), 긴급관세(관세법 제65조), 특정물품 긴급관세(관세법 제67조의2), 농림축산물에 대한 특별긴급관세(관세법 제68조), 조정관세(관세법 제69조), 할당관세(관세법 제71조), 계절관세(관세법 제72조) 등이 있다.

한편, **협정세율**은 다자간협정이나 양자간협정과 같은 형태의 국제조약에서 규정하고 있는 세율로서 우리나라가 체약당사국의 지위에서 체약상대국에게 그 의무의 이행을 약속한 양허세율을 말한다. 관세법에서 이러한 범주에 속하는 세율로는 국제협력관세에 해당하는 WTO협정이나 각종 무역협정에 따른 양허관세(관세법 제73조), 편익관세(관세법 제74조), 일반특혜관세[GSP: Generalized System of Preferences](관세법 제76조), 그리고 FTA관세법에 따른 각종 FTA 양허관세 등을 들 수 있다. 기본세율과 잠정세율은 관세법의 별표인 관세율표에서 입법권에 의한 법정세율로 정해져 있으며, 조정세율은 입법권이 조세법률주의의 예외적 조치로서 그 부과요건과 세율을 행정권에 위임하고 있기 때문에 대통령령 또는 기재부령에서 정하고 있다.

관세법의 별표인 관세율표에서 규율하고 있는 세율 간 적용순위는 잠정세율이 기본세율에 우선하여 적용하는 것이 기본원칙이다(관세법 제50조제1항). 이에 따라 협정관세의 세율이 관세법 제50조에 따른 적용세율과 같거나 그보다 높은 경우에는 관세법 제50조에 따른 적용세율을 우선하여 적용하되, 협정관세의 세율이 관세법 제50조에 따른 적용세율과 같은 경우 FTA 원산지상품의 수입자가 협정관세의 적용을 신청하는 때에는 협정관세의 세율을 적용할 수 있다(FTA관세법 제5조제1항). 그럼에도 불구하고 덤핑방지관세(관세법 제51조), 상계관세(관세법 제57조), 보복관세(관세법 제63조), 긴급관세(관세법 제65조), 특정물품 긴급관세(관세법 제67조의2), 농림축산물에 대한 특별긴급관세(관세법 제68조) 및 조정관세(제69조제2호)에 따른 세율은 협정관세의 세율보다 우선하여 적용한다(FTA관세법 제5조제2항). 이를 도표로 설명하면 다음 [표 3-2]와 같다.

[표 3-2] 관세율 적용의 우선순위

적용순위	적용 관세율	비고
제1순위	덤핑방지/상계/(잠정/특정물품)긴급	제2순위 이하 (실행)세율에 가산
	농림축산물특별긴급/조정(제2호)	
제2순위	FTA 협정세율	제3~7순위 보다 낮으면 우선적용
제3순위	WTO협정/국제협력/편익	제4~7순위 보다 낮으면 우선적용
	WTO양허(추천)	제6,7순위 보다 우선적용
	WTO양허(미추천)	제4,5순위 보다 낮으면 우선적용
제4순위	조정(제1,3,4호)/할당*/계절	* 제5순위 보다 낮으면 우선적용
제5순위	최빈개도국특혜(GSP)	
제6순위	잠정	
제7순위	기본	

3) 협정관세율의 적용특례

(1) 상호대응세율의 적용

협정관세의 적용원칙에도 불구하고 FTA 체약상대국이 자국 산업보호를 위해 관세 철폐 양허를 하지 않고 고(高)관세를 유지하는 (민감)품목을 체약상대국에 수출할 경우, 수입 당사국도 협정에서 관세를 철폐하기로 약속한 품목이라 하더라도 상호주의에 따라 관세철폐를 하지 않거나, 체약상대국 관세율 수준으로 관세를 부과할 수 있는데, 이와 같이 적용하는 관세율을 상호대응세율이라고 한다.[158)]

158) 가령, 베트남이 우리나라가 수출하는 승용차를 "민감품목"으로 분류하여 FTA특혜관세 혜택을 부여하지 아니할 경우, 베트남에서 우리나라로 수입되는 승용차에 대하여는 FTA특혜관세율 0%가 아닌 MFN 관세율 8%를 적용하는 경우 또는 말레이시아는 우리나라가 수출하는 모터사이클에 대해 FTA특혜관세 혜택을 미부여(민감품목)하고 있어, 우리나라도 FTA특혜관세율인 0%가 아닌 MFN 관세율 8%를 적용해야 하나, 말레이시아의 현행 모터싸이클의 관세율이 5%이므로 우리나라도 말레이시아로부터 수입되는 모터싸이클에 대하여 5%의 관세율을 적용하는 경우 상호대응세율이라고 한다.

(2) 수량별 차등협정관세의 적용

협정관세율 중 동일한 물품에 대하여 수량기준에 따라 둘 이상의 세율을 정한 경우에는 그 중 낮은 세율인 이른바 "한도수량내 협정관세율"이 적용되도록 양허된 물품이 있는 경우로서 한도수량내 협정관세율을 적용받으려는 자는 주무부장관 또는 그 위임을 받은 자의 추천을 받은 후 그 추천서를 수입신고 수리 세관장에게 제출해야 하는데, 해당 물품이 보세구역에서 반출되지 않은 경우에는 수입신고 수리일부터 15일이 되는 날까지 제출할 수 있다(FTA관세령 제3조제1항). 그럼에도 불구하고 관세청장은 기재부령으로 정하는 물품에 대해서는 한도수량내 협정관세율이 적용되도록 양허된 물품의 "적용수량"을 선착순[보세구역에 해당 물품을 장치(藏置)한 후 수입신고한 날을 기준으로 한다]의 방법으로 배정하고, 적용수량에 이르는 날에는 남은 적용수량을 그날 수입신고되는 수량에 비례하여 배정한다(FTA관세령 제3조제2항).

2. 협정관세의 적용신청

관세율 적용의 우선순위에 따라 FTA 협정관세가 적용되지만 다음과 같은 요건을 모두 충족하지 못하는 수입물품에 대하여는 FTA 협정관세를 적용할 수 없다(FTA관세법 제6조):

① 해당 수입물품이 협정에 따른 협정관세의 적용대상일 것;

② FTA관세법 제7조에서 정하는 원산지결정기준에 따라 결정된 해당 수입물품의 원산지가 해당 체약상대국일 것;

③ 해당 수입물품에 대하여 FTA관세법 제8조의 규정에 따라 수입신고의 수리 전까지 협정관세의 적용을 신청하였거나 또는 FTA관세법 제9조의 규정에 따라 해당 물품의 수입신고 수리일부터 1년 이내에 협정관세 사후적용을 신청할 것.

원산지상품에 대한 FTA 협정관세의 적용신청 방법에는 신청 시기에 따라 두 가지 형태로 구분된다. 하나는 수입자가 수입신고가 수리되기 전까지 원산지증명서를 구비하고 이를 근거로 협정관세 적용을 신청하는 수리 전 협정관세 적용신청 방법이다. 다른 하나는 수입자가 수입신고가 수리되기 전까지 구비하지 못하였던 원산지증명서를 수입신고가 수리된 이후에 비로소 구비하여 이를 근거로 협정관세 적용을 신청하는 수리 후 협정관세 적용신청 방법이 있다.

1) 원산지상품의 수입신고가 수리되기 전 적용신청

(1) 원산지증명서의 유효성 확인

FTA 체약상대국의 수출자로부터 원산지증명서를 송부 받은 수입자는 그 원산지증명서가 자유무역협정의 규정에 의한 원산지증명서 양식 및 기재요령에 맞게 작성되었는지 여부 등 원산지증명서 요건을 확인하여야 한다. 원산지상품의 수입자가 협정관세의 적용을 신청할 당시에 갖추어야 할 원산지증명서는 수입신고일(수입신고수리 전, 수입신고수리 후 사후신청) 또는 협정관세 적용신청일(신고수리 후 사후신청)을 기준으로 그 원산지증명서가 해당 자유무역협정에서 정하는 유효기간 이내의 것이어야 한다. 여기에서 유효기간의 만료시점을 계산할 때에는 다음과 같은 구분에 따른 기간을 제외하여 계산한다(FTA관세령 제4조제5항):

① 원산지증명서의 유효기간이 지나기 전에 해당 물품이 수입항에 도착한 경우에는 그 물품이 수입항에 도착한 다음 날부터 해당 물품에 대한 협정관세적용을 신청한 날까지의 기간;

② 천재지변 등 불가항력에 따른 운송지연, 그 밖에 이에 준하는 사유가 발생한 경우에는 해당 사유가 발생한 다음 날부터 소멸된 날까지의 기간.

원산지증명서의 유효성과 관련하여 판례(대법원 2020.2.27. 선고 2016두63408 판결)의 태도를 살펴본다. 내국법인인 갑 주식회사가 영국 법인인 을 회사가 생산한 물품을 싱가포르 법인인 병 회사를 통해 수입하였고, 갑 회사가 한-EU FTA에 따른 협정세율(0%)을 적용하는 내용의 수입신고를 하면서, 판매회사인 병 회사가 생산회사인 을 회사의 인증수출자 번호를 잘못 기재하여 발급한 원산지신고서를 제출하였다가, 이후 갑 회사가 을 회사 명의로 작성되고 인증수출자 번호가 제대로 기재된 원산지신고서를 제출하였는데, 관할 세관장이 위 자유무역협정에 따른 협정세율의 적용을 배제하고, 관세율 8%를 적용하여 산출한 관세 등을 결정·고지하는 처분을 하였다.

이 사건 상고심은 다음과 같은 입장을 취하고 있다. FTA관세법 제16조 제1항, 한-EU FTA 제15.13조, 자유무역협정 부속 '원산지제품'의 정의 및 행정협력의 방법에 관한 의정서 제15조 내지 제17조, 제27조 제6항, 제7항의 체계·내용과 자유무역협정에서 6,000유로 초과 수입물품에 대해서 오직 유효한 인증수출자가 작성한 원산지신고서에 근거해서만 협정관세를 적용받을 수 있도록 한 취지 등을 종합하면, 관할 세관장이 원산지신고서의 진정성에 대하여 합리적인 의심을 갖게 되어 영국 관세당국에 검증을 요청하였고, 이에 대하여 영국 관세당국이 위 원산지신고서는 모두 인증수출자인 을 회사가 작성한 것이 아니라는 이유로 위 수입물품이 자유무역협정의 특혜관세 적용요건을 충족하지 못하여 특혜관세대우의 자격이 없다고 회신하였으므로, 위와 같은 원산지신고서에 따라 자유무역협정의 협정관세를 적용받을 수는 없고, 이는 을 회사가 위 수입물품에 관한 수입신고일 이후 2년 이상이 지나 갑 회사에 원산지증명과 관련된 서류를 작성해 주었다고 하더라도 달리 볼 수 없는데도, 위 처분이 위법하다고 본 원심(부산고법 2016.11.23. 선고 2016누21916 판결) 판단[159]에 법리오해의 잘못이 있다.

(2) 적용신청 방법

원산지상품의 수입자가 FTA 협정관세를 적용받으려면 그 상품에 대한 수입신고의 수리 전까지 세관장에게 협정관세의 적용을 신청[160]하여야 한다(FTA관세법 제8조제1항).[161] 이 경우 수입자는 원산지증빙서류를 갖추고 있어야 하며, 세관장이 요구하면 제출

---

159) 원심의 판단은 다음과 같다. 피고는 위와 같은 1, 2차 원산지신고서의 형식적 요건 흠결을 발견하고 그 유효성 및 나아가 이 사건 수입물품의 원산지에 대하여 관련 법령에서 정한 바에 따라 수출 당사국인 영국 관세당국에 검증을 요청하였고, 그 결과로서 수출 당사국인 영국 관세당국으로부터 '이 사건 수입물품이 영국에서 제조되고 충분한 작업이 이루어졌으므로 이 사건 자유무역협정 소정의 원산지 기준 및 원산지 규정을 충족하고, 생산회사의 인증수출자 자격 및 인증수출자 번호도 진정한 것이다.'라는 취지의 회신을 받았는바, 위 회신 내용에는 이 사건 수입물품의 원산지가 이 사건 자유무역협정 적용국인 영국임을 판정할 수 있는 충분한 정보가 포함되어 있음이 분명하고, 달리 그 검증결과나 회신 내용의 신빙성을 의심할 만한 별다른 사정이나 정황은 엿보이지 아니한다. 결국 이 사건 수입물품에 대하여는 이 사건 자유무역협정 및 관련 법령에서 정한 절차와 방법에 따라 원산지 기준을 충족한다는 사실에 대한 충분한 확인 및 검증이 이루어졌고, 그러한 이상 피고로서는 위 검증결과를 도외시한 채, 그 사전 단계에서 제출되어 실제 원산지에 대한 검증과정에까지 이르게 된 계기로 작용한 것에 불과한, 원산지신고서의 형식적 요건의 흠결을 이유로 새삼스레 협정세율의 적용을 배제할 수 없다 할 것이다.

160) 협정관세의 적용신청방법에 관하여는 FTA관세령 제4조 제1항 및 제2항을 참조.

161) 수입자가 협정관세적용신청서를 세관장에게 제출한 후 해당물품의 수입자·수출자·생산자의 인적사항, 연락처 등에 관한 기재사항이 변경되었음을 안 때에는 즉시 그 변경사항을 세관장에게 통보하여야 한다(FTA관세령 제4조제4항).

하여야 한다(FTA관세법 제8조제2항).

따라서 만일 수입자가 세관장으로부터 요구받은 원산지증빙서류를 제출하지 아니하거나 수입자가 제출한 원산지증빙서류만으로 해당 물품의 원산지를 인정하기가 곤란한 경우에는 협정관세를 적용받을 수 없다(FTA관세법 제8조제3항).

(3) 원산지증빙서류의 제출 면제

앞서 설명한 바와 같이 수입자는 FTA 협정관세의 적용신청 당시에 원산지증빙서류를 갖추고 있어야 하며, 세관장의 요구가 있을 경우에는 이를 제출하여야 한다. 하지만 원산지증빙서류 제출면제 대상물품에 해당하는 경우라면 세관장은 관세탈루의 우려가 있는 경우를 제외하고는 원칙적으로 원산지증빙서류 제출을 요구할 수 없다(FTA관세법 제8조제2항단서). 원산지증빙서류 제출면제 대상물품은 다음과 같은 물품이 적용된다(FTA관세령 제4조제3항):

① 과세가격이 미화 1천 달러 이하인 물품 과세가격이 미화 1천 달러(자유무역협정에서 금액을 달리 정하고 있는 경우에는 자유무역협정에 따른다) 이하로서 자유무역협정에서 정하는 범위 내의 물품;[162)]

② 동종·동질물품을 계속 반복적으로 수입하는 경우로서 당해 물품의 생산공정 또는 수입거래의 특성상 원산지의 변동이 없는 물품 중 관세청장이 정하여 고시하는 물품;

③ FTA관세법령상 원산지 등에 대한 사전심사의 규정에 따라 관세청장으로부터 원산지에 대한 사전심사를 받은 물품;[163)]

④ 물품의 종류·성질·형상·상표·생산국명 또는 제조자 등에 따라 원산지를 확인할 수 있는 물품으로써 관세청장이 정하여 고시한 물품.

2) 원산지상품의 수입신고가 수리된 이후 적용신청

수입자가 원산지상품의 수입신고가 수리되기 전까지 FTA 협정관세의 적용을 신청

162) 수입물품을 분할하여 수입하는 등 수입물품의 과세가격이 미화 1천 달러를 초과하지 아니하도록 부정한 방법을 사용하여 수입하는 경우를 제외한다.

163) FTA관세법령의 규정에 따른 사전심사 시의 조건과 동일한 경우에 한한다.

하지 못하는 경우에는 당해 물품의 수입신고 수리일부터 1년 이내에 협정관세의 적용을 신청할 수 있다(FTA관세법 제9조제1항).

수입신고가 수리된 이후에 FTA 협정관세의 적용신청을 하려면 반드시 원산지증빙서류를 세관장에게 제출하여야 한다(FTA관세법 제9조제3항).

3. 협정관세의 적용심사 및 적용보류

1) 협정관세의 적용심사

원산지상품에 대한 FTA 협정관세의 적용신청을 받은 세관장은 그 적정성 여부에 대한 심사를 원칙적으로 수입신고를 수리한 후에 행하되, 관세채권을 확보하기가 곤란하거나 수입신고를 수리한 후 원산지 및 협정관세의 적정 여부를 심사하는 것이 부적당하다고 인정하는 사전 심사대상물품[164]은 수입신고를 수리하기 전에 심사한다(FTA관세법 제8조제4항).

2) 원산지증빙서류 수정통보

수출자 또는 생산자가 FTA 체약상대국의 협정관세를 적용받을 목적으로 원산지증빙서류를 작성·제출한 후 해당 물품의 원산지에 관한 내용에 오류가 있음을 안 때에는 자유무역협정이 정하는 바에 따라 오류가 있음을 안 날부터 30일 이내에 그 사실을 세관장(해당 물품에 대한 수출신고를 수리한 세관장) 및 원산지증빙서류를 제출받은 체약상대국의 수입자에게 각각 통보[165]하여야 한다(FTA관세법 제14조제1항). 한편, 수입자는 FTA 체약상대국의 물품에 대한 원산지증빙서류를 작성한 자나 해당 물품에 대한 수입신고를 수리하거나 원산지를 심사한 세관장으로부터 원산지증빙서류의 내용에 오류가 있음을 통보받은 경우로서 그 오류로 인하여 납세신고한 세액 또는 신고납부한 세액에 부족이 있을 때에는 기재부령으로 정하는 기간 이내에 세관장에게 세액

164) FTA관세법령에 따른 협정관세 적용 제한 자가 생산·수출 또는 수입하는 물품과 관세를 체납하고 있는 자가 수입하는 물품(체납액이 10만 원 미만이거나 체납기간이 7일 이내인 경우는 제외한다)이 해당한다(FTA관세규칙 제6조제1항).

165) 수정통보방법에 관하여는 FTA관세령 제9조를 참조.

정정·세액보정 신청 또는 수정신고를 하여야 한다(FTA관세법 제14조제2항).[166] 그리고 수입자는 FTA 체약상대국의 물품에 대한 원산지증빙서류를 작성한 자나 해당 물품에 대한 수입신고를 수리하거나 원산지를 심사한 세관장으로부터 원산지증빙서류의 내용에 오류가 있음을 통보받은 경우로서 그 오류로 인하여 납세신고한 세액 또는 신고납부한 세액이 과다한 것을 알게 되었을 때에는 세관장에게 세액정정 신청 또는 경정청구를 할 수 있다(FTA관세법 제14조제3항).[167]

3) 협정관세의 적용보류

세관장은 FTA관세법에 따른 원산지조사를 하는 경우 수입자에게 서면조사를 통지한 날부터 원산지조사 결과를 통지한 날까지 추가로 수입하는 동종·동질의 물품에 대하여 협정관세의 적용을 보류할 수 있는데,[168] 이 경우 그 보류 대상은 해당 조사대상 물품의 동일한 수출자 또는 생산자로부터 수입하는 물품에 한정한다(FTA관세법 제21조제1항; FTA관세규칙 제26조제1항). 여기에서 협정관세의 적용을 보류할 수 대상자는 다음에 해당하는 자에 한한다(FTA관세령 제17조제1항):

① 원산지증빙서류의 작성 또는 협정관세 적용의 신청(FTA관세법 제8조제1항·제9조제1항 또는 제2항)에 관하여 불성실 혐의가 있다고 세관장이 인정하는 경우;

② 원산지증빙서류를 속임수 또는 그 밖의 부정한 방법으로 작성 또는 발급받았거나 탈세 등의 혐의를 인정할 만한 자료 또는 구체적인 제보가 있는 경우;

③ 그 밖에 세관장이 수집한 증거·자료 등을 근거로 수입자, 생산자 또는 수출자의 신고 또는 신청 내용이 원산지결정기준(FTA관세법 제7조)을 충족하지 못한 것으로 인정하는 경우.

---

166) 세액정정, 세액보정 신청, 수정신고에 관해서는 관세법 제38조, 제38조의2 및 제38조의3을 준용한다(FTA관세법 제14조제4항). ▶원산지증빙서류의 오류 내용을 통보받고도 이를 세관장에게 세액정정·세액보정 신청 또는 수정신고를 하지 아니한 행위는 500만 원 이하의 과태료 부과대상 질서위반행위에 해당된다(FTA관세법 제46조제2항).

167) 세액정정 신청, 경정청구에 관해서는 관세법 제38조, 제38조의2 및 제38조의3을 준용한다(FTA관세법 제14조제4항).

168) 세관장은 협정관세의 적용을 보류하려면 조사대상 수입자에게 서면으로 협정관세 적용보류통지서를 통보하여야 하는바(FTA관세령 제17조제2항), 통지서에 기재하는 사항에 관하여는 FTA관세령 제17조 제3항을 참조.

한편, 협정관세적용보류 통지를 받은 수입자는 협정관세적용보류 기간 동안에는 관세법령상 세율적용의 우선순위 규정에 따른 세율을 적용하여 관세법령의 규정에 따라 관세의 납부에 관한 신고를 하여야 한다(FTA관세령 제17조제5항). 그리고 이러한 신고를 하는 수입자가 협정관세의 적용보류 대상물품에 대하여 협정관세적용보류 기간의 만료 또는 협정관세적용보류의 해제[169] 등의 사유로 협정관세의 적용을 받으려면 FTA관세법에 따른 협정관세적용신청을 하여야 한다(FTA관세령 제17조제6항). 아울러 세관장은 원산지조사를 한 결과 수입자가 신고한 내용이 원산지결정기준을 충족한 것으로 확인되는 경우에는 협정관세를 적용받지 못한 물품에 대한 세액을 경정하고 관세를 환급하여야 한다(FTA관세법 제21조제2항).[170]

4. 원산지상품의 통관특례 및 관세상호협력

1) 특송물품에 대한 통관절차의 특례

관세청장은 자유무역협정이 정하는 범위에서 FTA 체약상대국으로부터 수입되는 물품에 관하여 신속하고 간이한 통관절차를 적용할 수 있다(FTA관세법 제29조). 이에 따라 미합중국과의 협정 제7.7조에 따라 특별한 사정이 없으면 미합중국으로부터 수입되는 특송물품으로서 그 가격이 미화 200 달러 이하인 물품에 대해서는 관세법의 규정에 따른 수입신고를 생략하게 할 수 있다(FTA관세령 제35조; FTA관세규칙 제29조).

2) 일시수출입물품에 대한 관세면제

영역원칙에도 불구하고 FTA 체약상대국에서 수입되는 물품이 일정한 요건을 충족하는 경우에 자유무역협정에서 정하는 범위에서 그 물품의 원산지에 관계없이 관세를 면제할 수 있다.[171] 이러한 관세면제를 "일시수출입물품에 대한 관세면제"라 하는데,

169) 세관장은 수입자가 담보를 제공하고 협정관세 적용보류의 해제를 요청하는 경우 이를 해제할 수 있는데(FTA관세법 제21조제3항), 적용보류의 해제요건은 ① 적용 보류기간이 만료되기 전일 것과 ② 협정관세 적용을 받지 못하는 것으로 확인될 경우 추가로 납부하여야 할 세액(관세법 제4조제1항에 따른 내국세등을 포함한다)에 상당하는 담보를 제공할 것이다(FTA관세령 제18조제1항).

170) 세액의 정정 및 환급에 관해서는 관세법 제38조의3, 제46조 및 제48조의 규정을 준용한다.

그 적용요건은 세 가지가 있다(FTA관세법 제30조제1항; FTA관세령 제36조제1항). 첫째, 해당 물품이 수입신고의 수리일(受理日)부터 1년의 범위 안에서[172] 세관장이 일시수출거래 등 관련서류, 수입사유, 해당 물품의 상태·내용연수 및 용도 등을 고려하여[173] 인정하는 기간 이내에 다시 수출하기 위하여 일시적으로 수입하는 물품으로서 자유무역협정에 따라 기재부령으로 정하는 물품[174]이다.[175] 둘째, 우리나라에서 일시적으로 수출한 후 1년의 범위 안에서 세관장이 일시수출거래 등 관련서류, 수출사유, 해당 물품의 상태·내용연수 및 용도 등을 고려하여 인정하는 기간 이내에 다시 수입하는 물품으로서 자유무역협정에 따라 기재부령으로 정하는 물품[176]이다. 마지막으로, 일정 금액 이하의 상용견품(商用見品)·광고용품 등 기재부령으로 정하는 물품[177]이다.

한편, 일시수출입물품에 대한 관세면제의 적용요건에 해당하는 물품이라고 하여도 그 물품이 다음과 같은 물품에 해당하는 경우에는 관세를 면제하지 아니한다(FTA관세법

171) 관세를 면제하는 일시수입물품 등에 대한 관세의 면제 절차에 관하여는 관세령 제112조, 제114조, 제115조제1항 및 제116조를 준용한다(FTA관세령 제36조제3항). ▶세관장은 관세를 면제하는 경우에 법정 면세물품에 대하여 면제되는 세액(관세법 제4조에 따른 내국세등을 포함한다)의 100분의 110(또는 100분의 100으로 한다)을 초과하지 않는 범위에서 담보를 제공하게 할 수 있는데, 이 경우 관세법 제24조, 제25조 및 제108조를 준용한다(FTA관세규칙 제30조제3항). ▶담보제공이 필요한 법정 관세면제물품의 상세한 내역은 FTA관세규칙 제30조제3항 제1호부터 제10호를 참고.

172) 세관장은 부득이한 사유가 있다고 인정될 때에는 1년의 범위에서 그 기간을 연장할 수 있다(FTA관세령 제36조제2항).

173) 해당하는 물품은 다음과 같은 요건을 충족하여야 하는데, 그 물품이 "수리 또는 개조"를 위한 물품은 제외된다(FTA관세규칙 제30조제2항): ① 체약상대국의 국민 또는 체약상대국에 거주하는 자(칠레·캐나다로부터 수입되는 물품은 칠레·캐나다의 국민 또는 칠레·캐나다에 거주하는 자가 해당 물품을 반입하여야 한다)의 영업활동, 거래 또는 직업 수행에 필요한 범위에서 사용되거나 직접적인 감독하에서 사용될 것; ② 대한민국에서 판매 또는 임대되지 아니할 것; ③ 재수출될 때까지 다른 물품과의 식별이 가능할 것; ③ 사용 목적을 고려하여 세관장이 타당하다고 인정하는 합리적인 수량 이내일 것.

174) 적용대상물품은 FTA관세규칙 제30조 제1항을 참조.

175) 관세를 면제받은 물품에 대한 용도 외 사용의 제한 등에 관하여는 관세법 제97조제2항부터 제4항까지의 규정을 준용하는데(FTA관세법 제30조제3항), 준용규정을 위반한 자 중 해당 물품을 직접 수입한 경우에는 관세의 감면을 받을 수 있는 자에게 양도한 행위는 500만 원 이하의 과태료 부과대상 질서위반행위에 해당된다(FTA관세법 제46조제2항).

176) 적용대상물품은 칠레·페루·미합중국·호주·캐나다·콜롬비아·뉴질랜드·베트남·이스라엘·싱가포르 및 중미 공화국들과의 협정에 따라 수리 또는 개조를 위하여 해당 체약상대국으로 수출하였다가 다시 수입하는 물품으로 한다(FTA관세규칙 제30조제4항).

177) 적용대상물품에 관하여는 FTA관세규칙 제30조제6항을 참조.

제30조제2항): ① 관세법 또는 관세환급특례법에 따른 환급을 받은 경우; ② 보세가공물품 또는 장치기간 경과물품을 재수출 조건으로 매각함에 따라 관세가 부과되지 아니한 경우. 그리고 일시수출입물품에 대한 관세면제를 적용할 경우 "수리 또는 개조"의 인정범위에서 ① 물품의 본질적인 특성을 파괴하거나 새로운 물품 또는 상업적으로 다른 물품을 생산하는 작업이나 과정이나 ② 미완성 상태의 물품을 완성품으로 생산 또는 조립하는 작업이나 과정은 배제된다(FTA관세규칙 제30조제5항).

5. 원산지의 사전심사

1) 원산지사전심사의 대상

FTA 협정관세의 적용에 대한 기초가 되는 사항으로써 원산지결정기준의 충족 여부 등에 대하여 의문이 있는 자(FTA 체약상대국의 수출자 및 생산자와 그 대리인을 포함한다)는 자유무역협정에서 사전심사에 관한 사항을 정하고 있는 경우라면 해당 물품의 수입신고를 하기 전에 관세청장에게 소정의 서류[178]를 갖추어 그 의문사항을 미리 심사하여 줄 것을 신청할 수 있다(FTA관세법 제31조제1항).[179] 여기에서 사전심사의 대상은 다음과 같은 사항이 해당한다(FTA관세령 제37조제1항):

① 해당 물품 및 물품 생산에 사용된 재료의 원산지에 관한 사항;

② 해당 물품 및 물품 생산에 사용된 재료의 품목분류·가격 또는 원가결정에 관한 사항;

③ 해당 물품의 생산·가공 또는 제조 과정에서 발생한 부가가치의 산정에 관한 사항;

178) 제출하는 서류에 관하여는 FTA관세령 제37조제2항을 참조.

179) 관세청장은 원산지사전심사를 위해 제출된 서류가 미비하여 원산지결정기준의 충족 여부 등의 신청사항을 심사하기가 곤란하다고 인정되는 때에는 20일 이내의 기간을 정하여 보정을 요구할 수 있다(FTA관세령 제37조제3항). ▶관세청장은 다음과 같은 사항에 해당하는 경우에는 사전심사의 신청을 반려할 수 있다(FTA관세령 제37조제4항): ① 관세청장의 보정요구에 응하지 아니한 경우; ② 해당 물품과 동일한 물품에 대하여 원산지에 관한 조사(FTA관세법 제17조부터제19조까지)가 진행되고 있는 경우; ③ 사전심사의 신청내용과 동일한 사안에 대하여 이의신청, 심사청구, 심판청구 또는 소송제기 등의 불복절차가 진행 중인 경우. ▶관세청장(세관장)이 요청한 서류를 거짓으로 제출한 행위는 관세범으로 취급되어 2천만 원 이하의 벌금에 처한다(FTA관세법 제44조제2항).

④ 해당 물품에 대한 관세의 환급·감면에 관한 사항;
⑤ 해당 물품의 원산지 표시에 관한 사항;
⑥ 수량별 차등협정관세의 적용(FTA관세령 제3조)에 관한 사항;
⑦ 그 밖에 협정관세의 적용 또는 관세면제에 대한 기초가 되는 사항으로서 기재부령으로 정하는 사항.

2) 원산지사전심사의 결과통지 및 적용

(1) 사전심사의 결과통지

관세청장은 사전심사의 신청을 받은 때에는 사전심사의 신청을 받은 날부터 90일(다만, 보정기간은 이에 산입하지 아니한다) 이내에 이를 심사하여 사전심사서를 신청인에게 통지하여야 하는데,[180] 제출자료의 미비 등으로 인하여 사전심사가 곤란한 때에는 그 사유를 신청인에게 통지하여야 한다(FTA특례법 제31조제2항; FTA관세령 제37조제5항). 여기에서 사전심사를 신청하려면 신청 물품 당 3만 원의 수수료를 납부하여야 한다(FTA관세법 제31조제4항; FTA관세규칙 제31조제3항).

(2) 사전심사의 결과통지에 따른 협정관세의 적용

세관장은 수입자가 사전심사서에 따라 협정관세의 적용 등을 신청하는 경우에 수입신고된 물품의 내용이 사전심사서의 내용과 동일하다고 인정하는 때에는 법정 적용배제사유가 없는 한 사전심사서의 내용에 따라 FTA 협정관세를 적용하여야 한다(FTA관세법 제31조제3항): 여기에서 "법정 적용배제사유"는 다음과 같은 경우가 해당된다(FTA관세령 제37조제6항).

① 사전심사 후 수입신고 전에 사전심사의 기초가 되는 사실 또는 상황이 변경되었거나 협정 또는 관계 법령이 개정되어 사전심사의 내용이 변경된 사정을 반영

180) 사전심사서를 교부할 때 관세청장은 사전심사의 신청인에게 그 심사결정의 사유를 함께 고지하여야 한다(FTA관세규칙 제31조제1항). 그리고 사전심사 결과는 비밀취급자료(FTA관세법 제38조)에 해당하는 내용을 제외하고 인터넷을 포함한 정보통신망에 공표하여야 하는데, 협정에서 사전심사 결과의 공표와 관련된 사항을 정하고 있지 아니한 경우에는 공표하지 않을 수 있다(FTA관세규칙 제31조제2항).

하지 못하게 되는 경우;

② 신청인이 거짓 자료를 제출하거나 사전심사에 필요한 자료를 제출하지 아니하여 사전심사에 중대한 착오가 있는 경우;

③ 사전심사의 신청내용과 동일한 사안에 대한 이의신청, 심사청구, 심판청구 또는 소송제기 등을 받은 권한 있는 기관 또는 법원의 최종결정 또는 판결이 사전심사의 내용과 다르게 된 경우;

한편, 세관장은 사전심사서와 수출자 또는 생산자를 포함하여 사전심사서에 기재된 물품과 해당 수입물품이 동일한 경우에는 사전심사서의 반복사용 여부를 불문하고 사전심사서를 인정할 수 있다.

(3) 사전심사 결과에 대한 이의제기

수출입업자의 납세권익을 제고하기 위해 관세청장이 결정한 사전심사 결과에 대해 이의를 제기할 수 있는 절차가 운영되고 있다. 즉, 사전심사의 결과에 이의가 있는 자(사전심사서의 내용변경 통지를 받은 자를 포함한다)는 그 결과를 통지받은 날부터 30일 이내에 관세청장에게 이의를 제기할 수 있다(FTA관세법 제31조제5항).[181]

3) 원산지사전심사 내용변경

(1) 내용변경 사유

관세청장은 자유무역협정에서 정하는 바에 따라 사전심사서의 근거가 되는 사실관계 또는 상황의 변경 등 법정 변경사유가 있는 때에는 사전심사서의 내용을 변경할 수 있다(FTA관세법 제32조제1항).[182] 그리고 관세청장은 사전심사서의 내용을 변경하는

181) 사전심사의 결과에 대하여 이의제기방법에 관하여는 FTA특례령 제38조 제1항·제2항을 참조.

182) "법정 변경사유"란 다음과 같은 경우가 해당된다(FTA특례령 제39조제1항): ① 사전심사의 근거가 되는 사실 또는 상황이 변경되었거나 협정 또는 관계 법령이 개정되어 해당 물품의 원산지결정기준이 변경되거나 원산지결정의 기초가 되는 품목분류 등이 변경된 경우; ② 사전심사 대상물품 또는 재료의 품목분류, 부가가치비율의 산정 등에 착오가 있는 경우; ③ 신청인이 거짓 자료를 제출하거나 사전심사에 필요한 자료를 제출하지 아니하여 사전심사에 중대한 착오가 있는 경우; ④ 사전심사의 신청내용과 동일한 사안에 대한 이의신청·심사청구·심판청구

때에는 신청인에게 그 변경내용을 통지하여야 한다(FTA관세법 제32조제2항).

(2) 사전심사서 수정통지

사전심사서를 교부받은 자는 법정 변경사유(FTA관세령 제39조제1항)가 발생하였음을 알게 된 때에는 관세청장에게 그 변경내용을 수정하여 통보할 수 있다(FTA관세령 제39조제2항).[183] 그리고 관세청장은 사전심사서의 수정통보를 받은 때와 필요하다고 인정하는 때에는 그 변경사실을 심사하여 사전심사서의 내용을 변경 또는 철회할 수 있으며, 이때 관세청장은 ① 사전심사서의 변경 또는 철회 이유와 법적 근거, 적용일 및 대상물품과 ② 사전심사서 변경효력의 적용 유예를 받기 위한 신청의 절차를 포함한 내용을 신청인에게 통지하여야 한다(FTA관세령 제39조제3항).

(3) 변경된 사전심사서의 효력

사전심사서의 내용을 변경한 경우에는 그 변경일 후에 수입신고되는 물품에 대하여 변경된 내용을 적용하는데, 자유무역협정에서 달리 정하는 때에는 자유무역협정의 범위 안에서 사전심사서 변경효력의 특례를 적용할 수 있다(FTA관세법 제32조제3항). 그럼에도 불구하고 사전심사서의 내용변경이 자료제출 누락 또는 허위자료제출 등 신청인의 귀책사유로 인한 때에는 당해 사전심사와 관련하여 그 변경일 전에 수입신고된 물품에 대하여도 소급하여 변경된 내용을 적용한다(FTA관세법 제32조제4항).

(4) 사전심사서 변경효력의 적용유예[184]

FTA관세법에서 규정하는 사전심사서 변경효력의 특례(제32조제3항단서)와 FTA 체약

또는 소송제기 등을 받은 권한 있는 기관의 최종결정 또는 법원의 판결이 사전심사의 내용과 다르게 된 경우.

183) 변경내용의 수정통보방법에 관하여는 FTA관세규칙 제32조를 참조.

184) 변경된 사전심사서의 내용을 적용받을 경우 손해가 발생할 것임을 입증하고자 하는 수입자가 사전심사서 변경효력의 적용유예를 신청하려면 아래와 같은 서류를 사전심사서의 변경내용을 통지받은 날(사전심사서 변경내용의 통지대상자가 아닌 자의 경우에는 사전심사서의 내용이 변경된 사실을 안 날)부터 15일 이내에 관세청장에게 제출하여야 한다(FTA관세규칙 제33조제1항): ① 사전심사서 변경적용 유예신청서; ② 수입거래계약서 또는 이에 갈음하는 서류; ③ 예상되는 손해내역과 그 증빙서류. 여기에서 적용유예신청을 받은 관세청장은 신청일부터 7일

상대국과의 자유무역협정에 따라 사전심사의 내용을 신뢰한 선의의 수입자(체약상대국의 수출자 및 생산자를 포함한다)가 변경된 사전심사서의 내용을 적용받는 경우 손해가 발생할 것임을 입증하는 때에는 사전심사서의 내용이 변경된 날부터 90일을 초과하지 아니하는 범위 안에서 변경 전의 사전심사서의 내용을 적용할 수 있다(FTA관세령 제40조제1호). 이에 따라 체약상대국이 칠레·캐나다인 경우에는 90일 이내, 체약상대국이 싱가포르인 경우에는 60일 이내, 각각 사전심사서의 변경효력의 적용유예가 가능하다.

Ⅲ 수입물품에 대한 FTA 원산지검증

1. FTA 원산지검증의 이해

FTA 원산지검증(Origin Verification)이란 체약당사국의 관세당국이 수입되거나 수출된 상품의 수입자, 수출자 또는 생산자 등을 상대로 원산지증빙서류의 진위 여부와 그 정확성 등을 조사하는 활동을 말한다. 이러한 원산지검증은 FTA 일방 체약당사국이 타방 체약당사국의 영역으로부터 자국영역으로 수입되는 상품에 대한 특혜관세대우가 신청됨에 따라 해당 상품이 자유무역협정에서 인정하는 원산지상품에 해당하는지의 여부를 결정하기 위한 목적으로 허용될 수 있다.

FTA는 체약당사국 영역 간 무역 및 투자를 자유화하고 확대하면서 동시에 무역 및 투자에 대한 장벽의 축소 또는 철폐를 추구하는 데 그 목적이 있다. 하지만 FTA의 시행으로 특혜관세대우 조치에 편승한 관세탈루의 위험성과 이를 악용한 불공정무역 행위가 발생할 소지도 있게 된다.

따라서 FTA 원산지검증은 체약상대국으로부터 우리나라로 수입되는 물품에서 발생될 수 있는 FTA Free Rider, 관세탈루위험, 대외무역질서의 문란, 농수축산물과 같은 우리나라 취약산업의 피해 등을 차단할 수 있는 제도적 보장으로 기능하게 된다. 그리고 우리나라에서 FTA 체약상대국으로 수출되는 물품에서 초래될 수 있는 FTA

이내에 이를 심사하여 타당하다고 인정하면 사전심사서 변경적용을 유예할 것임을 신청인에게 통지하여야 한다(FTA관세규칙 제33조제2항).

집행의 위반에 관한 시비와 체약상대국과의 통상분쟁, 우리나라 수출기업의 피해, 우리나라의 대외신인도 하락 및 우리나라 국격(國格)의 훼손 등도 원산지검증을 통해서 미연에 방지될 수 있다.

FTA 원산지검증의 유형은 검증대상 물품의 지위에 따라 수입물품에 대한 원산지조사와 수출물품에 대한 원사지조사로 대별할 수 있고, 조사대상자의 소재지에 따라 국내검증과 국제검증으로 구별할 수 있다. 국내검증의 조사대상자로는 수입업체, 수출업체, 생산업체, 원재료 생산·공급업체, 원산지증명서 발급기관(대한상공회의소 및 지역상공회의소) 그리고 검증대상물품의 거래·유통·운송·보관 및 통관대행과 관련된 업체 등이 있다. 그리고 국제검증의 조사대상자로는 해외 수출업체, 해외 생산업체, 해외 원재료공급업체, 원산지증명서발급기관 등이 있다.

원산지검증의 방법은 조사대상의 범위에 따라 서면조사와 현지조사로 구분되고, 조사의 주체에 따라 직접검증과 간접검증으로 구분된다. 직접검증 방법과 간접검증 방법의 장·단점을 비교해 보면, 직접검증 방법은 수입국 세관당국의 주도적 검증이 가능하고, 수출국 세관당국의 부담이 경감될 수 있는 장점이 있다.

그러나 수입국 세관당국의 행정부담이 증가하고, 현지에서 언어소통과 정보부족의 애로가 있으며, 시간과 예산 등 현실적인 제약으로 검증성과에 대한 압박감이 발생하게 되는 단점이 있다.

한편, 간접검증은 FTA 체약당사국의 관세당국 간 상호신뢰를 기반으로 하고, FTA 체약상대국 세관당국의 적극적인 협조가 제공된다면 효율적일 수 있다. 그리고 FTA 체약상대국에 소재하는 조사대상업체에 대한 실체적인 검증이 가능하고, 수입국의 행정비용이 절감되는 장점이 있다.

그러나 자유무역협정에서 정한 기간 내 미회신, 정보제공의 회피, 부실검증의 우려와 자국 수출자를 보호하기 위한 검증결과의 왜곡가능성이 상존하는 단점이 있다. 우리나라가 체결한 각 자유무역협정에서 정하고 있는 원산지검증 방식은 다음 [표 3-3]과 같다.

[표 3-3] 자유무역협정별 원산지검증 방식

체약 상대국	미국·칠레·싱가포르·뉴질랜드·캐나다·RCEP	아세안·중국·인도·베트남	EU·튀르키예(터키)·EFTA·영국	호주·페루·콜롬비아·중미(5개국)
검증 방식	직접(방문*) 검증**	(원칙) 간접검증 (예외) 방문검증	간접검증 (수입국의 참관가능)	간접검증 직접(방문)검증
검증 주체	수입국 세관	(간접) 수출국세관 (직접) 수입국세관	수출국 세관	(간접) 수출국세관 (직접·방문) 수입국세관

* RCEP(수출국세관의 동의·지원)
** 미국산 섬유제품은 '수입국의 요청이 있는 경우'에는 간접검증방식

2. FTA 수입물품의 원산지조사

1) 수입물품 원산지조사의 기본준칙

FTA 수입물품에 대한 원산지조사는 FTA 체약상대국으로부터 우리나라로 수입되어 특혜관세대우가 신청된 물품으로서 세관에서 그 물품에 대한 수입신고가 수리된 이후에만 실행할 수 있다. 따라서 원산지상품으로 수입신고된 물품이 아니거나 원산지상품으로 수입신고가 되었다고 하더라도 그 물품에 대한 수입신고가 아직 수리되지 아니하였다면 해당 수입물품에 대한 원산지조사는 허용될 수 없다. 그리고 FTA 수입물품에 대한 원산지조사는 서면조사를 원칙으로 하고(FTA관세령 제11조제1항), 조사를 하는 때에는 필요한 최소한의 범위에서 조사를 하여야 하며, 다른 목적을 위하여 조사권을 남용해서는 아니 된다(FTA관세법 제17조제9항). 현지조사는 서면조사의 결과 해당 수입물품에 관한 원산지증빙서류의 진위 여부와 그 정확성 등을 확인하기 곤란하거나 추가로 확인할 필요가 있는 때에 한하여 허용될 수 있다. 따라서 서면조사를 거치지 아니 하고 곧바로 현지조사를 실행하였다면 해당 원산지조사에 대한 절차상 타당성의 문제가 제기될 수 있다. 아울러 FTA 수입물품에 대한 원산지조사는 해당 FTA에서 규정하고 있는 원산지검증의 절차에 따라 실행하여야 하고, 조사대상자가 제출한 원산지증빙

서류에 담겨진 기업의 영업비밀 등의 비밀은 전적으로 유지되어야 한다.[185)] 그리고 조사대상자에게는 조사대상 수입물품의 원산지를 입증하기 위한 충분한 소명기회가 부여되어야 하고, 원산지조사 대상물품의 선정은 관세의 부과제척기간 이내 수입신고된 물품에 한정되어야 한다.

2) FTA 원산지상품의 수입자에 대한 원산지조사 절차

FTA관세법 제17조제1항에 따라 관세청장(세관장)은 FTA 체약상대국에서 수입된 물품과 관련하여 자유무역협정이 정하는 범위 안에서 원산지 또는 협정관세적용의 적정 여부 등에 대한 확인에 필요하다고 인정하는 때에는 수입자가 제출한 원산지증빙서류의 진위 여부와 그 정확성 등에 관한 확인을 체약상대국의 관세당국에 요청할 수 있다. 우리나라가 체결한 FTA의 협정문에서도 수입 당사국의 원산지검증에 대한 권리를 명문화하고 있다.

FTA 원산지상품의 수입자에 대한 서면조사의 착수요건은 FTA 체약상대국에서 수입된 물품과 관련하여 협정에서 정하는 범위에서 원산지 또는 협정관세의 적정 여부 등에 대한 확인이 필요하다고 인정되어야 한다. 그리고 서면조사의 착수요건이 충족된 수입물품에 대하여 관세청장(세관장)이 서면조사를 실시하려면 미리 해당 조사대상 수입자에게 소정의 서식으로 서면조사를 통지하지 않으면 안 된다(FTA관세규칙 제22조제1항).[186)] 관세청장(세관장)이 서면조사의 통지를 할 때에는 조사대상 수입자에게 원산지결정과 관련되는 질문서 또는 원산지소명서의 작성·제출을 요구할 수 있고(FTA관세규칙 제22조제2항), 아울러 FTA관세법령상 수입자가 보관하여야 할 서류의 제출을 요구하게 된다.[187)] 그리고 서면조사통지서를 받은 조사대상 수입자는 자료의 제출을 요구받은 날부터 30일 이내에 해당 서류를 세관에 제출하여야 한다.[188)] 그런데 조사대상

185) 수입물품의 원산지조사와 관련하여 조사대상자가 제출한 원산지증빙서류에 담긴 제조원가, 제조공정 등 기업의 비밀과 자료제출자가 비밀취급자료로 요청한 자료에 대해서는 자료제출자 동의 없이 타인에게 제공 또는 누설하거나 사용목적 외의 용도로 사용하는 것이 금지된다.

186) 서면조사 통지사항에 관하여는 FTA관세규칙 제22조제1항 각호를 참조.

187) 관세청장(세관장)의 서면조사 또는 현지조사를 거부·방해 또는 기피하는 행위는 1천만 원 이하의 과태료 부과대상 질서위반행위에 해당된다(FTA관세법 제46조제1항).

188) 만일 조사대상자가 부득이한 사유로 인하여 동 기간 내에 자료를 제출할 수 없는 경우에는 FTA관세법령에서 정하는 서식으로 조사연기신청을 하여야 한다. 여기에서 조사연기신청은 서면

수입자가 제출기한 내에 해당 서류를 제출하였다고 하더라도 제출한 서류가 미비한 것으로 판단된다면 5일 이상의 기간을 정하여 조사대상 수입자에게 해당 서류에 대하여 보정을 요구할 수 있다(FTA관세규칙 제22조제3항).

한편, 원산지조사를 실시한 관세청장(세관장)은 서면조사를 마치면 조사결과와 그에 따른 결정 내용을 조사를 완료한 날부터 30일 이내에 조사대상 수입자에게 서면으로 통지하여야 한다(FTA관세법 제17조제6항).[189] 서면조사의 결과, 사실확인을 위한 충분한 조사가 이루어진 경우 원산지검증을 종결하지만, 서면조사만으로는 원산지증빙서류의 진위 여부와 그 정확성 등을 확인하기 곤란하거나 추가로 확인이 필요하다고 판단된다면 국제원산지검증을 실시한다.

3. FTA 국제원산지검증의 세부절차

한-미국 FTA에서 국제원산지검증은 다음과 같다. 서면조사는 수출자 또는 생산자에게 서면으로 정보요청 또는 질의를 한다. 이러한 경우에 수입자가 수출자 또는 생산자가 정보를 직접 제공하도록 주선할 것을 요청할 수 있다. 섬유 또는 의류상품에 대해서는 미국의 관세당국에게 요청한다. 현지 방문조사는 자유무역협정에서 정한 보관대상 증빙자료를 검토하거나 상품의 생산에 사용된 시설을 시찰하기 위하여 미국 영역에 소재하는 수출자 또는 생산자의 사업장을 방문하여 조사한다. 섬유 또는 의류상품에 대해서는 미국의 관세당국에게 요청한다. 한편, 검증의 결과로 상품이 원산지상품이 아니라고 판단하는 경우, 수입자에게 그러한 취지의 예비결정 내용을 제공하고 상품이 원산지상품이라는 것을 증명하는 추가정보를 제공할 수 있는 기회를 제공한다. 이러한 경우 수입자가 수출자 또는 생산자에게 관련 정보를 직접 제공하도록 주선할 수 있다. 그리고 추가정보를 제출하는 기회를 수입자에게 부여한 이후 상품이 원산지상품인지의 여부에 대한 최종 결정을 수입자에게 서면으로 제공한다. 그 결정은 사실관계 판명과 그 결정에 대한 법적 근거를 포함한다. 수출자 또는 생산자가

조사통지서를 받은 날부터 15일 이내에 신청하여야 하며, 1회에 한하여 30일 간 그 기한을 연장할 수 있다. 그리고 세관장은 조사대상자의 조사연기신청을 승인한 때에는 FTA관세법령에서 정하는 서식으로 그 사실을 해당 조사대상자에게 통보하여야 한다.

189) 서면조사 결과의 통지에 관하여는 FTA관세규칙 제22조제4항을 참조.

정보를 직접 제공하는 경우에는 정보를 제공한 수출자 또는 생산자에게 결정의 사본을 제공하도록 노력한다. 아울러 검증을 통하여 수입자·수출자 또는 생산자가 수입되는 상품이 원산지상품이라는 허위 또는 근거 없는 진술·신고나 증명을 제공하는 행위 유형에 관여하였다고 결정하는 경우, 수입자·수출자 또는 생산자가 협정문 제6장 원산지규정 및 원산지절차의 요건을 준수한다고 결정할 때까지 그 수입자·수출자 또는 생산자의 이후의 진술·신고 또는 증명의 대상이 되는 동일상품에 대하여 특혜관세대우를 중지할 수 있다.

한-EU FTA에서 국제원산지검증은 다음과 같다. 무작위로 또는 원산지증명서의 진정성, 해당 제품의 원산지지위 또는 협정의 다른 요건의 충족에 대하여 합리적인 의심을 갖는 경우에 원산지증명 또는 그 서류의 사본을 수출당사자의 관세당국에 적절한 경우 조사의 이유를 기재하여 제출한다. 그리고 원산지증명서에 작성된 정보가 정확하지 아니함을 시사하는 획득된 모든 서류 및 정보는 검증을 위한 요청을 지원하기 위하여 전달한다.

한편, 합리적 의심이 있는 경우 검증 요청일로부터 10개월 이내에 회신이 없거나, 그 회신이 해당 서류의 진정성 또는 제품의 진정한 원산지를 결정하기 위한 충분한 정보를 포함하지 아니하는 경우, 예외적인 경우를 제외하고 특혜자격 부여를 거부한다. 그리고 검증은 EU회원국의 관세당국에 의해 수행되기 때문에 우리나라 세관당국이 EU의 수출자 또는 생산자에 대한 현지 방문조사는 허용되지 아니한다.

한-아세안 FTA에서 국제원산지검증은 다음과 같다. 무작위 또는 서류의 진정성 또는 당해 물품 또는 그 물품의 특정 부분품의 진정한 원산지에 관한 정보의 정확성에 대하여 합리적 의심이 있는 경우 아세안회원국의 원산지발급기관에 사후검증을 요청한다. 검증요청 시 검증대상 원산지증명서를 동봉하며 그 이유와 동 원산지증명서상의 특정 사항이 부정확하다는 추가정보를 명시하여야 한다. 그리고 사후검증을 요청받은 아세안회원국의 원산지발급기관은 신속히 그 요청에 응하며, 그 요청을 받은 후 2월 이내에 회신하여야 한다. 아울러 아세안 회원국의 원산지발급기관으로부터 검증의 결과를 신속히 전달받아 검증대상 물품이 원산지물품인지 여부를 결정하여야 한다. 검증대상물품의 원산지 여부의 결정결과를 아세안 회원국의 원산지발급기관에 통보하는 절차를 포함하는 사후검증의 모든 과정은 6월 이내에 완료되어야 한다. 사후검증의 결과가 만족스럽지 않은 경우 예외적으로 아세안 회원국에 현지조사를 요청한다. 동시에 현지조사를 수행하려는 의사를 현지 검증대상자, 현지조사 예정 회원국의 원산지발급기관 및 세관당국, 검증대상 물품의 수입자에게 서면통보를 하여야 한다. 그리고 서면통보의 내용은 가능한 포괄적이어야 하며, 통보서를 발급한 관세당국의 이름, 검증대상자의 이름, 현지조사 방문예정일, 현지조사 대상물품을 포함한 방문예정 현지조사의 범위, 현지조사를 수행하는 공무원의 성명과 직위를 포함하여야 한다. 아울러 현지조사는 현지 방문조사예정인 현지 검증대상자의 서면동의를 얻어야 한다.

그런데 서면통보를 받은 아세안회원국의 원산지발급기관은 예정된 현지조사를 연기하려면 통보를 받은 날부터 15일 이내에 우리나라의 관세당국에게 통보하여야 한다. 현지조사의 연기에도 불구하고 현지조사는 통보서를 받은 날부터 60일 이내에 또는 우리나라와 아세안회원국이 합의하는 그 이상의 기간 내에 수행되어야 한다. 그리고 현지조사 절차는 실제방문과 원산지자격의 인정 여부 결정 및 그 결과의 원산지발급기관 통보를 포함하여 현지조사를 개시한 날부터 최장 6월 내에 완료되어야 한다. 한편, 현지조사를 완료한 후 현지 검증대상자 및 원산지발급기관에 검증대상물품이 원산지자격을 갖추었는지 여부에 관한 서면결정서를 제공하여야 한다. 현지 검증대상자는 서면결정서를 받은 날부터 30일 동안 물품의 특혜관세대우 자격 여부에 대한 의견 또는 추가정보를 서면으로 제출할 수 있다. 검증대상물품이 여전히 비원산지물품인 것으로 판명되면, 현지 검증대상자로부터 의견이나 추가정보를 받은 날부터 30일 이내에 최종 서면결정서를 아세안회원국의 원산지발급기관에 통보하여야 한다.

한-중국 FTA에서 국제원산지검증은 다음과 같다. 서면조사의 방법은 중국의 관세당국에 대하여 상품의 원산지검증을 요청한다. 중국의 관세당국은 요청의 접수일부터 6개월 이내에 가능한 한도 내에서 사실 및 조사결과를 포함한 검증결과와 수출자 또는 생산자에 의하여 이용 가능하게 된 관련 증빙자료를 제공하여야 한다. 원산지검증에 따른 모든 의사소통은 영어로 이루어져야 한다. 현지 방문조사의 방법은 서면조사의 방법에 따른 중국의 관세당국이 제공한 검증결과에 만족하지 못하는 경우 중국 관세당국에 대하여 수출자 또는 생산자에 대한 방문검증 요청과 그 요청에 대한 중국 관세당국의 동의 하에 수출자 또는 생산자의 사업장에 대한 방문검증을 중국 관세당국의 동행 하에 수행한다. 방문검증을 수행하기 전 방문검증일부터 최소한 30일 전에 중국의 관세당국에 그러한 방문검증을 수행하겠다는 의도의 서면요청을 전달하여야 한다. 그리고 중국의 관세당국은 그러한 요청을 수락할지 여부에 대하여 결정하고, 그 요청을 접수한 날부터 30일 이내에 답변하여야 한다.

중국의 관세당국이 방문검증 요청에 동의하나 제안된 방문검증을 연기할 필요가 있는 경우 방문검증에 대한 승인과 함께 이를 통보받아야 하는데 그러한 연기는 제안된 방문검증일부터 60일을 초과할 수 없다. 또한 중국의 관세당국이 그러한 요청에 동의하는 경우 중국 세관직원의 동행 하에 수출자 또는 생산자에 대한 방문검증을 수행할 수 있다.

아울러 방문검증을 개시하기 전에 검증과 관련된 사안을 중국 관세당국과 논의하여야 하며, 방문검증 과정에서 수출자 또는 생산자에 대한 요청은 중국의 관세당국을 통하여 이루질 수 있다. 한편, 해당 상품의 원산지 여부에 대한 판정과 방문검증 결과를 가능한 한도 내에서 법적 근거 및 사실 확인을 포함하여 중국의 관세당국에 통보하여야 한다.

수출자 또는 생산자는 해당 상품의 특혜관세대우 자격에 관한 의견 또는 서류를 서면으로 중국의 관세당국에 제출할 수 있으며, 이러한 제출에 따라 중국의 관세당국으로부터 제공된 의견 또는 정보를 접수한 날부터 30일 이내에 해당 상품의 원산지 여부에 관한 최종판정을 중국의 관세당국과 수입자에게 서면으로 통보하여야 한다. 그리고 실제 방문에서부터 최종판정까지의 방문검증 절차는 최대 6개월 이내에 수행하여야 한다. 중국의 관세당국이 상품의 원산지검증 요청의 접수일부터 1개월 이내에 제공하지 못하는 경우, 중국의 관세당국이 제공한 검증결과 또는 방문검증결과가 해당 상품의 원산지지위의 진정성을 확인하는데 필요한 정보를 포함하지 아니한 경우, 중국의 관세당국이 방문검증 요청을 거절하는 경우와 방문검증 요청에 대하여 30일 이내 회신하지 못하는 경우에 특혜관세대우를 거부할 수 있다.

한-인도 CEPA에서 국제원산지검증은 다음과 같다. 인도의 수출자 또는 생산자에게 서면으로 정보 및 서류 요구 또는 질의를 요구한다. 서면 요구서 또는 질문서에는, 수출자 또는 생산자가 그 질의서 또는 정보 및 필요한 서류를 작성하고 반환하여야 하는 기한이 이를 수령한 날부터 30일 또는 양 당사국이 합의하는 그 이상의 기간임을 적시한다. 인도의 수출자 또는 생산자가 작성한 질의서 또는 정보 및 서류를 접수하고 검증대상 상품의 원산지를 결정하기 위하여 보다 많은 정보가 필요하다고 간주하는 경우에는 수출자 또는 생산자에게 추가적인 정보를 요구할 수 있다.

만일 인도의 수출자 또는 생산자가 통보한 기간 이내에 적절하게 작성된 질의서를 회신하지 못하거나 요구받은 정보 및 서류를 제공하지 못하는 경우에는 검증완료 전 고려될 만한 서면 의견서 또는 추가 정보를 수출자 또는 생산자가 제공하도록 최소 30일 전에 서면으로 통보한 후 해당 상품에 대한 특혜관세대우를 배제할 수 있다. 인도의 수출자 또는 생산자의 사업장에 대한 검증방문[190]은 수행하기 전에 검증방문을 수행하겠다는 의사를 ① 방문할 사업장의 생산자 또는 수출자, ② 검증방문이 발생할 영역내 인도의 발급기관, ③ 검증방문이 발생할 영역내 인도의 관세당국, ④ 검증방문 대상 상품의 수입자에게 동시에 서면으로 통보하고, 방문할 사업장의 생산자 또는 수출자의 서면동의를 획득한다.

서면통보는 통보서를 발급한 관세당국의 명칭, 방문할 사업장의 생산자 또는 수출자의 이름, 검증방문 예정일, 검증 대상인 상품에 대한 언급과 예정된 검증방문의 범위, 검증방문을 수행하는 공무원의 이름과 직위 등을 포함하고 가능한 한 포괄적이어야 한다. 만일 통보를 받은 날부터 30일 이내에 인도의 생산자 또는 수출자로부터 서면동의를 획득하지 못할 경우에는 검증방문 대상인 원산지증명서에 언급된 상품에 대한 특혜관세대우를 배제할 수 있다. 검증방문 통보를 받은 인도의 발급기관은 예정된 검증방문을 연기할 수 있는데, 통보를 받은 날부터 15일 이내에 연기할 의사를 서면으로 통보하여야 한다. 연기에도 불구하고 검증방문은 통보를 받은 날부터 60일 이내에, 또는 인도의 세관당국과 합의하는 더 장기간 동안 수행된다. 검증방문과정에 인도의 생산자 또는 수출자의 참관인이 입회할 수 있다. 검증방문을 수행한 후, 검증대상인 상품의 생산자 또는 수출자 및 수입자와 관련 발급기관에 그 대상 상품이 원산지상품으로서 자격을 갖추었는지 여부에 대한 서면 결정서를 제공한다.

인도의 생산자 또는 수출자는 서면결정서를 받은 날부터 30일 이내에 상품의 특혜관세대우에 대한 적격 여부에 관한 의견 또는 추가정보를 서면으로 제출할 수 있다. 상품이 여전히 비원산지 상품으로 판명되면 인도의 생산자 또는 수출자로부터 의견서 또는 추가 정보를 받은 날부터 30일 이내에 최종 서면결정서를 인도의 발급기관에 전달한다. 검증방문이 수행된 날부터 최장 6개월 이내에, 실제방문을 포함한 검증

190) 검증방문에 앞서 상품의 수입자에게 인도의 수출자 또는 생산자가 제공한 서면정보를 자발적으로 획득하고 제출하도록 요구할 수 있다. 하지만 우리나라의 수입자가 그러한 정보를 획득하지 못하고 제공하지 못하는 것은 인도의 수출자 또는 생산자가 그 정보를 제공하지 못하는 것으로서 또는 특혜관세대우를 배제하는 근거로서 간주되지 아니한다.

방문 절차, 대상 상품이 원산지상품인지 여부에 대한 결정 및 통보가 수행되고 그 결과가 인도의 발급기관에 전달한다. 우리나라가 체결한 각 자유무역협정의 국제 직접검증의 서면조사 절차 및 증빙서류 제출기한과 국제 간접검증의 검증결과 회신기한은 다음의 [표 3-4], [표 3-5]와 같다.

[표 3-4] 자유무역협정별 국제 직접검증 서면조사 절차 및 증빙서류 제출기한

체약상대국	통지 방법	제출기한	연장 여부
미국	수출자 등에게 직접 통지	통지 받은 날부터 30일	1회(30일)
칠레	수출자 등에게 직접 통지	통지 받은 날부터 30일	1회(30일)
싱가포르	싱가포르 세관을 거쳐 수출자 등에게 통지	접수한 날부터 30일	1회(30일)
페루	페루 당국을 통해 수출자 등에게 통지	접수한 다음날부터 90일	불가능
호주	수출자 등에게 직접 통지	요청일부터 30일	1회(30일)
캐나다	수출자 등에게 직접 통지	통지 받은 날부터 30일	1회(30일)
뉴질랜드	수출자 등에게 직접 통지	통지 받은 날부터 90일	불가능
RCEP	수출자 등에게 직접 통지	접수일부터 30일에서90일	

[표 3-5] 자유무역협정별 국제 간접검증의 검증결과 회신기한

체약상대국	회신 주체	예외적인 방식	회신기한
EU·영국	수출국 세관	수입국 세관직원이 공동조사 참여 가능	요청일부터 10개월
아세안	수출국 발행기관	현지 방문조사 가능	요청 받은 날부터 2개월 (사전 합의 시 최대 6개월)
중국	수출국 세관	현지 방문조사 가능	요청 접수일부터 6개월
EFTA	수출국 세관	수입국 세관직원이 검증 참관 가능	요청일부터 15개월
인도	수출국 발행기관	현지 방문조사 가능	요청 받은 날부터 3개월 (사전 합의 시 최대 6개월)
페루	수출국 세관	현지 방문조사 가능	요청 접수 다음날부터 150일
콜롬비아	수출국 세관	현지 방문조사 가능	요청일부터 150일
튀르키예 (터키)	수출국 세관	수입국 세관직원이 검증 참관 가능	요청일부터 10개월
호주	수출국 발행기관	현지 방문조사 가능	요청일부터 30일
베트남	수출국 발행기관	현지 방문조사 가능	요청 접수 후 6개월

FTA 국제 원산지 간접검증의 검증결과 회신기한과 관련하여 판례(대법원 2016.8.24. 선고 2014두5644 판결)의 태도를 살펴본다. 판례는 "수입 당사국의 관세당국은 원칙적으로 수출 당사국의 관세당국이 수행하여 회신한 검증결과를 존중하되, 10개월 내에 회신이 없거나 서류의 진정성 또는 상품의 원산지를 판정할 수 있는 충분한 정보를 포함하지 아니하는 회신인 경우에 수입 당사국의 관세당국은 '예외적인 경우'를 제외하고는 협정관세의 적용을 제한할 수 있도록 하고 있다. 여기서 체약상대국 관세당국이 회신기간 내에 회신을 하지 아니한 데에 '예외적인 경우'에 해당하는지는 간접검증방식에 의한 원산지의 검증은 수출 당사국의 발급자가 발급한 원산지 증명서에 기초하여 이루어지며 검증을 위하여 상당한 기간을 부여하고 있는 사정과 아울러 FTA 관세법과 자유무역협정에서 간접검증방식에 의한 원산지 증명 검증 제도를 둔 취지를 종합하여 회신 지연을 정당화할 수 있는 객관적인 사유가 있는지에 의하여 판단한다."는 입장을 취하고 있다.

그리하여 판례는 "국내 법인인 갑 주식회사가 스위스 업체인 을, 병이 생산한 제1금괴 및 정이 생산한 제2금괴를 수입하면서 한-EFTA FTA에서 정한 협정관세율 0%를 적용하여 수입신고를 하였고, 관할 세관장이 원산지 검증요청을 하자 스위스 관세당국이 제1금괴에 대하여는 원산지가 스위스가 아니라고 회신하고 제2금괴에 대하여는 회신기간인 10개월 내에 회신하지 아니하였는데, 관할 세관장이 각 금괴에 대하여 협정세율의 적용을 제한하고 기본세율 3%를 적용하여 관세 및 부가가치세 등을 부과하는 처분을 하였고, 회신기간이 경과한 뒤 스위스 관세당국이 병이 생산한 금괴는 원산지가 스위스가 아니지만 을이 생산한 금괴는 원산지가 스위스이고 정이 생산한 금괴는 일부의 원산지가 스위스라는 내용으로 회신을 한 사안에서, 당초 회신 이후 대한민국 관세청이 스위스 관세당국의 정에 대한 최종검증 과정에 참관하였을 때 당초 회신 내용과 달리 볼 만한 특별한 정황이 없었을 뿐만 아니라, 제네바 관세청은 각 금괴의 원재료와 완제품이 동일한 HS 세번에 해당하여 원산지 요건을 충족하지 못한 것으로 보인다는 잠정적인 의견까지 제시하였으므로, 관할 세관장이 회신기간을 넘겨 스위스 관세당국의 추가 회신을 기다리기를 기대할 수 없는 상황이었던 점 등을 종합하여 보면, 스위스 관세당국이 각 금괴에 관한 원산지 검증요청에 대하여 회신기간을 준수하지 아니하거나 원산지를 판정할 수 있는 충분한 정보를 제공하지 아니한 데에 자유무역협정에서 정한 '예외적인 경우'에 해당하는 사정이 있었다고 볼 수 없다고

한 원심(대구고법 2014.1.24. 선고 2013누933 판결) 판단을 그대로 인정하고 있다.

FTA 체약당사국의 조사결과 회신기간과 관련하여 관세청장(세관장)은 체약상대국의 관세당국이나 원산지증명서 발급기관이 다음과 같은 사유로 회신기간의 연장을 요청하는 경우에는 6개월의 범위에서 연장할 수 있다(FTA관세규칙 제37조제2항):

① 천재지변·전쟁·재해나 그 밖의 불가항력적인 사유로 해당 회신기간 내에 그 결과를 회신하기 곤란한 경우;

② 원산지 확인과 관련된 이의신청, 소송 등의 불복절차가 진행 중인 경우;

③ 관세청장(세관장), 체약상대국의 관세당국 또는 원산지증명서 발급기관의 귀책사유로 해당 회신기간 내에 그 결과를 회신하기 곤란한 경우.

한편, 관세청장(세관장)은 서면조사 또는 현지조사를 마치면 조사결과와 그에 따른 결정 내용을 소정의 기간 이내에 조사대상자 및 FTA 체약상대국의 관세당국에 서면으로 통지하여야 하는데, 이 경우 체약상대국의 관세당국에 대한 통지는 협정에서 정하는 경우에만 한다(FTA관세법 제17조제6항). 여기에서 "소정의 기간"이란 자유무역협정에서 달리 정하지 아니하였으면 서면조사 또는 현지조사를 완료한 날부터 30일을 말하는데, 이 경우 아세안회원국과의 협정 제15조, 인도와의 협정 제4.12조, 베트남과의 협정 제3.21조 및 중국과의 협정 제3.23조에 따른 현지 조사결과의 통지는 현지 방문일부터 6개월 이내에 완료하여야 한다(FTA관세규칙 제25조제1항).

4. 협정관세의 적용제한과 가산세의 부과

1) 협정관세 적용배제의 요건

세관장은 다음과 같은 경우에는 해당 수입물품에 대하여 협정관세를 적용하지 아니할 수 있다(FTA관세법 제35조제1항; FTA관세령 제44조제2항):[191]

① 정당한 사유 없이 수입자, 체약상대국의 수출자 또는 생산자가 관세청장(세관장)이 요구한 자료를 서류의 제출을 요구받은 날부터 30일[192] 이내에 제출하지

---

191) 이 경우 세관장은 관세법 제38조의3 제6항 및 제39조 제2항에 따라 납부하여야 할 세액 또는 납부하여야 할 세액과 납부한 세액의 차액을 부과·징수하여야 한다.

192) 다만, 관세청장(세관장)은 서류의 제출을 요구받은 자가 부득이한 사유로 서류제출기한의 연장

아니하거나 거짓으로 또는 사실과 다르게 제출한 경우(다만, 원산지증빙서류의 기재사항을 단순한 착오로 잘못 기재한 것으로서 원산지결정에 실질적인 영향을 미치지 아니하는 경우는 제외한다);

② 체약상대국의 수출자 또는 생산자가 관세청장(세관장)의 서면조사에 대하여 법정기간 이내에 회신하지 아니한 경우 또는 관세청장(세관장)의 현지조사에 대한 동의 요청에 대하여 조사예정통보를 받은 날부터 30일 이내에 동의 여부에 대한 통보를 하지 아니하거나 특별한 사유 없이 동의하지 아니하는 경우;

③ 현지조사를 할 때 FTA 체약상대국 수출자 등이 정당한 사유 없이 원산지증빙서류의 확인에 필요한 장부 또는 관련 자료에 대한 세관공무원의 접근을 거부하거나 협정에서 정한 원산지증빙서류를 보관하지 아니한 경우;

④ 서면조사 또는 현지조사 결과 세관장에게 신고한 원산지가 실제 원산지와 다른 것으로 확인되거나 수입자 또는 FTA 체약상대국 수출자 등이 제출한 자료에 원산지의 정확성을 확인하는 데 필요한 정보가 포함되지 아니한 경우;

⑤ 관세청장(세관장)이 FTA 체약상대국의 관세당국에 원산지의 확인을 요청한 사항에 대하여 체약상대국의 관세당국이 법정기간[193] 이내에 그 결과를 회신하지

을 신청하는 경우에는 30일을 초과하지 아니하는 범위에서 한 차례만 그 기한을 연장할 수 있으며, 페루와의 협정 제4.8조 및 뉴질랜드와의 협정 3.24조에 따라 서류의 제출을 요구받은 자는 요구받은 날부터 90일이 적용된다(FTA관세규칙 제21조제2항).

193) "법정기간"은 다음과 같은 구분에 따른 기간을 말한다(FTA관세규칙 제37조제1항): ① EFTA회원국의 관세당국에 요청한 경우에는 관세청장(세관장)이 원산지확인을 요청한 날부터 15개월; ② 아세안회원국의 관세당국에 요청한 경우에는 아세안회원국의 관세당국이 원산지확인 요청을 접수한 날부터 2개월(필요하다고 인정하는 경우에는 해당 확인요청이 접수된 날부터 6개월의 범위에서 기간연장 가능); ③ 인도의 증명서발급기관에 요청한 경우에는 인도의 증명서발급기관이 원산지확인 요청을 접수한 날부터 3개월(필요하다고 인정하는 경우에는 해당 확인요청이 접수된 날부터 6개월의 범위에서 기간연장 가능); ④ EU당사자의 관세당국에 요청한 경우에는 관세청장(세관장)이 원산지의 확인을 요청한 날부터 10개월; ⑤ 페루의 관세당국에 요청한 경우에는 페루의 관세당국이 원산지확인 요청을 접수한 날부터 150일; ⑥ 미합중국의 관세당국에 요청한 경우에는 관세청장(세관장)이 원산지확인을 요청한 날부터 12개월; ⑦ 터키의 관세당국에 요청한 경우: 관세청장(세관장)이 원산지확인을 요청한 날부터 10개월; ⑧ 콜롬비아의 관세당국에 요청한 경우: 관세청장(세관장)이 원산지확인을 요청한 날부터 150일; ⑨ 호주의 증명서발급기관에 요청한 경우: 관세청장(세관장)이 호주의 증명서발급기관에 원산지확인을 요청한 날부터 30일(호주의 증명서발급기관이 회신기간의 연장을 요청한 경우에는 30일을 초과하지 아니하는 범위에서 기한연장 가능); ⑩ 베트남의 원산지증명서 발급기관에 요청한 경우: 베트남의 원산지증명서 발급기관이 원산지확인 요청을 접수한 날의 다음 날부터

아니한 경우 또는 세관장에게 신고한 원산지가 실제 원산지와 다른 것으로 확인되거나 회신 내용에 원산지의 정확성을 확인하는 데 필요한 정보가 포함되지 아니한 경우;

⑥ 원산지 등에 대한 사전심사를 신청한 수입자가 사전심사의 결과에 영향을 미칠 수 있는 자료를 고의로 제출하지 아니하였거나 거짓으로 제출한 경우 또는 사전심사서에 기재된 조건을 이행하지 아니한 경우;

⑦ 협정에 따른 협정관세 적용의 거부·제한 사유에 해당하는 경우;

⑧ 그 밖에 관세청장(세관장)이 원산지의 정확성 여부를 확인할 수 없는 경우로서, 그 사유가 ㉠ 원산지조사를 받는 자의 부도·폐업·소재불명, 그 밖에 이에 준하는 불가피한 사유로 인하여 관세청장(세관장)의 원산지에 관한 조사가 불가능하게 되었거나, ㉡ 원산지조사를 받는 자가 관세청장(세관장)의 서면조사 또는 현지조사를 거부·방해 또는 기피한 경우에 해당되는 경우.

한편, 위와 같은 협정관세의 적용배제 요건에 해당하여 실제로 협정관세의 적용을 제한하는 경우에 세관장은 관세법령에 따라 그 내용을 미리 수입자에게 서면으로 통지하여야 한다(FTA관세령 제44조제1항). 아울러 세관장은 관세법 제38조의3 제4항 및 제39조 제2항의 규정에 따라 납부하여야 할 세액 또는 납부하여야 할 세액과 납부한 세액의 차액을 부과·징수하여야 한다. 여기에서 납부하여야 할 세액 또는 납부하여야 할 세액과 납부한 세액과의 차액은 관세부과 제척기간의 기산일부터 5년이 지나면 부과할 수 없다(FTA관세법 제35조제2항). 여기에서 관세부과 제척기간의 예외요건에 해당한다면 그 해당하는 각각의 기간 내에는 경정 등 필요한 처분을 할 수 있으며, 관세부과

6개월; ⑪ 중국의 관세당국에 요청한 경우: 중국의 관세당국이 원산지확인 요청을 접수한 날부터 6개월; ⑫ 중미 공화국들의 권한 있는 당국에 요청한 경우: 중미 공화국들의 권한 있는 당국이 원산지확인 요청을 접수한 날의 다음 날부터 150일; ⑬ 영국의 관세당국에 요청한 경우: 관세청장(세관장)이 원산지의 확인을 요청한 날부터 10개월; ⑭ 인도네시아의 원산지증명서 발급기관에 요청한 경우: 인도네시아의 원산지증명서 발급기관이 원산지확인 요청을 접수한 날부터 2개월(인도네시아의 원산지증명서 발급기관에 추가 정보나 서류를 요청하는 경우에는 그 요청이 접수된 날부터 4개월의 범위에서 회신기간 연장 가능); ⑮ 이스라엘의 관세당국에 요청한 경우: 관세청장(세관장)이 이스라엘의 관세당국에 원산지확인을 요청한 날부터 10개월(이스라엘의 관세당국에 추가 정보나 서류를 요청하는 경우에는 그 요청한 날부터 90일의 범위에서 회신기간 연장 가능).

제척기간의 기산일은 수입신고의 수리 전 협정관세의 적용을 신청하였다면 그 적용신청을 한 날의 다음 날이 해당되고, 수입신고의 수리일 이후에 협정관세의 적용을 신청하였다면 그 적용신청을 한 날의 다음 날이 해당된다(FTA관세령 제46조).

2) 협정관세 적용제한자의 지정과 그 해제

세관장은 협정에서 정하는 바에 따라 최근 5년간 2회 이상 반복적으로 원산지증빙서류의 주요 내용을 거짓으로 작성하거나 잘못 작성한 체약상대국 수출자 등을 협정관세 적용제한자로 지정할 수 있다(FTA관세법 제37조제1항).[194] 이에 따라 적용제한자로 지정된 자가 수출 또는 생산하는 동종·동질의 물품 전체에 대하여 5년(협정에서 정한 기간이 5년을 초과하는 경우에는 그 기간)의 범위에서 협정관세의 적용이 배제된다(FTA관세법 제37조제2항). 그럼에도 불구하고 세관장은 수입신고되는 물품별로 원산지 등 협정관세의 적용요건을 심사하여 그 요건을 충족하는 경우에는 협정관세를 적용할 수 있다(FTA특례법 제37조제3항).[195]

세관장이 협정관세 적용제한자를 지정하려면[196] 30일의 기간을 정하여 그 적용제한

194) 세관장은 아세안회원국에서 수입된 물품에 대하여 수입자가 거짓으로 또는 사실과 다르게 작성하였거나 발급된 원산지증명서를 제출하였음을 이유로 협정관세의 적용제한 처분을 하였을 때에는 처분한 날부터 2개월 이내에 대상물품, 적용제한 이유 및 그 법적 근거를 기재한 서류와 수입자가 제출한 원산지증명서를 그 원산지증명서를 발급한 아세안회원국의 권한 있는 당국에 통보하여야 한다(FTA관세령 제45조제1항). 그리고 이러한 통보를 받은 아세안회원국의 권한 있는 당국은 세관장이 통보를 한 날부터 2개월 이내에 원산지증명서의 기재사항이 단순한 착오로 잘못 기재된 것으로서 원산지결정에 실질적인 영향을 미치지 아니하였음을 세관장에게 소명할 수 있다(FTA관세령 제45조제2항). 여기에서 세관장은 아세안회원국의 권한 있는 당국의 소명이 이유 있다고 인정할 때에는 그 사실을 수입자에게 통지하고 FTA관세법령에 따라 부과·징수한 세액을 환급하여야 하는데, 이 경우 관세환급가산금은 지급하지 아니한다(FTA관세령 제45조제3항).

195) 세관장은 협정관세 적용제한물품이지만 협정관세의 적용요건을 심사하여 그 요건을 충족하는 경우에 해당하여 협정관세를 적용하려면 그 심사를 해당 물품에 대한 수입신고를 수리하기 전에 하여야 한다(FTA관세령 제48조제5항).

196) 세관장은 미합중국에서 수입된 섬유 관련 물품에 대하여 관세청장(세관장)이 FTA 체약상대국의 관세당국에 원산지의 확인을 요청한 사항에 대하여 체약상대국의 관세당국이 기재부령으로 정하는 기간 이내에 그 결과를 회신하지 아니한 경우 또는 세관장에게 신고한 원산지가 실제 원산지와 다른 것으로 확인되거나 회신 내용에 원산지의 정확성을 확인하는 데 필요한 정보가 포함되지 아니한 경우에 해당하는 사유로 협정관세의 적용을 제한하는 경우 그 내용을 미리 미합중국의 관세당국에 통보하여야 한다(FTA관세령 제45조제4항).

자에게 구술 또는 서면에 의한 의견진술 기회를 부여하여야 하는데, 이 경우 지정된 기일까지 의견을 진술하지 아니하면 의견이 없는 것으로 본다(FTA관세령 제48조제1항).[197] 그리고 적용제한자 지정의 효력은 세관장이 지정 정보통신망에 게시한 날부터 발생한다(FTA관세령 제48조제4항).

한편, 세관장은 적용제한자로 지정된 자가 따라 원산지증빙서류를 성실하게 작성하였음을 입증[198]하는 경우에는 그 지정을 해제할 수 있다(FTA관세법 제37조제4항). 협정관세 적용제한자 지정해제의 효력은 해제사실을 관세청장이 지정하는 정보통신망에 게시한 날부터 발생한다(FTA관세령 제49조제5항).

3) 가산세의 부과[199]

세관장은 협정관세를 적용받은 물품에 대하여 납세의무자가 법정 납부기한(관세법 제9조)까지 납부하지 아니한 관세액을 징수하거나 부족세액(관세법 제38조의3제1항 또는 제6항)을 징수할 때에는 다음과 같이 산출한 금액을 합한 금액을 가산세로 징수한다(FTA특례법 제36조제1항):

① 부족세액의 100분의 10에 상당하는 금액(다만, 수입자가 원산지증명서를 위조 또는 변조하는 등 부당한 방법[200]으로 협정관세의 적용을 신청하여 부족세액이 발생한 경우에는 해당 부족세액의 100분의 40에 상당하는 금액으로 한다);

② 미납부세액 또는 부족세액에 아래 ㉮에 따른 일수와 아래 ㉯에 따른 이자율을 곱하여 계산한 금액:

㉮ 법정납부기한(협정관세 사후적용을 신청한 수입자에 대하여 가산세를 징수하는 경우에는 관세를 환급한 날을 말한다)의 다음 날부터 납부일까지의 기간(납부고지일부터 납부고지서에 따른 납부기한까지의 기간은 제외한다);

197) 협정관세 적용제한자 지정절차에 관하여는 FTA관세령 제48조 제2항·제3항을 참조.

198) 지정해제 절차에 관하여는 FTA관세령 제49조 제1항부터 제4항까지를 참조.

199) 가산세의 징수와 관련하여 FTA관세법령에서 정하지 아니한 사항에 대해서는 관세법 제42조의2 및 관세령 제39조 제2항부터 제5항까지의 규정을 적용한다(FTA관세령 제47조제5항).

200) ① 수입자가 원산지증명서를 거짓으로 작성하거나 위조·변조하는 것, ② 수입자가 관세의 과세표준 또는 세액계산의 기초가 되는 사실의 전부 또는 일부를 은폐하기 위하여 원산지증빙서류 등 세액심사에 필요한 자료를 파기하는 것, ③ 그 밖에 협정관세를 적용받기 위하여 부정한 행위를 하는 것이 해당한다(FTA관세령 제47조제1항).

㉯ 금융회사 등이 연체대출금에 대하여 적용하는 이자율 등을 고려하여 정하는 법정이자율;[201]

③ 법정납부기한까지 납부하여야 할 세액 중 납부고지서에 따른 납부기한까지 납부하지 아니한 세액 × 100분의 3(관세를 납부고지서에 따른 납부기한까지 완납하지 아니한 경우에 한정한다)

그럼에도 불구하고 수입자가 수정신고를 하는 경우(FTA관세법 제14조제2항)로서 원산지조사의 통지(FTA특례법 제17조제1항)를 받기 전에 수정신고를 하는 경우 등 수입자에게 귀책사유가 없는 경우[202]에는 전술한 제①과 제②에 따라 산출한[203] 가산세의 전부 또는 일부를 징수하지 아니한다(FTA관세법 제36조제2항).

Ⅳ FTA 원산지의 권리보호

1. 원산지조사 결과에 대한 이의제기

1) 제기권자와 제기시기

관세청장(세관장)은 서면조사 또는 현지조사를 마치면 조사결과와 그에 따른 결정내용을 조사대상자에게 서면으로 통지하는바, 이러한 통지내용에 이의가 있는 조사대상자(FTA 체약상대국의 조사대상자가 생산 또는 수출한 물품을 수입한 자를 포함한다)는 조사결과를 통지받은 날부터 30일 이내에 관세청장(세관장)에게 이의를

201) 관세령 제39조제1항에 따른 이자율을 말한다(FTA관세령 제47조제2항).

202) 다음과 같은 경우를 말한다(FTA관세령 제47조제3항): ① 수입자가 원산지증빙서류의 내용에 오류가 있음을 통보받은 경우로서 원산지 조사의 통지를 받기 전에 수정신고를 하는 경우(다만, 수입자에게 귀책사유가 없는 경우로 한정한다); ② 관세청장(세관장)이 FTA 체약상대국의 관세당국에 원산지 확인을 요청한 사항에 대하여 체약상대국의 관세당국이 기재부령으로 정하는 기간 이내에 그 결과를 회신하지 아니한 경우; ③ FTA 체약상대국의 수출자(생산자)가 관세청장(세관장)이 요구한 자료를 법정기간 내에 제출하지 아니하거나 거짓으로 또는 사실과 다르게 제출한 경우 등으로서 부족세액의 징수와 관련하여 수입자에게 정당한 사유가 있는 경우.

203) 제②에 따라 산출한 금액에서 납부고지서에 따른 납부기한이 지난 날부터 납부일까지의 기간에 해당하는 금액은 제외한다.

제기[204)]할 수 있다(FTA관세법 제17조제7항).

2) 심사 및 결정내용의 통지

이의제기를 받은 관세청장(세관장)은 이를 심사하여 이의제기를 받은 날부터 30일 이내에 그 결정 내용을 상대방에게 통지하여야 한다(FTA관세령 제15조제3항). 관세청장(세관장)은 이의제기의 내용이나 절차가 적합하지 않지만 보정할 수 있다고 인정될 때에는 20일 이내의 기간을 정하여 보정하여 줄 것을 요구할 수 있다(FTA관세령 제15조제4항).[205)]

2. 원산지조사 결과처분에 대한 관세행정구제

FTA 체약상대국의 수출자(생산자)는 원산지조사와 관련되는 처분에 대하여 위법 또는 부당한 처분을 받거나 필요한 처분을 받지 못함으로써 권리 또는 이익의 침해를 당한 경우에는 관세법 제119조에 따라 관세청장에게 심사청구 또는 조세심판원장에게 심판청구를 할 수 있는데(FTA관세법 제39조), 심사청구 또는 심판청구를 신청할 수 있는 체약상대국의 수출자(생산자)의 대상자는 다음과 같이 제한된다(FTA관세령 제51조):

- 칠레의 수출자(생산자)로서 칠레와의 협정 제5.10조에 따라 원산지 결정의 대상이 된 물품에 대하여 원산지증명서를 작성하고 서명한 자 또는 칠레와의 협정 제5.9조에 따라 원산지 사전심사를 받은 자;
- 싱가포르의 수출자(생산자)로서 싱가포르와의 협정 제5.11조에 따라 원산지 결정의 대상이 된 물품의 원산지증명서를 발급받았거나 원산지소명서류를 작성한 자 또는 싱가포르와의 협정 제5.8조에 따라 사전심사를 받은 자;
- 콜롬비아의 수출자(생산자)로서 콜롬비아와의 협정 제4.10조에 따라 원산지 결정의 대상이 된 물품의 원산지증명서를 작성하고 서명한 자 또는 콜롬비아와의 협정 제4.9조에 따라 사전심사를 받은 자;
- 호주의 수출자(생산자)로서 호주와의 협정 제4.8조에 따라 원산지 결정의 대상이

204) 이의제기의 방법에 관하여는 FTA관세령 제15조 제1항·제2항을 참조.

205) 보정할 사항이 경미한 때에는 직권으로 보정할 수 있는데, 보정의 요구는 보정할 사항, 보정을 요구하는 이유, 보정할 기간, 그 밖의 필요한 사항을 기재한 문서로써 하여야 하고, 보정기간은 이의제기서의 심사기간에 산입하지 아니한다(FTA관세령 제15조제5항·제6항).

된 물품의 원산지증명서를 작성하고 서명하거나 발급받은 자 또는 호주와의 협정 제4.7조에 따라 사전심사를 받은 자;

- 캐나다의 수출자(생산자)로서 캐나다와의 협정 제4.11조에 따라 원산지 결정의 대상이 된 물품의 원산지증명서를 작성하고 서명한 자 또는 캐나다와의 협정 제4.10조에 따라 사전심사를 받은 자.

한편, FTA 체약상대국의 조사대상자가 생산(수출)한 물품을 수입한 자는 원산지조사의 결과에 따라 FTA 특혜관세대우가 배제되어 세관장이 사후에 행사하는 관세부과처분에 대하여 위법 또는 부당한 처분을 받거나 필요한 처분을 받지 못함으로써 권리 또는 이익의 침해를 당한 경우에는 사전권리구제로서 과세전적부심사청구와 사후권리구제인 관세불복제도에 따른 심사청구 또는 심판청구의 길이 열려 있다.

제 3 절 FTA 원산지상품의 수출통관과 원산지검증

I 수출·반송물품의 통관

1. 수출·반송물품에 대한 신고의무

관세법 제241조 제1항에 따라 내국물품을 우리나라에서 외국으로 반출하는 경제주체와 우리나라에 도착된 외국물품을 수입통관절차 거치지 아니하고 다시 외국으로 반출하는 경제주체는 관세법에서 그 물품에 대한 수출신고의무 또는 반송신고의무를 가지게 된다. 그리고 어떤 내국물품에 대한 수출신고 또는 어떤 외국물품에 대한 반송신고가 관세법의 규정에 따라 적합하게 이루어졌다면 해당 세관장에게는 이를 지체 없이 수리하고 신고인에게 신고필증[206]을 발급할 의무가 지워진다(관세법 제248조 제1항). 수출신고나 반송신고의 효력발생 시점은 EDI통관시스템에 신고번호가 부여된

206) 국가관세종합정보망의 전산처리설비를 이용하여 신고를 수리하는 경우(관세법 제327조제2항)에는 신고인이 직접 전산처리설비를 이용하여 신고필증을 발급받을 수 있다.

시점이 된다.

관세법에서 어떤 수출(반송)신고가 세관장의 신고처리의무를 발생시킬 수 있는 유효한 신고로 받아들여지기 위해서는 다음과 같은 전제요건이 요구된다.

첫째, **신고의 형식적 요건이다.** 수출(반송)신고의 형식적 요건은 적격요건을 갖춘 신고인 명의로 소정양식의 서면에 신고서류를 첨부하여 세관장에게 제출[207]하는 것이다. 따라서 구두에 의한 수출(반송)신고는 허용될 수 없다. 여기에서 신고인의 자격은 화주 또는 관세사법에 따른 관세사, 관세법인 등에게 주어지며, 수출신고의 경우에는 예외적으로 화주를 해당 수출물품을 제조하여 공급한 자의 명의로 신고할 수 있다(관세법 제242조). 그리고 수출신고하는 물품이 통관요건의 확인이 필요로 하는 경우(관세법 제226조)에는 관련 증명서류를 첨부하여야 한다(관세령 제250조제2항).[208] 그런데 화주인 신고인이 신고서에 첨부하여야 할 신고서류를 관세사 등에게 제출하고, 관세사 등이 해당 서류를 확인한 후 수출(반송)신고를 하는 때에는 해당 서류의 제출을 생략하게 하거나 해당 서류를 신고수리 후에 제출하게 할 수 있다(관세법 제245조제2항). 또한, 신고인은 신고 시 서류의 제출을 생략하게 하거나 신고수리 후에 서류를 제출하게 하는 경우 세관장이 필요하다고 인정하여 신고인에게 관세청장이 정하는 장부 기타 관계자료의 제시 또는 제출을 요청하는 때에는 이에 응하여야 한다(관세법 제245조제3항). 만일 세관장이 요청하는 장부나 기타 관계자료를 제시하지 아니하거나 제출하지 아니하였다면, 그 의무위반행위는 100만 원 이하의 과태료 부과대상 질서위반행위에 해당된다(관세법 제277조제5항).

둘째, **신고의 시기적 요건이다.** 수출(반송)신고는 그 대상물품에 대한 세관공무원의 현품검사가 가능한 시기에 허용된다. 따라서 그 대상물품이 이미 국제무역선에 선적되었거나 국제무역기에 기적되었다면 그 신고는 허용될 수 없다. 마찬가지로 수출신고의 대상인 내국물품의 생산이나 제조공정이 완료된 이후가 아니라면 수출신고는 인정될 수 없다. 아울러 수입신고된 물품을 법령에 의한 수입요건을 구비할 수 없는 등의 사유로 반송하려면 그 사유가 타당한 것에 한하여 그 수입신고를 취하한 후에나 반송이 가능하게 된다. 그런데 관세법에서 반송목적으로 지정장치장 또는 보세창고에

207) 제출의 방법은 서면신고서를 세관에 직접 제출하거나 세관의 EDI통관시스템을 통하여 전송(P/L신고)할 수 있는데, P/L(paperless)신고가 일반적인 방법이다.

208) 세관장은 필요 없다고 인정되는 때에는 이를 생략하게 할 수 있다(관세령 제250조제2항단서).

반입되거나 보세구역이 아닌 장소에 장치된 물품은 그 반입일 또는 장치일부터 30일 이내에 반송신고의무가 강제된다(관세법 제241조제3항).[209] 만일 위의 기간 내에 가산세 대상물품의 반송신고를 하지 아니하였다면 세관장은 해당 물품의 과세가격의 100분의 2에 상당하는 금액의 범위 안에서 소정의 가산세율로 산출한 금액을 가산세로 징수한다(관세법 제241조제4항). 여기에서 가산세를 징수하는 대상물품과 가산세액의 산출과 징수시기는 수입신고의 경우와 같다.

셋째, 신고의 내용적 요건이다. 수출(반송)신고의 내용적 요건은 우리나라에서 외국으로 반출하려는 내국물품이나 외국물품의 품명·규격·수량과 가격 그리고 그 밖의 법정 신고사항이 신고서에 포함되어야 한다(관세법 제241조제1항). 여기에서 그 밖의 법정 신고사항은 포장의 종류·번호와 개수, 목적지·원산지와 선적지, 원산지표시 대상물품인 경우에는 표시 유무·방법과 형태, 상표, 사업자등록번호·통관고유번호와 해외거래처부호, 물품의 장치장소 그리고 기타 참고사항 등이다(관세령 제246조제1항). 그리고 수출신고가격을 산정하기 위하여 외국통화로 표시된 가격을 내국통화로 환산하는 때에는 수출신고일이 속하는 주의 전주의 기준환율 또는 재정환율을 평균하여 관세청장이 정한 율로 하여야 한다(관세령 제246조제6항). 그런데 절대적으로 수출입이 금지되는 물품(관세법 제234조)은 어떠한 경우에도 그 수출이 허용될 수 없다. 마찬가지로 지식재산권을 침해하는 물품도 수출이 금지된다(관세법 제235조제1항). 그리고 체신관서가 외국으로 발송한 우편물은 관세법의 규정에 의하여 이미 수출(반송)된 것으로 간주(수출의 의제)하기 – 관세법에서 그 물품이 이미 우리나라 밖으로 반출되었기 – 때문에 법리적으로 수출(반송)의 신고가 성립될 수 없게 된다. 아울러 수입하기 위하여 외국으로부터 도착된 물품이 하자 발생 등의 사유로 인하여 보세장치장에 반입하지 못하고 선박 또는 항공기에서 양륙하지 않은 상태에서 외국으로 재운송된 경우에는 반송신고의 대상이 될 수 없으며, 우리나라에 수입할 목적으로 입항 시 적재화물목록이 제출된 물품으로서 보세구역에 반입된 물품에 한하여 반송신고의 대상이 될 수 있다. 그리고 매각하여 외국으로 반출하려는 선박도 수출신고의 대상이 된다.

마지막으로, 신고의 장소적 요건이다. 반송의 신고는 해당 물품이 관세법에 따른

209) 세관장은 신고의무기간 내에 신고를 하지 아니한 물품에 대하여는 직권으로 이를 검사할 수 있으며, 해당 신고인이 세관장의 직권에 의한 검사에 참여할 것을 신청하거나 신고인의 참여가 필요하다고 인정하는 때에는 그 일시·장소·방법 등을 정하여 검사에 참여할 것을 통지할 수 있다(관세령 제251조).

장치장소에 있는 경우에만 가능하다(관세법 제243조제3항). 그리고 밀수출 등 불법행위가 발생할 우려가 높거나 감시단속상 필요하다고 인정하는 특정 물품은 관세청장이 정하는 장소에 반입한 후 수출의 신고를 하게 할 수 있다(관세법 제243조제4항).[210] 여기에서 "특정 물품"은 ① 도난우려가 높은 물품 등 국민의 재산권 보호를 위하여 수출관리가 필요한 물품 또는 ② 고세율 원재료를 제조·가공하여 수출하는 물품 등 부정환급 우려가 높은 물품으로서 관세청장이 정하여 고시하는 물품을 말한다(관세령 제248조의2제1항). 만일 관세청장이 지정한 장소에 반입한 후 수출신고를 하여야 할 의무를 위반하였다면, 그 의무위반행위는 500만 원 이하의 과태료 부과대상 질서위반행위에 해당된다(관세법 제277조제3항).

2. 세관장의 통관심사와 수출물품의 원산지증명

1) 세관장의 통관심사[211]

관세법 제226조 제1항에 따라 법령에서 정하는 바에 의하여 허가·승인·표시 또는 그 밖의 조건인 이른바 '구비조건'이 요구되는 수출물품의 통관은 해당 신고인이 세관장에게 해당 구비조건을 갖춘 물품임을 증명하는 경우에 한하여 실현될 수 있다. 이에 따라 세관장에게 신고된 수출(통관)물품에 대한 통관요건의 적합성을 판정하기 위하여 제출된 신고서 작성내용의 정확성과 필요한 입증서류가 규정된 조건을 충족하였는지 여부에 대하여 확인하는 행위로서 세관장의 통관심사는 신고수리 여부를 결정하기 위하여 요구되는 관세행정절차가 된다. 그러므로 입법자는 통관심사의 실효성보장을 위하여 세관공무원에게 수출(반송)물품에 대한 물리적 검사권, 즉 수출(반송)물품의 성질, 상태, 수량 및 가격이 신고서에 기재된 사항과 일치하는가를 확인하기 위한 물품검사권을 부여하고 있다(관세법 제246조제1항). 아울러 관세법 제246조의3 제1항에 따라 세관장은 구비조건의 확인(관세법 제226조)이 필요한 수출물품 등 다른 법령에서

210) 그럼에도 불구하고 수출입 안전관리 우수 공인업체(관세법 제255조의2)가 수출하는 물품은 관세청장이 정하는 장소에 반입한 후 수출의 신고를 하는 물품에서 제외할 수 있고, 반입 후 신고물품의 반입절차 및 그 밖에 필요한 사항은 관세청장이 정하여 고시한다(관세령 제248조의2 제2항·제3항).

211) 관세청장은 수출이나 반송물품의 통관에 관한 행정규칙으로 「수출통관사무처리에관한고시」와 「반송절차에관한고시」를 제정·시행하고 있다.

정한 물품의 성분·품질 등에 대한 안전성 검사를 할 수 있다.

2) 수출물품의 원산지증명

관세법, 조약, 협정 등에 따라 관세를 양허받을 수 있는 물품의 수출자가 원산지증명서의 발급을 요청하는 경우에는 세관장이나 그 밖에 원산지증명서를 발급할 권한이 있는 기관은 그 수출자에게 원산지증명서를 발급하여야 한다(관세법 제232조의2제1항). 이에 따라 세관장은 발급된 원산지증명서의 내용을 확인하기 위하여 필요하다고 인정되는 경우에는 ① 원산지증명서를 발급받은 자나 ② 원산지증명서를 발급한 자 또는 ③ 해당 수출물품의 생산자 또는 수출자로 하여금 원산지증명서확인자료[212]를 제출하게 할 수 있다(관세법 제232조의2제2항). 이 경우 자료의 제출기간은 세관장으로부터 원산지증명서 확인자료의 제출을 요구받은 날부터 30일 이내가 되지만 제출을 요구받은 자가 부득이한 사유로 그 기간에 원산지증명서 확인자료를 제출하기 곤란할 때에는 그 기간을 30일의 범위에서 한 차례만 연기할 수 있다(관세규칙 제77조). 한편, 세관장은 우리나라에서 원산지증명서가 발급된 물품을 수입하는 국가의 권한 있는 기관으로부터 원산지증명서와 원산지증명서 확인자료의 진위 여부, 정확성 등의 확인을 요청받은 경우 등 필요하다고 인정되는 경우에는 그 원산지증명서를 발급받은 자나 원산지증명서를 발급한 자 또는 해당 수출물품의 생산자나 수출자를 대상으로 서면조사 또는 현지조사를 할 수 있다(관세법 제233조제3항).

3. 세관장의 신고수리와 수출물품의 선적의무

수출(반송)신고가 관세법에 따라 적합하게 이루어졌을 때에는 세관장은 이를 지체없이 수리하고 신고인에게 신고필증을 발급할 의무를 가지게 된다. 따라서 사인의 신고행위가 앞서 설명한 수출(반송)신고의 기본적 요건인 형식적 요건, 시간적 요건, 그리고 내용적 요건에 부합되는 사실의 인정은 신고수리의 일반적 요건이 된다. 만일 세관장에게 접수된 신고가 그 기본적 요건을 갖추지 못하였거나 부정한 방법으로 신고된 때에는 세관장은 그 신고를 각하할 수 있다(관세법 250조제3항). 하지만 수출신고서

212) 대상범위에 관하여는 관세령 제236조의6 제1항을 참조.

의 기재사항이 미비되거나 첨부한 신고서류가 미비된 경우에는 세관장이 수출신고수리 이전까지 신고인에게 이를 보완하게 할 수 있는데, 미비된 사항이 경미하고 신고수리 후에 보완이 가능하다고 인정되는 경우라면 신고수리 후 이를 보완하게 할 수도 있다(관세법 제249조). 여기에서 만일 세관장의 명령이나 보완조치를 이행하지 아니하였다면, 그 의무위반행위는 100만 원 이하의 과태료 부과대상 질서위반행위에 해당된다(관세법 제277조제5항).

수출(반송)신고는 정당한 이유가 있는 경우라면 세관장의 승인을 받아 취하할 수 있는데, 반송신고는 운송수단, 관세통로, 하역통로 또는 관세법에 규정된 장치장소에서 물품을 반출한 후에는 취하할 수 없게 된다(관세법 제250조제1항). 그리고 세관장이 수출(반송)신고를 수리하였지만 신고인의 정당한 사유로 인하여 신고의 취하를 승인하였다면 세관장이 이미 행한 신고수리는 그 효력이 상실하게 된다(관세법 제250조제2항). 아울러 수출(반송)신고필증과 수출(반송)물품의 가격결정에 관한 자료와 수출(반송)거래 관련 계약서 또는 이에 갈음하는 서류는 해당 신고에 대한 수리일부터 3년 동안 그 서류를 보관하여야 할 의무가 생긴다(관세법 제12조).

한편, 수출신고인에게는 수출신고가 수리된 물품을 수출신고가 수리된 날부터 30일 이내에 운송수단에 적재할 의무가 발생하지만, 부득이한 사유가 있다면 그 적재기간을 1년의 범위에서 연장승인[213]을 받을 수 있다(관세법 제251조제1항). 만일 수출신고가 수리된 물품이 우리나라와 외국 간을 왕래하는 운송수단에 적재하는 기간을 초과하였거나 적재되지 아니하였다면 그 물품에 대한 수출신고수리는 취소되지 않을 수 없다(관세법 제251조제2항; 관세령 제255조제1항). 그럼에도 불구하고 기간 내 적재되지 아니한 물품이 ① 수출신고취하의 승인신청(관세법 제250조제1항)이 정당한 사유가 있다고 인정되는 경우, ② 수출신고수리물품의 적재기간연장승인의 신청(관세법 제251조제1항단서)이 정당한 사유가 있다고 인정되는 경우, ③ 세관장이 수출신고수리를 취소하기 전에 당해 물품의 적재를 확인한 경우, ④ 기타 세관장이 법정 적재기간(관세법 제251조제1항) 내에 적재하기 곤란하다고 인정하는 경우 등에 해당한다면 세관장의 수출신고수리는 취소되지 아니한다(관세령 제255조제1항단서). 아울러 세관장은 수출신고수리를 취소하는 때에는 즉시 신고인에게 그 내용을 통지하여야 한다(관세령 제255조제2항). 여기에서 만일 수출신고물품의 적재기간 내 운송수단에 적재의무를 위반하였다면, 그 의무위반행위는 200만 원

213) 적재기간 연장승인 신청방법에 관하여는 관세규칙 제79조를 참조.

이하의 과태료 부과대상 질서위반행위에 해당된다(관세법 제277조제4항).

Ⅱ 수출물품에 대한 FTA 원산지검증

1. 원산지조사의 착수요건

FTA관세법 제18조 제1항에 따라 관세청장(세관장)은 필요하다고 인정하는 때 또는 FTA 체약상대국의 관세당국으로부터 원산지증빙서류의 진위 여부와 그 정확성 등에 관한 확인을 요청받은 때에는 협정이 정하는 범위 안에서 수출입물품에 대한 원산지 또는 협정관세적용의 적정 여부 등에 대한 확인에 필요한 서면조사 또는 현지조사를 할 수 있다. 따라서 이러한 두 가지 경우가 아니면 수출물품에 대한 원산지조사는 착수할 수 없다. 이에 따라 FTA 체약상대국의 관세당국으로부터 원산지증빙자료의 진위 여부와 그 정확성 등에 관한 확인을 요청받은 관세청장이 그 요청자료 등을 수출신고를 수리한 세관장에게 통보하면 해당 수출물품에 대한 원산지조사를 착수할 수 있다. FTA 체약상대국 관세당국의 검증요청에 해당되기 위한 주요 자유무역협정별 세부규정은 다음과 같다.

한-미국 FTA에서 미국의 관세당국이 섬유 또는 의류상품에 대한 원산지신청이 정확하다는 것을 결정하기 위한 목적으로 원산지검증을 요청하는 경우에 원산지조사의 착수요건에 해당된다. 여기에서 미국의 관세당국으로부터 검증을 수행하는 데 필요한 생산·무역 및 운송문서와 그 밖의 정보가 제공되어야 한다. 그리고 미국의 관세당국은 그 상품에 대한 특혜관세대우의 신청 여부와 상관없이 원산지검증을 요청할 수 있다.

한-EU FTA에서 EU 회원국의 관세당국이 무작위로 또는 그 서류의 진정성, 해당 제품의 원산지지위 또는 의정서의 다른 요건의 충족에 대하여 합리적인 의심으로 사후검증을 요청하는 경우에 원산지조사의 착수요건에 해당된다. 원산지증명 또는 이 서류의 사본이 적절한 경우 조사의 이유가 기재되어 제출되고, 원산지증명에 작성된 정보가 정확하지 아니함을 시사하는 획득된 모든 서류 및 정보가 전달되어야 한다.

한-아세안 FTA에서 아세안회원국의 관세당국이 무작위로 그리고/또는 서류의 진정성 또는 당해 물품 또는 그 물품의 특정 부분품의 진정한 원산지에 관한 정보의 정확성에 대하여 합리적인 의심으로 사후검증을 요청하는 경우에 원산지조사의 착수요건에 해당된다. 무작위로 사후검증을 요청한 것이 아닌 한, 사후검증의 요청은 관련된 원산지증명서가 동봉되고 그 이유와 동 원산지증명서상의 특정 사항이 부정확하다는 추가정보가 명시되어야 한다.

한-중국 FTA에서 중국의 관세당국이 우리나라에서 중국으로 수출된 물품의 원산지검증을 요청하는 경우 원산지조사의 착수요건에 해당한다. 여기에서 중국의 관세당국으로부터 원산지검증을 요청하는 이유, 해당 상품의 원산지증명서 또는 그 사본, 그리고 원산지검증 요청을 위해 필요할 수 있는 그 밖의 모든 정보 또는 서류가 제공되어야 한다.

한-인도 CEPA에서 인도의 관세당국이 무작위 또는 서류의 진정성 또는 문제의 상품이나 그 상품의 특정 부품의 진정한 원산지에 관한 정보의 정확성에 대하여 합리적인 의심으로 사후검증을 요청하는 경우에 원산지조사의 착수요건에 해당한다. 무작위로 사후검증을 요청하지 않는 한, 사후검증에 대한 요청은 해당 원산지증명서가 동봉되어야 하고 그 사유와 원산지증명서상에 주어진 특정사항이 부정확함을 나타내는 추가정보가 명시되어야 한다.

2. 원산지조사의 방법

수출물품에 대한 원산지조사는 다음과 같은 원산지상품의 관계자를 상대로 서면조사[214] 또는 현지조사[215]의 방법으로 실시할 수 있다(FTA관세법 제18조제1항; FTA관세규칙 제21조제1항):[216] ① 수출자 또는 생산자; ② 원산지증빙서류 발급기관(대한상의 또는 지역상공회의소); ③ 해당 물품의 생산에 사용된 재료를 공급하거나 생산한 자; ④ 해당

214) 서면조사절차에 관하여는 FTA관세규칙 제22조를 참조. ▶관세청장(세관장)은 조사대상자가 제출한 서류가 미비되었을 때에는 5일 이상의 기간을 정하여 추가자료의 제출을 요구할 수 있다(FTA관세규칙 제22조제3항).

215) 현지조사절차에 관하여는 FTA관세규칙 제23조를 참조.

216) 서면조사의 방법이 우선이나 조사대상자의 특성상 현지조사가 필요하다고 판단되는 경우에는 서면조사에 앞서 현지조사를 할 수 있다(FTA관세령 제11조제2항). ▶관세청장(세관장)의 서면조사 또는 현지조사를 거부·방해 또는 기피하는 행위는 1천만 원 이하의 과태료 부과대상 질서위반행위에 해당된다(FTA관세법 제46조제1항).

물품의 거래·유통·운송·보관 및 통관을 대행하거나 취급한 자. 한편, 원산지확인에 필요한 현지조사를 받는 조사대상자는 변호사나 관세사를 조사에 참관하게 하거나 진술하게 할 수 있다(FTA관세법 제17조제8항).

3. 원산지조사의 종료절차

관세청장(세관장)은 서면조사 또는 현지조사를 마치면 조사결과와 그에 따른 결정 내용을 소정의 기간 이내에 FTA 체약상대국의 관세당국에 서면으로 통지하여야 한다(FTA관세법 제18조제2항·제17조제6항). FTA 체약상대국의 관세당국으로부터 원산지증빙자료의 진위 여부와 그 정확성 등에 관한 확인을 요청받은 수출물품에 대한 원산지조사의 결과통지는 자유무역협정에서 정하는 회신기한 내에 행하지 않을 경우 체약상대국의 관세당국이 해당 수출물품에 대해 특혜관세대우를 거부하거나 배제할 수 있으니 반드시 그 기한을 준수하지 않으면 안 된다. 주요 자유무역협정에서 정하는 회신내용과 회신기한은 다음과 같다.

1) 한-미국 FTA

미국의 관세당국이 섬유 또는 의류상품에 대한 원산지신청이 정확하다는 것의 결정에 필요한 내용으로 검증결과를 통보하여야 한다. 그러나 협정문에서 회신기한을 정하고 있지 않는다. 하지만 미국의 관세당국이 우리나라에 검증을 요청한 후 12월 이내에 섬유 또는 의류상품에 대한 원산지 신청이 정확하다는 것을 결정을 내릴 수 없거나 부정적인 결정을 내리는 경우 미국의 관세당국은 검증 대상인 섬유 또는 의류상품과 그 상품을 수출하였거나 생산한 인이 수출하거나 생산한 유사한 상품에 대하여 특혜관세대우를 부인하는 것을 포함하여, 적절한 조치를 취할 수 있으므로 미국의 관세당국이 우리나라의 인이 섬유 또는 의류상품의 무역에 관한 불법행위에 관여하고 있다는 합리적인 의심으로 검증을 요청한 경우에는 이러한 조치를 취하기 전에 그 인이 수출하거나 생산하는 섬유 또는 의류상품에 대한 원산지신청이 정확함을 미국의 관세당국이 결정하는데 필요한 내용으로 검증결과를 통보하여야 한다.

2) 한-EU FTA

합리적인 의심을 사유로 검증을 요청한 경우 해당 서류의 진정성 또는 제품의 진정한 원산지를 결정하기 위한 충분한 정보를 내용으로 하는 검증결과를 EU 회원국의 관세당국에게 검증요청일부터 10개월 이내에 통보하여야 한다.

3) 한-아세안 FTA

아세안회원국의 관세당국이 대상물품이 원산지물품인지 여부의 결정에 필요한 내용으로 검증결과를 사후검증 요청을 받은 후 2월 이내에 통보하여야 한다. 다만, 아세안회원국의 관세당국과 협의하여 아세안회원국과의 협정 부속서 3 부록 1 제14조 제1항 라목에 따라 조사 요청을 접수한 날부터 6개월의 범위에서 그 기간을 연장할 수 있다.

4) 한-중국 FTA

중국의 관세당국으로부터 검증요청의 접수일부터 6개월 이내에 가능한 한도 내에서 사실 및 조사결과를 포함한 검증결과와 수출자 및 생산자에 의하여 이용 가능하게 된 관련 증빙서류를 제공하여야 한다.

5) 한-인도 CEPA

인도의 관세당국으로부터 검증을 요청받은 날부터 3개월 이내에 회신하여야 한다.

Ⅲ 한-미국 FTA 섬유 및 의류제품에 대한 원산지검증의 특례

1. 자유무역협정에 따른 섬유 또는 의류상품에 대한 세관협력

1) 미국에 수출하는 생산자·수출자의 산업정보 제공

우리나라는 산업부를 통하여 대한민국의 영역에서 섬유 또는 의류의 생산에 종사하고 있는 기업(인)에 관한 산업정보를 획득(매년 갱신)하여 미국에게 매년(한-미 FTA 협정의 발효일부터 1년 이내에 시작하여) 제공하도록 협정문에서 규정하고 있다.[217)]

2) 공동조사의 착수요건 및 협력절차

대한민국의 기업(인)이 섬유 또는 의류상품의 무역에 관한 불법행위에 관여하고 있다고 합리적인 의심을 근거로 미국의 요청이 있는 경우, 우리나라가 한-미국 FTA에 따라 채택하고 유지하는 조치와 섬유 또는 의류상품의 무역에 관한 그 밖의 국제협정을 이행하는 우리나라 또는 미국의 조치를 포함하여 섬유 또는 의류상품의 무역에 영향을 미치는 적용 가능한 통관 조치를 기업(인)이 준수하고 있음을 미국이 결정할 수 있도록 하거나, 기업(인)이 수출하거나 생산하는 섬유 또는 의류상품에 대한 원산지 신청이 정확함을 미국이 결정하기 위한 목적으로, 검증을 수행하도록 협정문에서 규정하고 있다.

여기에서 '(불법행위에 대한) 합리적인 의심'이란 공적 또는 사적인 출처로부터 획득한 관련 사실정보를 기초로 한 의심을 말하며, 그 사실정보는 다음 중 하나 이상을 포함한다(한-미국 FTA 제4.3조제5항·제7.5조제6항):

---

217) 이에 따라 산업부가 미국에 매년 제공하는 산업정보의 세부내용은 다음과 같다: ① 대한민국의 영역에서 기업(인)이 소유하거나 운영하는 모든 섬유 또는 의류 설비의 소재지를 포함하여 기업(인)의 성명 및 주소; ② 기업의 전화번호·모사전송번호 및 전자우편번호; ③ 기업의 경우 그 소유자·관리자 및 회사 임원의 성명과 국적 그리고 기업 내의 직위; ④ 기업(인)이 고용한 피고용인의 수 및 그들의 업무; ⑤ 기업(인)이 생산하는 섬유 또는 의류상품에 대한 일반적인 기술과 그 기업(인)의 생산능력; ⑥ 섬유 또는 의류상품을 생산하기 위하여 기업(인)이 사용하는 기계의 수 및 종류; ⑦ 대략적인 주당 기계 가동 시간; ⑧ 섬유 또는 의류상품, 또는 그러한 상품을 생산하는 데에 사용되는 원단·원사 또는 섬유원료를 기업(인)에게 공급하는 자의 신원; ⑨ 기업(인)의 미합중국 내 고객 각각의 성명 및 연락처.

① 미국의 수입자 또는 우리나라의 수출자가 수입을 규율하는 법 또는 규정을 준수하지 아니하였다는 전력;
② 우리나라의 제조자, 생산자 또는 우리나라의 영역으로부터 미국의 영역으로의 상품의 이동에 관여한 일부 또는 모든 인이 수입을 규율하는 미국의 법 또는 규정을 준수하지 아니하였다는 전력;
③ 특정 제품 분야에서 우리나라의 영역으로부터 미국의 영역으로의 상품의 이동에 관여한 일부 또는 모든 인이 수입을 규율하는 미국의 법 또는 규정을 준수하지 아니하였다는 전력;
④ 미국의 세관당국과 우리나라의 관세당국이 특정한 요청의 맥락에서 충분하다고 합의하는 그 밖의 정보;
⑤ 한-미국 FTA 협정을 이행하기 위하여 채택된 조치를 포함하여 섬유 또는 의류상품의 무역에 영향을 미치는 적용 가능한 통관조치에 대한 기업의 우회를 나타내는 요소에 기초한 의심;
⑥ 섬유 또는 의류상품의 무역에 영향을 미치는 다른 국제협정에 관한 조치의 위반을 용이하게 하거나, 그러한 협정에 따라 미국에게 발생하는 권리 또는 혜택의 무효화 또는 침해를 달리 용이하게 할 행위의 존재를 나타내는 요소에 기초한 의심.

한편, 대한민국 영역에서 수출자·생산자나 수행되는 검증과 관련된 증거를 가지고 있을 수 있는 그 밖의 모든 기업(인)의 사업장에 우리나라의 세관당국과 함께 방문을 수행하는 것을 포함하여, 우리나라는 관세당국을 통하여, 미국의 세관당국을 통하여 그 검증을 지원하는 것을 허락하여야 하고, 그러한 모든 방문은 수출자·생산자 또는 그 밖의 인에게 사전통보를 제공하지 아니하고 이루어진다. 여기에서 우리나라는 방문 시점에 기업(인)으로부터 현장방문의 수행에 대한 허락을 구한다. 만일 수출자·생산자 또는 그 밖의 기업(인)이 미국의 적절한 공무원에 의한 방문에 동의하는 것을 거부하는 경우, 미국은 검증이 완료될 수 없고 원산지신청이 정확하다는 결정이 내려질 수 없다고 간주할 수 있으며, 특혜관세대우를 부인하는 것을 포함하여 적절한 조치를 취할 수 있게 된다.

2. 미합중국의 공동현장방문 요청에 따른 국내 원산지검증의 지원절차

관세청장은 미국과의 협정 제4.3조 제3항에 따라 미국에 수출된 미국과의 협정 제4.5조에 따른 품목에 대하여 미국의 관세당국으로부터 수출물품에 대한 원산지증빙서류의 진위 여부와 그 정확성 등에 관한 확인을 위한 원산지조사를 요청받은 경우에는 요청받은 날부터 6개월 이내에 확인에 필요한 원산지조사를 완료하여야 한다(FTA관세령 제14조제1항). 여기에서 조사를 완료하였을 때에는 미국 관세당국이 요청한 날부터 12개월 이내에 관련 증빙자료 등을 포함하여 조사결과서를 미국의 관세당국에 통지하여야 한다(FTA관세령 제14조제2항).

한편, 관세청장은 미국의 요청에 따라 수출물품에 대한 원산지조사를 할 때 미국의 관세당국으로부터 미국과의 협정 제4.3조 제6항에 따른 원산지검증 요청(공동현장방문 및 미합중국의 검증지원 요청을 포함한다)을 받은 경우에는 특별한 사정이 없으면 허락하여야 한다(FTA관세령 제14조제3항). 그리고 미국과의 협정 제4.3조 제6항에 따라 공동현장방문을 할 때에는 사전통지 없이 현장에서 조사통지를 할 수 있는데, 이 경우 조사대상자가 미국 관세당국의 현지조사에 동의하지 아니하면 현지조사를 할 수 없다(FTA관세령 제14조제4항).

제 4 절 수출입물품의 원산지표시

I 원산지 표시의무

대외무역법 제33조 제1항에 따라 산업부장관이 공정한 거래 질서의 확립과 생산자 및 소비자 보호를 위하여 공고한 원산지표시대상물품을 수출하거나 수입하려면 그 물품등에 대하여 원산지를 표시하여야 한다. 그리고 수입된 원산지표시대상물품에 대하여 대통령령으로 정하는 단순한 가공활동[218]을 거침으로써 해당 물품등의 원산지

218) 판매목적의 물품포장 활동, 상품성 유지를 위한 단순한 작업 활동 등 물품의 본질적 특성을 부여하기에 부족한 가공활동을 말하며, 그 가공활동의 구체적인 범위는 관계 중앙행정기관의

표시를 손상하거나 변형한 자[219]는 그 단순 가공한 물품등에 당초의 원산지를 표시하여야 하는데, 이 경우 다른 법령에서 단순한 가공활동을 거친 수입 물품등에 대하여 다른 기준을 규정하고 있으면 그 기준에 따른다(대외무역법 제33조제2항).

그리하여 무역거래자 또는 물품등의 판매업자는 수출 또는 수입 물품등 및 수입원료를 사용한 국내생산물품등[220]에 대하여 다음과 같은 행위를 하여서는 아니 된다(대외무역법 제33조제4항):[221] ① 원산지를 거짓으로 표시하거나 원산지를 오인(誤認)하게 하는 표시를 하는 행위;[222] ② 원산지의 표시를 손상하거나 변경하는 행위(수입 물품등에 한정한다); ③ 원산지표시대상물품에 대하여 원산지 표시를 하지 아니하는 행위(수입 물품등에 한정한다); ④ 앞의 제①부터 제③까지의 규정에 위반되는 원산지표

장과 협의하여 산업통상자원부장관이 정하여 고시한다(대외무역법 시행령 제55조제2항). ▶수입 후 단순한 가공활동을 수행한 물품등의 원산지 표시에 관하여는 대외무역관리규정 제78조를 참조.

219) 무역거래자 또는 물품등의 판매업자에 대하여 본문 제④가 적용되는 경우는 제외한다.

220) 수입원료를 사용한 국내생산물품등의 원산지 판정기준에 관하여는 대외무역관리규정 제86조를 참조.

221) 산업부장관 또는 시·도지사는 원산지표시의무규정을 위반한 자에게 판매중지, 원상복구, 원산지 표시 등 대통령령으로 정하는 시정조치를 명할 수 있는데, 본문 제①부터 제③까지의 금지의무를 위반한 자에게 3억원 이하의 과징금을 부과할 수 있다(대외무역법 제33조의2제1항·제2항). 그리고 산업부장관 또는 시·도지사는 과징금 부과처분이 확정된 자에 대해서는 대통령령으로 정하는 바에 따라 그 위반자 및 위반자의 소재지와 물품등의 명칭, 품목, 위반내용 등 처분과 관련된 사항을 공표할 수 있다(대외무역법 제33조의2제5항).

222) 특히, 원산지 오인이 우려되는 물품은 원산지표시대상물품은 ① 주문자 상표부착(OEM)방식에 의해 생산된 수입 물품의 원산지와 주문자가 위치한 국명이 상이하여 최종구매자가 해당 물품의 원산지를 오인할 우려가 있는 물품, ② 물품 또는 포장·용기에 현저하게 표시되어 있는 상호·상표·지역·국가 또는 언어명이 수입 물품의 원산지와 상이하여 최종구매자가 해당 물품의 원산지를 오인할 우려가 있는 물품을 말한다(대외무역관리규정 제77조제1항). ▶이러한 수입 물품은 해당 물품 또는 포장·용기의 전면에 본문에서 설명하는 원산지표시의 일반원칙에 따라 원산지를 표시하여야 하며, 물품의 특성상 전후면의 구별이 어렵거나 전면에 표시하기 어려운 경우 등에는 원산지 오인을 초래하는 표시와 가까운 곳에 표시하여야 하는데, 해당물품에 원산지가 적합하게 표시되어 있고, 최종판매단계에서 진열된 물품 등을 통하여 최종구매자가 원산지 확인이 가능하며, 국제 상거래 관행상 통용되는 방법으로 원산지를 표시하는 경우 세관장은 산업통상자원부장관과 협의하여 포장·용기에 표시된 원산지가 원산지 오인을 초래하는 표시와 가깝지 않은 곳에 있어도 원산지 오인이 없는 것으로 볼 수 있다(대외무역관리규정 제77조제2항). ▶또한, 이러한 수입 물품을 판매하는 자는 판매 또는 진열시 소비자가 알아볼 수 있도록 상품에 표시된 원산지와는 별도로 스티커, 푯말 등을 이용하여 원산지를 표시하여야 한다(대외무역관리규정 제77조제3항).

시대상물품을 국내에서 거래하는 행위. 그리고 ⑤ 원산지증명서를 위조 또는 변조하거나 거짓된 내용으로 원산지증명서를 발급받거나 물품등에 원산지를 거짓으로 표시하는 등의 방법으로 외국에서 생산된 물품등(외국에서 생산되어 국내에서 대통령령으로 정하는 단순한 가공활동을 거친 물품등을 포함한다)의 원산지가 우리나라인 것처럼 가장(假裝)하여 그 물품등을 수출하거나 외국에서 판매하는 행위는 금지된다(대외무역법 제38조). 이에 따라 앞의 제③을 위반하여 원산지표시대상물품에 대하여 원산지 표시를 하지 아니한 무역거래자 또는 물품등의 판매업자와 앞의 제⑤에 따른 외국산 물품등의 국산 물품등으로의 가장 금지 의무를 위반한 자는 5년 이하의 징역 또는 1억 원 이하의 벌금에 처하는데, 이 경우 징역과 벌금은 병과(併科)할 수 있다(대외무역법 제53조의2).

Ⅱ 원산지 표시방법

1. 기본준칙

원산지표시대상물품을 수입하려면 다음과 같은 방법에 따라 해당 물품에 원산지를 표시하여야 한다(대외무역법시행령 제56조제1항): ① 한글·한문 또는 영문으로 표시할 것; ② 최종 구매자가 쉽게 판독할 수 있는 활자체로 표시할 것; ③ 식별하기 쉬운 위치에 표시할 것; ④ 표시된 원산지가 쉽게 지워지거나 떨어지지 아니하는 방법으로 표시할 것. 하지만 해당 물품에 원산지를 표시하는 것이 곤란하거나 원산지를 표시할 필요가 없다고 인정하여 산업부장관이 정하여 고시하는 기준에 해당하는 경우에는 산업부장관이 정하여 고시하는 바에 따라 원산지를 표시하거나 원산지 표시를 생략할 수 있다(대외무역법시행령 제56조제1항). 그리고 수출 물품에 대하여 원산지를 표시하는 경우에는 앞의 제①부터 제④까지에서 정한 방법에 따라 원산지를 표시하되, 그 물품에 대한 수입국의 원산지 표시규정이 이와 다르게 표시하도록 되어 있으면 그 규정에 따라 원산지를 표시할 수 있다(대외무역법시행령 제56조제5항).[223)]

223) 다만, 수입한 물품에 대하여 국내에서 단순한 가공활동을 거쳐 수출하는 경우에는 우리나라를 원산지로 표시하여서는 아니 된다.

그런데 원산지의 표시와 관련하여 수입 물품에 대한 원산지 판정은 다음과 같은 기준에 따라야 한다(대외무역법시행령 제61조제1항):[224] ① 수입 물품의 전부가 하나의 국가에서 채취되거나 생산된 물품(이하 "완전생산물품"이라 한다)인 경우에는 그 국가를 그 물품의 원산지로 할 것;[225] ② 수입 물품의 생산·제조·가공 과정에 둘 이상의 국가가 관련된 경우에는 최종적으로 실질적 변형[226]을 가하여 그 물품에 본질적 특성을 부여하는 활동(이하 "실질적 변형"이라 한다)을 한 국가를 그 물품의 원산지로 할 것; ③ 수입 물품의 생산·제조·가공 과정에 둘 이상의 국가가 관련된 경우 단순한 가공활동[227]을 하는 국가를 원산지로 하지 아니할 것.

2. 원산지 표시의 방식

1) 수입 물품 원산지 표시의 일반원칙

수입 물품의 원산지는 다음과 같은 방식으로 한글, 한자 또는 영문으로 표시할 수 있다(대외무역관리규정 제76조제1항):[228]

① "원산지: 국명" 또는 "국명 산(産)"

---

224) 원산지 판정기준의 특례에 관하여는 대외무역관리규정 제87조를 참조.

225) 세부적인 판정기준에 관하여는 대외무역관리규정 제85조제1항을 참조.

226) 해당국에서의 제조·가공과정을 통하여 원재료의 세번과 상이한 세번(HS 6단위 기준)의 제품을 생산하는 것을 말한다(대외무역관리규정 제85조제2항). 그럼에도 불구하고 산업부장관이 대외무역관리규정 [별표 9]에서 별도로 정하는 물품에 대하여는 부가가치, 주요 부품 또는 주요 공정 등이 해당 물품의 원산지 판정기준이 되는데(대외무역관리규정 제85조제3항), 이와 관련한 세부내용은 대외무역관리규정 제85조제4항부터 제7항을 참조.

227) 단순한 가공활동을 수행하는 국가에는 원산지를 부여하지 아니하는데, 그 세부내용은 대외무역관리규정 제85조제8항을 참조.

228) 최종구매자가 수입 물품의 원산지를 오인할 우려가 없는 경우에는 다음과 같이 통상적으로 널리 사용되고 있는 국가명이나 지역명 등을 사용하여 원산지를 표시할 수 있다(대외무역관리규정 제76조제6항): ① United States of America를 USA로; ② Switzerland를 Swiss로; ③ Netherlands를 Holland로; ④ United Kingdom of Great Britain and Northern Ireland를 UK 또는 GB로; ⑤ UK의 England, Scotland, Wales, Northern Ireland; ⑥ 특정국가의 식민지, 속령 또는 보호령 지역에서 생산된 경우 관세청 무역통계부호에 규정된 국가별 분류기준에 따른 국가명; ⑦ 기타 관세청장이 산업부장관과 협의하여 타당하다고 인정하는 국가나 지역명. 그리고 전기생활용품안전법, 식품위생법 등 다른 법령에서 물품에 대한 표시방식 등을 정하고 있는 경우에는 이를 적용하여 원산지를 표시할 수 있다(대외무역관리규정 제76조제7항).

② "Made in 국명" 또는 "Product of 국명"

③ "Made by 물품 제조자의 회사명, 주소, 국명"

④ "Country of Origin: 국명"

⑤ 앞에서 설명한 원산지판정기준과 동일한 경우에 해당하면서 국제상거래관행상 타당한 것으로 관세청장이 인정하는 방식.

수입 물품의 원산지는 최종구매자가 해당 물품의 원산지를 용이하게 판독할 수 있는 크기의 활자체로 표시하여야 하고, 최종구매자가 정상적인 물품구매과정에서 원산지표시를 발견할 수 있도록 식별하기 용이한 곳에 표시하여야 하며, 표시된 원산지는 쉽게 지워지지 않으며 물품(또는 포장·용기)에서 쉽게 떨어지지 않아야 한다(대외무역관리규정 제76조제2항부터 제4항). 그리고 수입 물품의 원산지는 제조단계에서 인쇄(printing), 등사(stenciling), 낙인(branding), 주조(molding), 식각(etching), 박음질(stitching) 또는 이와 유사한 방식으로 원산지를 표시하는 것을 원칙으로 하는데, 물품의 특성상 위와 같은 방식으로 표시하는 것이 부적합 또는 곤란하거나 물품을 훼손할 우려가 있는 경우에는 날인(stamping), 라벨(label), 스티커(sticker), 꼬리표(tag)를 사용하여 표시할 수 있다(대외무역관리규정 제76조제2항부터 제5항).

하지만 수입 물품의 크기가 작아 앞서 설명한 제①부터 제④까지의 방식으로 해당 물품의 원산지를 표시할 수 없을 경우에는 국명만을 표시할 수 있다(대외무역관리규정 제76조의2제1항). 그리고 최종구매자가 수입물품의 원산지를 오인할 우려가 없도록 표시하는 전제하에 앞서 설명한 제①부터 제④까지의 원산지표시와 병기하여 물품별 제조공정상의 다양한 특성을 반영할 수 있도록, "Designed in 국명", "Fashioned in 국명", "Moded in 국명", "stlyed in 국명", "Licensed by 국명", "Finished in 국명" 등과 이와 준하여 관세청장이 타당하다고 인정한 보조표시 방식에 따라 보조표시를 할 수 있다(대외무역관리규정 제76조의2제2항). 아울러 수출국에서의 주요 부분품의 단순 결합물품, 원재료의 단순 혼합물품, 중고물품으로 원산지를 특정하기 어려운 물품은 다음과 같이 원산지를 표시할 수 있다(대외무역관리규정 제76조의2제3항): ① 단순 조립물품: "Organized in 국명(부분품별 원산지 나열)"; ② 단순 혼합물품: "Mixed in 국명(원재료별 원산지 나열)"; ③ 중고물품: "Imported from 국명".

한편, 수입 세트물품의 경우 해당 세트물품을 구성하는 개별 물품들의 원산지가 동일하고 최종 구매자에게 세트물품으로 판매되는 경우에는 개별 물품에 원산지를 표시하지 아니하고 그 물품의 포장·용기에 원산지를 표시할 수 있다(대외무역관리규정 제79조제1항).[229] 그리고 수입세트물품을 구성하는 개별 물품들의 원산지가 2개국 이상인 경우에는 개별 물품에 각각의 원산지를 표시하고, 해당 세트물품의 포장·용기에는 개별 물품들의 원산지를 모두 나열·표시(예: Made in China, Taiwan, ···)하여야 한다(대외무역관리규정 제79조제2항). 아울러 관세율표에 따라 용기로 별도 분류되어 수입되는 물품의 경우에는 용기에 "(용기명)의 원산지: (국명)"에 상응하는 표시를 하여야 하는데(예: "Bottle made in 국명"), 1회 사용으로 폐기되는 용기의 경우에는 최소 판매단위의 포장에 용기의 원산지를 표시할 수 있으며, 실수요자가 이들 물품을 수입하는 경우에는 용기의 원산지를 표시하지 않아도 무방하다(대외무역관리규정 제80조제1항·제2항).

2) 수입물품 원산지 표시의 면제

물품 또는 포장·용기에 원산지를 표시하여야 하는 수입 물품이 다음과 같은 경우에는 원산지를 표시하지 아니할 수 있다(대외무역관리규정 제82조제1항):

① 외화획득용 원료 및 시설기재로 수입되는 물품(대외무역법시행령 제2조제6호 및 제7호);

② 개인에게 무상 송부된 탁송품, 별송품 또는 여행자 휴대품;

③ 수입 후 실질적 변형을 일으키는 제조공정에 투입되는 부품 및 원재료로서 실수요자가 직접 수입하는 경우;[230]

④ 판매 또는 임대목적에 제공되지 않는 물품으로서 실수요자가 직접 수입하는 경우;[231]

⑤ 연구개발용품으로서 실수요자가 수입하는 경우;[232]

⑥ 견본품(진열·판매용이 아닌 것에 한함) 및 수입된 물품의 하자보수용 물품;[233]

229) 수입세트물품에 해당되는 원산지 표시대상은 관세청장이 정한다(대외무역관리규정 제79조제3항).

230) 실수요자를 위하여 수입을 대행하는 경우를 포함한다.

231) 다만, 해당 물품 중 제조용 시설 및 기자재(부분품 및 예비용 부품을 포함한다)는 실수요자를 위하여 수입을 대행하는 경우까지도 인정할 수 있다.

232) 실수요자를 위하여 수입을 대행하는 경우를 포함한다.

⑦ 보세운송, 환적 등에 의하여 우리나라를 단순히 경유하는 통과 화물;

⑧ 재수출조건부 면세 대상 물품 등 일시 수입 물품;

⑨ 우리나라에서 수출된 후 재수입되는 물품;

⑩ 외교관 면세 대상 물품;

⑪ 개인이 자가소비용으로 수입하는 물품으로서 세관장이 타당하다고 인정하는 물품;

⑫ 그 밖에 관세청장이 산업부장관과 협의하여 타당하다고 인정하는 물품.

3) 수입물품의 원산지표시대상물품

원산지표시대상물품은 아래 표의 "품목(HS) 코드"에 해당하는 물품으로 해당 물품에 원산지를 표시하여야 한다(대외무역관리규정 제75조). 하지만 원산지표시대상물품이 다음과 같은 경우에는 해당 물품에 원산지를 표시하지 않고 해당 물품의 최소포장, 용기 등에 수입 물품의 원산지를 표시할 수 있다:

① 해당 물품에 원산지를 표시하는 것이 불가능한 경우;

② 원산지 표시로 인하여 해당 물품이 크게 훼손되는 경우(예: 당구공, 콘택스렌즈, 포장하지 않은 집적회로 등);

③ 원산지 표시로 인하여 해당 물품의 가치가 실질적으로 저하되는 경우;

④ 원산지 표시의 비용이 해당 물품의 수입을 막을 정도로 과도한 경우(예: 물품값보다 표시비용이 더 많이 드는 경우 등);

⑤ 상거래 관행상 최종구매자에게 포장, 용기에 봉인되어 판매되는 물품 또는 봉인되지는 않았으나 포장, 용기를 뜯지 않고 판매되는 물품(예: 비누, 칫솔, VIDEO TAPE 등);

⑥ 실질적 변형을 일으키는 제조공정에 투입되는 부품 및 원재료를 수입 후 실수요자에게 직접 공급하는 경우;

⑦ 물품의 외관상 원산지의 오인 가능성이 적은 경우(예: 두리안, 오렌지, 바나나와 같은 과일·채소 등);

⑧ 관세청장이 산업부장관과 협의하여 타당하다고 인정하는 물품.

233) 수입된 물품의 자체 결함에 따른 하자를 보수하기 위해 직접 수입하는 경우에 한한다.

HS류별	품 목 (HS) 코 드
01류	0102, 0106(자라에 한함)
02류	0201, 0202, 0203, 0204, 0205, 0206, 0207, 0208, 0209, 0210
03류	0301, 0302, 0303, 0304, 0305, 0306, 0307, 0308, 0309
04류	0401, 0402, 0403, 0404, 0405, 0406, 0407, 0408, 0409, 0410
05류	0504, 0506, 0507, 0510
06류	0601, 0602, 0603, 0604
07류	0701, 0702, 0703, 0704, 0705, 0706, 0707, 0708, 0709, 0710, 0711, 0712, 0713, 0714
08류	0801, 0802, 0803, 0804, 0805, 0806, 0807, 0808, 0809, 0810, 0811, 0812, 0813, 0814
09류	0901, 0902, 0903, 0904, 0906, 0907, 0908, 0910
10류	1001, 1002, 1003, 1004, 1005, 1006, 1007, 1008
11류	1101, 1102, 1103, 1104, 1105, 1106, 1107, 1108, 1109
12류	1201, 1202, 1203, 1204, 1205, 1206, 1207, 1208, 1209, 1211, 1212
13류	1302
15류	1501, 1502, 1503, 1504, 1507, 1508, 1509, 1510, 1511, 1512, 1513, 1514, 1515, 1516, 1517, 1520, 1521, 1522
16류	1601, 1602, 1603, 1604, 1605
17류	1701, 1702, 1703, 1704
18류	1801, 1802, 1803, 1804, 1805, 1806
19류	1901, 1902, 1903, 1904, 1905
20류	2001, 2002, 2003, 2004, 2005, 2006, 2007, 2008, 2009
21류	2101, 2102, 2103, 2104, 2105, 2106
22류	2201, 2202, 2203, 2204, 2205, 2206, 2207, 2208, 2209
23류	2301, 2303, 2308, 2309
24류	2401, 2402, 2403, 2404
25류	2501
28류	2815.11, 2853
30류	3003, 3004. 3005, 3006
31류	3101
32류	3201, 3202, 3203, 3204, 3205, 3206, 3207, 3208, 3209, 3210, 3211, 3212, 3213, 3214, 3215
33류	3301, 3302, 3303, 3304, 3305, 3306, 3307
34류	3401, 3402, 3403, 3404, 3405, 3406, 3407
35류	3504, 3505, 3506
36류	3604, 3605, 3606

HS류별	품 목 (HS) 코 드
37류	3702, 3703, 3704, 3707
38류	3808, 3814, 3820, 3824, 3826, 3827
39류	3916, 3917, 3918, 3919, 3920, 3921, 3922, 3923, 3924, 3925, 3926
40류	4006, 4007, 4008, 4009, 4010, 4011, 4012, 4013, 4014, 4015, 4016, 4017
41류	4114, 4115
42류	4202, 4203, 4205, 4206
43류	4303, 4304
44류	4402, 4409, 4410, 4411, 4412, 4413, 4414, 4415, 4416, 4417, 4418, 4419, 4420, 4421
46류	4601, 4602
48류	4802, 4803, 4804, 4805, 4806, 4807, 4808, 4809, 4810, 4811, 4813, 4814, 4816, 4817, 4818, 4819, 4820, 4821, 4823
49류	4905, 4909
50류	5006, 5007
51류	5109, 5110, 5111, 5112, 5113
52류	5204, 5207, 5208, 5209, 5210, 5211, 5212
53류	5309, 5310, 5311
54류	5401, 5406, 5407, 5408
55류	5502, 5508, 5511, 5512, 5513, 5514, 5515, 5516
56류	5601, 5602, 5603, 5604
57류	5701, 5702, 5703, 5704, 5705
58류	5801, 5802, 5803, 5804, 5805, 5806, 5807, 5808, 5809, 5810, 5811
59류	5909(소방호스에 한함)
60류	6001, 6002, 6003, 6004, 6005, 6006
61류	6101, 6102, 6103, 6104, 6105, 6106, 6107, 6108, 6109, 6110, 6111, 6112, 6113, 6114, 6115, 6116, 6117
62류	6201, 6202, 6203, 6204, 6205, 6206, 6207, 6208, 6209, 6210, 6211, 6212, 6213, 6214, 6215, 6216, 6217
63류	6301, 6302, 6303, 6304, 6305, 6306, 6307, 6308, 6309, 6310
64류	6401, 6402, 6403, 6404, 6405, 6406
65류	6501, 6502, 6504, 6505, 6506, 6507
66류	6601, 6602, 6603
67류	6704
68류	6801, 6802, 6804, 6806, 6809, 6810, 6815
69류	6902, 6903, 6906, 6907, 6908, 6910, 6911, 6912, 6913, 6914

HS류별	품 목 (HS) 코 드
70류	7003, 7004, 7005, 7006, 7007, 7008, 7009, 7010, 7013, 7014, 7015, 7018, 7019, 7020
71류	7113, 7114, 7116, 7117
72류	7208, 7210(전기, 용융, 착색 아연 도금강판에 한함), 7214, 7216, 7219, 7225, 7226, 7228
73류	7304, 7307(플랜지에 한함), 7311, 7315, 7317, 7318, 7319, 7320, 7321, 7322, 7323, 7324, 7325, 7326
74류	7415, 7418, 7419
75류	7508
76류	7607, 7612, 7613, 7615, 7616
78류	7806
79류	7907
80류	8007
82류	8201, 8202, 8203, 8204, 8205, 8206, 8207, 8208, 8209, 8210, 8211, 8212, 8213, 8214, 8215
83류	8301, 8302, 8303, 8304, 8305, 8306
84류	8407, 8408, 8409, 8413, 8414, 8415, 8416, 8417, 8418, 8419, 8421, 8422, 8423, 8424, 8425, 8431, 8432, 8433, 8434, 8435, 8436, 8437, 8438, 8440, 8441, 8442, 8443, 8448, 8450, 8451, 8452, 8453, 8456, 8465, 8466, 8467, 8468, 8469, 8470, 8471, 8472, 8473, 8476, 8479, 8481, 8482, 8483, 8484, 8485, 8487
85류	8501, 8502, 8503, 8504, 8505, 8506, 8507, 8508, 8509, 8510, 8511, 8512, 8513, 8514, 8515, 8516, 8517, 8518, 8519, 8521, 8522, 8523, 8524, 8525, 8526, 8527, 8528, 8529, 8531, 8532, 8533, 8534, 8535, 8536, 8537, 8538, 8539, 8540, 8541, 8542, 8543, 8544, 8545, 8546, 8547, 8548, 8549
87류	8701, 8702, 8703, 8704, 8705, 8706, 8707, 8708, 8711, 8712, 8713 ,8715, 8716
88류	8806
89류	8903
90류	9001, 9002, 9003, 9004, 9005, 9006, 9010, 9011, 9012, 9013, 9015, 9016, 9017, 9018, 9019, 9021, 9024, 9025, 9026, 9027, 9028, 9029, 9031, 9032, 9033
91류	9101, 9102, 9103, 9104, 9105, 9106, 9107, 9108, 9109, 9110, 9111, 9112, 9113, 9114
92류	9201, 9202, 9205, 9206, 9207, 9208, 9209
94류	9401, 9402, 9403, 9404, 9405
95류	9503, 9504, 9505, 9506, 9507, 9508
96류	9603, 9604, 9605, 9607, 9608, 9609, 9610, 9611, 9612, 9613, 9614, 9615, 9616, 9617, 9618, 9619, 9620

참고문헌

김용태, 관세법원론[전면개정판](서울: 무역경영사, 2019).

이명구·정재완·정재호, FTA 이해와 활용[제3판](서울: 도서출판 청람, 2021).

관세청, 알기 쉬운 FTA협정문 비교(대전: 관세청, 2016).

Anne van de Heetkamp/Ruud Tusveld, Origin Management: Rules of Origin in Free Trade Agreements(Heidelberg/Dortrecht/London/New York: Springer-Verlag, 2011).

Edwin Vermulst/Paul Waer/Jacques Bourgeois, Rules of Origin in International Trade: A Comparative Study(USA: The University of Michigan Press, 1997).

Oliver Cadot/Antoni Estevadeordal/Akiko Suwa-Eisenmann/Thierry Verdier, The Origin Goods: Rules of Origin in Regional Trade Agreements (New York: Oxford University Press, 2006).

Petter Witte/Hans-Michael Wolffgang(Hrsg.) Lehrbuch des Europäischen Zollrecht, 3. Auflage (Herne/Berlin: Verlag Neue Wirtschafts-Briefe, 1998).

Stefano Inama, Rules of Origin in International Trade[Second Edition] (Cambridge/New York/ Melbourne/Madrid/Cape Town/Singapore/São Paulo/ Delhi: Cambridge University Press, 2022).

Wolfgang Jakob, Abgabenordnung: Steuerverwaltungsverfahren und finanzgerichtliches Verfahren, 2., völlig überarbeitete Auflage(München: Verlag C.H.Beck, 1996).

WCO, WCO Origin Compendium, 2017.

약어표

기재부 : 기획재정부

관세령 : 관세법 시행령

관세규칙 : 관세법 시행규칙

관세환급특례법 : 수출용 원재료에 대한 관세 등 환급에 관한 특례법

산업부 : 산업통상자원부

자유무역지역법 : 자유무역지역의 지정 및 운영에 관한 법률

자유무역지역령 : 자유무역지역의 지정 및 운영에 관한 법률 시행령

FTA관세법 : 자유무역협정의 이행을 위한 관세법의 특례에 관한 법률

FTA관세령 : 자유무역협정의 이행을 위한 관세법의 특례에 관한 법률 시행령

FTA관세규칙 : 자유무역협정의 이행을 위한 관세법의 특례에 관한 법률 시행규칙

HS통칙 : 관세·통계통합품목분류표의 해석에 관한 통칙

Kyoto협약 : The International Convention on the Simplication and Harmonization of Customs Procedures[Revised Kyoto Convention] (세관절차의 간소화 및 조화에 관한 개정교토협약)

ASEAN(아세안) : Association of South East Asian Nations (동남아 국가 연합)

CC : Change of Chapter (HS 2단위 변경)

CCC : Customs Co-operation Council (관세협력이사회)

CEPA : Comprehensive Economic Partnership Agreement (역내 포괄적 경제 동반자 협정)

CTH : Change of Tarrif Heading (HS 4단위 변경)

CTSH : Change of Tarrif Sub-Heading (HS 6단위 변경)

EFTA : European Free Trade Association (유럽자유무역연합)

EU : European Union (유럽연합)

FTA : Free Trade Agreement (자유무역협정)

GATT : General Agreement on Tariffs and Trade (관세 및 무역에 관한 일반협정)

GATT/WTO : 1994년도 관세 및 무역에 관한 일반협정

HS : Harmonized Commodity Description and Coding System (통일상품명 및 부호체계)

HS협약 : International convention on the Harmonized Commodity Description and Coding System (통일상품명 및 부호체계에 관한 국제협약)

HSK : Harmonized Commodity Description and Coding System of Korea (관세·통계통합 품목분류표)

MFN : Most Favored Nation (최혜국)

PSR : Product Specific Rule of Origin (품목별 원산지규정)

RCEP : Regional Comprehensive Economic Partnership (역내포괄적경제동반자협정)

WCO : World Customs Organization (세계관세기구)

WTO : World Trade Organization (세계무역기구)

찾아보기

ㅅ

ㅇ

C

D

E

F

G

H

I

M

N

O

P

저자 약력

■ 김 용 태

- 성균관대학교 문과대학 독어독문학과 졸업
- 서울시립대학교 일반대학원 법학과(석사과정 및 박사과정) 졸업, 법학박사
- 독일 Köln대학교 국제경제법연구소 객원연구원(1998.11~1999.2)
- 독일 Giessen대학교 경제형법연구소 객원연구원(2001.4~2001.9)
- 관세청 FTA집행기획관실·조사감시국 관세행정관
- 서울본부세관 조사국 외환조사팀장
- 법무법인 화우 조세그룹(관세팀) 관세·외환·FTA원산지조사 전문 파트너관세사
- 한국관세포럼 총무부회장(2000.~2012.) 및 한국관세학회 부회장(2016.)
- 원산지관리사 「FTA 협정·법령」 과목 출제·선정위원(제15·16·20회)
- 관세청 「FTA 정책자문단」 자문위원(2015.10.~2016.6.)
- 관세청 「통관물류 정책자문단」 자문위원(2016.5.~2017.6)
- 관세사 국가자격시험 출제(제34·38회)·채점(제34·35·37·38회) 위원
- 단국대학교(죽전캠퍼스) 상경대학 무역학과 외래강사
- 한남대학교 무역학과 「관세법 및 HS·관세품목분류」 담당 외래교수
- 서울사이버대학교 글로벌무역물류학과 「FTA 원산지」 담당 외래교수
- 세무TV 『세무컨설팅최고전문가과정』 전임교수
- 국세공무원교육원 『외환조사기법 및 사례연구』 담당 외부교수

현) 한국 『FTA Rules of Origin 연구회』·『관세평가판례연구회』 사무총장

[주요 연구논문 및 저서]

- Global 경제시대에서의 한국 관세행정법에 관한 연구(박사학위논문, 2005.)
- 『대외무역법·외국환거래법』[개정판](공저, 도서출판 두남, 2013.)
- 『관세법원론』[전면개정판](무역경영사, 2019.)
- 『외국환거래법규와 외환형사법』[개정증보판](한국관세무역개발원, 2018.)

FTA 원산지 이야기 – 개념원리가 쏙쏙 들어오는

초 판 1쇄 인쇄 —— 2022년 10월 25일
초 판 1쇄 발행 —— 2022년 10월 30일
지은이 —— 김 용 태
펴낸이 —— 전 두 표
펴낸곳 —— 도서출판 두남
서울시 강동구 성내로 6길 34-16 두남빌딩
신 고 : 제25100-1988-9호
TEL : 02) 478-2065, 2066, 2067, 2311
FAX : 02) 478-2068
E-mail : dnbooks@dunam.co.kr
http://www.dunam.co.kr

정가 25,000원

ISBN 978-89-6414-959-1 93320